Desarrollo de
VIDEOJUEGOS
Un Enfoque Práctico

Volumen 2
Programación Gráfica

Carlos González, Javier Albusac
César Mora, Santiago Sánchez

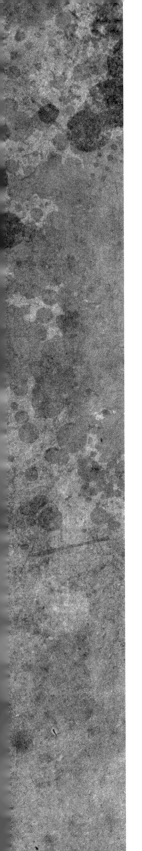

Título: Desarrollo de Videojuegos: Un Enfoque Práctico

Subtítulo: Volumen 2. Programación Gráfica

Edición: Septiembre 2015

Autores: Carlos González Morcillo, Javier A. Albusac Jiménez, César Mora Castro, Santiago Sánchez Sobrino

ISBN: 978-1517413385

Edita: David Vallejo, Carlos González y David Villa

Portada: (Ilustración) Víctor Barba Pizarro

Diseño: Carlos González Morcillo y Víctor Barba Pizarro

Printed by CreateSpace, an Amazon.com company
Available from Amazon.com and other online stores

Este libro fue compuesto con LaTeX a partir de una plantilla de David Villa Alises y Carlos González Morcillo. Maquetación final de Carlos Guijarro Fernández-Arroyo y David Vallejo Fernández.

Paseo de la Universidad, 4
13071, Ciudad Real
Email: esi@uclm.es

Prefacio

Desde su primera edición en 2010, el material docente y el código fuente de los ejemplos del Curso de Experto en Desarrollo de Videojuegos, impartido en la Escuela Superior de Informática de Ciudad Real de la Universidad de Castilla-La Mancha, se ha convertido en un referente internacional en la formación de desarrolladores de videojuegos.

Puedes obtener más información sobre el curso, así como los resultados de los trabajos creados por los alumnos de las ediciones anteriores en www.cedv.es. La versión electrónica de este libro (y del resto de libros de la colección) puede descargarse desde la web anterior. El libro «físico» puede adquirirse desde Amazon.es y Amazon.com

Sobre este libro...

Este libro forma parte de una colección de 4 volúmenes, con un perfil técnico, dedicados al Desarrollo de Videojuegos:

1. Arquitectura del Motor. Estudia los aspectos esenciales del diseño de un motor de videojuegos, así como las técnicas básicas de programación y patrones de diseño.

2. Programación Gráfica. El segundo libro se centra en algoritmos y técnicas de representación gráfica, así como en optimizaciones y simulación física.

3. Técnicas Avanzadas. En este volumen se recogen aspectos avanzados, como estructuras de datos específicas y técnicas de validación.

4. Desarrollo de Componentes. El último libro está dedicado a los componentes específicos del motor, como la Inteligencia Artificial, Networking o el Sonido y Multimedia.

Requisitos previos

Este libro tiene un público objetivo con un perfil principalmente técnico. Al igual que el curso, está orientado a la capacitación de profesionales de la programación de videojuegos. De esta forma, este libro no está orientado para un público de perfil artístico (modeladores, animadores, músicos, etc.) en el ámbito de los videojuegos.

Se asume que el lector es capaz de desarrollar programas de nivel medio en C++. Aunque se describen algunos aspectos clave de C++ a modo de resumen, es recomendable refrescar los conceptos básicos con alguno de los libros recogidos en la bibliografía del curso. De igual modo, se asume que el lector tiene conocimientos de estructuras de datos y algoritmia. El libro está orientado principalmente para titulados o estudiantes de últimos cursos de Ingeniería en Informática.

Programas y código fuente

El código de los ejemplos puede descargarse en la siguiente página web: http://www.cedv.es. Salvo que se especifique explícitamente otra licencia, todos los ejemplos del libro se distribuyen bajo GPLv3.

Agradecimientos

Los autores del libro quieren agradecer en primer lugar a los alumnos de las cuatro ediciones del Curso de Experto en Desarrollo de Videojuegos por su participación en el mismo y el excelente ambiente en las clases, las cuestiones planteadas y la pasión demostrada en el desarrollo de todos los trabajos.

Los autores también agradecen el soporte del personal de administración y servicios de la Escuela Superior de Informática de Ciudad Real, a la propia Escuela y el Departamento de Tecnologías y Sistema de Información de la Universidad de Castilla-La Mancha.

De igual modo, se quiere reflejar especialmente el agradecimiento a las empresas que ofertarán prácticas en la 3a edición del curso: Devilish Games (Alicante), Dolores Entertainment (Barcelona), from the bench (Alicante), Iberlynx Mobile Solutions (Ciudad Real), Kitmaker (Palma), playspace (Palma), totemcat - Materia Works (Madrid) y Zuinqstudio (Sevilla). Este agradecimiento se extiende a los portales y blogs del mundo de los videojuegos que han facilitado la difusión de este material, destacando a Meristation, Eurogamer, Genbeta Dev, Vidaextra y HardGame2.

Finalmente, los autores desean agradecer su participación a las entidades colaboradoras del curso: Indra Software Labs, la asociación de desarrolladores de videojuegos Stratos y Libro Virtual.

Autores de la Colección

David Vallejo (2009, Doctor Europeo en Informática, Universidad de Castilla-La Mancha) es Profesor Ayudante Doctor e imparte docencia en la Escuela de Informática de Ciudad Real (UCLM) en asignaturas relacionadas con Informática Gráfica, Programación y Sistemas Operativos desde 2007. Actualmente, su actividad investigadora gira en torno a la Vigilancia Inteligente, los Sistemas Multi-Agente y el Rendering Distribuido.

Carlos González (2007, Doctor Europeo en Informática, Universidad de Castilla-La Mancha) es Profesor Titular de Universidad e imparte docencia en la Escuela de Informática de Ciudad Real (UCLM) en asignaturas relacionadas con Informática Gráfica, Síntesis de Imagen Realista y Sistemas Operativos desde 2002. Actualmente, su actividad investigadora gira en torno a los Sistemas Multi-Agente, el Rendering Distribuido y la Realidad Aumentada.

David Villa (2009, Doctor Ingeniero Informático, Universidad de Castilla-La Mancha) es Profesor Ayudante Doctor e imparte docencia en la Escuela de Informática de Ciudad Real (UCLM) en materias relacionadas con las redes de computadores y sistemas distribuidos desde el 2002. Sus intereses profesionales se centran en los sistemas empotrados en red, los sistemas ubicuos y las redes heterogéneas y virtuales. Es experto en métodos de desarrollo ágiles y en los lenguajes C++ y Python. Colabora con el proyecto Debian como maintainer de paquetes oficiales.

Francisco Jurado (2010, Doctor Europeo en Informática, Universidad de Castilla-La Mancha) es Profesor Ayudante Doctor en la Universidad Autónoma de Madrid. Su actividad investigadora actual gira en torno a la aplicación de técnicas de Ingeniería del Software e Inteligencia Artificial al ámbito del eLearning, los Sistemas Tutores, los Sistemas Adaptativos y los Entornos Colaborativos.

Francisco Moya (2003, Doctor Ingeniero en Telecomunicación, Universidad Politécnica de Madrid). Desde 1999 trabaja como profesor de la Escuela Superior de Informática de la Universidad de Castilla la Mancha, desde 2008 como Profesor Contratado Doctor. Sus actuales líneas de investigación incluyen los sistemas distribuidos heterogéneos, la automatización del diseño electrónico y sus aplicaciones en la construcción de servicios a gran escala y en el diseño de sistemas en chip. Desde 2007 es también Debian Developer.

Javier Albusac (2009, Doctor Europeo en Informática, Universidad de Castilla-La Mancha) es Profesor Ayudante Doctor e imparte docencia en la Escuela de Ingeniería Minera e Industrial de Almadén (EIMIA) en las asignaturas de Informática, Ofimática Aplicada a la Ingeniería y Sistemas de Comunicación en Edificios desde 2007. Actualmente, su actividad investigadora gira en torno a la Vigilancia Inteligente, Robótica Móvil y Aprendizaje Automático.

Cleto Martín (2011, Ingeniero Informática y Máster de Investigación en Tecnologías Informáticas Avanzadas, Universidad de Castilla-La Mancha) trabaja como Infrastructure Engineer en IBM (Bristol, UK) y ha sido mantenedor de paquetes de aplicaciones para Canonical Ltd. y continua contribuyendo al proyecto Debian. Es un gran entusiasta de los sistemas basados en GNU/Linux, así como el desarrollo de aplicaciones basadas en redes de computadores y sistemas distribuidos.

Sergio Pérez (2011, Ingeniero en Informática, Universidad de Castilla-La Mancha) trabaja como ingeniero consultor diseñando software de redes para Ericsson R&D. Sus intereses principales son GNU/Linux, las redes, los videojuegos y la realidad aumentada.

Félix J. Villanueva (2009, Doctor en Ingeniería Informática, Universidad de Castilla-La Mancha) es contratado doctor e imparte docencia en el área de tecnología y arquitectura de computadores. Las asignaturas que imparte se centran en el campo de las redes de computadores con una experiencia docente de más de diez años. Sus principales campos de investigación en la actualidad son redes inalámbricas de sensores, entornos inteligentes y sistemas empotrados.

César Mora (2013, Master en Computer Science por la Universidad de Minnesota, 2011 Ingeniero en Informática, Universidad de Casilla-La Mancha). Sus temas de interés están relacionados con la Informática Gráfica, la Visión Artificial y la Realidad Aumentada.

José Jesús Castro (2001, Doctor en Informática, Universidad de Granada) es Profesor Titular de Universidad en el área de Lenguajes y Sistemas Informáticos, desde 1999 imparte docencia en la Escuela Superior de Informática de la UCLM. Sus temas de investigación están relacionados con el uso y desarrollo de métodos de IA para la resolución de problemas reales, donde cuenta con una amplia experiencia en proyectos de investigación, siendo autor de numerosas publicaciones.

Miguel Ángel Redondo (2002, Doctor en Ingeniería Informática, Universidad de Castilla – La Mancha) es Profesor Titular de Universidad en la Escuela Superior de Informática de la UCLM en Ciudad Real, impartiendo docencia en asignaturas relacionadas con Interacción Persona-Computador y Sistemas Operativos. Su actividad investigadora se centra en la innovación y aplicación de técnicas de Ingeniería del Software al desarrollo de sistemas avanzados de Interacción Persona-Computador y al desarrollo de sistemas de e-Learning.

Luis Jiménez (1997, Doctor en Informática, Universidad de Granada) es Titular de Universidad e imparte docencia en la Escuela de Informática de Ciudad Real (UCLM) en asignaturas relacionadas la Inteligencia Artificial y Softcomputing desde 1995. Actualmente, su actividad investigadora gira en torno a los Sistemas Inteligentes aplicados mediante Sistemas Multi-Agente, técnicas de softcomputing e inteligencia artificial distribuida.

Jorge López (2011, Ingeniero en Informática por la UCLM y Máster en Diseño y Desarrollo de videojuegos por la UCM). Especializado en desarrollo 3D con C++ y OpenGL, y en el engine Unity 3D. Actualmente trabaja como programador en Totemcat – Materia Works.

Miguel García es desarrollador independiente de Videojuegos en plataformas iOS, Android, Mac OS X, GNU/Linux y MS Windows y socio fundador de Atomic Flavor. Actualmente dirige el estudio de desarrollo de videojuegos independientes Quaternion Studio.

Manuel Palomo (2011, Doctor por la Universidad de Cádiz) es Profesor Contratado Doctor e imparte docencia en la Escuela Superior de Ingeniería de la Universidad de Cádiz en asignaturas relacionadas con el Diseño de Videojuegos, Recuperación de la Información y Sistemas Informáticos Abiertos. Actualmente su actividad investigadora se centra en las tecnologías del aprendizaje, principalmente videojuegos educativos y los sistemas colaborativos de desarrollo y documentación.

Guillermo Simmross (2003, Ingeniero Técnico de Telecomunicación, 2005 Ingeniero en Electrónica y 2008, Máster Dirección de Proyectos, Universidad de Valladolid) es Compositor y diseñador de sonido freelance e imparte docencia en colaboración con la Universidad Camilo José Cela sobre Composición de Música para Videojuegos. Actualmente trabaja como responsable de producto en Optimyth Software.

José Luis González (2010, Doctor en Informática, Universidad de Granada). Especialista en calidad y experiencia de usuario en sistemas interactivos y videojuegos, temas donde imparte su docencia e investiga. Ha colaborado con distintas compañías del sector, como Nintendo o MercurySteam. Es autor de distintos libros sobre la jugabilidad y el diseño y evaluación de la experiencia del jugador.

Resumen

El objetivo de este módulo titulado "Programación Gráfica" del *Curso de Experto en Desarrollo de Videojuegos* es cubrir los aspectos esenciales relativos al desarrollo de un motor gráfico interactivo.

En este contexto, el presente módulo cubre aspectos esenciales y básicos relativos a los fundamentos del desarrollo de la parte gráfica, como por ejemplo el *pipeline* gráfico, como elemento fundamental de la arquitectura de un motor de juegos, las bases matemáticas, las APIs de programación gráfica, el uso de materiales y texturas, la iluminación o los sistemas de partículas.

Así mismo, el presente módulo también discute aspectos relativos a la exportación e importación de datos, haciendo especial hincapié en los formatos existentes para tratar con información multimedia.

Finalmente, se pone de manifiesto la importancia del uso de elementos directamente conectados con el motor gráfico, como la simulación física, con el objetivo de dotar de más realismo en el comportamiento de los objetos y actores que intervienen en el juego.

Índice general

Listado de acrónimos

API	Application Program Interface
AVI	Audio Video Interleave
B-REP	Boundary Representation
BIK	BINK Video
BMP	BitMaP
BRDF	Bidirectional Reflactance Distribution Function
CAD	Computer Aided Design
CCD	Charge-Coupled Device
CEGUI	Crazy Eddie's GUI
CMYK	Cyan Magenta Yellow Key
CPU	Central Processing Unit
CSG	Constructive Solid Geometry
DOM	Document Object Model
DVD	Digital Video Disc
GIMP	GNU Image Manipulation Program
GLUT	OpenGL Utility Toolkit
GLU	OpenGL Utility
GNU	GNU is Not Unix
GPL	General Public License
GPU	Graphic Processing Unit
IEEE	Institute of Electrical and Electronics Engineers
IPO	InterPOlation curve
JPG	Joint Photographic Experts Group
MP3	MPEG-2 Audio Layer III
MPEG	Moving Picture Experts Group
OGRE	Object-Oriented Graphics Rendering Engine
OIS	Object Oriented Input System
PNG	Portable Network Graphics

RGBA	Red Green Blue Alpha
RGB	Red Green Blue
RTT	Render To Texture
SAX	Simple API for XML
SDL	Simple Directmedia Layer
SLERP	spherical linear interpolation
SRU	Sistema de Referencia Universal
SVG	Scalable Vector Graphics
TGA	Truevision Graphics Adapter
TIFF	Tagged Image File Format
TIF	TIFF
UCLM	Universidad de Castilla-La Mancha
WAV	WAVeform
XML	eXtensible Markup Language

Capítulo 1

Fundamentos de Gráficos Tridimensionales

Carlos González Morcillo

Uno de los aspectos que más llaman la atención en los videojuegos actuales son sus impactantes gráficos 3D. En este primer capítulo introduciremos los conceptos básicos asociados al pipeline en gráficos 3D. Se estudiarán las diferentes etapas de transformación de la geometría hasta su despliegue final en coordenadas de pantalla. En la segunda parte del capítulo estudiaremos algunas de las capacidades básicas del motor gráfico de videojuegos y veremos los primeros ejemplos básicos de uso de Ogre.

1.1. Introducción

Desde el punto de vista del usuario, un videojuego puede definirse como una aplicación software que responde a una serie de eventos, *redibujando* la escena y generando una serie de respuestas adicionales (sonido en los altavoces, vibraciones en dispositivos de control, etc...).

> **¡¡Aún más rápido!!**
> Si cada *frame* tarda en desplegarse más de 40ms, no conseguiremos el mínimo de 25 fps (*frames per second*) establecido como estándar en cine. En videojuegos, la frecuencia recomendable *mínima* es de unos 50 fps.

El *redibujado* de esta escena debe realizarse lo más rápidamente posible. La capa de aplicación en el despliegue gráfico es una de las actividades que más ciclos de CPU consumen (incluso, como veremos en la sección 1.3, con el apoyo de las modernas GPUs *Graphics Processing Unit* existentes en el mercado).

Habitualmente el motor gráfico trabaja con geometría descrita mediante mallas triangulares. Las técnicas empleadas para optimizar el despliegue de esta geometría, junto con las propiedades de materiales, texturas e iluminación, varían dependiendo del tipo de videojuego que se está desarrollando. Por ejemplo, en un simulador de vuelo, el tratamiento que debe darse de la geometría distante (respecto de la posición de la cámara virtual) debe ser diferente que la empleada para optimizar la visualización de interiores en un videojuego de primera persona.

Uno de los errores habituales en videojuegos *amateur* es la falta de comunicación clara entre programadores y diseñadores. El desarrollador debe especificar claramente las capacidades soportadas por el motor gráfico al equipo de modeladores, animadores y equipo artístico en general. Esta información debe comprender tanto las técnicas de despliegue soportadas, como el número de polígonos disponibles para el personaje principal, enemigos, fondos, etc...

A un alto nivel de abstracción podemos ver el proceso de *render* como el encargado de convertir la descripción de una escena tridimensional en una imagen bidimensional. En los primeros años de estudio de esta disciplina, la investigación se centró en cómo resolver problemas relacionados con la detección de superficies visibles, sombreado básico, etc. Según se encontraban soluciones a estos problemas, se continuó el estudio de algoritmos más precisos que simularan el comportamiento de la luz de una forma más precisa.

En esencia, el proceso de *rendering* de una escena 3D requiere los siguientes elementos:

- **Superficies**. La geometría de los objetos que forman la escena debe ser definida empleando alguna representación matemática, para su posterior procesamiento por parte del ordenador.

- **Cámara**. La situación del visor debe ser definida mediante un par (posición, rotación) en el espacio 3D. El plano de imagen de esta cámara virtual definirá el resultado del proceso de *rendering*. Como se muestra en la Figura 1.1, para imágenes generadas en perspectiva, el volumen de visualización define una pirámide truncada que selecciona los objetos que serán representados en la escena. Esta pirámide se denomina *Frustum*.

- **Fuentes de luz**. Las fuentes de luz emiten rayos que interactúan con las superficies e impactarán en el plano de imagen. Dependiendo del modo de simulación de estos impactos de luz (de la resolución de la denominada *ecuación de render*), tendremos diferentes *métodos* de rendering.

- **Propiedades de las superficies**. En este apartado se incluyen las propiedades de materiales y texturas que describen el modelo de *rebote* de los fotones sobre las superficies.

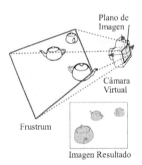

Figura 1.1: Descripción general del proceso de *rendering*.

Uno de los principales objetivos en síntesis de imagen es el realismo. En general, según el método empleado para la resolución de la *ecuación de render* tendremos diferentes niveles de realismo (y diferentes tiempos de cómputo asociados). El principal problema en gráficos en tiempo real es que las imágenes deben ser generadas muy rápidamente. Eso significa, como hemos visto anteriormente, que el motor gráfico dispone de menos de 40 ms para generar cada imagen. Habitualmente este tiempo es incluso menor, ya que es necesario reservar tiempo de CPU para otras tareas como el cálculo de la Inteligencia Artificial, simulación física, sonido...

Los primeros métodos de sombreado de superficies propuestos por *Gouraud* y *Phong* no realizaban ninguna simulación física de la reflexión de la luz, calculando únicamente las contribuciones locales de iluminación. Estos modelos tienen en cuenta la posición de la luz, el observador y el vector normal de la superficie. Pese a su falta de realismo, la facilidad de su cómputo hace que estas aproximaciones sigan siendo ampliamente utilizadas en el desarrollo de videojuegos.

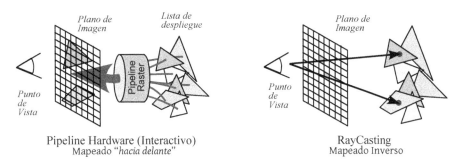

Figura 1.2: Diferencias entre las técnicas de despliegue interactivas (métodos basados en *ScanLine*) y realistas (métodos basados en RayCasting). En el Pipeline Hardware, la selección del píxel más cercano relativo a cada triángulo se realiza directamente en Hardware, empleando información de los *fragmentos* (ver Sección 1.2).

En 1968 Arthur Appel describió el primer método para generar imágenes por computador lanzando rayos desde el punto de vista del observador. En este trabajo, generaba la imagen resultado en un plotter donde dibujaba punto a punto el resultado del proceso de render. La idea general del método de RayCasting es lanzar rayos desde el plano de imagen, uno por cada píxel, y encontrar el punto de intersección más cercano con los objetos de la escena. La principal ventaja de este método frente a los métodos de tipo *scanline* que emplean *zbuffer* es que es posible generar de forma consistente la imagen que represente el mundo 3D, ya que cualquier objeto que pueda ser descrito mediante una ecuación puede ser representado de forma correcta mediante RayCasting.

El algoritmo original del *RayCasting* de Appel, fue el precursor del método de *Ray-Tracing* (*Trazado de Rayos*) de Whitted de 1980. El método de RayTracing sirvió de base para los principales métodos de síntesis de imagen hiperrealistas que se emplean en la actualidad (Metrópolis, Path Tracing, etc...).

Como puede verse en la Figura 1.2, existen diferencias importantes entre el método de despliegue que implementan las tarjetas aceleradoras 3D (y en general los motores de visualización para aplicaciones interactivas) y el método de RayCasting. El *pipeline* gráfico de aplicaciones interactivas (como veremos en la sección 1.2) puede describirse de forma general como el que, a partir de una lista de objetos geométricos a representar y, tras aplicar la serie de transformaciones geométricas sobre los objetos, la vista y la perspectiva, obtienen una imagen raster dependiente del dispositivo de visualización. En este enfoque, las primitivas se ordenan según la posición de la cámara y sólo las visibles serán dibujadas. Por el contrario, en métodos de síntesis de imagen realista (como la aproximación inicial de RayCasting) calcula los rayos que pasan por cada píxel de la imagen y recorre la lista de objetos, calculando la intersección (si hay alguna) con el objeto más cercano. Una vez obtenido el punto de intersección, se evalúa (empleando un modelo de iluminación) el valor de sombreado correspondiente a ese píxel.

Estas diferencias quedan igualmente patentes en el tiempo de generación necesario para el cálculo de cada frame. En síntesis de imagen realista el cálculo de un solo fotograma de la animación puede requerir desde varias horas hasta días, empleando computadores de altas prestaciones.

1.2. El Pipeline Gráfico

Figura 1.3: Pipeline general en gráficos 3D.

Para obtener una imagen de una escena 3D definida en el *Sistema de Referencia Universal*, necesitamos definir un sistema de referencia de coordenadas para los **parámetros de visualización** (también denominados *parámetros de cámara*). Este sistema de referencia nos definirá el plano de proyección, que sería el equivalente de la zona de la cámara sobre la que se registrará la imagen[1]. De este modo se transfieren los objetos al sistema de coordenadas de visualización y finalmente se proyectan sobre el plano de visualización (ver Figura 1.4).

El proceso de visualizar una escena en 3D mediante gráficos por computador es similar al que se realiza cuando se toma una fotografía real. En primer lugar hay que situar el *trípode* con la cámara en un lugar del espacio, eligiendo así una posición de visualización. A continuación, rotamos la cámara eligiendo si la fotografía la tomaremos en vertical o en apaisado, y apuntando al motivo que queremos fotografiar. Finalmente, cuando disparamos la fotografía, sólo una pequeña parte del mundo queda representado en la imagen 2D final (el resto de elementos son *recortados* y no aparecen en la imagen).

La Figura 1.3 muestra los pasos generales del *Pipeline* asociado a la transformación de una escena 3D hasta su representación final en el dispositivo de visualización (típicamente una pantalla con una determinada resolución).

El *Pipeline* está dividido en etapas funcionales. Al igual que ocurre en los *pipeline* de fabricación industrial, algunas de estas etapas se realizan en paralelo y otras secuencialmente. Idealmente, si dividimos un proceso en n etapas se incrementará la velocidad del proceso en ese factor n. Así, la velocidad de la cadena viene determinada por el tiempo requerido por la etapa más lenta.

Como señala Akenine-Möler [3], el pipeline interactivo se divide en tres etapas conceptuales de *Aplicación*, *Geometría* y *Rasterización* (ver Figura 1.3). A continuación estudiaremos estas etapas.

1.2.1. Etapa de Aplicación

La etapa de aplicación se ejecuta en la CPU. Actualmente la mayoría de las CPUs son multinúcleo, por lo que el diseño de esta aplicación se realiza mediante diferentes hilos de ejecución en paralelo. Habitualmente en esta etapa se ejecutan tareas asociadas al cálculo de la posición de los modelos 3D mediante simulaciones físicas, detección de colisiones, gestión de la entrada del usuario (teclado, ratón, joystick...). De igual modo, el uso de estructuras de datos de alto nivel para la aceleración del despliegue (reduciendo el número de polígonos que se envían a la GPU) se implementan en la etapa de aplicación.

---

[1]En el mundo físico, la *película* en antiguas cámaras analógicas, o el sensor de imagen de las cámaras digitales.

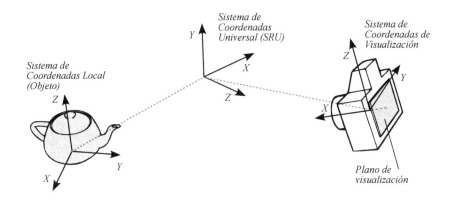

Figura 1.4: Sistema de coordenadas de visualización y su relación con otros sistemas de coordenadas de la escena.

1.2.2. Etapa de Geometría

En su tortuoso viaje hasta la pantalla, cada objeto 3D se transforma en diferentes sistemas de coordenadas. Originalmente, como se muestra en la Figura 1.4, un objeto tiene su propio *Sistema de Coordenadas Local* que nos definen las **Coordenadas de Modelo**, por lo que *desde su punto de vista* no está transformado.

A los vértices de cada modelo se le aplican la denominada **Transformación de Modelado** para posicionarlo y orientarlo respecto del *Sistema de Coordenadas Universal*, obteniendo así las denominadas **Coordenadas Universales** o *Coordenadas del Mundo*.

Como este sistema de coordenadas es único, tras aplicar la transformación de modelado a cada objeto, ahora todas las coordenadas estarán expresadas en el mismo espacio.

La posición y orientación de la cámara nos determinará qué objetos aparecerán en la imagen final. Esta cámara tendrá igualmente unas coordenadas universales. El propósito de la **Transformación de Visualización** es posicionar la cámara en el origen del *SRU*, apuntando en la dirección negativa del eje Z y el eje Y hacia arriba. Obtenemos de este modo las **Coordenadas de Visualización** o *Coordenadas en Espacio Cámara* (ver Figura 1.5).

Instancias

Gracias a la separación entre *Coordenadas de Modelo* y *Transformación de Modelado* podemos tener diferentes instancias de un mismo modelo para construir una escena a las que aplicamos diferentes transformaciones. Por ejemplo, para construir un templo romano tendríamos un único objeto de columna y varias *instancias* de la columna a las que hemos aplicado diferentes traslaciones.

Habitualmente el pipeline contiene una etapa adicional intermedia que se denomina **Vertex Shader** *Sombreado de Vértice* que consiste en obtener la representación del material del objeto modelando las transformaciones en las fuentes de luz, utilizando los vectores normales a los puntos de la superficie, información de color, etc. Es conveniente en muchas ocasiones transformar las posiciones de estos elementos (fuentes de luz, cámara, ...) a otro espacio (como *Coordenadas de Modelo*) para realizar los cálculos.

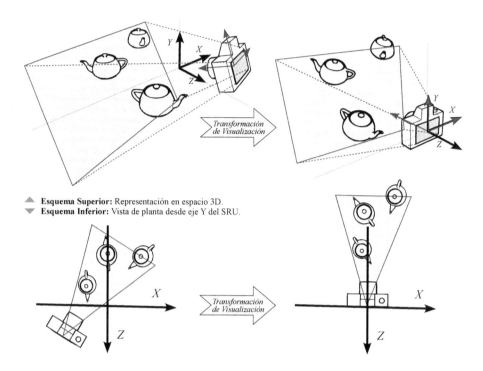

▲ **Esquema Superior:** Representación en espacio 3D.
▼ **Esquema Inferior:** Vista de planta desde eje Y del SRU.

Figura 1.5: El usuario especifica la posición de la cámara (izquierda) que se transforma, junto con los objetos de la escena, para posicionarlos a partir del origen del SRU y mirando en la dirección negativa del eje Z. El área sombreada de la cámara se corresponde con el volumen de visualización de la misma (sólo los objetos que estén contenidos en esa pirámide serán finalmente representados).

La **Transformación de Proyección** convierte el **volumen de visualización** en un cubo unitario (ver Sección 1.2.4). Este *volumen de visualización* se define mediante planos de recorte 3D y define todos los elementos que serán visualizados. En la figura 1.5 se representa mediante el volumen sombreado. Existen multitud de métodos de proyección, aunque como veremos más adelante, los más empleados son la ortográfica (o paralela) y la perspectiva.

En la sección 1.2.4 estudiaremos cómo se realiza la proyección en perspectiva de un modo simplificado. Cuando veamos en el capítulo 2, determinaremos la expresión mediante la que los objetos de la escena se proyectan en un volumen simple (el *cubo unitario*) antes de proceder al recorte y su posterior *rasterización*.

Tras la proyección, el *volumen de visualización* se transforma en **Coordenadas Normalizadas** (obteniendo el *cubo unitario*), donde los modelos son proyectados de 3D a 2D. La coordenada Z se guarda habitualmente en un buffer de profundidad llamado *Z-Buffer*.

Únicamente los objetos que están dentro del *volumen de visualización* deben ser generados en la imagen final. Los objetos que están *totalmente* dentro del volumen de visualización serán copiados íntegramente a la siguiente etapa del *pipeline*. Sin embargo, aquellos que estén parcialmente incluidas necesitan ser recortadas, generando nuevos vértices en el límite del recorte. Esta operación de **Transformación de Recorte** se realiza automáticamente por el hardware de la tarjeta gráfica. En la Figura 1.6 se muestra un ejemplo simplificado de recorte.

Finalmente la **Transformación de Pantalla** toma como entrada las coordenadas de la etapa anterior y produce las denominadas **Coordenadas de Pantalla**, que ajustan las coordenadas x e y del cubo unitario a las dimensiones de ventana finales.

1.2.3. Etapa Rasterización

A partir de los vértices proyectados (en *Coordenadas de Pantalla*) y la información asociada a su sombreado obtenidas de la etapa anterior, la etapa de *rasterización* se encarga de calcular los colores finales que se asignarán a los píxeles de los objetos. Esta etapa de rasterización se divide normalmente en las siguientes etapas funciones para lograr mayor paralelismo.

En la primera etapa del pipeline llamada **Configuración de Triángulos** (*Triangle Setup*), se calculan las coordenadas 2D que definen el contorno de cada triángulo (el primer y último punto de cada vértice). Esta información es utilizada en la siguiente etapa (y en la interpolación), y normalmente se implementa directamente en hardware dedicado.

A continuación, en la etapa del **Recorrido de Triángulo** (*Triangle Traversal*) se generan *fragmentos* para la parte de cada píxel que pertenece al triángulo. El recorrido del triángulo se basa por tanto en encontrar los píxeles que forman parte del triángulo, y se denomina *Triangle Traversal* (o *Scan Conversion*). El *fragmento* se calcula interpolando la información de los tres vértices denifidos en la etapa de *Configuración de Triángulos* y contiene información calculada sobre la profundidad desde la cámara y el sombreado (obtenida en la etapa de geometría a nivel de todo el triángulo).

La información interpolada de la etapa anterior se utiliza en el **Pixel Shader** (*Sombreado de Píxel*) para aplicar el sombreado a nivel de píxel. Esta etapa habitualmente se ejecuta en núcleos de la GPU programables, y permite implementaciones propias por parte del usuario. En esta etapa se aplican las texturas empleando diversos métodos de proyección (ver Figura 1.7).

Finalmente en la etapa de **Fusión** (*Merging*) se almacena la información del color de cada píxel en un array de colores denominado *Color Buffer*. Para ello, se combina el resultado de los *fragmentos* que son visibles de la etapa de *Sombreado de Píxel*. La visibilidad se suele resolver en la mayoría de los casos mediante un buffer de profundidad *Z-Buffer*, empleando la información que almacenan los *fragmentos*.

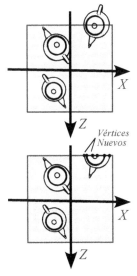

Figura 1.6: Los objetos que intersecan con los límites del *cubo unitario* (arriba) son recortados, añadiendo nuevos vértices. Los objetos que están totalmente dentro del cubo unitario se pasan directamente a la siguiente etapa. Los objetos que están totalmente fuera del *cubo unitario* son descartados.

 El **Z-Buffer** es un buffer ampliamente empleado en gráficos por computador. Tiene el mismo tamaño en píxeles que el buffer de color, pero almacena la *menor* distancia para cada píxel a todos los fragmentos de la escena. Habitualmente se representa como una imagen en escala de grises, y asocia valores más cercanos a blanco a distancias menores.

1.2.4. Proyección en Perspectiva

En gráficos por computador es posible elegir entre diferentes modelos de proyección de los objetos sobre el plano de visualización. Un modo muy utilizado en aplicaciones de CAD es la proyección de los objetos empleando líneas paralelas sobre el plano de proyección, mediante la denominada **proyección paralela**. En este modo de proyección se conservan las proporciones relativas entre objetos, independientemente de su distancia.

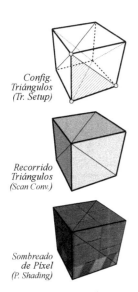

Config.
Triángulos
(Tr. Setup)

Recorrido
Triángulos
(Scan Conv.)

Sombreado
de Píxel
(P. Shading)

Figura 1.7: Representación del resultado de las principales etapas del Pipeline de Rasterización.

Mediante la **proyección en perspectiva** se proyectan los puntos hasta el plano de visualización empleando trayectorias convergentes en un punto. Esto hace que los objetos situados más distantes del plano de visualización aparezcan más pequeños en la imagen. Las escenas generadas utilizando este modelo de proyección son más realistas, ya que ésta es la manera en que el ojo humano y las cámaras físicas forman imágenes.

En la proyección en perspectiva, las líneas paralelas convergen en un punto, de forma que los objetos más cercanos se muestran de un tamaño mayor que los lejanos. Desde el 500aC, los griegos estudiaron el fenómeno que ocurría cuando la luz pasaba a través de pequeñas aberturas. La primera descripción de una cámara estenopeica se atribuye al atrónomo y matemático holandés *Gemma Frisius* que en 1545 publicó la primera descripción de una *cámara oscura* en la observación de un eclipse solar (ver Figura 1.8). En las cámaras esteneopeicas la luz pasa a través de un pequeño agujero para formar la imagen en la película fotosensible, que aparece invertida. Para que la imagen sea nítida, la abertura debe ser muy pequeña.

Siguiendo la misma idea y desplazando el plano de proyección delante del origen, tenemos el modelo general proyección en perspectiva.

Consideraremos en el resto de la sección que ya se ha realizado la *transformación de visualización* alineando la cámara y los objetos de la escena mirando en dirección al eje negativo Z, que el eje Y está apuntando hacia arriba y el eje X positivo a la derecha (como se muestra en la Figura 1.5).

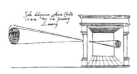

Figura 1.8: Descripción de la primera cámara estenopeica (*pinhole camera* o *camera obscura*) por Gemma Frisius.

En la Figura 1.9 se muestra un ejemplo de proyección simple, en la que los vértices de los objetos del mundo se proyectan sobre un plano infinito situado en $z = -d$ (con $d > 0$). Suponiendo que la *transformación de visualización* se ha realizado, proyectamos un punto p sobre el plano de proyección, obteniendo un punto $p' = (p'_x, p'_y, -d)$.

Empleando triángulos semejantes (ver Figura 1.9 derecha), obtenemos las siguientes coordenadas:

$$\frac{p'_x}{p_x} = \frac{-d}{p_z} \quad \Leftrightarrow \quad p'_x = \frac{-d\, p_x}{p_z} \qquad (1.1)$$

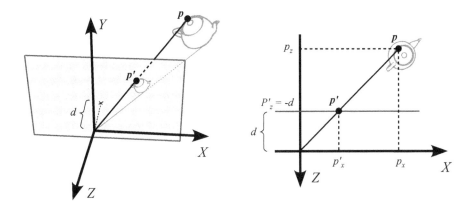

Figura 1.9: Modelo de proyección en perspectiva simple. El plano de proyección infinito está definido en $z = -d$, de forma que el punto p se proyecta sobre p'.

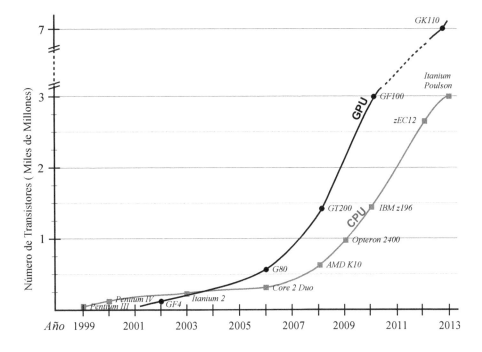

Figura 1.10: Evolución del número de transistores en GPU y CPU (1999-2013)

De igual forma obtenemos la coordenada $p'_y = -d\,p_y/p_z$, y $p'_z = -d$. Como veremos en el Capítulo 2, estas ecuaciones se pueden expresar fácilmente de forma matricial (que es la forma habitual de trabajar internamente en el pipeline). Estudiaremos más detalles sobre el modelo de proyección en perspectiva en el Capítulo 2, así como la transformación que se realiza de la pirámide de visualización (*Frustum*) al cubo unitario.

1.3. Implementación del Pipeline en GPU

El hardware de aceleración gráfica ha sufrido una importante transformación en la última década. Como se muestra en la Figura 1.10, en los últimos años el potencial de las GPUs ha superado con creces al de la CPU.

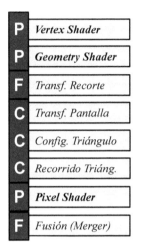

Figura 1.11: Implementación típica del pipeline en GPU con soporte Híbrido (OpenGL 2). La letra asociada a cada etapa indica el nivel de modificación permitido al usuario; **P** indica totalmente programable, **F** indica fijo (no programable), y **C** indica configurable pero no programable.

Resulta de especial interés conocer aquellas partes del Pipeline de la GPU que puede ser programable por el usuario mediante el desarrollo de *shaders*. Este código se ejecuta directamente en la GPU, y permite realizar operaciones a diferentes niveles con alta eficiencia.

En GPU, las etapas del *Pipeline gráfico* (estudiadas en la sección 1.2) se implementan en un conjunto de etapas diferente, que además pueden o no ser programables por parte del usuario (ver Figura 1.11). Por cuestiones de eficiencia, algunas partes del Pipeline en GPU no son programables, aunque se prevee que la tendencia en los próximos años sea permitir su modificación.

La etapa asociada al *Vertex Shader* es totalmente programable, y encapsula las cuatro primeras etapas del pipeline gráfico que estudiamos en la sección 1.2: *Transformación de Modelado*, *Transformación de Visualización*, *Sombreado de Vértices (Vertex Shader)* y *Transformación de Proyección*.

Desde el 1999, se utiliza el término GPU (*Graphics Processing Unit*) acuñado por NVIDIA para diferenciar la primera tarjeta gráfica que permitía al programador implementar sus propios algoritmos (*GeForce 256*).

La evolución natural de las dos plataformas principales de gráficos 3D en tiempo real (tanto OpenGL como Direct3D) ha sido el soporte único de etapas totalmente programables. Desde 2009, OpenGL en su versión 3.2 incluye un modo *Compatibility Profile* manteniendo el soporte de llamadas a las etapas no programables. De forma similar, en 2009 Direct 3D versión 10 eliminó las llamadas a las etapas fijas del pipeline.

La etapa referente al *Geometry Shader* es otra etapa programable que permite realizar operaciones sobre las primitivas geométricas.

Las etapas de *Transformación de Recorte*, *Transformación de Pantalla*, *Configuración de Triángulo*, *Recorrido de Triángulo* y *Fusión* tienen un comportamiento funcional similar al estudiado en la sección 1.2, por lo que no serán descritas de nuevo.

Finalmente, el *Pixel Shader* es la última etapa totalmente programable del pipeline en GPU y permite al programador desarrollar operaciones específicas a nivel de píxel.

El desarrollo de shaders se ha incorporado desde el 2009 en las especificaciones de las principales APIs gráficas (OpenGL y Direct3D). Estas llamadas son compiladas a un lenguaje ensamblador intermedio independiente de la tarjeta gráfica. Son los drivers de cada tarjeta gráfica los que transforman este lenguaje intermedio en instrucciones específicas para cada tarjeta.

Veremos a continuación brevemente algunas características de estas etapas programables de la GPU.

1.3.1. Vertex Shader

Los *vertex shaders* permiten aplicar transformaciones y deformaciones a nivel de vértice. Este *shader* se aplica en la primera etapa del pipeline de la GPU. En esta etapa, los flujos de datos que la CPU envía a la tarjeta son procesados y se aplican las matrices de transformación especificadas por el usuario.

En esta etapa se aplican las instancias sobre los datos enviados a la GPU (evitando enviar varias veces las mismas primitivas geométricas). A este nivel, el *vertex shader* únicamente trabaja con la información relativa a los vértices (posición, vector normal, color y coordenadas de textura). El *vertex shader* no conoce nada sobre la conexión de estos vértices entre sí para formar triángulos.

Algunas operaciones clásicas que se implementan empleando *vertex shader* son efectos de lente (como por ejemplo, de ojo de pez o distorsiones como las causadas en escenas submarinas), deformaciones de objetos, animaciones de textura, etc.

1.3.2. Geometry Shader

Los *geometry shaders* facilitan la creación y destrucción de primitivas geométricas en la GPU en tiempo de ejecución (vértices, líneas y triángulos).

La entrada de este módulo lo forman la especificación de los objetos con sus vértices asociados. Para cada primitiva de entrada, el *geometry shader* devolverá cero o más primitivas de salida. Las primitivas de entrada y salida no tienen por qué ser del mismo tipo.

Figura 1.12: Resultado de aplicar un *Vertex Shader*.

Por ejemplo, es posible indicar un triángulo como entrada (tres vértices 3d) y devolver el centroide (un punto 3D) como salida. Las primitivas del flujo de salida del *geometry shader* se obtienen en el mismo orden que se especificaron las primitivas de entrada. Este tipo de shaders se emplean para la simulación de pelo, para encontrar los bordes de los objetos, o para implementar algunas técnicas de visualización avanzadas como metabolas o simulación de telas.

1.3.3. Pixel Shader

A nivel de *pixel shader*[2] se pueden aplicar operaciones a nivel de píxel, permitiendo definir complejas ecuaciones de sombreado que serán evaluadas para cada píxel de la imagen.

El *Pixel Shader* tiene influencia únicamente sobre el fragmento que está manejando. Esto implica que no puede aplicar ninguna transformación sobre fragmentos vecinos.

---

[2]En OpenGL al *Pixel Shader* se le denomina *Fragment Shader*. En realidad es un mejor nombre, porque se trabaja a nivel de *fragmento*.

El uso principal que se da a este tipo de *shaders* es el establecimiento mediante código del color y la profundidad asociada al fragmento. Actualmente se emplea para aplicar multitud de efectos de representación no realista, reflexiones, etc.

1.4. Arquitectura del motor gráfico

El objetivo de esta sección es proporcionar una primera visión general sobre los conceptos generales subyacentes en cualquier motor gráfico 3D interactivo. Estos conceptos serán estudiados en profundidad a lo largo de este documento, mostrando su uso práctico mediante ejemplos desarrollados en C++ empleando el motor gráfico OGRE.

Como se ha visto en la introducción del capítulo, los videojuegos requieren hacer un uso eficiente de los recursos gráficos. Hace dos décadas, los videojuegos se diseñaban específicamente para una plataforma hardware específica, y las optimizaciones podían realizarse a muy bajo nivel. Actualmente, el desarrollo de un videojuego tiende a realizarse para varias plataformas, por lo que el uso de un motor gráfico que nos abstraiga de las particularidades de cada plataforma no es una opción, sino una necesidad.

En algunos casos, como en el desarrollo de videojuegos para PC, el programador no puede hacer casi ninguna suposición sobre el hardware subyacente en la máquina donde se ejecutará finalmente el programa. En el caso de desarrollo para consolas, los entornos de ejecución concretos están mucho más controlados.

En estos desarrollos multiplataforma es necesario abordar aproximaciones de diseño que permitan emplear diferentes *perfiles* de ejecución. Por ejemplo, en máquinas con grandes prestaciones se emplearán efectos y técnicas de despliegue más realistas, mientras que en máquinas con recursos limitados se utilizarán algoritmos con menores requisitos computacionales y versiones de los recursos gráficos adaptadas (con diferente nivel de detalle asociado).

Las limitaciones asociadas a los recursos computacionales son una constante en el área del desarrollo de videojuegos. Cada plataforma conlleva sus propias limitaciones y restricciones, que pueden asociarse en las categorías de:

- **Tiempo de Procesamiento**. El desarrollo de videojuegos en prácticamente cualquier plataforma actual require el manejo de múltiples núcleos de procesamiento (tanto de CPU como GPU). El manejo explícito de la concurrencia (habitualmente a nivel de hilos) es necesario para mantener una alta tasa de *Frames por Segundo*.

- **Almacenamiento**. En el caso de ciertos dispositivos como consolas, la variedad de unidades de almacenamiento de los recursos del juego (con velocidades de acceso y transferencia heterogéneas), dificultan el desarrollo del videojuego. En ciertas plataformas, no se dispone de aproximaciones de memoria virtual, por lo que el programador debe utilizar explícitamente superposiciones (*overlays*) para cargar las zonas del juego que van a emplearse en cada momento.

Dada la gran cantidad de restricciones que deben manejarse, así como el manejo de la heterogeneidad en términos software y hardware, es necesario el uso de un motor de despliegue gráfico para desarrollar videojuegos. A continuación enunciaremos algunos de los más empleados.

1.5. Casos de Estudio

En esta sección se estudiarán algunos de los motores gráficos 3D libres, comentando brevemente algunas de sus características más destacables.

Figura 1.13: Capturas de algunos videojuegos desarrollados con motores libres. La imagen de la izquierda se corresponde con *Planeshift*, realizado con Crystal Space. La captura de la derecha es del videojuego *H-Craft Championship*, desarrollado con Irrlicht.

- **Crystal Space**. Crystal Space (http://www.crystalspace3d.org/) es un framework completo para el desarrollo de videojuegos escrito en C++, desarrollado inicialmente en 1997. Se distribuye bajo licencia libre LGPL, y es multiplataforma (GNU/Linux, Windows y Mac).

- **Panda 3D**. Panda 3D (http://www.panda3d.org/) es un motor para el desarrollo de videojuegos multiplataforma. Inicialmente fue desarrollado por Disney para la construcción del software asociado a las atracciones en parques temáticos, y posteriormente liberado en 2002 bajo licencia BSD. Este motor multiplataforma (para GNU/Linux, Windows y Mac) incluye interfaces para C++ y Python. Su corta curva de aprendizaje hace que haya sido utilizado en varios cursos universitarios, pero no ofrece características de representación avanzadas y el interfaz de alto nivel de Python conlleva una pérdida de rendimiento.

- **Irrlicht**. Este motor gráfico de renderizado 3D, con primera versión publicada en el 2003 (http://irrlicht.sourceforge.net/), ofrece interfaces para C++ y .NET. Existen gran cantidad de *wrappers* a diferentes lenguajes como Java, Perl, Python o Lua. Irrlicht tiene una licencia Open Source basada en la licencia de ZLib. Irrlicht es igualmente multiplataforma (GNU/Linux, Windows y Mac).

- **OGRE**. OGRE (http://www.ogre3d.org/) es un motor para gráficos 3D libre multiplataforma. Sus características serán estudiadas en detalle en la sección 1.6.

De entre los motores estudiados, OGRE 3D ofrece una calidad de diseño superior, con características técnicas avanzadas que han permitido el desarrollo de varios videojuegos comerciales. Además, el hecho de que se centre exclusivamente en el capa gráfica permite utilizar gran variedad de bibliotecas externas (habitualmente accedidas mediante *plugins*) para proporcionar funcionalidad adicional. En la siguiente sección daremos una primera introducción y toma de contacto al motor libre OGRE.

1.6. Introducción a OGRE

OGRE es un motor orientado a objetos libre para aplicaciones gráficas 3D interactivas. El nombre del motor OGRE es un acrónimo de *Object-oriented Graphics Rendering Engine*. Como su propio nombre indica, OGRE no es un motor para el desarrollo de videojuegos; se centra exclusivamente en la definición de un *middleware* para el renderizado de gráficos 3D en tiempo real.

El desarrollo de OGRE se centra exclusivamente en la parte de despliegue gráfico. El motor no proporciona mecanismos para capturar la interacción del usuario, ni para reproducción audio o gestión del estado interno del videojuego.

El proyecto de OGRE comenzó en el 2000 con el propósito de crear un motor gráfico bien diseñado. El líder del proyecto Steve Streeting define el desarrollo de OGRE como un proyecto basado en la *calidad* más que en la *cantidad* de características que soporta, porque la cantidad viene con el tiempo, y la calidad nunca puede añadirse a posteriori. La popularidad de OGRE se basa en los principios de *meritocracia* de los proyectos de software libre. Así, el sitio web de OGRE [3] recibe más de 500.000 visitas diarias, con más de 40.000 descargas mensuales.

Figura 1.14: El logotipo de OGRE 3D es un... OGRO!

La versión actualmente en desarrollo de Ogre (1.9) sufre diversos cambios semanalmente. En el curso utilizaremos la última versión *estable* (1.8).

El núcleo principal de desarrolladores en OGRE se mantiene deliberadamente pequeño y está formado por profesionales con dilatada experiencia en proyectos de ingeniería reales.

OGRE tiene una licencia LGPL *Lesser GNU Public License*. Esta licencia se utiliza con frecuencia en bibliotecas que ofrecen funcionalidad que es similar a la de otras bibliotecas privativas. Por cuestión de estrategia, se publican bajo licencia LGPL (o GPL *Reducida*) para permitir que se enlacen tanto por programas libres como no libres. La única restricción que se aplica es que si el enlazado de las bibliotecas es estático, la aplicación resultado debe ser igualmente LGPL (porque el *enlazado estático* también *enlaza la licencia*).

La versión oficial de OGRE está desarrollada en C++ (el lenguaje estándar en el ámbito del desarrollo de videojuegos). La rama oficial de OGRE únicamente se centra en este lenguaje sobre los sistemas operativos GNU/Linux, Mac OS X y Microsoft Windows. No obstante, existen *wrappers* de la API a otros lenguajes (como Java, Python o C#) que son mantenidos por la comunidad de usuarios (presentando diferentes niveles de estabilidad y completitud), que no forman parte del núcleo oficial de la biblioteca.

 La última versión en desarrollo de Ogre (rama 1.9RC1 (*inestable*), incluye soporte para nuevas plataformas como Android, Windows Phone 8, así como la escritura del motor con soporte para OpenGL 3, DirectX11, etc...

Algunas características destacables de OGRE son:

Motor Multiplataforma. Aunque el desarrollo original de OGRE se realizó bajo plataformas Microsoft Windows, la distribución oficial ofrece versiones binarias para GNU/-Linux y Mac OS X. Además, gracias al soporte nativo de OpenGL, es posible compilar la biblioteca en multitud de plataformas (como diversas versiones de Unix, además de algunos *ports* no oficiales para Xbox y dispositivos portátiles). OGRE soporta la utilización de las APIs de despliegue gráfico de bajo nivel OpenGL y Direct3D.

---

[3] http://www.ogre3d.org

Diseño de Alto Nivel. OGRE encapsula la complejidad de acceder directamente a las APIs de bajo nivel (como OpenGL y Direct3D) proporcionando métodos intuitivos para la manipulación de objetos y sus propiedades relacionadas. De este modo no es necesario gestionar manualmente la geometría o las matrices de transformación. Todos los objetos representables de la escena se abstraen en un interfaz que encapsula las operaciones necesarias para su despliegue (técnicas empleadas y composición).

OGRE hace un uso de varios **patrones de diseño** para mejorar la usabilidad y la flexibilidad de la biblioteca. Por ejemplo, para informar a la aplicación sobre eventos y cambios de estado utiliza el patrón *Observador*. El patrón *Singleton* se emplea en gran número de *Gestores* para forzar que únicamente exista una instancia de una clase. El patrón *Visitor* se emplea para permitir operaciones sobre un objeto sin necesidad de modificarlo (como en el caso de los nodos del grafo de escena), el patrón *Facade* para unificar el acceso a operaciones, *Factoría* para la creación de instancias concretas de interfaces abstractos, etc.

Grafos de Escena. Prácticamente cualquier biblioteca de despliegue de gráficos 3D utiliza un *Grafo de Escena* para organizar los elementos que serán representados en la misma. Un objetivo fundamental en el diseño de esta estructura de datos es permitir búsquedas eficientes. Una de las características más potentes de OGRE es el desacople del grafo de escena del contenido de la escena, definiendo una arquitectura de plugins. En pocas palabras, a diferencia de otros motores gráficos como Irrlicht3D, Blitz3D o TrueVision3D (o motores de videojuegos como Torque, CryEngine o Unreal), OGRE no se basa en la *Herencia* como principio de diseño del Grafo de Escena, sino en la *Composición*. Esto permite expandir el diseño cómodamente para soportar otros tipos de datos (como audio o elementos de simulación física).

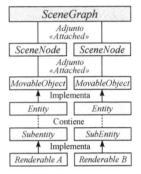

Figura 1.15: Esquema general de la gestión del grafo de escena en OGRE.

La Figura 1.15 muestra el esquema general de gestión del grafo de escena en OGRE. Los *Renderables* manejan la geometría de la escena. Todas las propiedades para el despliegue de estos *Renderables* (como por ejemplo los materiales) se gestionan en objetos de tipo Entidad (*Entity*) que pueden estar formados por varios objetos SubEntidad (*SubEntity*). Como se ha comentado anteriormente, la escena se *Compone* de nodos de escena. Estos *SceneNodes* se adjuntan a la escena.

Las propiedades de esos nodos de escena (geometría, materiales, etc...) se ofrecen al *SceneGraph* mediante un *MovableObject*. De forma similar, los *MovableObjects* no son subclases de *SceneNode*, sino que se adjuntan. Esto permite realizar modificaciones en la implementación del grafo de escena sin necesidad de tocar ninguna línea de código en la implementación de los objetos que contiene.

Aceleración Hardware. OGRE necesita una tarjeta aceleradora gráfica para poder ejecutarse (con soporte de *direct rendering mode*). OGRE permite definir el comportamiento de la parte programable de la GPU mediante la definición de *Shaders*, estando al mismo nivel de otros motores como Unreal o CryEngine.

Figura 1.16: Ejemplo de Shader desarrollado por Assaf Raman para simular trazos a Lápiz empleando el sistema de materiales de OGRE.

Materiales. Otro aspecto realmente potente en OGRE es la gestión de materiales. Es posible crear materiales sin modificar ni una línea de código a compilar. El sistema de *scripts* para la definición de materiales de OGRE es uno de los más potentes existentes en motores de rendering interactivo. Los materiales de OGRE se definen mediante una o más **Técnicas**, que se componen a su vez de una o más **Pasadas** de rendering (el ejemplo de la Figura 1.16 utiliza una única pasada para simular el sombreado a lápiz mediante *hatching*). OGRE busca la mejor técnica disponible en un material que esté soportada por el hardware de la máquina (transparente al programador). Es posible definir **Esquemas** asociados a modos de calidad en el despliegue.

Animación. OGRE soporta tres tipos de animación ampliamente utilizados en la construcción de videojuegos: basada en esqueletos (*skeletal*), basada en vértices (*morph* y *pose*). En la animación mediante esqueletos, OGRE permite el uso de esqueletos con animación basada en cinemática directa. Existen multitud de exportadores para los principales paquetes de edición 3D. En este módulo utilizaremos el exportador de Blender.

El sistema de animación de OGRE se basa en el uso de **controladores**, que modifican el valor de una propiedad en función de otro valor. En el caso de animaciones se utiliza el *tiempo* como valor para modificar otras propiedades (como por ejemplo la posición del objeto). El motor de OGRE soporta dos modelos básicos de interpolación: lineal y basada en splines cúbicas.

El proceso de optimización al formato binario de OGRE calcula el orden adecuado de los vértices de la malla, calcula las normales de las caras poligonales, así como versiones de diferentes niveles de detalle de la malla. Este proceso evita el cálculo de estos parámetros en tiempo de ejecución.

La animación y la geometría asociada a los modelos se almacena en un único formato binario optimizado. El proceso más empleado se basa en la exportación desde la aplicación de modelado y animación 3D a un formato XML (*Ogre XML*) para convertirlo posteriormente al formato binario optimizado mediante la herramienta de línea de órdenes `OgreXMLConverter`.

Composición y Postprocesado. El framework de composición facilita al programador incluir efectos de postprocesado en tiempo de ejecución (siendo una extensión del *pixel shader* del pipeline estudiado en la sección 1.3.3). La aproximación basada en *pasadas* y diferentes *técnicas* es similar a la explicada para el gestor de materiales.

Plugins. El diseño de OGRE facilita el diseño de *Plugins* como componentes que cooperan y se comunican mediante un interfaz conocido. La gestión de archivos, sistemas de rendering y el sistema de partículas están implementados basados en el diseño de Plugins.

Gestión de Recursos. Para OGRE los recursos son los elementos necesarios para representar un objetivo. Estos elementos son la geometría, materiales, esqueletos, fuentes, scripts, texturas, etc. Cada uno de estos elementos tienen asociado un gestor de recurso específico. Este gestor se encarga de controlar la cantidad de memoria empleada por el recurso, y facilitar la carga, descarga, creación e inicialización del recurso. OGRE organiza los recursos en niveles de gestión superiores denominados *grupos*. Veremos en la sección 1.6.1 los recursos gestionados por OGRE.

Características específicas avanzadas. El motor soporta gran cantidad de características de visualización avanzadas, que estudiaremos a lo largo del módulo, tales como sombras dinámicas (basadas en diversas técnicas de cálculo), sistemas de partículas, animación basada en esqueletos y de vértices, y un largo etcétera. OGRE soporta además el

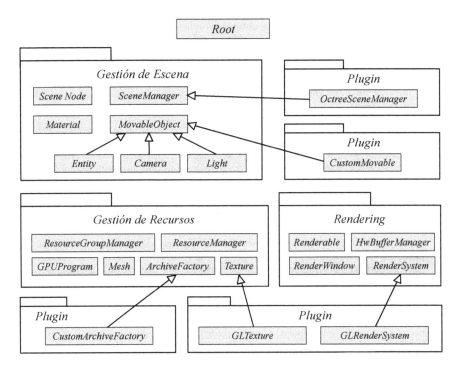

Figura 1.17: Diagrama general de algunos de los objetos principales de OGRE

uso de otras bibliotecas auxiliares mediante plugins y conectores. Entre los más utiliza-dos cabe destacar las bibliotecas de simulación física ODE, el soporte del metaformato Collada, o la reproducción de streaming de vídeo con Theora. Algunos de estos módulos los utilizaremos en el módulo 3 del presente curso.

1.6.1. Arquitectura General

El diagrama de la Figura 1.17 resume algunos de los objetos principales del motor OGRE. No es un diagrama exhaustivo, pero facilita la comprensión de los principales módulos que utilizaremos a lo largo del curso.

Uno de los objetos principales del sistema es el denominado *Root*. Root proporciona mecanismos para la creación de los objetos de alto nivel que nos permitirán gestionar las escenas, ventanas, carga de plugins, etc. Gran parte de la funcionalidad de Ogre se proporciona a través del objeto *Root*. El objeto Root es el eje pricipal sobre el que se define una aplicación que utiliza OGRE. La creación de una instancia de esta clase hará que se inicie OGRE, y su destrucción hará que se libere la memoria asociada a todos los objetos que dependen de él. Como se muestra en el diagrama 1.17, existen otros tres grupos de clases principales en OGRE:

- **Gestión de Escena**: Los objetos de este grupo de clases se encargan de definir el contenido de la escena virtual, su estructura, así como otras propiedades de alto ni-vel de abstracción (posición de la cámara, posición de los objetos, materiales, etc...). Como se estudió en la Figura 1.15, el grafo de escena es un elemento principal en la arquitectura de cualquier motor 3D. En el caso de OGRE, el Gestor de Escena (clase *SceneManager*) es el que se encarga de implementar el grafo de escena. Los nodos de escena *SceneNode* son elementos relacionados jerárquicamente, que pueden adjuntarse o desligarse de una escena en tiempo de ejecución. El contenido de estos *SceneNode* se adjunta en la forma de instancias de Entidades (*Entity*), que son implementaciones de la clase *MovableObject*. La mayor parte de las entidades que incluyas en el *SceneNode* serán cargadas de disco (como por ejemplo, una malla binaria en formato .mesh). Sin embargo, OGRE permite la definción en código de otras entidades, como una textura procedural, o un plano.

- **Gestión de Recursos**: Este grupo de objetos se encarga de gestionar los recursos necesarios para la representación de la escena (geometría, texturas, tipografías, etc...). Esta gestión permite su carga, descarga y reutilización (mediante cachés de recursos). En la siguiente subsección veremos en detalle los principales gestores de recursos definidos en OGRE.

- **Rendering**: Este grupo de objetos sirve de *intermediario* entre los objetos de *Gestión de Escena* y el pipeline gráfico de bajo nivel (con llamadas específicas a APIs gráficas, trabajo con buffers, estados internos de despliegue, etc.). La clase *RenderSystem* es un interfaz general entre OGRE y las APIs de bajo nivel (OpenGL o Direct3D). La forma más habitual de crear la *RenderWindow* es a través del objeto *Root* o mediante el *RenderSystem* (ver Figura 1.18). La creación manual permite el establecimiento de mayor cantidad de parámetros, aunque para la mayoría de las aplicaciones la creación automática es más que suficiente.

Por ser la gestión de recursos uno de los ejes principales en la creación de una aplicación gráfica interactiva, estudiaremos a continuación los grupos de gestión de recursos y las principales clases relacionadas en OGRE.

Gestión de Recursos

Como hemos comentado anteriormente, cualquier elemento necesario para represesntar una escena se denomina *recurso*. Todos los recursos son gestionados por un único objeto llamado *ResourceGroupManager*, que se encarga de buscar los recursos definidos en la aplicación e inicializarlos. Cada tipo de recurso tiene asociado un gestor de recurso particular. Veamos a continuación los tipos de recursos soportados en OGRE:

- **Mallas**. La geometría de los elementos de la escena se especifica en un formato de malla binario (.mesh). Este formato almacena la geometría y la animación asociada a los objetos.

- **Materiales**. Como se ha descrito anteriormente, el material se especifica habitualmente mediante scripts (en ficheros de extensión .material). Estos scripts pueden estar referenciados en el propio archivo .mesh o pueden ser enlazados a la malla mediante código compilado.

- **Texturas**. OGRE soporta todos los formatos de texturas 2D admitidos por la biblioteca OpenIL. El formato se reconoce por la extensión asociada al mismo.

- **Esqueletos**. Habitualmente el esqueleto está referenciado en el fichero .mesh. El fichero de definición de esqueleto contiene la jerarquía de huesos asociada al mismo y tiene una extensión .skeleton.

- **Fuentes**. Las fuentes empleadas en la etapa de despliegue de *Overlays* se definen en un archivo .fontdef.

- **Composición**. El framework de composición de OGRE carga sus scripts con extensión .compositor.

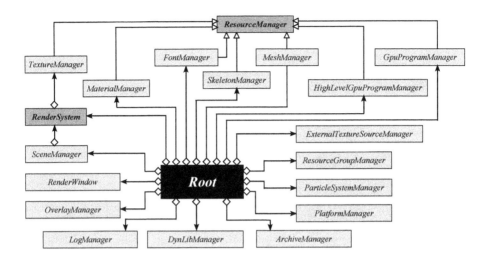

Figura 1.18: Diagrama de clases simplificado de los *Gestores* de alto nivel que dan acceso a los diferentes subsistemas definidos en OGRE

- **GPU**. El código de shaders definidos para la GPU (de HLSL, GLSL y Cg) se describe en archivos con extensión .program. De igual modo se pueden definir código en ensamblador mediante archivos .asm. Los programas de GPU son cargados antes que se procese cualquier archivo de material .material, de forma que estos shaders puedan ser referenciados en los archivos de definición de material.

Un gestor (*Manager*) en OGRE es una clase que gestiona el acceso a otros tipos de objetos (ver Figura 1.18). Los *Managers* de OGRE se implementan mediante el patrón *Singleton* que garantiza que únicamente hay una istancia de esa clase en toda la aplicación. Este patrón permite el acceso a la instancia *única* de la clase *Manager* desde cualquier lugar del código de la aplicación.

Como puede verse en la Figura 1.18, el *ResourceManager* es una clase abstracta de la que heredan un gran número de *Managers*, tales como el encargado de las Fuentes, las Texturas o las Mallas. A continuación se ofrece una descripción general de los *Managers* (por orden alfabético) definidos en OGRE. A lo largo del documento se describirán (y se utilizarán ampliamente) muchos de estos gestores.

- **Archive Manager**. Se encarga de abstraer del uso de ficheros con diferentes extensiones, directorios y archivos empaquetados .zip.

- **CompositorManager**. Esta clase proporciona acceso al framework de composición y postprocesado de OGRE.

- **ControllerManager**. Es el gestor de los *controladores* que, como hemos indicado anteriormente, se encargan de producir cambios en el estado de otras clases dependiendo del valor de ciertas entradas.

- **DynLibManager**. Esta clase es una de las principales en el diseño del sistema de Plugins de OGRE. Se encarga de gestionar las bibliotecas de enlace dinámico (DLLs en Windows y objetos compartidos en GNU/Linux).

- **ExternalTextureSourceManager**. Gestiona las fuentes de textura externas (como por ejemplo, en el uso de *video streaming*).

- **FontManager**. Gestiona las fuentes disponibles para su representación en superposiciones 2D (ver *OverlayManager*).

- **GpuProgramManager**. Carga los programas de alto nivel de la GPU, definidos en ensamblador. Se encarga igualmente de cargar los programas compilados por el *HighLevelGpuProgramManager*.

- **HighLevelGpuProgramManager**. Gestiona la carga y compilación de los programas de alto nivel en la GPU (*shaders*) utilizados en la aplicación en HLSL, GLSL o Cg.

- **LogManager**. Se encarga de enviar mensajes de *Log* a la salida definida por OGRE. Puede ser utilizado igualmente por cualquier código de usuario que quiera enviar eventos de *Log*.

- **MaterialManager**. Esta clase mantiene las instancias de *Material* cargadas en la aplicación, permitiendo reutilizar los objetos de este tipo en diferentes objetos.

- **MeshManager**. De forma análoga al *MaterialManager*, esta clase mantiene las instancias de *Mesh* permitiendo su reutilización entre diferentes objetos.

- **OverlayManager**. Esta clase gestiona la carga y creación de instancias de superposiciones 2D, que permiten dibujar el interfaz de usuario (botones, iconos, números, radar...). En general, los elementos definidos como HUDs (*Head Up Display*).

- **ParticleSystemManager**. Gestiona los sistemas de partículas, permitiendo añadir gran cantidad de efectos especiales en aplicaciones 3D. Esta clase gestiona los emisores, los límites de simulación, etc.

- **PlatformManager**. Esta clase abstrae de las particularidades del sistema operativo y del hardware subyacente de ejecución, proporcionando rutinas independientes del sistema de ventanas, temporizadores, etc.

- **ResourceGroupManager**. Esta clase gestiona la lista de grupos de recursos y se encarga de notificar a los *Managers* de la necesidad de cargar o liberar recursos en cada grupo.

- **SceneManager**. Como se ha explicado anteriormente, esta clase se encarga de la gestión, organización y *rendering* de la escena. Esta clase permite definir subclases que organicen la escena de una forma más eficiente, dependiendo del tipo de aplicación. Por defecto, el *SceneManager* utiliza una jerarquía de cajas límite (*bounding boxes*) para optimizar el despliegue de los objetos.

  Los *SceneManagers* de OGRE son implementados como Plugins, de forma que el usuario puede cargar varios gestores de escena en su aplicación. Si el videojuego requiere escenas de interiores con mucha geometría, así como escenas de exteriores, puede ser interesante cargar dos gestores de escena diferentes optimizados para cada parte del juego.

- **SkeletonManager**. Al igual que el *MaterialManager* y el *MeshManager*, esta clase mantiene las instancias de *Skeleton* cargadas en la aplicación, permitiendo su reutilización entre diferentes objetos.

- **TextureManager**. Gestiona la carga y uso de las texturas de la aplicación.

1.6.2. Instalación

En esta sección se detallará el proceso de instalación de la biblioteca OGRE 1.8 en sistemas *GNU/Linux* y *Microsoft Windows*. Nos centraremos en la instalación en distribuciones Debian, que servirán como base para el desarrollo del presente curso. No obstante, se proporcionarán igualmente las herramientas necesarias y makefiles adaptados para Microsoft Windows empleando *MinGW*.

GNU/Linux (Debian)

Para comenzar, instalaremos las herramientas de compilación básicas necesarias para compilar: *gcc*, *g++* y *make* se encuentran disponibles en el metapaquete *build-essential*:

```
apt-get install build-essential
```

A continuación instalaremos los paquetes específicos de OGRE:

```
apt-get install libogre-1.8.0 libogre-1.8-dev ogre-1.8-doc ogre-1.8-tools
```

El paquete `libogre-1.8.0` contiene las bibliotecas necesarias para la ejecución de las aplicaciones desarrolladas con OGRE. El paquete `libogre-dev` contiene los ficheros de cabecera instalados en `/usr/include/OGRE` necesarios para compilar nuestros propios ejemplos. El paquete de documentación `ogre-doc` instala en `/usr/share/doc/ogre-doc` la documentación (manual de usuario y API). Finalmente el paquete `ogre-tools` contiene las herramientas para convertir al formato de malla binario optimizado de OGRE.

Como se comentó en la introducción, OGRE se centra en proporcionar exclusivamente un motor de despliegue gráfico 3D interactivo. OGRE no proporciona mecanismos para gestionr la entrada del usuario. En este módulo utilizaremos OIS (Object Oriented Input System), una biblioteca desarrollada en C++ multiplataforma que permite trabajar con teclado, ratón, joysticks y otros dispositivos de juego. Instalaremos igualmente el paquete binario y las cabeceras.

```
apt-get install libois-1.3.0 libois-dev
```

Tanto OGRE como OIS puede ser igualmente instalado en cualquier distribución compilando directamente los fuentes. En el caso de OGRE, es necesario *CMake* para generar el *makefile* específico para el sistema donde va a ser instalado. En el caso de OIS, es necesario *autotools*.

Microsoft Windows

Aunque no utilizaremos ningún entorno de desarrollo en esta plataforma, dada su amplia comunidad de usuarios, puede ser conveniente generar los ejecutables para esta plataforma. A continuación se detallarán los pasos necesarios para instalar y compilar los desarrollos realizados con OGRE en plataformas Windows.

Como entorno de compilación utilizaremos *MinGW* (*Minimalist GNU for Windows*), que contiene las herramientas básicas de compilación de GNU para Windows.

El instalador de *MinGW* `mingw-get-inst` [4]. Puedes instalar las herramientas en `C:\MinGW\`. Una vez instaladas, deberás añadir al *path* el directorio `C:\MinGW\bin`. Para ello, podrás usar la siguiente orden en un terminal del sistema.

---

[4]puede obtenerse de la página web `http://www.mingw.org/`

```
path = %PATH%;C:\MinGW\bin
```

De igual modo, hay que descargar el SDK de DirectX[5]. Este paso es opcional siempre que no queramos ejecutar ningún ejemplo de OGRE que utilice Direct3D.

A continuación instalaremos la biblioteca OGRE3D para MinGW[6]. Cuando acabe, al igual que hicimos con el directorio bin de MinGW, hay que añadir los directorios boost_1_44\lib\ y bin\Release al path.

```
path = %PATH%;C:\Ogre3D\boost_1_44\lib\; C:\Ogre3D\bin\
```

1.7.   Hola Mundo en OGRE

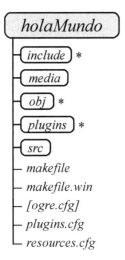

Figura 1.19: Descripción de directorios del ejemplo "*Hola Mundo*".

A continuación examinaremos un ejemplo básico de funcionamiento de OGRE. Utilizaremos la estructura de directorios mostrada en la Figura 1.19 en los ejemplos desarrollados a lo largo de este módulo.

- En el directorio include se incluirán los archivos de cabecera. En este primer ejemplo, no es necesario ningún archivo de cabecera adicional, por lo que este directorio estará vacío.

- El directorio media contendrá los archivos de geometría, animaciones y texturas necesarios para ejecutar el ejemplo. Todos estos archivos serán cargados por el *ResourceManager*.

- En obj se generarán automáticamente los ficheros objeto compilados a partir de los fuentes existentes en src.

- El diretorio plugins contendrá los plugins de Ogre. En GNU/Linux, podemos crear un enlace simbólico de este directorio al lugar donde se encuentran los plugins (archivos .so) en disco. En Windows deberemos copiar los .dll a este directorio. La ruta de este directorio, como veremos más adelante, se debe indicar en el archivo plugins.cfg.

- El directorio src contiene los ficheros fuente de la aplicación. Gracias al makefile que veremos a continuación, la compilación de todos los ficheros fuente en objetos binarios se realiza automáticamente.

Para compilar el ejemplo, definiremos un makefile para ambos sistemas operativos. En el siguiente listado se muestra el resultado para GNU/Linux. El formato y uso de *make* será estudiado en detalle a lo largo del primer módulo del curso.

En la línea ⓪ se define el nombre del ejecutable que queremos obtener. A continuación en las líneas ⟨1-3⟩ se definen los directorios para los archivos fuente, objetos y cabeceras. Las líneas ⟨8⟩ y ⟨11⟩ definen los flags para la compilación y enlazado respectivamente.

---

[5]Puede descargarse de: http://www.microsoft.com/download/en/details.aspx?displaylang=en&id=6812
[6]Puede descargarse de: http://www.ogre3d.org/download/sdk

Listado 1.1: Makefile genérico para GNU/Linux

```
 1  EXEC := helloWorld
 2  DIRSRC := src/
 3  DIROBJ := obj/
 4  DIRHEA := include/
 5
 6  CXX := g++
 7
 8  # Flags de compilacion ----------------------------
 9  CXXFLAGS := 'pkg-config --cflags OGRE' -I$(DIRHEA) -Wall
10
11  # Flags del linker --------------------------------
12  LDFLAGS := 'pkg-config --libs-only-L OGRE'
13  LDLIBS := 'pkg-config --libs-only-l OGRE' -lOIS -lGL -lstdc++
14
15  # Modo de compilacion (-mode=release -mode=debug) ----------
16  ifeq ($(mode), release)
17      CXXFLAGS += -O2 -D_RELEASE
18  else
19      CXXFLAGS += -g -D_DEBUG
20      mode := debug
21  endif
22
23  # Obtencion automatica de la lista de objetos a compilar -------
24  OBJS := $(subst $(DIRSRC), $(DIROBJ), \
25      $(patsubst %.cpp, %.o, $(wildcard $(DIRSRC)*.cpp)))
26
27  .PHONY: all clean
28
29  all: info $(EXEC)
30
31  info:
32      @echo '--------------------------------------------------'
33      @echo '>>> Using mode $(mode)'
34      @echo '    (Please, call "make" with [mode=debug|release])'
35      @echo '--------------------------------------------------'
36
37  # Enlazado ----------------------------------
38  $(EXEC): $(OBJS)
39      $(CXX) $(LDFLAGS) -o $@ $^ $(LDLIBS)
40
41  # Compilacion ----------------------------------
42  $(DIROBJ)%.o: $(DIRSRC)%.cpp
43      $(CXX) $(CXXFLAGS) -c $< -o $@
44
45  # Limpieza de temporales --------------------------
46  clean:
47      rm -f *.log $(EXEC) *~ $(DIROBJ)* $(DIRSRC)*~ $(DIRHEA)*~
```

El *makefile* construido permite indicar el modo de compilación, utilizando unos flags de compilación en modo *Debug* y otros en modo *Release*. Si llamamos a make con mode=release, se utilizarán los flags de compilación optimizada. En otro caso, utilizaremos la compilación con símbolos para el depurado posterior con *GDB*.

En las líneas 23-24 se utilizan las funciones de *make* para generar la lista de objetos a partir de los fuentes .cpp existentes en el directorio apuntado por DIRSRC. De este modo, se obtienen los objetos con el mismo nombre que los fuentes, pero situados en el directorio indicado por DIROBJ.

Figura 1.20: Ventana de configuración de las propiedades de *Rendering*.

Finalmente, en las líneas (36-42) se emplean las reglas de compilación implícitas de *make* para generar el ejecutable. Se incluye al final la típica regla de `clean` para limpiar los temporales obtenidos.

De este modo, para compilar el ejemplo en modo *release* ejecutaremos en un terminal

```
make mode=release
```

Si no indicamos modo, o indicamos explícitamente *mode=debug*, se utilizarán los flags de compilación en modo debug.

El *makefile* en su versión para plataformas windows se ha nombrado como *makefile.win*. Básicamente es similar al estudiado para GNU/Linux, pero cambian los flags de compilación. Para compilar, ejecutamos el make de *MinGW* que se denomina `mingw32make`:

```
mingw32-make -f makefile-windows mode=release
```

Como se muestra en la Figura 1.19, además de los archivos para make, en el directorio raiz se encuentran tres archivos de configuración. Estudiaremos a continuación su contenido:

- **ogre.cfg**. Este archivo, si existe, intentará ser cargado por el objeto *Root*. Si el archivo no existe, o está creado de forma incorrecta, se le mostrará al usuario una ventana para configurar los parámetros (resolución, método de anti-aliasing, profundidad de color, etc...). En el ejemplo que vamos a realizar, se fuerza a que siempre se abra el diálogo (ver Figura 1.20), recuperando los parámetros que el usuario especificó en la última ejecución.

- **plugins.cfg**. Como hemos comentado anteriormente, un *plugin* es cualquier módulo que implementa alguno de los interfaces de *plugins* de Ogre (como *SceneManager* o *RenderSystem*). En este archivo se indican los plugins que debe cargar OGRE, así como su localización. En el ejemplo del holaMundo, el contenido del archivo indica la ruta al lugar donde se encuentran los plugins (`PluginFolder`), así como el Plugin que emplearemos (pueden especificarse varios en una lista) para el rendering con OpenGL.

  En sistemas Windows, como no es posible crear enlaces simbólicos, se deberían copiar los archivos `.dll` al directorio plugins del proyecto e indicar la ruta relativa a ese directorio en el archivo `plugins.cfg`. Esta aproximación también puede realizarse en GNU/Linux copiando los archivos `.so` a dicho directorio.

- **resources.cfg**. En esta primera versión del archivo de recursos, se especifica el directorio general desde donde OGRE deberá cargar los recursos asociados a los nodos de la escena. A lo largo del curso veremos cómo especificar manualmente más propiedades a este archivo.

Una vez definida la estructura de directorios y los archivos que forman el ejemplo, estudiaremos la docena de líneas de código que tiene nuestro *Hola Mundo*.

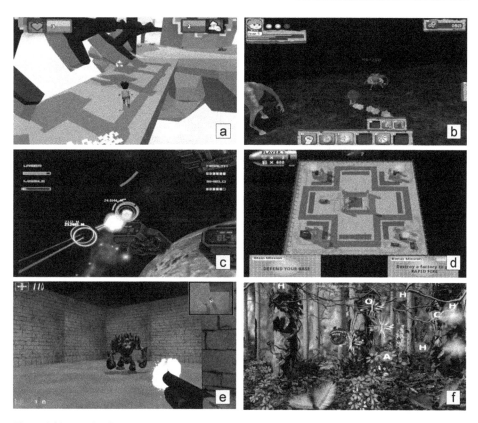

Figura 1.21: Trabajos finales de los alumnos del *Curso de Experto en Desarrollo de Videojuegos* en la tercera edición (2013/14), que utilizan OGRE como motor de representación gráfica. **a)** Sky Platforms *(J. Rosique)*, **b)** The Secret of Liches *(S. Sánchez, I. Morales)*, **c)** Razor Squadron *(J.J. Valero , D. León, D. Sosa, D. Moreno)*, **d)** Destructors *(G. Gijón, F. Perea, A. León, F. Jiménez)*, **e)** Monbersand *(J.A. Patón, J.R. Giménez, M. Garrido)*, y **f)** Permian Rhythmos *(M. Jiménez, J. Larrañaga, T. Castelló)*.

Listado 1.2: El main.cpp del Hola Mundo en OGRE

```
1  #include <ExampleApplication.h>
2
3  class SimpleExample : public ExampleApplication {
4    public : void createScene() {
5      Ogre::Entity *ent = mSceneMgr->createEntity("Sinbad", "Sinbad.mesh");
6      mSceneMgr->getRootSceneNode()->attachObject(ent);
7    }
8  };
9
10 int main(void) {
11   SimpleExample example;
12   example.go();
13
14   return 0;
15 }
```

Como vemos, en el main se crea una instancia de la clase *SimpleExample* (definida en las líneas 2-7). Esta clase es derivada de la clase base *ExampleApplication*, que se proporciona en el SDK de OGRE para facilitar el aprendizaje de la biblioteca.

En esta clase definimos el método público *CreateScene*. En la línea ④ llamamos al *SceneManager* (creado automáticamente por la clase base *ExampleApplication*) a través de su puntero, solicitando la creación de una entidad con nombre único Sinbad, asociado a Sinbad.mesh (que se encontrará en el directorio especificado en resources.cfg). Esta llamada nos creará la entidad, y nos devolverá un puntero a un objeto de ese tipo. Si no indicamos ningún nombre, OGRE elegirá automáticamente un nombre para cada entidad. El nombre debe ser único. Si el nombre existe, se devolverá una excepción.

Figura 1.22: Resultado, tras ajustar el modelo, del Hello World.

A continuación, adjuntamos la entidad creada a la escena. Para ello, accedemos al método *attachObject()* del nodo raíz devuelto por *getRootSceneNode()*.

Si compilamos y ejecutamos el *holaMundo*, primero nos aparecerá una ventana para configurar las opciones de rendering (como se muestra en la Figura 1.20). Cuando pulsemos [Accept], se abrirá una ventana con el modelo cargado (muy pequeñito). Si pulsamos la flecha del cursor [↑], el modelo se acercará. Podemos variar la posición de la cámara y la rotación del modelo (así como su modo de rendering) con los otros tres cursores [←] [↓] [→] , y las teclas [A], [S], [D], [W] y [R]. La salida del modelo se muestra en la Figura 1.22.

La clase *ExampleApplication* nos abstrae de la complejidad de crear una aplicación desde cero con OGRE. Utilizaremos esta clase base en algunos ejemplos más del siguiente capítulo, pero la abandonaremos rápidamente para controlar todos los aspectos relativos a la inicialización (carga de Plugins, definición del *RenderSystem*, gestión de la cámara virtual, control de eventos, etc).

Capítulo 2

Matemáticas para Videojuegos

Carlos González Morcillo

E n este capítulo comenzaremos a estudiar las transformaciones afines básicas que serán necesarias para el desarrollo de Videojuegos. Las transformaciones son herramientas imprescindibles para cualquier aplicación que manipule geometría o, en general, objetos descritos en el espacio 3D. La mayoría de API (Application Program Interface)s y motores gráficos que trabajan con gráficos 3D (como OGRE (Object-Oriented Graphics Rendering Engine)) implementan clases auxiliares para facilitar el trabajo con estos tipos de datos.

2.1. Puntos, Vectores y Coordenadas

Los videojuegos necesitan posicionar objetos en el espacio 3D. El motor gráfico debe gestionar por tanto la posición, orientación y escala de estos objetos (y sus cambios a lo largo del tiempo). Como vimos en el capítulo 1, en gráficos interactivos suelen emplearse representaciones poligonales basadas en triángulos para mejorar la eficiencia. Los vértices de estos triángulos se representan mediante puntos, y las normales mediante vectores. Veamos a continuación algunos conceptos básicos relacionados con los puntos y los vectores.

Aunque en desarrollo de videojuegos se hace uso de prácticamente todas las áreas de las matemáticas (desde trigonometría, álgrebra, estadística o cálculo), en este capítulo nos centraremos en los fundamentos más básicos del álgebra lineal.

2.1.1. Sistemas de Referencia

En el inicio del libro *Practical Linear Algebra*, Farin y Hansford [12] reproducen un bonito cuento sobre el pueblo de Schilda, perteneciente a Brandeburgo, que ilustra a la perfección la necesidad de distinguir entre *Sistemas de Referencia*.

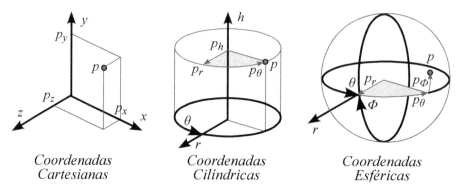

Figura 2.2: Representación de un punto empleando diferentes sistemas de coordenadas.

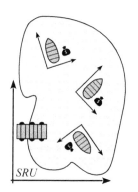

Figura 2.1: Sistemas de referencia Global (Sistema de Referencia Universal o SRU) y Local. Si describimos la posición del tesoro con respecto del sistema de coordenadas local del barco, el tesoro siempre se moverá con el barco y será imposible volver a localizarlo.

En el siglo XVII, un ejército se aproximaba al municipio de Schilda para intentar conquistarlo. El tesoro del pueblo tenía que esconderse para protegerlo de los invasores, por lo que el consejo asesor del ayuntamiento decidió hundirlo en el lago cercano al pueblo. Así, el equipo del ayuntamiento se montó en un barco y navegó hasta la mitad del lago. Cuando llegaron, el tesorero del ayuntamiento sacó una navaja de su bolsillo e hizo una muesca profunda en el borde del barco y dejó caer en esa posición el saco con el tesoro. *¿Por qué has hecho eso?* - preguntaron el resto de miembros del equipo. *Porque así podremos saber dónde hemos hundido el tesoro* respondió el audaz tesorero. Todos quedaron impresionados de la astucia del tesorero del pueblo.

Cuando finalizó la guerra, el equipo del ayuntamiento volvió al lago a recuperar el tesoro. Al subir al barco, el elaborado plan del tesorero dejó de ser tan brillante porque no importaba dónde se desplazaran con el barco porque la muesca en el borde de la embarcación ¡marcaba en todos los sitios la posición del tesoro!.

En el siglo XVII *René Descartes* inventó la teoría de los *sistemas de coordenadas*. El tesoro del barco estaba especificado con respecto a su sistema de coordenadas *local*. Sin embargo, es necesario conocer la posición *global* del barco (relativa al origen del lago) para realizar una interpretación correcta de la posición del tesoro.

2.1.2. Puntos

Un *punto* puede definirse como una localización en un espacio n-dimensional. Para identificar claramente p como un punto, decimos que $p \in \mathbb{E}^2$ que significa que un punto 2D vive en el espacio euclídeo $\mathbb{E}^2$. En el caso de los videojuegos, este espacio suele ser bidimensional o tridimensional. El tratamiento discreto de los valores asociados a la posición de los puntos en el espacio exige elegir el tamaño mínimo y máximo que tendrán los objetos en nuestro videojuego.

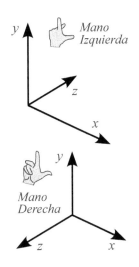

Figura 2.3: Convenios para establecer sistemas cartesianos.

Es crítico definir el convenio empleado relativo al sistema de coordenadas y las unidades entre programadores y artistas. Existen diferentes sistemas de coordenadas en los que pueden especificarse estas posiciones, como se puede ver en la Figura 2.2:

- **Coordenadas Cartesianas**. Es sin duda el sistema de coordenadas más habitual. Este sistema de coordenadas define ejes perpediculares para especificar la posición del punto en el espacio. Como se muestra en la figura 2.3, existen dos convenios para la definición de los ejes de coordenadas cartesianas; según la regla de la mano derecha o de la mano izquierda. Es muy sencillo convertir entre ambos convenios; basta con invertir el valor del eje que cambia.

- **Coordenadas Cilíndricas**. En este sistema se utiliza un eje vertical para definir la altura h, un eje radial r que mide la distancia con ese eje h, y un ángulo de rotación θ definido en la circunferencia sobre ese radio.

- **Coordenadas Esféricas**. Este sistema emplea dos ángulos ϕ y θ, y una distancia radial r.

Coordenadas en OGRE. OGRE utiliza el convenio de la **mano derecha** (ver Figura 2.3). El pulgar (eje positivo X) y el índice (eje positivo Y) definen el plano de la pantalla. El pulgar apunta hacia la derecha de la pantalla, y el índice hacia el "techo". El anular define el eje positivo de las Z, saliendo de la pantalla hacia el observador. Este criterio es un simple convenio. Como veremos en secciones posteriores, es sencillo cambiar entre convenios. Por ejemplo, Ogre y Blender utilizan criterios diferentes.

2.1.3. Vectores

Un vector es una tupla n-dimensional que tiene una longitud (denominada *módulo*), una dirección y un sentido. Puede ser representado mediante una *flecha*. Dos vectores son iguales si tienen la misma longitud, dirección y sentido. Los vectores son entidades *libres* que no están ancladas a ninguna posición en el espacio. Para diferenciar un vector v bidimensional de un punto p, decimos que $v \in \mathbb{R}^2$; es decir, que "vive" en un espacio lineal $\mathbb{R}^2$.

Como en algún momento es necesario representar los vectores como tuplas de números en nuestros programas, en muchas bibliotecas se emplea la misma clase `Vector` para representar puntos y vectores en el espacio. Es imprescindible que el programador distinga en cada momento con qué tipo de entidad está trabajando.

A continuación describiremos brevemente algunas de las operaciones habituales realizadas con vectores.

Suma y resta de vectores

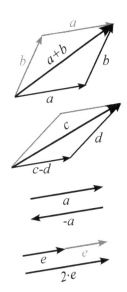

La suma de vectores se puede realizar gráficamente empleando la *regla del paralelogramo*, de modo que la suma puede calcularse como el resultado de unir el inicio del primero con el final del segundo (situando el segundo a continuación del primero). La suma, al igual que con números reales es conmutativa. El vector suma gráficamente *"completa el triángulo"* (ver Figura 2.4).

Dado un vector a, el vector $-a$ tiene el mismo módulo y dirección que a, pero sentido contrario. En OGRE se utilizan las clases Vector2 y Vector3 para trabajar indistintamente con puntos y vectores en 2 y 3 dimensiones.

La resta de un vector con otro puede igualmente representarse mediante un paralelogramo. En el diagrama de la Figura 2.4, puede verse cómo efectivamente la resta del vector $b - a$ puede verse como la suma de $(b - a) + a$, como hemos indicado anteriormente.

El resultado de multiplicar un vector a por un valor escalar obtiene como resultado un vector con la misma dirección y sentido, pero con el módulo *escalado* al factor por el que se ha multiplicado. Gráficamente, la operación de multiplicación puede verse como el efecto de *estirar* del vector manteniendo su dirección y sentido.

Figura 2.4: Representación de algunas operaciones con vectores. Comenzando por arriba: suma y resta de vectores, inversión y multiplicación por escalar.

Las operaciones de suma y resta, multiplicación por un escalar e inversión, se realizan componente a componente del vector:

$$a + b = [(a_x + b_x), (a_y + b_y), (a_z + b_z)]$$
$$a - b = [(a_x - b_x), (a_y - b_y), (a_z - b_z)]$$
$$n \cdot a = (n \cdot a_x, n \cdot a_y, n \cdot a_z)$$
$$-a = (-a_x, -a_y, -a_z)$$

Recordemos que, la suma de dos vectores da como resultado un vector, mientras que la suma de un punto y un vector se interpreta como la obtención del *punto destino* de aplicar la transformación del vector sobre el punto. La resta de dos puntos $(p_b - p_a)$ da como resultado un vector, con módulo igual a la distancia existente entre ambos puntos, la dirección de la recta que pasa por ambos puntos y el sentido de ir del punto p_a a p_b.

Módulo y normalización

El módulo de un vector es un valor escalar que representa la longitud del mismo. Puede calcularse como:

$$|a| = \sqrt{a_x^2 + a_y^2 + a_z^2}$$

Si dividimos un vector por su longitud (es decir, escalamos el vector a por el factor $1/|a|$), obtenemos como resultado un vector con la misma dirección y sentido, pero de módulo la unidad (vector *unitario*). Esta operación se denomina *normalización*, y da como resultado un vector *normalizado* que se emplea en gran cantidad de algoritmos en programación de videojuegos.

$$a_N = \frac{a}{|a|}$$

Los vectores pueden multiplicarse entre sí, pero a diferencia de los escalares, admiten dos operaciones de multiplicación; el *producto escalar* (que da como resultado un escalar), y el *producto vectorial* (que lógicamente da como resultado otro vector). Veamos a continuación cómo se definen estas dos operaciones y algunas de sus aplicaciones prácticas.

Producto Escalar

El *producto escalar* (*dot product*) es conmutativo ($a \cdot b = b \cdot a$), y se calcula como:

$$a \cdot b = a_x b_x + a_y b_y + a_z b_z \qquad (2.1)$$

También puede ser calculado mediante la siguiente expresión que relaciona el ángulo θ que forman ambos vectores.

$$a \cdot b = |a|\,|b|\,cos(\theta) \qquad (2.2)$$

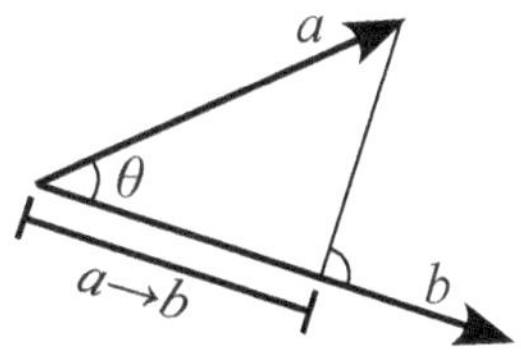

Figura 2.5: La proyección de a sobre b obtiene como resultado un escalar.

Combinando las expresiones 2.1 y 2.2, puede calcularse el ángulo que forman dos vectores (operación muy utilizada en informática gráfica).

Otra operación muy útil es el cálculo de la *proyección* de un vector sobre otro, que se define $a \rightarrow b$ como la longitud del vector a que se proyecta mediante un ángulo recto sobre el vector b (ver Figura 2.5).

$$a \rightarrow b = |a|\,cos(\theta) = \frac{a \cdot b}{|b|}$$

El producto escalar se emplea además para detectar si dos vectores tienen la misma dirección, o si son perpendiculares, o si tienen la misma dirección o direcciones opuestas (para, por ejemplo, eliminar geometría que no debe ser representada).

- **Colineal**. Dos vectores son colineales si se encuentran definidos en la misma línea recta. Si *normalizamos* ambos vectores, y aplicamos el producto escalar podemos saber si son *colineales* con el mismo sentido ($a \cdot b = 1$) o sentido opuesto ($a \cdot b = -1$).

- **Perpendicular**. Dos vectores son perpendiculares si el ángulo que forman entre ellos es 90 (o 270), por lo que $a \cdot b = 0$.

- *Misma* **dirección**. Si el ángulo que forman entre ambos vectores está entre 270 y 90 grados, por lo que $a \cdot b > 0$ (ver Figura 2.6).

- **Dirección** *Opuesta*. Si el ángulo que forman entre ambos vectores es mayor que 90 grados y menor que 270, por lo que $a \cdot b < 0$.

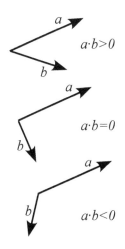

Figura 2.6: Algunos ejemplos de uso del producto escalar.

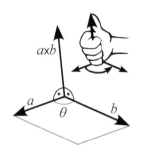

Esta interpretación de *misma* dirección y dirección *opuesta* no es literal. Nos servirá para comprobar si el vector normal de una cara poligonal está *de frente* a la cámara virtual (si tiene dirección opuesta al vector *look*) de la cámara, o por el contrario está siendo visto *de espaldas*.

Producto Vectorial

Mediante el *producto vectorial* (*cross product*) de dos vectores se obtiene otro vector que es perpendicular a los dos vectores originales.

Figura 2.7: Producto Vectorial. El módulo de $a \times b$ es igual al área del paralelogramo representado.

$$a \times b = [(a_y b_z - a_z b_y), (a_z b_x - a_x b_z), (a_x b_y - a_y b_x)]$$

El sentido del vector resultado del producto escalar sigue la regla de la *mano derecha* (ver Figura 2.7): si *agarramos* $a \times b$ con la palma de la mano, el pulgar apunta en el sentido positivo del vector producto si el giro del resto de los dedos va de a a b. En caso contrario, el sentido del vector es el inverso. Por tanto, el producto vectorial no es conmutativo.

El módulo del producto vectorial está directamente relacionado con el ángulo que forman ambos vectores θ. Además, el módulo del producto vectorial de dos vectores es igual al área del paralelogramo formado por ambos vectores (ver Figura 2.7).

$$|a \times b| = |a|\,|b|\,sin\theta$$

El producto vectorial se utiliza en gran cantidad de situaciones. El cálculo del vector perpendicular a dos vectores es útil para calcular el vector normal asociado a un triángulo (habitualmente se devuelve normalizado para su posterior utilización en la etapa de *shading*).

A continuación describiremos las transformaciones geométricas más comunes empleadas en gráficos por computador. Para introducir los conceptos generales asociados a las transformaciones, comenzaremos con una discusión sobre las operaciones en 2D para pasar a la notación matricial 2D y, posteriormente, a la generalización tridimensional empleando coordenadas homogeneas.

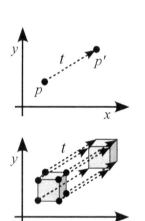

2.2.   Transformaciones Geométricas

En la representación de gráficos 3D es necesario contar con herramientas para la transformación de los objetos básicos que compondrán la escena. En gráficos interactivos, estas primitivas son habitualmente conjuntos de triángulos que definen mallas poligonales. Las operaciones que se aplican a estos triángulos para cambiar su posición, orientación y tamaño se denominan **transformaciones geométricas**. En general podemos decir que una transformación toma como entrada elementos como vértices y vectores y los convierte de *alguna manera*.

Figura 2.8: Arriba. Traslación de un punto p a p' empleando el vector t. **Abajo**. Es posible trasladar un objeto poligonal completo aplicando la traslación a todos sus vértices.

La transformación básica bidimensional más sencilla es la **traslación**. Se realiza la traslación de un punto mediante la suma de un vector de desplazamiento a las coordenadas iniciales del punto, para obtener una nueva posición de coordenadas. Si aplicamos esta traslación a *todos* los puntos del objeto, estaríamos desplazando ese objeto de una posición a otra. De este modo, podemos definir la traslación como la suma de un vector libre de traslación t a un punto original p para obtener el punto trasladado p' (ver Figura 2.8). Podemos expresar la operación anterior como:

$$p'_x = p_x + t_x \qquad p'_y = p_y + t_y \qquad (2.3)$$

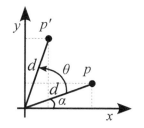

Figura 2.9: Rotación del punto p un ángulo θ respecto del origen de coordenadas.

De igual modo podemos expresar una **rotación** de un punto $p = (x, y)$ a una nueva posición rotando un ángulo θ respecto del origen de coordenadas, especificando el eje de rotación y un ángulo θ. Las coordenadas iniciales del punto se pueden expresar como (ver Figura 2.9):

$$p_x = d\,cos\alpha \qquad p_y = d\,sen\alpha \qquad (2.4)$$

Siendo d la distancia entre el punto y el origen del sistema de coordenadas. Así, usando identidades trigonométricas se pueden expresar las coordenadas transformadas como la suma de los ángulos del punto original α y el que queremos rotar θ como:

$$p'_x = d\,cos(\alpha + \theta) = d\,cos\alpha\,cos\theta - d\,sen\alpha\,sen\theta$$
$$p'_y = d\,sen(\alpha + \theta) = d\,cos\alpha\,sen\theta - d\,sen\alpha\,cos\theta$$

Que sustituyendo en la ecuación 2.4, obtenemos:

$$p'_x = p_x cos\theta - p_y sen\theta \qquad p'_y = p_x sin\theta - p_y cos\theta \quad (2.5)$$

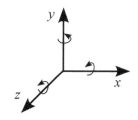

Figura 2.10: Sentido de las rotaciones positivas respecto de cada eje de coordenadas.

De forma similar, un **cambio de escala** de un objeto bidimensional puede llevarse a cabo multiplicando las componentes x, y del objeto por el factor de escala S_x, S_y en cada eje. Así, como se muestra en la Figura 2.11 un cambio de escala se puede expresar como:

$$p'_x = p_x S_x \qquad p'_y = p_y S_y \qquad (2.6)$$

Cuando queremos cambiar la localización de un objeto, habitualmente necesitamos especificar una **combinación de traslaciones y rotaciones** en el mismo (por ejemplo, cuando cogemos el teléfono móvil de encima de la mesa y nos lo guardamos en el bolsillo, sobre el objeto se aplican varias traslaciones y rotaciones). Es interesante por tanto disponer de alguna representación que nos permita combinar transformaciones de una forma eficiente.

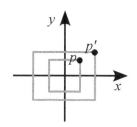

Figura 2.11: Conversión de un cuadrado a un rectángulo empleando los factores de escala $S_x = 2, S_y = 1,5$.

2.2.1. Representación Matricial

En muchas aplicaciones gráficas los objetos deben transformarse geométricamente de forma constante (por ejemplo, en el caso de una animación, en la que en cada *frame* el objeto debe cambiar de posición). En el ámbito de los videojuegos, es habitual que aunque un objeto permanezca inmóvil, es necesario cambiar la posición de la cámara virtual para que se ajuste a la interacción con el jugador.

De este modo resulta crítica la eficiencia en la realización de estas transformaciones. Como hemos visto en la sección anterior, las ecuaciones 2.3, 2.5 y 2.6 nos describían las operaciones de traslación, rotación y escalado. Para la primera es necesario realizar una *suma*, mientras que las dos últimas requieren *multiplicaciones*. Sería conveniente poder **combinar las transformaciones** de forma que la posición final de las coordenadas de cada punto se obtenga de forma directa a partir de las coordenadas iniciales.

Si reformulamos la escritura de estas ecuaciones para que todas las operaciones se realicen multiplicando, podríamos conseguir homogeneizar estas transformaciones.

Si añadimos un término extra (parámetro homogéneo h) a la representación del punto en el espacio (x, y), obtendremos la **representación homogénea** de la posición descrita como (x_h, y_h, h). Este *parámetro homogéneo* h es un valor distinto de cero tal que $x = x_h/h$, $y = y_h/h$. Existen, por tanto infinitas representaciones homogéneas equivalentes de cada par de coordenadas, aunque se utiliza normalmente $h = 1$ [1]. Los vectores emplean como parámetro $h = 0$. Como veremos en la sección 2.3, no siempre el parámetro h es igual a uno. Gracias al uso de coordenadas homogéneas es posible representar las ecuaciones de transformación geométricas como multiplicación de matrices, que es el método estándar en gráficos por computador (soportado en hardware por las tarjetas aceleradoras gráficas).

De este modo, la operación de traslación, que hemos visto anteriormente, puede expresarse de forma matricial como:

$$\begin{bmatrix} x' \\ y' \\ 1 \end{bmatrix} = \begin{bmatrix} 1 & 0 & T_x \\ 0 & 1 & T_y \\ 0 & 0 & 1 \end{bmatrix} \begin{bmatrix} x \\ y \\ 1 \end{bmatrix} \tag{2.7}$$

Al resolver la multiplicación matricial se obtienen un conjunto de ecuaciones equivalentes a las enunciadas en 2.3. De forma análoga, las operaciones de rotación T_r y escalado T_s tienen su equivalente matricial homogéneo.

$$T_r = \begin{bmatrix} cos\theta & -sen\theta & 0 \\ sen\theta & cos\theta & 0 \\ 0 & 0 & 1 \end{bmatrix} \quad T_s = \begin{bmatrix} S_x & 0 & 0 \\ 0 & S_y & 0 \\ 0 & 0 & 1 \end{bmatrix} \tag{2.8}$$

Las transformaciones inversas pueden realizarse sencillamente cambiando el signo en el caso de la traslación y rotación (distancias y ángulos negativos), y en el caso de la escala, utilizando los valores $1/S_x$ y $1/S_y$.

---

[1]En el caso de puntos, la componente homogénea $h = 1$.

Las **transformaciones en el espacio 3D** requieren simplemente añadir el parámetro homogéneo y describir las matrices (en este caso 4x4). Así, las traslaciones T_t y escalados T_s en 3D pueden representarse de forma homogénea mediante las siguientes matrices:

$$T_t = \begin{bmatrix} 1 & 0 & 0 & T_x \\ 0 & 1 & 0 & T_y \\ 0 & 0 & 1 & T_z \\ 0 & 0 & 0 & 1 \end{bmatrix} \quad T_s = \begin{bmatrix} S_x & 0 & 0 & 0 \\ 0 & S_y & 0 & 0 \\ 0 & 0 & S_z & 0 \\ 0 & 0 & 0 & 1 \end{bmatrix} \tag{2.9}$$

Las rotaciones requieren distinguir el eje sobre el que se realizará la rotación. Las **rotaciones positivas** alrededor de un eje se realizan en sentido opuesto a las agujas del reloj, cuando se está mirando a lo largo de la mitad positiva del eje hacia el origen del sistema de coordenadas (ver Figura 2.10).

Las expresiones matriciales de las rotaciones son las siguientes:

$$R_x = \begin{bmatrix} 1 & 0 & 0 & 0 \\ 0 & cos\theta & -sen\theta & 0 \\ 0 & sen\theta & cos\theta & 0 \\ 0 & 0 & 0 & 1 \end{bmatrix}$$

$$R_y = \begin{bmatrix} cos\theta & 0 & sen\theta & 0 \\ 0 & 1 & 0 & 0 \\ -sen\theta & 0 & cos\theta & 0 \\ 0 & 0 & 0 & 1 \end{bmatrix} \tag{2.10}$$

$$R_z = \begin{bmatrix} cos\theta & -sen\theta & 0 & 0 \\ sen\theta & cos\theta & 0 & 0 \\ 0 & 0 & 1 & 0 \\ 0 & 0 & 0 & 1 \end{bmatrix}$$

Las tres transformaciones estudiadas (traslación, rotación y escalado) son ejemplos de **transformaciones afines**, en las que cada una de las coordenadas transformadas se pueden expresar como una función lineal de la posición origen, y una serie de constantes determinadas por el tipo de transformación.

Una subclase de las *transformaciones afines*, las transformaciones lineales, permiten su aplicación mediante multiplicaciones. Como hemos visto anteriormente, la traslación afín no homogénea no es una operación lineal (no puede realizarse mediante una multiplicación). Las transformaciones afines mantienen la mayoría de las propiedades de los objetos, excepto los ángulos y las distancias. Aplicando transformaciones afines se mantiene la *colineridad* (ver Tabla 2.1), por lo que las líneas paralelas lo seguirán siendo.

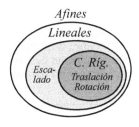

Figura 2.12: Esquema de subclases de transformaciones afines y operaciones asociadas.

Como caso particular de estudio, las *transformaciones de cuerpo rígido* preservan todas las propiedades geométricas de los objetos. Cualquier combinación de *rotaciones y traslaciones homogéneas* son transformaciones de cuerpo rígido.

Tabla 2.1: Propiedades geométricas preservadas según la clase de transformación: Transformaciones afines, Lineales y de Cuerpo Rígido.

Propiedad	T. Afines	T. Lineales	T. Cuerpo Rígido
Ángulos	No	No	Sí
Distancias	No	No	Sí
Ratios de distancias	Sí	Sí	Sí
Líneas paralelas	Sí	Sí	Sí
Líneas rectas	Sí	Sí	Sí

2.2.2. Transformaciones Inversas

En muchas situaciones resulta interesante calcular la inversa de una matriz. Un ejemplo típico es en la resolución de ecuaciones, como en el caso de la expresión $A = Bx$. Si queremos obtener el valor de x, tendríamos $x = A/B$. Por desgracia, las matrices no tienen asociado un operador de división, por lo que debemos usar el concepto de *matriz inversa*.

Para una matriz A, se define su inversa A^{-1} como la matriz que, multiplicada por A da como resultado la matriz identidad I:

$$A \cdot A^{-1} = A^{-1} \cdot A = I \qquad (2.11)$$

Tanto la matriz A como su inversa deben ser *cuadradas* y del mismo tamaño. Otra propiedad interesante de la inversa es que la inversa de la inversa de una matriz es igual a la matriz original $(A^{-1})^{-1} = A$.

En la ecuación inicial, podemos resolver el sistema utilizando la matriz inversa. Si partimos de $A = B \cdot x$, podemos multiplicar ambos términos a la izquierda por la inversa de B, teniendo $B^{-1} \cdot A = B^{-1} \cdot B \cdot x$, de forma que obtenemos la matriz identidad $B^{-1} \cdot A = I \cdot x$, con el resultado final de $B^{-1} \cdot A = x$.

En algunos casos el cálculo de la matriz inversa es directo, y puede obtenerse de forma intuitiva. Por ejemplo, en el caso de una traslación pura (ver ecuación 2.9), basta con emplear como factor de traslación el mismo valor en negativo. En el caso de escalado, como hemos visto bastará con utilizar $1/S$ como factor de escala.

Matrices Inversas

No todas las matrices tienen inversa (incluso siendo cuadradas). Un caso muy simple es una matriz cuadrada cuyos elementos son cero.

Cuando se trabaja con matrices compuestas, el cálculo de la inversa tiene que realizarse con métodos generales, como por ejemplo el método de eliminación de Gauss o la traspuesta de la matriz adjunta.

2.2.3. Composición

Como hemos visto en la sección anterior, una de las principales ventajas derivadas del trabajo con sistemas homogéneos es la **composición de matrices**. Matemáticamente esta *composición* se realiza multiplicando las matrices en un orden determinado, de forma que es posible obtener la denominada **matriz de transformación neta** M_N resultante de realizar sucesivas transformaciones a los puntos. De este modo, bastará con multiplicar la M_N a cada punto del modelo para obtener directamente su posición final.

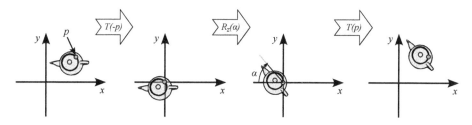

Figura 2.13: Secuencia de operaciones necesarias para rotar una figura respecto de un origen arbitrario.

Por ejemplo, si P es el punto original y P' es el punto transformado, y $T_1 \cdots T_n$ son transformaciones (rotaciones, escalados, traslaciones) que se aplican al punto P, podemos expresar la transformación neta como:

$$P' = T_n \times \cdots \times T_2 \times T_1 \times P$$

Este orden de multiplicación de matrices es el habitual empleado en gráficos por computador, donde las transformaciones se premultiplican (la primera está más cerca del punto original P, más a la derecha).

La matriz de transformación neta M_N se definiría como $M_N = T_n \times \cdots T_2 \times T_1$, de tal forma que sólo habría que calcularla una vez para todos los puntos del modelo y aplicarla a todos vértices en su posición original para obtener su posición final. De este modo, si un objeto poligonal está formado por V vértices, habrá que calcular la matriz de transformación neta M_N y aplicarla una vez a cada vértice del modelo.

$$P' = M_N \times P$$

$$\begin{bmatrix} RS_{11} & RS_{12} & RS_{13} & P_x \\ RS_{21} & RS_{22} & RS_{23} & P_y \\ RS_{31} & RS_{32} & RS_{33} & P_z \\ 0 & 0 & 0 & 1 \end{bmatrix}$$

Figura 2.14: El formato de la matriz de transformación neta permite identificar la posición final del objeto (traslación) en la cuarta columna $P_x P_y P_z$. La matriz 3×3 interior combina las rotaciones y escalados que se aplicarán al objeto.

Otro aspecto a tener en cuenta es que la expresión de las transformaciones para trabajar con coordenadas homogeneas, que se han comentado en las ecuaciones 2.9 y 2.10 se refieren al **Sistema de Referencia Universal** (*SRU*) o Sistema de Referencia Global.

Recordemos que la multiplicación de matrices es asociativa, pero **no es conmutativa**, por lo que el orden de aplicación de las transformaciones es importante (ver Figura 2.16). La propiedad asociativa se utiliza para *resumir* en la *Matriz de Transformación Neta* M_N la secuencia de transformaciones que se aplicarán sobre los modelos. De este modo, bastará con multiplicar una única matriz a todos los vértices.

De este modo, si se quiere realizar una transformación respecto de un punto distinto a ese origen del SRU, habrá que hacer coincidir primero el punto con el origen del sistema de referencia, aplicar la transformación y devolver el objeto a su posición original. Así, en el ejemplo de la Figura 2.13 si queremos rotar el objeto respecto del punto

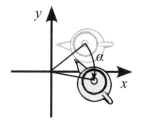

Figura 2.15: Resultado de aplicar directamente la rotación $R_z(\alpha)$ respecto del SRU. Puede comprobarse el diferente resultado obtenido en comparación con el de la figura 2.13.

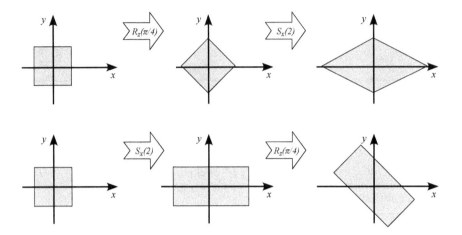

Figura 2.16: La multiplicación de matrices no es conmutativa, por lo que el orden de aplicación de las transformaciones es relevante para el resultado final. Por ejemplo, la figura de arriba primero aplica una rotación y luego el escalado, mientras que la secuencia inferior aplica las transformaciones en orden inverso.

p es necesario, primero trasladar el objeto para que su origen quede alineado con el origen del *SRU*, luego aplicar la rotación, y finalmente aplicar la traslación inversa. Así, tenemos $M_N = T_{-p} \times R_z \times T_p$.

2.3. Perspectiva: Representación Matricial

Como vimos en la sección 1.2.4, en la proyección en perspectiva se tomaban como entrada las coordenadas de visualización, generando la proyección de los objetos sobre el plano de imagen.

Vimos en la Figura 1.9 que, empleando triángulos semejantes, obteníamos las siguientes coordenadas:

$$\frac{p'_x}{p_x} = \frac{-d}{p_z} \quad \Leftrightarrow \quad p'_x = \frac{-d\, p_x}{p_z} \tag{2.12}$$

De igual forma obtenemos la coordenada $p'_y = -d\, p_y / p_z$, y $p'_z = -d$. Estas ecuaciones se pueden expresar fácilmente de forma matricial (siendo M_p la matriz de proyección en perspectiva):

$$p' = M_p\, p = \begin{bmatrix} 1 & 0 & 0 & 0 \\ 0 & 1 & 0 & 0 \\ 0 & 0 & 1 & 0 \\ 0 & 0 & -1/d & 0 \end{bmatrix} \begin{bmatrix} p_x \\ p_y \\ p_z \\ 1 \end{bmatrix} = \begin{bmatrix} p_x \\ p_y \\ p_z \\ -p_z/d \end{bmatrix} = \begin{bmatrix} -d\, p_x/p_z \\ -d\, p_y/p_z \\ -d \\ 1 \end{bmatrix} \tag{2.13}$$

El último paso de la ecuación 2.13 corresponde con la normalización de los componentes dividiendo por el parámetro homogéneo $h = -p_z/d$. De esta forma tenemos la matriz de proyección que nos *aplasta* los vértices de la geometría sobre el plano de proyección. Desafortunadamente esta operación no puede *deshacerse* (no tiene inversa). La geometría una vez *aplastada* ha perdido la información sobre su componente de profundidad. Es interesante obtener una trasnformación en perspectiva que proyecte los vértices sobre el *cubo unitario* descrito previamente (y que sí puede deshacerse).

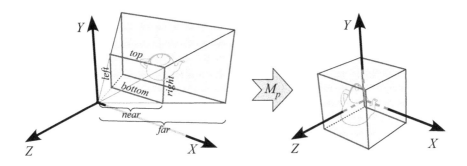

Figura 2.17: La matriz M_p se encarga de transformar la *pirámide de visualización* en el cubo unitario.

De esta forma, definimos la *pirámide de visualización* o *frustum*, como la pirámide truncada por un plano paralelo a la base que define los objetos de la escena que serán representados. Esta *pirámide de visualización* queda definida por cuatro vértices que definen el plano de proyección (left l, right r, top t y bottom b), y dos distancias a los planos de recorte (near n y far f), como se representa en la Figura 2.17. El *ángulo de visión* de la cámara viene determinado por el ángulo que forman l y r (en horizontal) y entre t y b (en vertical).

Un error común suele ser que la definición correcta de los planos *near* y *far* únicamente sirve para limitar la geometría que será representada en el *Frustum*. La definición correcta de estos parámetros es imprescindible para evitar errores de precisión en el Z-Buffer.

La matriz que transforma el *frustum* en el cubo unitario viene dada por la expresión de la ecuación 2.14.

$$M_p = \begin{bmatrix} \frac{2n}{r-l} & 0 & -\frac{r+l}{r-l} & 0 \\ 0 & \frac{2n}{t-b} & -\frac{t+b}{t-b} & 0 \\ 0 & 0 & \frac{f+n}{f-n} & -\frac{2fn}{f-n} \\ 0 & 0 & 1 & 0 \end{bmatrix} \tag{2.14}$$

Si se usa este tipo de proyección, el valor de profundidad normalizado no cambia linealmente con la entrada, sino que se va perdiendo precisión. Es recomendable situar los planos de recorte cercano y lejano (distancias n y f en la matriz) lo más juntos posibles para evitar errores de precisión en el *Z-Buffer* en distancias grandes.

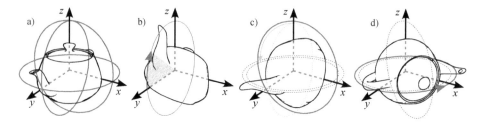

Figura 2.19: El problema del bloqueo de ejes (*Gimbal Lock*). En **a)** se muestra el convenio de sistema de coordenadas que utilizaremos, junto con las elipses de rotación asociadas a cada eje. En **b)** aplicamos una rotación respecto de x, y se muestra el resultado en el objeto. El resultado de aplicar una rotación de 90° en y se muestra en **c)**. En esta nueva posición cabe destacar que, por el orden elegido de aplicación de las rotaciones, ahora el eje x y el eje z están alineados, perdiendo un grado de libertad en la rotación. En **d)** se muestra cómo una rotación en z tiene el mismo efecto que una rotación en x, debido al efecto de *Gimbal Lock*.

2.4.   Cuaternios

Los cuaternios (*quaternion*) fueron propuestos en 1843 por William R. Hamilton como extensión de los números complejos. Los cuaternios se representan mediante una 4-tupla $q = [q_x, q_y, q_z, q_w]$. El término q_w puede verse como un término **escalar** que se añade a los tres términos que definen un **vector** (q_x, q_y, q_z). Así, es común representar el cuaternio como $q = [q_v, q_s]$ siendo $q_v = (q_x, q_y, q_z)$ y $q_s = q_w$ en la tupla de cuatro elementos inicial.

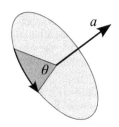

Figura 2.18: Representación de un cuaternio unitario.

Los cuaternios unitarios, que cumplen la restricción de que $(q_x^2 + q_y^2 + q_z^2 + q_w^2) = 1$, se emplean ampliamente para representar rotaciones en el espacio 3D. El conjunto de todos los cuaternios unitarios definen la hiperesfera unitaria en $\mathbb{R}^4$.

Si definimos como a al vector unitario que define el eje de rotación, θ como el ángulo de rotación sobre ese eje empleando la regla de *la mano derecha* (si el pulgar apunta en la dirección de a, las rotaciones positivas se definen siguiendo la dirección de los dedos curvados de la mano), podemos describir el cuaternio como (ver Figura 2.18):

$$q = [q_v, q_s] = [a\,sin(\theta/2),\,cos(\theta/2)]$$

De forma que *la parte vectorial* se calcula escalando el vector de dirección unitario por el seno de $\theta/2$, y la parte escalar como el coseno de $\theta/2$. Obviamente, esta multiplicación en la parte vectorial se realiza componente a componente.

Como vimos en la sección 2.2.1, se puede usar una matriz para *resumir* cualquier conjunto de rotaciones en 3D. Sin embargo, las matrices no son la mejor forma de representar rotaciones, debido a:

1. **Almacenamiento**. La representación mediante matrices requiere nueve valores de punto flotante para almacenar una rotación. Según el *Teorema de Rotación de Euler* cualquier composición de rotaciones sobre un sólido rígido es equivalente a una sola rotación en un eje (llamado *Polo de Euler*).

2. **Tiempo de Cómputo**. En la composición de la matriz con un vector, se necesitan calcular nueve multiplicaciones y seis sumas en punto flotante. Por otro lado, la inversa de un cuaternio es mucho más rápida que el cálculo de la inversa de una matriz cuadrada. Ésta es otra razón más por la que elegir cuaternios para especificar rotaciones.

3. **Interpolación**. En muchas ocasiones es necesario calcular valores intermedios entre dos puntos conocidos. En el caso de rotaciones, es necesario calcular los valores de rotación intermedios entre dos rotaciones clave (en la animación de la rotación de una cámara virtual, o en las articulaciones de un personaje animado). La interpolación empleando matrices es muy complicada.

4. **Bloqueo de Ejes**. El problema del bloqueo de ejes (denominado *Gimbal Lock*) ocurre cuando se trabaja con ángulos de Euler. Como hemos visto, cualquier rotación se puede descomponer en una secuencia de tres rotaciones básicas sobre cada uno de los ejes. Como hemos visto, el orden de aplicación de las rotaciones importa (no es conmutativo), por lo que tendremos que decidir uno. Por ejemplo, podemos aplicar primero la rotación en x, a continuación en y y finalmente en z. El orden de las rotaciones es relevante porque rotaciones posteriores tienen influencia jerárquica sobre las siguientes. El problema de *Gimbal Lock* ocurre cuando, por accidente uno de los ejes queda alineado con otro, reduciendo los grados de libertad del objeto. En el ejemplo de la Figura 2.19, tras aplicar la rotación de 90° sobre el eje y en *c)*, el eje x sufre la misma transformación (por arrastrar la rotación en y por jerarquía), de modo que queda alineado con Z. Ahora, la rotación en z equivale a la rotación en x, por lo que hemos perdido un grado de libertad.

De este modo, es interesante trabajar con cuaternios para la especificación de rotaciones. Veamos a continuación algunas de las operaciones más comunmente utilizadas con esta potente herramienta matemática.

2.4.1. Suma y Multiplicación

La suma de dos cuaternios se realiza sumando la parte escalar y vectorial por separado:

$$p + q = [(p_v + q_v), (p_s + q_s)]$$

La multiplicación de dos cuaternios representa su composición (es decir, el resultado de aplicar la rotación de uno a continuación del otro). Existen diferentes formas de multiplicar cuaternios. A continuación definiremos la más ampliamente utilizada en gráficos por computador, que es la multiplicación de *Grassman*:

$$pq = [(p_s q_v + q_s p_v + p_v \times q_v), (p_s q_s - p_v \cdot q_v)]$$

Como vemos, este tipo de multiplicación utiliza el producto vectorial y la suma de vectores en la parte vectorial de cuaternio, y el producto escalar en la parte escalar del cuaternio.

2.4.2. Inversa

En el caso de cuaternios unitarios, la inversa del cuaternio q^{-1} es igual al conjugado q^*. El conjugado se calcula simplemente negando la parte vectorial, por lo que, trabajando con cuaternios unitarios, podemos calcularlos simplemente como:

$$q^{-1} = q^* = [-q_v, q_s]$$

La multiplicación de un cuaternio por su inversa obtiene como resultado el escalar 1 (es decir, rotación 0). De este modo, $q\,q^{-1} = [0\,0\,0\,1]$.

2.4.3. Rotación empleando Cuaternios

Para aplicar una rotación empleando cuaternios, primero convertimos el punto o el vector que rotaremos a cuaternio. En ambos casos, se le aplica 0 como término de la parte escalar. Así, dado el vector v, el cuaternio correspondiente a v se calcula como $v = [v\,0] = [v_x\,v_y\,v_z\,0]$.

La concatenación de cuaternios cumple la propiedad asociativa, por lo que es posible obtener la expresión del *cuaternio neto* y aplicarlo a varios objetos de la escena.

Una vez que tenemos expresado en formato de cuaternio el vector, para aplicar la rotación empleando el cuaternio, primero lo pre-multiplicamos por q y posteriormente lo post-multiplicamos por el inverso (o el conjugado, en el caso de trabajar con cuaternios unitarios). Así, el resultado de la rotación v' puede expresarse como:

$$v' = qvq^{-1}$$

La concatenación de cuaternios funciona exactamente igual que la concatenación de matrices. Basta con multiplicar los cuaternios entre sí. Si quisiéramos aplicar las rotaciones de los cuaternios q_1 y q_2 sobre el vector v (especificado en formato de cuaternio), bastará con realizar la operación:

$$v' = q_2 q_1\, v\, q_1^{-1} q_2^{-1}$$

 Es habitual realizar conversiones entre matrices y cuaternios. OGRE incorpora llamadas a su biblioteca (ver sección 2.6) para realizar esta operación. Recordemos que en distribuciones de GNU/Linux basadas en Debian, puedes encontrar la documentación de OGRE en local en /usr/share/doc/ogre-doc. Se recomienda el artículo de Gamasutra de Nick Bobic *Rotating Objects Using Quaternions* para profundizar en su uso.

2.5. Interpolación Lineal y Esférica

Una de las operaciones más empleadas en gráficos por computador es la interpolación. Un claro ejemplo de su uso es para calcular la posición intermedia en una animación de un objeto que se traslada desde un punto A, hasta un punto B.

La *interpolación lineal* es un método para calcular valores intermedios mediante polinomios lineales. Es una de las formas más simples de interpolación. Habitualmente se emplea el acrónimo *LERP* para referirse a este tipo de interpolación. Para obtener valores intermedios entre dos puntos A y B, habitualmente se calcula el vector $\vec{v} = B - A$ con origen en A y destino en B.

Para calcular valores intermedios, se utiliza una representación paramétrica, de forma que, modificando el valor de $t \in (0, 1)$, obtenemos puntos intermedios $LERP(A, B, u) = A + \vec{v}t$

Como podemos ver en el ejemplo de la Figura 2.21, para $t = 0,25$ tenemos que $\vec{v} = (6, 4)$, por lo que $\vec{v} \cdot 0,25 = (1,5, 1)$. Así, $LERP(A, B, 0,25) = (1, 2) + (1,5, 1) = (2,5, 3)$.

Como se enunció en la sección 2.4, una de las ventajas del uso de cuaternios es la relativa a la facilidad de realizar interpolación entre ellos. La *Interpolación Lineal Esférica* (también llamada *slerp* de *Spherical Linear Interpolation*) es una operación que, dados dos cuaternios y un parámetro $t \in (0, 1)$, calcula un cuaternio interpolado entre ambos, mediante la siguiente expresión[2]:

$$SLERP(p, q, t) = \frac{sin((1-t)\theta)}{sin(\theta)}p + \frac{sin(t\theta)}{sin(\theta)}q$$

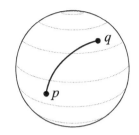

Figura 2.20: Los cuaternios unitarios pueden ser representados como puntos sobre la esfera unitaria. La interpolación esférica lineal entre dos cuaternios p y q se puede igualmente representar como un arco sobre la esfera..

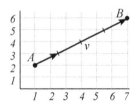

Figura 2.21: Ejemplo de interpolación lineal entre dos puntos. Se han marcado sobre el vector $\vec{v}$ los puntos correspondientes a $t = 0,25$, $t = 0,5$ y $t = 0,75$.

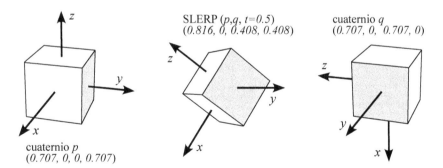

SLERP $(p,q, t=0.5)$
$(0.816, 0, 0.408, 0.408)$

cuaternio q
$(0.707, 0, 0.707, 0)$

cuaternio p
$(0.707, 0, 0, 0.707)$

Figura 2.22: Ejemplo de aplicación de interpolación esférica *SLERP* en la rotación de dos cuaternios p y q sobre un objeto.

[2]Siendo θ el ángulo que forman los dos cuaternios unitarios.

2.6.   El Módulo Math en OGRE

La biblioteca de clases de OGRE proporciona una amplia gama de funciones matemáticas para trabajar con matrices, vectores, cuaternios y otras entidades matemáticas como planos, rayos, esferas, etc...

La documentación relativa a todas estas clases se encuentra en el *Módulo Math*, que forma parte del núcleo (*Core*) de OGRE. A continuación se muestra un sencillo ejemplo que utiliza algunos operadores de la clase `Vector3` y `Quaternion`.

Listado 2.1: Ejemplo de algunas clases de Math

```
 1  cout << " Ejemplo de algunas clases de Math en OGRE " << endl;
 2  cout << "----------------------------------------" << endl;
 3
 4  Vector3 v1(1.0, 0.0, 0.0);
 5  Vector3 v2(0.0, 2.0, 0.0);
 6  Quaternion p(0.707107, 0.0, 0.0, 0.707107);
 7  Quaternion q(Degree(90), Vector3(0.0, 1.0, 0.0));
 8
 9  cout << " Vector V1 = " << v1 << endl;
10  cout << " Vector V2 = " << v2 << endl;
11  cout << " Cuaternio P = " << p << endl;
12  cout << " Cuaternio Q = " << q << endl;
13
14  cout << "--- Algunos operadores de Vectores ------" << endl;
15  cout << " Suma: V1 + V2 = " << v1 + v2 << endl;
16  cout << " Producto por escalar: V1 * 7.0 = " << v1*7.0 << endl;
17  cout << " P. escalar: V1 * V2 = " << v1.dotProduct(v2) << endl;
18  cout << " P. vectorial: V1 x V2 =" << v1.crossProduct(v2) << endl;
19  cout << " Modulo: |V1| = " << v1.length() << endl;
20  cout << " Normalizar: V2n = " << v2.normalisedCopy() << endl;
21  cout << " Angulo (V1,V2)= " << v1.angleBetween(v2).valueDegrees() << endl;
22  cout << "--- Algunos operadores de Cuaternios ----" << endl;
23  cout << " Suma: P + Q = " << p + q << endl;
24  cout << " Producto: P * Q = " << p * q << endl;
25  cout << " Producto escalar: P * Q = " << p.Dot(q) << endl;
26  cout << " SLERP(p,q,0.5)= "<< Quaternion::Slerp(0.5, p, q) << endl;
```

Ogre facilita la creación de estos objetos proporcionando diversos constructores. Por ejemplo, en la línea ⑦ se emplea un constructor de cuaternio que permite especificar por separado el ángulo de rotación y el vector.

Como puede verse en el listado anterior, OGRE incorpora multitud de operadores de alto nivel para sumar, restar, multiplicar y volcar por pantalla los objetos de la clase `Vector` y `Quaternion`.

Algunas clases, como la clase *Quaternion* incorpora funciones auxiliares como el método de interpolación lineal esférico SLERP (spherical linear interpolation). En la línea ㉖ se emplea para obtener el cuaternio interpolado para $t = 0,5$. La Figura 2.22 muestra el resultado de este caso de aplicación concreto. El cuaternio definido en p se corresponde con una rotación de 90° en Z (del SRU (Sistema de Referencia Universal)), mientras que el cuaternio definido en q equivale a una rotación de 90° en Y (del SRU). A continuación se muestra el resultado de ejecutar el código anterior:

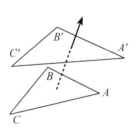

Figura 2.23: En el ejercicio 4, tras aplicar el desplazamiento de 2 unidades en la dirección del vector normal sobre los vértices originales del triángulo, obtenemos $A'B'C'$.

```
Ejemplo de algunas clases de Math en OGRE
-------------------------------------------
Vector V1 = Vector3(1, 0, 0)
Vector V2 = Vector3(0, 2, 0)
Cuaternio P = Quaternion(0.707107, 0, 0, 0.707107)
Cuaternio Q = Quaternion(0.707107, 0, 0.707107, 0)
--- Algunos operadores de Vectores ------
Suma: V1 + V2 = Vector3(1, 2, 0)
Producto por escalar: V1 * 7.0 = Vector3(7, 0, 0)
Producto escalar: V1 * V2 = 0
Producto vectorial: V1 x V2 = Vector3(0, 0, 2)
Modulo: |V1| = 1
Normalizar: V2n = Vector3(0, 1, 0)
Angulo entre V1 y V2 = 90
--- Algunos operadores de Cuaternios ----
Suma: P + Q = Quaternion(1.41421, 0, 0.707107, 0.707107)
Producto: P * Q = Quaternion(0.5, -0.5, 0.5, 0.5)
Producto escalar: P * Q = 0.5
SLERP(p,q,0.5) = Quaternion(0.816497, 0, 0.408248, 0.408248)
```

2.7.   Ejercicios Propuestos

1. Dado el polígono ABC, con A=(1,1,3), B=(3,1,3) y C=(1,1,1), calcular el restultado de aplicar una traslación de -2 unidades en el eje X, y 1 unidad en el eje Z, y después una rotación de $\pi/2$ radianes respecto del eje Z. Las transformaciones se realizan en ese orden y sobre el SRU.

2. Dado el cuadrado definido por los puntos A=(1,0,3), B=(3,0,3), C=(3,0,1) y D=(1,0,1), realizar un escalado del doble en el eje X respecto a su centro geométrico. Compruebe que el resultado no es el mismo que si realiza el escalado directamente con respecto del eje X del SRU.

3. ¿Cuáles serían las expresiones matriciales correspondientes a la operación de reflexión (espejo) sobre los planos ortogonales x=0, y=0 y z=0? Calcule una matriz por cada plano.

4. Dado el triángulo ABC, siendo A=(1, -1, 1), B=(-1, -1, -1) y C=(1, 1, -1), desplace la cara poligonal 2 unidades en la dirección de su vector normal (ver Figura 2.23). Suponga que el vector normal sale según la regla de la mano derecha.

Capítulo 3

Grafos de Escena

Carlos González Morcillo

C omo vimos en el capítulo 1, uno de los pilares clave de cualquier motor gráfico es la organización de los elementos que se representarán en la escena. Esta gestión se realiza mediante el denominado *Grafo de Escena* que debe permitir inserciones, búsquedas y métodos de ordenación eficientes. OGRE proporciona una potente aproximación a la gestión de los *Grafos de Escena*. En este capítulo trabajaremos con los aspectos fundamentales de esta estructura de datos jerárquica.

3.1. Justificación

Como señala D. Eberly [10], el motor de despliegue gráfico debe dar soporte a cuatro características fundamentales, que se apoyan en el *Grafo de Escena*:

1. **Gestión Datos Eficiente**. Es necesario eliminar toda la geometría posible antes de enviarla a la GPU (Graphic Processing Unit). Aunque la definición del *Frustum* y la etapa de *recorte* eliminan la geometría que no es visible, ambas etapas requieren tiempo de procesamiento. Es posible utilizar el conocimiento sobre el tipo de escena a representar para optimizar el envío de estas *entidades* a la GPU. Las relaciones entre los objetos y sus atributos se modelan empleando el *Grafo de Escena*.

2. **Interfaz de Alto Nivel**. El *Grafo de Escena* puede igualmente verse como un interfaz de alto nivel que se encarga de alimentar al motor gráfico de bajo nivel empleando alguna API específica. El diseño de este interfaz de alto nivel permite abstraernos de futuros cambios necesarios en las capas dependientes del dispositivo de visualización.

3. **Facilidad de Uso**. Esta característica está directamente relacionada con la anterior. El *Grafo de Escena* forma parte de la especificación del middleware de despliegue gráfico que facilita el uso al programador final del videojuego. De este modo, el programador se centra en la semántica asociada a la utilización del *Grafo*, dejando de lado los detalles de representación de bajo nivel.

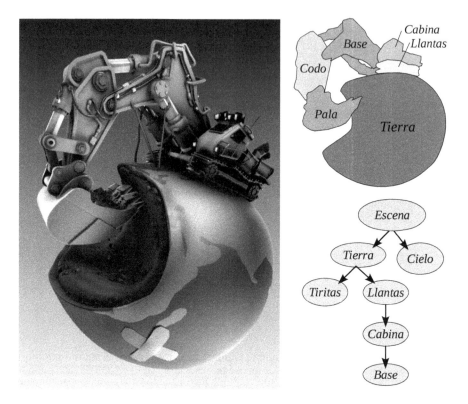

Figura 3.1: Ejemplo de grafo asociado a la escena de la excavadora. Escena diseñada por Manu Järvinen.

4. **Extensibilidad**. En gran cantidad de videojuegos comerciales, los equipos de trabajo de programación frecuentemente se quejan del cambio en la especificación de requisitos iniciales por parte del equipo artístico. Esto implica añadir soporte a nuevos tipos de geometría, efectos visuales, etc. El motor debe estar preparado para añadir los nuevos tipos sin necesidad de cambios profundos en la arquitectura. El diseño correcto del *Grafo de Escena* mitiga los problemas asociados con la extensibilidad y la adaptación al cambio en los requisitos iniciales.

Las estructuras de datos de *Grafos de Escena* suelen ser grafos que representen las relaciones jerárquicas en el despliegue de objetos compuestos. Esta dependencia espacial se modela empleando *nodos* que representan agregaciones de *elementos* (2D o 3D), así como transformaciones, procesos y otras entidades representables (sonidos, vídeos, etc...).

El **Grafo de Escena** puede definirse como un grafo dirigido sin ciclos. Los arcos del grafo definen dependencias del nodo hijo respecto del padre, de modo que la aplicación de una transformación en un nodo padre hace que se aplique a todos los nodos hijo del grafo.

El *nodo raíz* habitualmente es un nodo abstracto que proporciona un punto de inicio conocido para acceder a la escena. Gracias al grafo, es posible especificar fácilmente el movimiento de escenas complejas de forma relativa a los elementos padre de la jerarquía. En la Figura 3.1, el movimiento que se aplique a la *Tierra* (rotación, traslación, escalado)

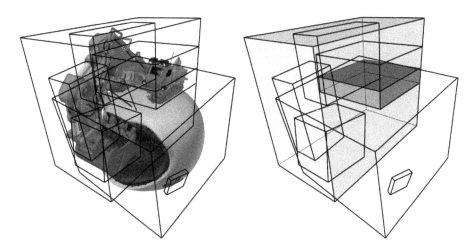

Figura 3.2: Ejemplo de estructura de datos para la gestión del *culling* jerárquico. En el ejemplo, el nodo referente a las *Llantas* (ver Figura 3.1) debe mantener la información de la caja límite *(Bounding Box)* de todos los hijos de la jerarquía, remarcada en la imagen de la derecha.

se aplicará a todos los objetos que dependan de ella (como por ejemplo a las *Tiritas*, o las *Llantas* de la exacavadora). A su vez, las modificaciones aplicadas sobre la *Cabina* se aplicarán a todos los nodos que herenden de la jerarquía, pero no al nodo *Llantas* o al nodo *Tierra*.

La gestión de la visibilidad de los elementos de la escena es una de las tareas típicas que se encarga de realizar el motor gráfico empleando el *Grafo de Escena*.

3.1.1. Operaciones a Nivel de Nodo

Como señala Theoharis et al. [31], en términos funcionales, la principal ventaja asociada a la construcción de un *Grafo de Escena* es que cada operación se propaga de forma jerárquica al resto de entidades mediante el recorrido del grafo. Las principales operaciones que se realizan en cada nodo son la *inicialización*, *simulación*, *culling* y *dibujado*. A continuación estudiaremos qué realiza cada operación.

- **Inicialización**. Este operador establece los valores iniciales asociados a cada entidad de la jerarquía. Es habitual que existan diferentes *instancias* referenciadas de las entidades asociadas a un nodo. De este modo se separan los datos estáticos asociados a las entidades (definición de la geometría, por ejemplo) y las transformaciones aplicadas sobre ellos que se incluyen a nivel de nodo.

- **Simulación**. En esta operación se determinan los parámetros y las variables asociadas a los tipos de datos existentes en el nodo. En el caso de animaciones, se actualizan los controladores asociados para que reflejen el instante de tiempo actual.

- **Culling**. En esta operación se estudia la visibilidad de los elementos contenidos en los nodos. Gracias a la especificación jerárquica del grafo, es posible *podar* ramas completas de la jerarquía. Para realizar esta operación, se utilizan estructuras de datos adicionales que mantienen información sobre las coordenadas límite (máximo y mínimo) asociadas a cada objeto. Así, consultando estos límites, si un nodo queda totalmente fuera de la pirámide de visualización (*Frustum*), implicará que todos sus nodos hijo están igualmente fuera y no será necesario su posterior dibujado (ver Figura 3.2).

- **Dibujado**. En esta operación se aplican los algoritmos de *rendering* a cada nodo de la jerarquía (comenzando por la raíz, *bajando* hasta las hojas). Si un nodo contiene órdenes que cambien el modo de dibujado, se aplicarán igualmente a todos los nodos hijo de la jerarquía.

En este capítulo nos centraremos en la parte específica de aplicación de transformaciones a los objetos. A lo largo del módulo estudiaremos otros aspectos relacionados con el gestor, como el tratamiento del *culling* o la gestión de sombras dinámicas.

A continuación estudiaremos el interfaz de alto nivel que proporciona OGRE para la gestión de *Grafos de Escena*. Veremos las facilidades de gestión *orientada a objetos*, así como la abstracción relativa a los tipos de datos encapsulados en cada nodo.

3.2.   El Gestor de Escenas de OGRE

Como hemos visto en la sección anterior, el *Gestor de Escenas*, apoyado en el *Grafo de Escena*, permite optimizar los datos que se representarán finalmente, podando parte de la geometría que forma la escena. El *Gestor de Escenas* en OGRE se encarga de las siguientes tareas:

- Gestión, creación y acceso eficiente a objetos móviles, luces y cámaras.

- Carga y ensamblado de la geometría (estática) del mundo 3D.

- Implementación de la operación de *Culling* para eliminación de superficies no visibles.

- Dibujado de todos los elementos que forman la escena.

- Gestión y representación de sombras dinámicas.

- Interfaz para realizar consultas a la escena. Estas consultas son del tipo: *¿Qué objetos están contenidos en una determinada región del espacio 3D?*

3.2.1.   Creación de Objetos

La tarea más ampliamente utilizada del *Gestor de Escenas* es la creación de los objetos que formarán la escena: luces, cámaras, sistemas de partículas, etc. Cualquier elemento que forme parte de la escena será gestionado por el *Gestor de Escenas*, y formará parte del *Grafo de Escena*. Esta gestión está directamente relacionada con el ciclo de vida completa de los objetos, desde su creación hasta su destrucción.

Los **Nodos** del *Grafo de Escena* se crean empleando el *Gestor de Escena*. Los nodos del grafo en OGRE tienen asignado un único nodo padre. Cada nodo padre puede tener cero o más hijos. Los nodos pueden *adjuntarse (attach)* o *separarse (detach)* del grafo en tiempo de ejecución. El nodo no se destruirá hasta que se le indique explícitamente al *Gestor de Escenas*. Si quieres que un nodo no se dibuje, simplemente ejecutas la operación de *detach* y no será *renderizado*.

En la inicialización, el *Gestor de Escena* se encarga de crear al menos un nodo: el *Root Node*. Este nodo no tiene padre, y es el padre de toda la jerarquía. Aunque es posible aplicar transformaciones a cualquier nodo de la escena (como veremos en la sección 3.2.2), al nodo *Root* no se le suele aplicar ninguna transformación y es un buen punto en el que adjuntar toda la geometría estática de la escena. Dado el objeto SceneManager, una llamada al método getRootSceneNode() nos devuelve un puntero al **Root SceneNode**. Este nodo es, en realidad, una variable miembro de la clase SceneManager.

La destrucción de un *nodo* de la escena no implica la liberación de la memoria asignada a los objetos adjuntos al nodo. Es responsabilidad del programador liberar la memoria de esos objetos.

Los objetos de la escena se pueden adjuntar a cualquier nodo de la misma. En un nodo pueden existir varios objetos. Sin embargo, no es posible adjuntar la misma instancia de un objeto a varios nodos de escena al mismo tiempo. Para realizar esta operación primero hay que *separar (detach)* el objeto del nodo, y posteriormente *adjuntarlo (attach)* a otro nodo distinto.

Para **crear un nodo** en OGRE, se utiliza el método createSceneNode, que puede recibir como parámetro el nombre del nodo. Si no se especifica, OGRE internamente le asigna un nombre único que podrá ser accedido posteriormente.

La operación de **añadir un nodo hijo** se realiza mediante la llamada al método addChild(Node *child) que añade el nodo hijo previamente creado al nodo existente. La clase SceneNode es una subclase de la clase abstracta Node, definida para contener información sobre las transformaciones que se aplicarán a los nodos hijo. De este modo, la transformación neta que se aplica a cada hijo es el resultado de componer las de sus padres con las suyas propias.

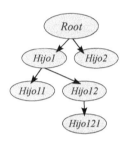

Figura 3.3: Ejemplo de grafo de escena válido en OGRE. Todos los nodos (salvo el *Root*) tienen un nodo padre. Cada nodo padre tiene cero o más hijos.

Como hemos visto antes, los nodos de la escena contienen objetos. OGRE define una clase abstracta llamada MovableObject para definir todos los tipos de objetos que pueden ser añadidos a los nodos de la escena. En la Figura 3.5 se definen algunos de las principales subclases de esta clase abstracta. Para **añadir un objeto** a un nodo de la escena, se emplea la llamada al método attachObject(MovableObject *obj).

La clase Entity se emplea para la gestión de pequeños objetos móviles basados en mallas poligonales. Para la definición del escenario (habitualmente con gran complejidad poligonal e inmóvil) se emplea la clase StaticGeometry. La **creación de entidades** se realiza empleando el método createEntity del Gestor de Escena, indicando el nombre del modelo y el nombre que quiere asignarse a la entidad.

El código del siguiente listado (modificación del *Hola Mundo* del capítulo 1) crea un nodo hijo myNode de *RootSceneNode* en las líneas [3-4], y añade la entidad myEnt al nodo myChild en la línea [6] (ver Figura 3.4). A partir de ese punto del código, cualquier transformación que se aplique sobre el nodo *myNode* se aplicarán a la entidad *myEnt*.

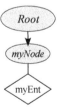

Figura 3.4: Jerarquía obtenida en el grafo de escena asociado al listado de ejemplo.

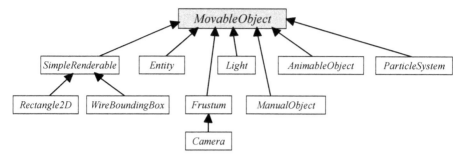

Figura 3.5: Algunos de los tipos de objetos que pueden ser añadidos a un nodo en OGRE. La clase abstracta *MovableObject* define *pequeños* objetos que serán añadidos *(attach)* al nodo de la escena.

Listado 3.1: Creación de nodos

```
1  class SimpleExample : public ExampleApplication {
2    public : void createScene() {
3      SceneNode* node = mSceneMgr->createSceneNode("myNode");
4      mSceneMgr->getRootSceneNode()->addChild(node);
5      Entity *myEnt = mSceneMgr->createEntity("cuboejes", "cuboejes.mesh");
6      node->attachObject(myEnt);
7    }
8  };
```

3.2.2. Transformaciones 3D

Las transformaciones 3D se realizan a nivel de **nodo** de escena, no a nivel de objetos. En realidad en OGRE, los elementos que se mueven son los *nodos*, no los objetos individuales que han sido añadidos a los nodos.

Como vimos en la sección 2.1, OGRE utiliza el convenio de la mano derecha para especificar su sistema de coordenadas. Las rotaciones positivas se realizan en contra del sentido de giro de las agujas del reloj (ver Figura 2.10).

Las transformaciones en el *Grafo de Escena* de OGRE siguen el convenio general explicado anteriormente en el capítulo, de forma que se especifican de forma relativa al nodo padre.

La **traslación** absoluta se realiza mediante la llamada al método setPosition, que admite un *Vector3* o tres argumentos de tipo Real. Esta traslación se realiza de forma relativa al nodo padre de la jerarquía. Para recuperar la traslación relativa de un nodo con respecto a su nodo padre se puede emplear la llamada getPosition. La traslación de un nodo que ya ha sido posicionado anteriormente se realiza mediante la llamada a translate.

La **rotación** puede realizarse mediante diversas llamadas a métodos. Uno de los más sencillos es empleando las llamadas a pitch, yaw y roll que permiten especificar la rotación (en radianes) respecto del eje X, Y y Z respectivamente. La forma más general de aplicar una rotación es mediante la llamada a rotate que require un eje de rotación y un ángulo o un cuaternio como parámetro. De igual modo, la llamada a getOrientation nos devuelve la rotación actual del nodo.

El **escalado** análogamente se realiza mediante la llamada al método setScale. Mediante el método getScale obtenemos el factor de escala aplicado al nodo.

Aunque es posible aplicar transformaciones al nodo *Root*, se desaconseja su uso. El nodo *Root* debe mantenerse estático, como punto de referencia del SRU.

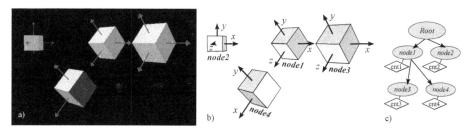

Figura 3.6: Ejemplo de transformaciones empleando el *Grafo de Escena* de OGRE. **a)** Resultado de ejecución del ejemplo. **b)** Representación de los nodos asociados a la escena. **c)** Jerarquía del grafo de escena.

A continuación veremos un código que utiliza algunas de las llamadas a métodos estudiadas anteriormente para aplicar transformaciones en 3D. El resultado de la ejecución de dicho código se muestra en la Figura 3.6.

Listado 3.2: Ejemplo de uso del Grafo de Escena

```
1  class SimpleExample : public ExampleApplication {
2   public : void createScene() {
3     SceneNode* node1 = mSceneMgr->createSceneNode("Node1");
4     Entity *ent1 = mSceneMgr->createEntity("ent1", "cuboejes.mesh");
5     node1->attachObject(ent1);
6     mSceneMgr->getRootSceneNode()->addChild(node1);
7     node1->setPosition(0,0,480);
8     node1->yaw(Degree(-45));
9     node1->pitch(Radian(Math::PI/4.0));
10
11    SceneNode* node2 = mSceneMgr->createSceneNode("Node2");
12    Entity *ent2 = mSceneMgr->createEntity("ent2", "cuboejes.mesh");
13    node2->attachObject(ent2);
14    mSceneMgr->getRootSceneNode()->addChild(node2);
15    node2->setPosition(-10,0,470);
16
17    SceneNode* node3 = mSceneMgr->createSceneNode("Node3");
18    Entity *ent3 = mSceneMgr->createEntity("ent3", "cuboejes.mesh");
19    node3->attachObject(ent3);
20    node1->addChild(node3);
21    node3->setPosition(5,0,0);
22
23    SceneNode* node4 = mSceneMgr->createSceneNode("Node4");
24    Entity *ent4 = mSceneMgr->createEntity("ent4", "cuboejes.mesh");
25    node4->attachObject(ent4);
26    node1->addChild(node4);
27    node4->setPosition(0,0,5);
28    node4->yaw(Degree(-90));
29   }
30  };
```

En el listado anterior se utilizan las funciones de utilidad para convertir a radianes (línea 7), así como algunas constantes matemáticas (como π en la línea 8).

Como se observa en la Figura 3.6, se han creado 4 nodos. La transformación incial aplicada al *node1* es *heredada* por los nodos 3 y 4. De este modo, basta con aplicar una traslación de 5 unidades en el eje x al nodo 3 para obtener el resultado mostrado en la Figura 3.6.b). Esta traslación es relativa al sistema de referencia *transformado* del nodo padre. No ocurre lo mismo con el nodo 2, cuya posición se especifica de nuevo desde el origen del sistema de referencia universal (del nodo *Root*).

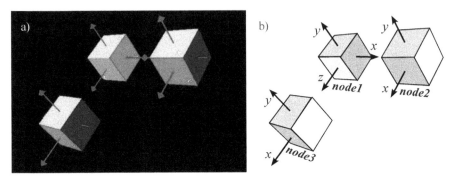

Figura 3.7: Ejemplo de trabajo con diferentes espacios de transformación. **a)** Resultado de ejecución del ejemplo. **b)** Distribución de los nodos del *Grafo de Escena*.

 Los métodos de transformación de 3D, así como los relativos a la gestión de nodos cuentan con múltiples versiones sobrecargadas. Es conveniente estudiar la documentación de la API de OGRE para emplear la versión más interesante en cada momento.

3.2.3. Espacios de transformación

Las transformaciones estudiadas anteriormente pueden definirse relativas a diferentes espacios de transformación. Muchos de los métodos explicados en la sección anterior admiten un parámetro opcional de tipo TransformSpace que indica el espacio de transformación *relativo* de la operación. OGRE define tres espacios de transformación como un tipo enumerado Node::TransformSpace:

- **TS_LOCAL**. Sistema de coordenadas local del nodo.

- **TS_PARENT**. Sistema de coordenadas del nodo padre.

- **TS_WORLD**. Sistema de coordenadas universal del mundo.

El valor por defecto de este espacio de transformación depende de la operación a realizar. Por ejemplo, la rotación (ya sea mediante la llamada a *rotate* o a *pitch, yaw* o *roll*) se realiza por defecto con respecto al sistema de local, mientras que la traslación se realiza por defecto relativa al padre.

Veamos en el siguiente listado un ejemplo que ilustre estos conceptos. En el listado se definen tres nodos, en el que *node1* es el padre de *node2* y *node3*. A node 2 se le aplica una rotación respecto del eje *y* en la línea ⑮. Como hemos comentado anteriormente, por defecto (si no se le indica ningún parámetro adicional) se realiza sobre TS_LOCAL[1] Posteriormente se aplica una traslación en la línea ⑯, que por defecto se realiza relativa al sistema de coordenadas del nodo padre. Al *node3* se el aplican exactamente la misma rotación y traslación, pero ésta última se aplica respecto del sistema de referencia local (línea ㉓). Como puede verse en la Figura 3.7, la entidad adjunta al *node3* se representa trasladada 5 unidades respecto de su sistema de coordenadas local.

---

[1]Especificar el valor por defecto del espacio de transformación tiene el mismo efecto que no especificarlo. Por ejemplo, cambiar la línea 15 del ejemplo por node2->yaw(Degree(-90), Node::TS_LOCAL); no tendría ningún efecto diferente sobre el resultado final.

Listado 3.3: Uso de diferentes espacios de transformación

```
1  class SimpleExample : public ExampleApplication {
2  public : void createScene() {
3   SceneNode* node1 = mSceneMgr->createSceneNode("Node1");
4   Entity *ent1 = mSceneMgr->createEntity("ent1", "cuboejes.mesh");
5   node1->attachObject(ent1);
6   mSceneMgr->getRootSceneNode()->addChild(node1);
7   node1->setPosition(0,0,480);
8   node1->yaw(Degree(-45));    // Por defecto es Node::TS_LOCAL
9   node1->pitch(Degree(45));   // Por defecto es Node::TS_LOCAL
10
11  SceneNode* node2 = mSceneMgr->createSceneNode("Node2");
12  Entity *ent2 = mSceneMgr->createEntity("ent2", "cuboejes.mesh");
13  node2->attachObject(ent2);
14  node1->addChild(node2);
15  node2->yaw(Degree(-90));   // Por defecto es Node::TS_LOCAL
16  node2->translate(5,0,0);   // Por defecto es Node::TS_PARENT
17
18  SceneNode* node3 = mSceneMgr->createSceneNode("Node3");
19  Entity *ent3 = mSceneMgr->createEntity("ent3", "cuboejes.mesh");
20  node3->attachObject(ent3);
21  node1->addChild(node3);
22  node3->yaw(Degree(-90));   // Por defecto es Node::TS_LOCAL
23  node3->translate(5,0,0, Node::TS_LOCAL);  // Cambiamos a LOCAL!
24  }
25 };
```

El orden de las operaciones resulta especialmente relevante cuando se trabaja con diferentes espacios de transformación. ¿Qué ocurriría por ejemplo si invertimos el
orden de las líneas (22) y (23) del código anterior?. En ese
caso, las entidades relativas al *node2* y al *node3* aparecerán desplegadas exactamente en el mismo lugar, como se
muestra en la Figura 3.8.

En este nuevo caso, tras aplicar la traslación de la línea 23, se aplica la rotación local al *node3*. Ahora el objeto del *node2* y *node3* aparecen alineados exactamente
en la misma posición del espacio.

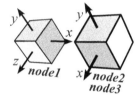

Figura 3.8: Caso de estudio cambiando el orden de las líneas 22 y 23
del código del ejemplo.

Capítulo 4

Recursos Gráficos y Sistema de Archivos

Javier Alonso Albusac Jiménez
Carlos González Morcillo

E n este capítulo se realizará un análisis de los recursos que son necesarios en los gráficos 3D, centrándose sobre todo en los formatos de especificación y requisitos de almacenamiento. Además, se analizarán diversos casos de estudio de formatos populares como MD2, MD3, MD5, Collada y se hará especial hincapié en el formato de Ogre 3D.

4.1. Formatos de Especificación

4.1.1. Introducción

En la actualidad, el desarrollo de videojuegos de última generación implica la manipulación simultánea de múltiples ficheros de diversa naturaleza, como son imágenes estáticas (BMP (BitMaP), JPG, TGA (Truevision Graphics Adapter), PNG, ...), ficheros de sonido (WAV (WAVeform), OGG, MP3 (MPEG-2 Audio Layer III)), mallas que representan la geometría de los objetos virtuales, o secuencias de vídeo (AVI (Audio Video Interleave), BIK (BINK Video), etc). Una cuestión relevante es cómo se cargan estos ficheros y qué recursos son necesarios para su reproducción, sobre todo teniendo en cuenta que la reproducción debe realizarse en tiempo real, sin producir ningún tipo de demora que acabaría con la paciencia del usuario.

A la hora de diseñar un videojuego es muy importante tener en mente que los recursos hardware no son ilimitados. Las plataformas empleadas para su ejecución poseen diferentes prestaciones de memoria, potencia de procesamiento, tarjeta gráfica, etc. No todos los usuarios que adquieren un juego están dispuestos a mejorar las prestaciones de su equipo para poder ejecutarlo con ciertas garantías de calidad [23]. Por todo ello, es fundamental elegir los formatos adecuados para cada tipo de archivo, de tal forma que se optimice en la mayor medida de lo posible los recursos disponibles.

El formato empleado para cada tipo de contenido determinará el tamaño y este factor afecta directamente a uno de los recursos más importantes en la ejecución de un videojuego: la memoria [23]. Independientemente del tamaño que pueda tener la memoria de la plataforma donde se ejecuta el videojuego, ésta suele estar completa durante la ejecución. Durante la ejecución se producen diversos cambios de contexto, en los que se elimina el contenido actual de la memoria para incluir nuevos datos. Por ejemplo, cuando se maneja un personaje en una determinada escena y éste entra en una nueva habitación o nivel, los datos de la escena anterior son eliminados temporalmente de la memoria para cargar los nuevos datos correspondientes al nuevo lugar en el que se encuentra el personaje protagonista. Es entonces cuando entran en juego los mecanismos que realizan el intercambio de datos y gestionan la memoria. Lógicamente, cuanto menor sea el espacio que ocupan estos datos más sencillo y óptimo será el intercambio en memoria. A la hora de elegir formato para cada tipo de fichero siempre hay que tratar de encontrar un equilibrio entre calidad y tamaño.

En la mayoría de videojuegos, los bits seleccionados se empaquetan y comprimen para ser ejecutados en el momento actual; a estos archivos se les conoce como ficheros de recursos, los cuales contienen una amplia variedad de datos multimedia (imágenes, sonidos, mallas, mapas de nivel, vídeos, etc).

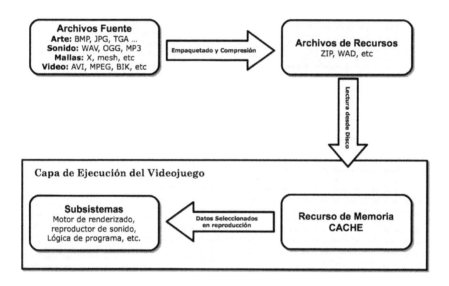

Figura 4.1: Flujo de datos desde los archivos de recursos hasta los subsistemas que se encargan de la reproducción de los contenidos [23].

Normalmente estos archivos están asociados a un nivel del juego. En cada uno de estos niveles se definen una serie de entornos, objetos, personajes, objetivos, eventos, etc. Al cambiar de nivel, suele aparecer en la pantalla un mensaje de carga y el usuario debe esperar; el sistema lo que está haciendo en realidad es cargar el contenido de estos ficheros que empaquetan diversos recursos.

Cada uno de los archivos empaquetados se debe convertir en un formato adecuado que ocupe el menor número de recursos posible. Estas conversiones dependen en la mayoría de los casos de la plataforma *hardware* en la que se ejecuta el juego. Por ejemplo, las plataformas PS3 y Xbox360 presentan formatos distintos para el sonido y las texturas de los objetos 3D.

En la siguiente sección se verá con mayor grado de detalle los recursos gráficos 3D que son necesarios, centrándonos en los formatos y los requisitos de almacenamiento.

4.1.2. Recursos de gráficos 3D: formatos y requerimientos de almacenamiento

Los juegos actuales con al menos una complejidad media-alta suelen ocupar varios GigaBytes de memoria. La mayoría de estos juegos constan de un conjunto de ficheros cerrados con formato privado que encapsulan múltiples contenidos, los cuales están distribuidos en varios DVDs (4.7 GB por DVD) o en un simple Blue-Ray (25GB) como es en el caso de los juegos vendidos para la plataforma de Sony - PS3. Si tenemos algún juego instalado en un PC, tenemos acceso a los directorios de instalación y podemos hacernos una idea del gran tamaño que ocupan una vez que los juegos han sido instalados.

Lo que vamos a intentar en las siguientes secciones es hacernos una idea de cómo estos datos se almacenan, qué formatos utilizan y cómo se pueden comprimir los datos para obtener el producto final. Por tanto, lo primero que debemos distinguir son los tipos de ficheros de datos que normalmente se emplean. La siguiente clasificación, ofrece una visión general [23]:

- **Objetos y mallas 3D para el modelado de entornos virtuales:** para el almacenamiento de este tipo de datos, normalmente son necesarias unas pocas decenas de megabytes para llevar a cabo dicha tarea. En este tipo de ficheros se almacena toda la geometría asociada al videojuego.

- **Mallas 3D y datos de animación:** estos datos en realidad no ocupan demasiado espacio pero suele suponer un número elevado de ficheros, la suma de todos ellos puede ocupar varias decenas de MB también.

- **Mapa/ Datos de nivel:** en este tipo de archivos se almacenan disparadores de eventos (eventos que se pueden producir en un determinado escenario y asociación de acciones a realizar una vez que se producen), tipos de objetos del entorno, *scripts*, etc. No ocupan demasiado espacio al igual que el caso anterior, y suele ser bastante sencillo compactarlos o comprimirlos.

- **Sprites (personajes) y texturas asociadas a los materiales:** suele haber bastante información asociada a estos tipos de datos. En un juego medianamente complejo, los ficheros de este tipo comienzan enseguida a ocupar bastante espacio, hablamos de cientos de megas.

- **Sonido, música y diálogos:** suelen ser los datos que ocupan más espacio de todo el juego, sobre todo cuando los juegos relatan una profunda y larga historia.

- **Vídeo y escenas pre-grabadas:** Cuando se usa este tipo de recursos suele ocupar la mayoría de espacio, por eso se usan con moderación. Suelen ser la combinación de personajes animados con archivos de sonido.

En las siguientes secciones se describirá con mayor detalle cada uno de los puntos anteriores.

Objetos y Mallas 3D

Al contrario de lo que normalmente se puede pensar, la geometría de los elementos tridimensionales que se emplean en un videojuego no ocupan demasiado espacio en comparación con otro tipo de contenidos [23]. Como se comentó en las secciones anteriores, los principales consumidores de espacio son los ficheros de audio y vídeo.

Una malla 3D, independientemente de que corresponda con un personaje, objeto o entorno, es una colección de puntos situados en el espacio, con una serie de datos asociados que describen cómo estos puntos están organizados y forman un conjunto de polígonos y cómo éstos deben ser renderizados.

Por otro lado, a los puntos situados en el espacio se les llama vértices y se representan mediante tres puntos pertenecientes a las tres coordenadas espaciales (X,Y,Z), tomando como referencia el punto de origen situado en (0,0,0). Cualquier elemento virtual se modela mediante triángulos que forman la malla, y cada triángulo se define por medio de tres o mas índices en una lista de puntos. Aquí se puede mostrar un ejemplo de una malla que representa un cubo.

Para representar los triángulos del cubo siguiente, necesitaríamos tres vértices por triángulo y tres coordenadas por cada uno de esos vértices. Existen diferentes formas de ahorrar espacio y optimizar la representación de triángulos. Si se tiene en cuenta que varios triángulos tienen vértices en común, no es necesario representar esos vértices más de una vez. El método consiste en representar únicamente los tres índices del primer triángulo y, para el resto de triángulos, únicamente se añade el vértice adicional. Esta técnica sería similar a dibujar el cubo con un lápiz sin separar en ningún momento la punta del lápiz del papel.

Listado 4.1: Representación de los vértices de un cubo con respecto al origen de coordenadas

```
 1  Vec3 TestObject::g_SquashedCubeVerts[] =
 2  {
 3      Vec3( 0.5,0.5,-0.25),      // Vertex 0.
 4      Vec3(-0.5,0.5,-0.25),      // Vertex 1.
 5      Vec3(-0.5,0.5,0.5),        // And so on.
 6      Vec3(0.75,0.5,0.5),
 7      Vec3(0.75,-0.5,-0.5),
 8      Vec3(-0.5,-0.5,-0.5),
 9      Vec3(-0.5,-0.3,0.5),
10      Vec3(0.5,-0.3,0.5)
11  };
```

Listado 4.2: Representación de los triángulos de un cubo mediante asociación de índices

```
 1  WORD TestObject::g_TestObjectIndices[][3] =
 2  {
 3      { 0,1,2 },    { 0,2,3 },    { 0,4,5 },
 4      { 0,5,1 },    { 1,5,6 },    { 1,6,2 },
 5      { 2,6,7 },    { 2,7,3 },    { 3,7,4 },
 6      { 3,4,0 },    { 4,7,6 },    { 4,6,5 }
 7  };
```

Con un simple cubo es complicado apreciar los beneficios que se pueden obtener con esta técnica, pero si nos paramos a pensar que un modelo 3D puede tener miles y miles de triángulos, la optimización es clara. De esta forma es posible almacenar n triángulos con $n+2$ índices, en lugar de $n*3$ vértices como sucede en el primer caso.

Además de la información relativa a la geometría del objeto, la mayoría de formatos soporta la asociación de información adicional sobre el material y textura de cada uno de los polígonos que forman el objeto. El motor de *rendering* asumirá, a menos que se indique lo contrario, que cada grupo de triángulos tiene asociado el mismo material y las mismas texturas. El material define el color de un objeto y como se refleja la luz en él. El tamaño destinado al almacenamiento de la información relativa al material puede variar dependiendo del motor de *rendering* empleado. Si al objeto no le afecta la luz directamente y tiene un color sólido, tan sólo serán necesarios unos pocos de bytes extra. Pero, por el contrario, si al objeto le afecta directamente la luz y éste tiene una textura asociada, podría suponer casi 100 bytes más por cada vértice.

De todo esto debemos aprender que la geometría de un objeto puede ocupar mucho menos espacio si se elige un formato adecuado para representar los triángulos que forman el objeto. De cualquier forma, los requisitos de memoria se incrementan notablemente cuando se emplean materiales complejos y se asocian texturas al objeto.

Datos de Animación

Una animación es en realidad la variación de la posición y la orientación de los vértices que forman un objeto a lo largo del tiempo. Como se comentó anteriormente, una forma de representar una posición o vértice en el espacio es mediante tres valores reales asociados a las tres coordenadas espaciales X, Y y Z. Estos números se representan siguiendo el estándar IEEE (Institute of Electrical and Electronics Engineers)-754 para la representación de números reales en coma flotante mediante 32 bits (4 bytes). Por tanto, para representar una posición 3D será necesario emplear 12 bytes.

Además de la posición es necesario guardar información relativa a la orientación, y el tamaño de las estructuras de datos empleadas para ello suele variar entre 12 y 16 bytes, dependiendo del motor de *rendering*. Existen diferentes formas de representar la orientación, el método elegido influirá directamente en la cantidad de bytes necesarios. Dos de los métodos más comunes en el desarrollo de videojuegos son los ángulos de Euler y el uso de cuaterniones o también llamados cuaternios.

Para hacernos una idea del tamaño que sería necesario en una sencilla animación, supongamos que la frecuencia de reproducción de frames por segundo es de 25. Por otro lado, si tenemos en cuenta que son necesarios 12 bytes por vértice más otros 12 (como mínimo) para almacenar la orientación de cada vértice, necesitaríamos por cada vértice 12 + 12 = 24 bytes por cada frame. Si en un segundo se reproducen 25 frames, 25 x 24 = 600 bytes por cada vértice y cada segundo. Ahora supongamos que un objeto consta de 40 partes movibles (normalmente las partes movibles de un personaje las determina el esqueleto y los huesos que lo forman). Si cada parte movible necesita 600 bytes y existen 40 de ellas, se necesitaría por cada segundo un total de 24.000 bytes.

Naturalmente 24.000 bytes puede ser un tamaño excesivo para un solo segundo y existen diferentes formas de optimizar el almacenamiento de los datos de animación, sobre todo teniendo en cuenta que no todas las partes del objeto se mueven en cada momento y, por tanto, no sería necesario almacenarlas de nuevo. Tampoco es necesario almacenar la posición de cada parte movible en cada uno de los 25 frames que se reproducen en un segundo. Una solución elegante es establecer frames claves y calcular las posiciones intermedias de un vértice desde un frame clave al siguiente mediante interpolación lineal. Es decir, no es necesario almacenar todas las posiciones (únicamente la de los frames claves) ya que el resto pueden ser calculadas en tiempo de ejecución.

Otra posible mejora se podría obtener empleando un menor número de bytes para representar la posición de un vértice. En muchas ocasiones, el desplazamiento o el cambio de orientación no son exageradamente elevados y no es necesario emplear 12 bytes. Si los valores no son excesivamente elevados se pueden emplear, por ejemplo, números enteros de 2 bytes. Estas técnicas de compresión pueden reducir considerablemente el tamaño en memoria necesario para almacenar los datos de animación.

Mapas/Datos de Nivel

Cada uno de los niveles que forman parte de un juego tiene asociado diferentes elementos como objetos estáticos 3D, sonido de ambientación, diálogos, entornos, etc. Normalmente, todos estos contenidos son empaquetados en un fichero binario que suele ser de formato propietario. Una vez que el juego es instalado en nuestro equipo es complicado acceder a estos contenidos de manera individual. En cambio, durante el proceso de desarrollo estos datos se suelen almacenar en otros formatos que sí son accesibles por los miembros del equipo como, por ejemplo, en formato XML (eXtensible Markup Language). El formato XML es un formato accesible, interpretable y permite a personas que trabajan con diferentes herramientas y en diferentes ámbitos, disponer de un medio para intercambiar información de forma sencilla.

Texturas

Hasta el momento, los datos descritos para el almacenamiento de la geometría de los objetos, animación y datos de nivel no suponen un porcentaje alto de la capacidad de almacenamiento requerida. Las texturas (en tercer lugar), los ficheros de audio y vídeo son los que implican un mayor coste en términos de memoria.

La textura es en realidad una imagen estática que se utiliza como "piel" para cubrir la superficie de un objeto virtual. Existen multitud de formatos que permiten obtener imágenes de mayor o menor calidad y, en función de esta calidad, de un mayor o menor tamaño. Para obtener la máxima calidad, los diseñadores gráficos prefieren formatos no comprimidos de 32 bits como TIF (TIFF) o TGA. Por contra, el tamaño de estas imágenes podría ser excesivo e influir en el tiempo de ejecución de un videojuego. Por ejemplo, una imagen RAW (imagen sin modificaciones, sin comprimir) de 32 bits con una resolución de 1024 x 768 píxeles podría alcanzar el tamaño de 3MB. Por tanto, una vez más es necesario encontrar un equilibrio entre calidad y tamaño. Cuando se diseña un videojuego, una de las principales dificultades que se plantean es la elección de un formato adecuado para cada uno de los recursos, tal que se satisfagan las expectativas de calidad y eficiencia en tiempo de ejecución.

Uno de los parámetros característicos de cualquier formato de imagen es la profundidad del color [23]. La profundidad del color determina la cantidad de bits empleados para representar el color de un píxel en una imagen digital. Si con n bits se pueden representar 2^n valores, el uso de n bits por píxel ofrecerá la posibilidad de representar 2^n colores distintos, es decir, cuando mayor sea el número n de bits empleados, mayor será la paleta de colores disponibles.

- **32-bits (8888 RGBA (Red Green Blue Alpha)).** Las imágenes se representan mediante cuatro canales, R(red), G(green), B(blue), A(alpha), y por cada uno de estos canales se emplean 8 bits. Es la forma menos compacta de representar un mapa de bits y la que proporciona un mayor abanico de colores. Las imágenes representadas de esta forma poseen una calidad alta, pero en muchas ocasiones es innecesaria y otros formatos podrían ser más apropiados considerando que hay que ahorrar el mayor número de recursos posibles.

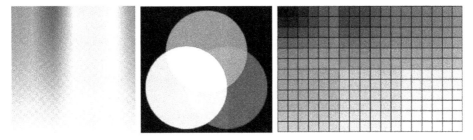

Figura 4.2: A la izquierda, ejemplo de una imagen RGBA con porciones transparentes (canal alpha). La imagen central representa un modelo aditivo de colores rojo, verde y azul. Finalmente, a la derecha, se muestra una paleta de 256 colores con 8 bits

- **24-bits (888 RGB (Red Green Blue)).** Este formato es similar al anterior pero sin canal alpha, de esta forma se ahorran 8 bits y los 24 restantes se dividen en partes iguales para los canales R(red), G(green) y B(blue). Este formato se suele emplear en imágenes de fondo que contienen una gran cantidad de colores que no podrían ser representados con 16 u 8 bits.

- **24-bits (565 RGB, 8A).** Este formato busca un equilibrio entre los dos anteriores. Permite almacenar imágenes con una profundidad de color aceptable y un rango amplio de colores y, además, proporciona un canal alfa que permite incluir porciones de imágenes traslúcidas. El canal para el color verde tiene un bit extra debido a que el ojo humano es más sensible a los cambios con este color.

- **16-bits (565 RGB).** Se trata de un formato compacto que permite almacenar imágenes con diferentes variedades de colores sin canal alfa. El canal para el color verde también emplea un bit extra al igual que en el formato anterior.

- **16-bits (555 RGB, 1 A).** Similar al formato anterior, excepto el bit extra del canal verde que, ahora, es destinado al canal alfa.

- **8-bits indexado.** Este formato se suele emplear para representar iconos o imágenes que no necesitan alta calidad, debido a que la paleta o el rango de colores empleado no es demasiado amplio. Sin embargo, son imágenes muy compactas que ahorran mucho espacio en memoria y se transmiten o procesan rápidamente. En este caso, al emplearse 8 bits, la paleta sería de 256 colores y se representa de forma matricial, donde cada color tiene asociado un índice. Precisamente los índices son los elementos que permiten asociar el color de cada píxel en la imagen a los colores representados en la paleta de colores.

4.1.3. Casos de Estudio

Formato MD2/MD3

El formato MD2 es uno de los más populares por su simplicidad, sencillez de uso y versatilidad para la creación de modelos (personajes, entornos, armas, efectos, etc). Fue creado por la compañía id Software y empleado por primera vez en el videojuego Quake II (ver Figura 4.3).

Figura 4.3: Captura del vídeojuego Quake II, desarrollado por la empresa id Software, donde se empleó por primera vez el formato MD2

El formato MD2 representa la geometría de los objetos, texturas e información sobre la animación de los personajes en un orden muy concreto, tal como muestra la Figura 4.4 [26]. El primer elemento en la mayoría de formatos 3D es la cabecera. La cabecera se sitúa al comienzo del fichero y es realmente útil ya que contiene información relevante sobre el propio fichero sin la necesidad de tener que buscarla a través de la gran cantidad de datos que vienen a continuación.

Cabecera

La cabecera del formato MD2 contiene los siguientes campos:

Listado 4.3: Cabecera del formato MD2

```
 1  struct SMD2Header {
 2      int m_iMagicNum;
 3      int m_iVersion;
 4      int m_iSkinWidthPx;
 5      int m_iSkinHeightPx;
 6      int m_iFrameSize;
 7      int m_iNumSkins;
 8      int m_iNumVertices;
 9      int m_iNumTexCoords;
10      int m_iNumTriangles;
11      int m_iNumGLCommands;
12      int m_iOffsetSkins;
13      int m_iOffsetTexCoords;
14      int m_iOffsetTriangles;
15      int m_iOffsetFrames;
16      int m_iOffsetGlCommands;
17      int m_iFileSize;
18      int m_iNumFrames;
19
20  };
```

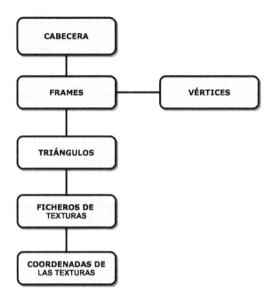

Figura 4.4: Jerarquía de capas en un fichero con formato MD2

El tamaño total es de 68 bytes, debido a que cada uno de los enteros se representa haciendo uso de 4 bytes. A continuación, en el siguiente listado se describirá brevemente el significado de cada uno de estos campos [26].

- En primer lugar podemos apreciar un campo que se refiere al "número mágico". Este número sirve para identificar el tipo de archivo y comprobar que en efecto se trata de un fichero con formato MD2.

- Versión del fichero. De esta forma se lleva a cabo un control de versiones y se evita el uso de versiones obsoletas del fichero.

- La siguiente variable hace referencia a la textura que se utiliza para cubrir la superficie del modelo. En este formato, cada modelo MD2 puede utilizar un piel o textura en un instante concreto de tiempo, aunque se podrían cargar varias texturas e ir alternándolas a lo largo del tiempo.

- *m_iSkinWidthPx* y *m_iSkinHeightPx* representan la anchura y altura de la textura en píxeles.

- *m_iFrameSize* es un entero que representa el tamaño en bytes de cada frame clave.

Las seis variables siguientes se refieren a cantidades [26]:

- *m_iNumSkins* es el número de texturas definidas en el fichero. Como se comentó anteriormente, el formato no soporta la aplicación simultánea de múltiples texturas, pero sí cargar varias texturas y ser aplicadas en diferentes instantes.

- *m_iNumVertices* es un entero que representa el número de vértices por frame.

- *m_iNumTexCoords* representa el número de coordenadas de la textura. El número no tiene que coincidir con el número de vértices y se emplea el mismo número de coordenadas para todos los frames.

- **m_iNumTriangles** es el número de triángulos que compone el modelo. En el forma-to MD2, cualquier objeto está formado mediante la composición de triángulos, no existe otro tipo de primitiva como, por ejemplo, cuadriláteros.

- **m_iNumGLCommands** especifica el número de comandos especiales para optimizar el renderizado de la malla del objeto. Los comandos GL no tienen por qué cargar el modelo, pero sí proporcionan una forma alternativa de renderizarlo.

- **m_iNumFrames** representa el número de frames en el fichero MD2 file. Cada uno de los frames posee información completa sobre las posiciones de los vértices para el proceso de animación.

Las cinco variables siguientes se emplean para definir el *offset* o dirección relativa (el número de posiciones de memoria que se suman a una dirección base para obtener la dirección absoluta) en bytes de cada una de las partes del fichero. Esta información es fundamental para facilitar los saltos en las distintas partes o secciones del fichero durante el proceso de carga. Por último, la variable *m_iFileSize* representa el tamaño en bytes desde el inicio de la cabecera hasta el final del fichero.

Frames y Vértices

A continuación se muestra la estructura que representa la información que se maneja por frame en el formato MD2 [26]:

Listado 4.4: Información empleada en cada frame en el formato MD2

```
1  struct SMD2Frame {
2      float m_fScale[3];
3      float m_fTrans[3];
4      char m_caName[16];
5      SMD2Vert * m_pVertss
6
7      SMD2Frame()
8      {
9          m_pVerts = 0;
10     }
11     ~SMD2Frame()
12     {
13         if(m_pVerts) delete [] m_pVerts;
14     }
15 };
```

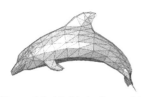

Figura 4.5: Modelado de un obje-to tridimensional mediante el uso de triángulos.

Como se puede apreciar en la estructura anterior, cada frame comienza con seis números representados en pun-to flotante que representan la escala y traslación de los vértices en los ejes X, Y y Z. Posteriormente, se define una cadena de 16 caracteres que determinan el nombre del frame, que puede resultar de gran utilidad si se quiere hacer referencia a éste en algún momento. Por último se indica la posición de todos los vértices en el frame (ne-cesario para animar el modelo 3D). En cada uno de los frames habrá tantos vértices como se indique en la varia-ble de la cabecera *m_iNumVerts*. En la última parte de la estructura se puede diferenciar un constructor y destructor, que son necesarios para reser-var y liberar memoria una vez que se ha reproducido el frame, ya que el número máximo de vértices que permite almacenar el formato MD2 por frame es 2048.

Si se renderizaran únicamente los vértices de un objeto, en pantalla tan sólo se verían un conjunto de puntos distribuidos en el espacio. El siguiente paso consistirá en unir estos puntos para definir los triángulos y dar forma al modelo.

Triangularización

En el formato MD2 los triángulos se representan siguiendo la técnica descrita en la Sección 4.1.2. Cada triángulo tiene tres vértices y varios triángulos tienen índices en común [26]. No es necesario representar un vértice más de una vez si se representa la relación que existe entre ellos mediante el uso de índices en una matriz.

Además, cada triángulo debe tener asociado una textura, o sería más correcto decir, una parte o fragmento de una imagen que representa una textura. Por tanto, es necesario indicar de algún modo las coordenadas de la textura que corresponden con cada triángulo. Para asociar las coordenadas de una textura a cada triángulo se emplean el mismo número de índices, es decir, cada índice de un vértice en el triángulo tiene asociado un índice en el array de coordenadas de una textura. De esta forma se puede texturizar cualquier objeto fácilmente.

A continuación se muestra la estructura de datos que se podía emplear para representar los triángulos mediante asociación de índices en un array y la asociación de coordenadas de la textura para cada vértice:

Listado 4.5: Estructura de datos para representar los triángulos y las coordenadas de la textura

```
1  struct SMD2Tri {
2      unsigned short m_sVertIndices[3];
3      unsigned short m_sTexIndices[3];
4  };
```

Listado 4.6: Estructura de datos para definir una textura embebida en un fichero MD2

```
1  struct SMD2Skin
2  {
3      char m_caSkin[64];
4      CImage m_Image;
5  };
```

Inclusión de Texturas

En el formato MD2 existen dos formas de asociar texturas a los objetos. La primera de ellas consiste en incluir el nombre de las texturas embebidos en el fichero MD2. El número de ficheros de texturas y la localización, se encuentran en las variables de la cabecera *m_iNumSkins* y *m_iOffsetSkins*. Cada nombre de textura ocupa 64 caracteres alfanuméricos como máximo. A continuación se muestra la estructura de datos empleada para definir una textura [26]:

Tal como se puede apreciar en la estructura anterior, existe una instancia de la clase *CImage*. Esta clase posee varias funciones para cargar y asociar varias clases de texturas. Existe una textura diferente por cada nombre de fichero que aparece en la sección de texturas dentro del fichero MD2.

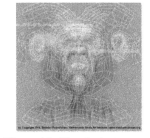

Figura 4.6: Ejemplo de textura en la que se establece una correspondencia entre los vértices del objeto y coordenadas de la imagen.

Una segunda alternativa es utilizar la clase *CImage* y el método *SetSkin* para cargar una textura y asociarla a un objeto [26]. Si existe una correspondencia por coordenadas entre la textura y el objeto, será necesario cargar las coordenadas antes de asociar la textura al objeto. El número de coordenadas de la textura se puede encontrar en la variable de la cabecera *m_iNumTexCoords*. La estructura de datos que se utiliza para definir las coordenadas de una textura es la siguiente:

Listado 4.7: Estructura de datos para representar las coordenadas de una textura

```
1  struct SMD2TexCoord {
2      float m_fTex[2];
3  };
```

Cada coordenada de una textura consiste en un par de números de tipo *float* de 2 bytes. La primera coordenada de la textura comienza en el cero y finaliza en el valor equivalente a la anchura de la imagen; la segunda desde el cero hasta el valor de la altura. En el resto de coordenadas se establecen las correspondencias entre zonas de la imagen de la textura y las superficies del objeto. Finalmente, una vez que se han definido las coordenadas ya se puede asociar la textura al objeto, mediante la función *Bind* de la clase *CImage*.

Principales diferencias entre el formato MD2 y MD3

El formato MD3 fue el formato que se empleó en el desarrollo del videojuego Quake III y sus derivados (Q3 mods, Return to Castle Wolfenstein, Jedi Knights 2, etc.). MD3 se basa en su predecesor pero aporta mejoras notables en dos aspectos claves:

- **Animación de personajes.** La frecuencia de reproducción de frames en el formato MD2 está limitada a 10 fps. En el caso del formato MD3 la frecuencia es variable, permitiendo animaciones de vértices más complejas.

- **Modelado de objetos 3D**. Otra diferencia significativa entre los formatos MD2 y MD3 es que en este último los objetos se dividen en tres bloques diferenciados, normalmente, cabeza, torso y piernas. Cada uno de estos bloques se tratan de manera independiente y esto implica que cada parte tenga su propio conjunto de texturas y sean renderizados y animados por separado.

Formato MD5

El formato MD5 se empleó en el desarrollo de los videojuegos Doom III y Quake IV. El formato presenta mejoras significativas en la animación de personajes. En el caso de los formatos MD2 y MD3 los movimientos de cada personaje se realizaban mediante animación de vértices, es decir, se almacenaba la posición de los vértices de un personaje animado en cada frame clave. Tratar de forma individualizada cada vértice es realmente complejo y animar un personaje siguiendo esta metodología no es una tarea sencilla.

En el formato MD5 es posible definir un esqueleto formado por un conjunto de huesos y asociarlo a un personaje. Cada uno de los huesos tiene a su vez asociado un conjunto de vértices. La animación en el formato MD5 se basa en la animación de los huesos que forman el esqueleto; el grupo de vértices asociado a un hueso variará su posición en base al movimiento de éste. Una de las grandes ventajas de la animación mediante movimiento de huesos de un esqueleto es que ésta se puede almacenar y reutilizar para personajes que tengan un esqueleto similar.

Figura 4.7: Captura del vídeojuego Quake III.

COLLADA

El formato COLLADA (COLLAborative Design Activity) [15] surge ante la necesidad de proponer un formato estándar de código abierto que sirva como medio de intercambio en la distribución de contenidos. La mayoría de empresas utilizan su propio formato de código cerrado y en forma binaria, lo que dificulta el acceso a los datos y la reutilización de contenidos por medio de otras herramientas que permiten su edición. Con la elaboración de COLLADA se pretenden alcanzar una serie de objetivos básicos [24]:

- COLLADA no es un formato para motores de videojuegos. En realidad, COLLADA beneficia directamente a los usuarios de herramientas de creación y distribución de contenidos. Es decir, COLLADA es un formato que se utiliza en el proceso de producción como mecanismo de intercambio de información entre los miembros del equipo de desarrollo y no como mecanismo final de producción.

- El formato COLLADA debe ser independiente de cualquier plataforma o tecnología de desarrollo (sistemas operativos, lenguajes de programación, etc).

- Ser un formato de código libre, representado en XML para liberar los recursos digitales de formatos binarios propietarios.

- Proporcionar un formato estándar que pueda ser utilizado por una amplia mayoría de herramientas de edición de modelos tridimensionales.

- Intentar que sea adoptado por una amplia comunidad de usuarios de contenidos digitales.

- Proveer un mecanismo sencillo de integración, tal que toda la información posible se encuentre disponible en este formato.

- Ser la base común de todas las transferencias de datos entre aplicaciones 3D.

Cualquier fichero XML representado en el formato COLLADA está dividido en tres partes principales [24]:

- **COLLADA Core Elements**. Donde se define la geometría de los objetos, información sobre la animación, cámaras, luces, etc.

- **COLLADA Physics**. En este apartado es posible asociar propiedades físicas a los objetos, con el objetivo de reproducir comportamientos lo más realistas posibles.

- **COLLADA FX**. Se establecen las propiedades de los materiales asociados a los objetos e información valiosa para el renderizado de la escena.

No es nuestro objetivo ver de forma detallada cada uno de estos tres bloques, pero sí se realizará una breve descripción de los principales elementos del núcleo ya que éstos componen los elementos básicos de una escena, los cuales son comunes en la mayoría de formatos.

COLLADA Core Elements

En este bloque se define la escena (<*scene*>) donde transcurre una historia y los objetos que participan en ella, mediante la definición de la geometría y la animación de los mismos. Además, se incluye información sobre las cámaras empleadas en la escena y la iluminación. Un documento con formato COLLADA sólo puede contener un nodo <*scene*>, por tanto, será necesario elaborar varios documentos COLLADA para definir escenas diferentes. La información de la escena se representa mediante un grafo acíclico y debe estar estructurado de la mejor manera posible para que el procesamiento sea óptimo. A continuación se muestran los nodos/etiquetas relacionados con la definición de escenas [24].

Listado 4.8: Nodos empleados en COLLADA para la definición de escenas

```
1  <instance_node>
2  <instance_visual_scene>
3  <library_nodes>
4  <library_visual_scenes>
5  <node>
6  <scene>
7  <visual_scene>
```

Para facilitar el manejo de una escena, COLLADA ofrece la posibilidad de agrupar los elementos en librerías. Un ejemplo sencillo de definición de una escena podría ser el mostrado en el listado 4.9.

Al igual que en el caso anterior, la definición de la geometría de un objeto también puede ser estructurada y dividida en librerías, muy útil sobre todo cuando la geometría de un objeto posee una complejidad considerable. De esta forma los nodos *geometry* se pueden encapsular dentro de una librería de objetos denominada *library_geometrics*.

Listado 4.9: Ejemplo de definición de una escena en el formato COLLADA

```
1  <COLLADA>
2  <library_nodes id="comp">
3    <node name="earth">
4    </node>
5    <node name="sky">
6    </node>
7  </library_nodes>
8
9  <library_visual_scenes>
10   <visual_scene id="world">
11    <instance_library_nodes url="#comp">
12   </visual_scene>
13 </library_visual_scenes>
14
15 <scene>
16   <instance_visual_scene url="#world"/>
17 </scene>
18 </COLLADA>
```

El elemento *<geometry>* permite definir la geometría de un objeto. En el caso de COLLADA (y en la mayoría de formatos) la geometría se define mediante la definición de una malla que incluye información del tipo: cantidad de puntos, posición, información de color, coordenadas de la textura aplicada al objeto, líneas que los conectan, ángulos, superficies, etc. Los nodos que se emplean para definir la geometría de un objeto en CO-LLADA son los siguientes [24]:

Listado 4.10: Nodos utilizados para definir la geometría de un objeto en el formato COLLADA

```
1  <control_vertices>
2  <geometry>
3  <instance_geometry>
4  <library_geometries>
5  <lines>
6  <linestrips>
7  <mesh>
8  <polygons>
9  <polylist>
10 <spline>
11 <triangles>
12 <trifans>
```

Un ejemplo de definición de una malla en el formato COLLADA se muestra en el siguiente listado [24]. Para completar la información de la geometría de un objeto es necesario incluir datos sobre la transformación de los vértices. Algunas de las operaciones más comunes son la rotación (*<rotate>*), escalado (*<scale>*) o traslación (*<translate>*).

Listado 4.11: Ejemplo de definición de una malla en el formato COLLADA

```
1  <mesh>
2    <source id="position" />
3    <source id="normal" />
4    <vertices id="verts">
5      <input semantic="POSITION" source="#position"/>
6    </vertices>
7    <polygons count="1" material="Bricks">
8      <input semantic="VERTEX" source="#verts" offset="0"/>
9      <input semantic="NORMAL" source="#normal" offset="1"/>
10     <p>0 0  2 1  3 2  1 3</p>
11   </polygons>
12 </mesh>
```

En cuanto a la iluminación, COLLADA soporta la definición de las siguientes fuentes de luces [24]:

- Luces ambientales

- Luces puntuales

- Luces direccionales

- Puntos de luz

y se utilizan los siguientes nodos o etiquetas:

Listado 4.12: Nodos empleados en COLLADA para la definición de fuentes de luz

```
1  <ambient>
2  <color>
3  <directional>
4  <instance_light>
5  <library_lights>
6  <Light>
7  <point>
8  <spot>
```

Por otro lado, COLLADA también permite la definición de cámaras. Una cámara declara una vista de la jerarquía del grafo de la escena y contiene información sobre la óptica (perspectiva u ortográfica). Los nodos que se utilizan para definir una cámara son los siguientes [24]:

Listado 4.13: Nodos empleados en COLLADA para definir cámaras

```
1  <camera>
2  <imager>
3  <instance_camera>
4  <library_cameras>
5  <optics>
6  <orthographic>
7  <Perspective>
```

Un ejemplo de definición de una cámara podría ser el siguiente [24]:

Listado 4.14: Ejemplo de definición de una cámara en el formato COLLADA

```
1   <camera name="eyepoint">
2     <optics>
3       <technique_common>
4         <perspective>
5           <yfov>45</yfov>
6             <aspect_ratio>1.33333
7             </aspect_ratio>
8           <znear>1.0</znear>
9           <zfar>1000.0</zfar>
10        </perspective>
11      </technique_common>
12    </optics>
13  </camera>
```

En cuanto a la parte de animación no entraremos en detalle en esta sección ya que se verá en capítulos posteriores. Simplemente recalcar que COLLADA está preparado para soportar los dos tipos de animación principales: animación de vértices y animación de esqueletos asociado a objetos.

Formato para OGRE 3D

Los tres elementos esenciales en el formato de Ogre son los siguientes [17]:

- **Entity o entidad.** Una entidad es cualquier elemento que se puede dibujar en pantalla; por tanto, quedan excluidos de esta categoría las fuentes de luz y las cámaras. La posición y la orientación de una malla no se controla mediante este tipo de objeto pero sí el material y la textura asociada.

- **SceneNode o nodo de la escena.** Un nodo se utiliza para manipular las propiedades o principales características de una entidad (también sirven para controlar las propiedades de las fuentes de luz y cámaras). Los nodos de una escena están organizados de forma jerárquica y la posición de cada uno de ellos siempre es relativa a la de los nodos padre.

- **SceneManager o controlador de la escena.** Es el nodo raíz y de él derivan el resto de nodos que se dibujan en la escena. A través de este nodo es posible acceder a cualquier otro nodo en la jerarquía.

Si analizamos cualquier fichero OgreXML podemos apreciar que existe información relativa a las mallas de los objetos. Cada malla puede estar formada a su vez por una o varias submallas, que contienen la siguiente información:

- Definición de caras (<face>).

- Definición de vértices (<vertex>) con su posición, normal, color y coordenadas UV.

- Asignación de vértices a huesos (<vertexboneassignment>).

- Enlace a un esqueleto (<skeletonlink>).

A su vez cada submalla contiene el nombre del material y el número de caras asociadas a la misma. Para cada una de las caras se almacenan los vértices que la componen:

Listado 4.15: Creación de mallas y submallas con materiales asociados

```
1  <mesh>
2      <submeshes>
3      <submesh material="blanco_ojo" usesharedvertices="false">
4          <faces count="700">
5              <face v1="0" v2="1" v3="2"/>
6              ...........................
7          </faces>
```

Además es necesario saber la información geométrica de cada uno de los vértices, es decir, posición, normal, coordenada de textura y el número de vértices de la submalla

Listado 4.16: Geometría de un Objeto en OgreXML

```
1  <geometry vertexcount="3361">
2      <vertexbuffer positions="true" normals="true" texture_coords="1">
3      <vertex>
4          <position x="-0.000000" y="0.170180" z="-0.000000"/>
5          <normal x="0.000000" y="1.000000" z="0.000000"/>
6          <texcoord u="0.000000" v="1.000000"/>
7      </vertex>
```

Para la asignación de los huesos se indican los huesos y sus pesos. Como se puede observar, el índice utilizado para los huesos empieza por el 0.

Listado 4.17: Asignación de huesos a una malla en OgreXML

```
1  <boneassignments>
2   <vertexboneassignment vertexindex="0" boneindex="26" weight="1.000000"/>
3   ...........................
4  </boneassignments>
5  </submesh>
```

Si la malla o mallas que hemos exportado tienen asociado un esqueleto se mostrará con la etiqueta "skeletonlink". El campo *name* corresponde con el archivo xml que contiene información sobre el esqueleto: *<skeletonlink name=çuerpo.skeleton/>*. En este caso el archivo "name.skeleton.xml"define el esqueleto exportado, es decir, el conjunto de huesos que componen el esqueleto. El exportador asigna a cada hueso un índice empezando por el 0 junto con el nombre, la posición y rotación del mismo:

Listado 4.18: Definición de un esqueleto en OgreXML

```
1  <skeleton>
2  <bones>
3   <bone id="0" name="cerrada">
4    <position x="5.395440" y="6.817142" z="-0.132860"/>
5    <rotation angle="0.000000">
6     <axis x="1.000000" y="0.000000" z="0.000000"/>
7    </rotation>
8   </bone>
9   ...........................
10 </bones>
```

La definición del esqueleto no estaría completa si no se conoce la jerarquía de los huesos, esta información se describe indicando cuál es el padre de cada uno e los huesos:

Listado 4.19: Definición de la jerarquía de huesos en un esqueleto en el formato OgreXML

```
1  <bonehierarchy>
2      <boneparent bone="torso" parent="caderas" />
3      <boneparent bone="rota_ceja_izquierda" parent="ceja_izquierda" />
4      <boneparent bone="rota_ceja_derecha" parent="ceja_derecha" />
5      <boneparent bone="pecho" parent="torso" />
6      <boneparent bone="hombro.r" parent="pecho" />
7      ...........................
8  </bonehierarchy>
```

Por último, si se han creado animaciones asociadas al esqueleto y han sido exportadas, se mostrará cada una de ellas identificándolas con el nombre definido previamente en Blender y la longitud de la acción medida en segundos. Cada animación contendrá información sobre los huesos que intervienen en el movimiento (traslación, rotación y escalado) y el instante de tiempo en el que se ha definido el *frame* clave:

Listado 4.20: Animación de los huesos de un esqueleto en OgreXML

```
1  <animations>
2   <animation name="ascensor" length="2.160000">
3    <track bone="d1root.l">
4     <keyframes>
5     <keyframe time="0.000000">
6      <translate x="-0.000000" y="0.000000" z="0.000000"/>
7      <rotate angle="0.000000">
8       <axis x="-0.412549" y="0.655310" z="0.632749"/>
9      </rotate>
10      <scale x="1.000000" y="1.000000" z="1.000000"/>
11     </keyframe>
12
13      .........................
14     <keyframe time="2.160000">
15      <translate x="0.000000" y="-0.000000" z="0.000000"/>
16       <rotate angle="0.000000">
17        <axis x="-0.891108" y="0.199133" z="0.407765"/>
18       </rotate>
19       <scale x="1.000000" y="1.000000" z="1.000000"/>
20     </keyframe>
21    </keyframes>
22      .........................
23  </track>
```

Otros Formatos

A continuación se incluye una tabla con alguno de los formatos más comunes para la representación de objetos 3D, su extensión, editores que lo utilizan y un enlace donde se puede obtener más información sobre el formato (ver Tabla 3.1) [26].

4.2. Exportación y Adaptación de Contenidos

Como se comentó en secciones anteriores la mayoría de herramientas de creación de contenidos digitales posee su propio formato privado. Sin embargo, la mayoría de estas herramientas permiten la exportación a otros formatos para facilitar la distribución de contenidos. En esta sección nos centraremos en la creación de un modelo en Blender, la aplicación de texturas a dicho modelo mediante la técnica de UV Mapping y su exportación a los formatos XML y binario de Ogre. Finalmente, cargaremos el objeto exportado en una aplicación de Ogre 3D.

4.2.1. Instalación del exportador de Ogre en Blender

En primer lugar es necesario descargar la última versión de dicho exportador desde *http://code.google.com/p/blender2ogre/*. En la sección *downloads* están disponibles las versiones del exportador asociadas a cada versión de blender. En función de la versión actual de blender que tengamos instalada, elegimos una u otra.

Una vez descargado el archivo, lo descomprimimos y ejecutamos Blender. Posteriormente nos dirigimos al menú *file >user preferences* o pulsamos Ctrl+ALT+U.

En la ventana para la configuración de las preferencias del usuario pulsamos sobre el botón *addons* y en la parte inferior de la ventana pulsamos el botón *install addons*. A continuación el asistente nos ofrecerá la posibilidad de elegir el *script* de python con el exportador de Blender a Ogre. Finalmente, el exportador aparecerá en el listado de la derecha y marcaremos la casilla de verificación.

EXT.	EDITOR	Link
3DMF	3D Meta File, QuickDraw3D	http://www.apple.com
3DO	Jedi Knight	http://www.lucasarts.com
3DS	3D Studio Max, formato binario	http://www.discreet.com
ACT	Motor Genesis 3D	http://www.genesis3D.com
ASE	3D Studio Max: versión de 3DS basada en texto	http://www.discreet.com
ASC	3D Studio Max: mínima representación de datos representada en ASCII	http://www.discreet.com
B3D	Bryce 3D	http://www.corel.com
BDF	Okino	http://www.okino.com
BLEND	Blender	http://www.blender.com
CAR	Carrara	http://www.eovia.com/carrara
COB	Calgari TrueSpace	http://www.calgari.com
DMO	Duke Nukem 3D	http://www.3drealms.com
DXF	Autodesk Autocad	http://www.autodesk.com
HRC	Softimage 3D	http://www.softimage.com
INC	POV-RAY	http://www.povray.org
KF2	Animaciones y poses en Max Payne	http://www.maxpayne.com
KFS	Max Payne: información de la malla y los materiales	http://www.maxpayne.com
LWO	Lightwave	http://www.newtek.com
MB	Maya	http://www.aliaswavefront.com
MAX	3D Studio Max	http://www.discreet.com
MS3D	Milkshape 3D	http://www.swissquake.ch
OBJ	Alias|Wavefront	http://aliaswavefront.com
PZ3	Poser	http://www.curioslab.com
RAW	Triángulos RAW	http://
RDS	Ray Dream Studio	http://www.metacreations.com
RIB	Renderman File	http://www.renderman.com
VRLM	Lenguaje para el modelado de realidad virtual	http://www.web3d.org
X	Formato Microsoft Direct X	http://www.microsoft.com
XGL	Formato que utilizan varios programas CAD	http://www.xglspec.com

Tabla 4.1: Otros formatos para la representación de objetos en 3D

Para comprobar que la instalación es correcta, nos dirigimos al menú *File >Export* y comprobamos que entre las opciones aparece *Ogre3D*.

4.2.2. Creación de un modelo en Blender

El objetivo es modelar una caja o cubo y aplicar una textura a cada una de las seis caras. Cuando ejecutamos Blender aparece en la escena un cubo creado por defecto, por tanto, no será necesario crear ningún modelo adicional para completar este ejercicio. En el caso de que quisiéramos añadir algún cubo más sería sencillo, bastaría con dirigirnos al menú *Add >Mesh >Cube* y aparecería un nuevo cubo en la escena.

Además del cubo, Blender crea por defecto una fuente de luz y una cámara. Al igual que sucede con los objetos, es posible añadir fuentes de luz adicionales y nuevas cámaras. Para este ejercicio será suficiente con los elementos creados por defecto.

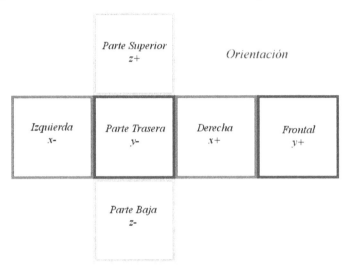

Figura 4.8: Orientación de las texturas aplicadas a un cubo

4.2.3. Aplicación de texturas mediante UV Mapping

La técnica de texturizado UV Mapping permite establecer una correspondencia entre los vértices de un objeto y las coordenadas de una textura. Mediante esta técnica no es necesario crear un fichero o imagen para representar cada una de las texturas que se aplicará a cada una de las superficies que forman un objeto. En otras palabras, en un mismo fichero se puede representar la "piel" que cubrirá diferentes regiones de una superficie tridimensional. En está sección explicaremos como aplicar una textura a cada una de las seis caras del cubo creado en la sección anterior. La textura que se aplica a cada una de las caras puede aparecer desglosada en una misma imagen tal como muestra la Figura 4.8.

Figura 4.9: Imagen con resolución 512x512 que contiene las texturas que serán aplicadas a un cubo

Cada uno de los recuadros corresponde a la textura que se aplicará a una de las caras del cubo en el eje indicado. En la Figura 4.9 se muestra la textura real que se aplicará al modelo; tal como se puede apreciar está organizada de la misma forma que se presenta en la Figura 4.8 (cargar

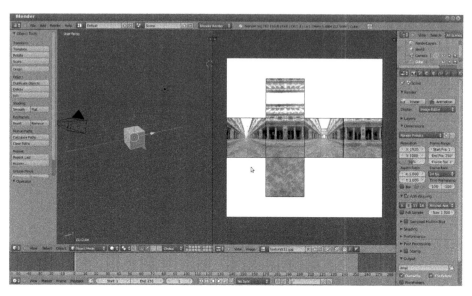

Figura 4.10: Editor de Blender con una división en dos marcos. En la parte izquierda aparece la figura geométrica a texturizar y en la parte derecha las texturas que serán aplicadas mediante la técnica de UV/Mapping

la imagen llamada textura512.jpg que se aporta con el material del curso). Todas las texturas se encuentran en una misma imagen cuya resolución es 512x512. Los módulos de memoria de las tarjetas gráficas están optimizados para trabajar con imágenes representadas en matrices cuadradas y con una altura o anchura potencia de dos. Por este motivo, la resolución de la imagen que contiene las texturas es de 512x512 a pesar de que haya espacios en blanco y se pueda compactar más reduciendo la altura.

Una vez conocida la textura a aplicar sobre el cubo y cómo está estructurada, se describirán los pasos necesarios para aplicar las texturas en las caras del cubo mediante la técnica UV Mapping. En primer lugar ejecutamos Blender y dividimos la pantalla en dos partes. Para ello situamos el puntero del ratón sobre el marco superior hasta que el cursor cambie de forma a una flecha doblemente punteada, pulsamos el botón derecho y elegimos en el menú flotante la opción *Split Area*.

En el marco de la derecha pulsamos el menú desplegable situado en la esquina inferior izquierda y elegimos la opción *UV/Image Editor*. A continuación cargamos la imagen de la textura (textura512.jpg); para ello pulsamos en el menú *Image >Open* y elegimos la imagen que contiene las texturas. Después de realizar estos datos la apariencia del editor de Blender debe ser similar a la que aparece en la Figura 4.10

En el marco de la izquierda se pueden visualizar las líneas que delimitan el cubo, coloreadas de color rosa, donde el modo de vista por defecto es *Wireframe*. Para visualizar por pantalla las texturas en todo momento elegimos el modo de vista *Textured* en el menú situado en el marco inferior *Viewport Shading*. Otra posibilidad consiste en pulsar las teclas [SHIFT] + [Z].

Por otro lado, el cubo situado en la escena tiene asociado un material por defecto, pero éste no tiene asignada ninguna textura (en el caso de que no tenga un material asociado, será necesario crear uno). Para ello, nos dirigimos al menú de materiales situado en la barra de herramientas de la derecha (ver Figura 4.11).

Figura 4.11: Selección del material del objeto

En segundo lugar, será necesario determinar la textura. Al panel de texturas se accede pulsando el icono situado a la derecha de el de materiales (ver Figura 4.12).

Figura 4.12: Definición de la textura del objeto

En el tipo de textura se elige *Image* y, más abajo, en el panel de *Image* pulsamos sobre el botón *Open* para abrir la imagen de la textura con formato jpg. Por otro lado, en el panel *Mapping*, será necesario elegir la opción *UV* en el menú *Generate*, para que las coordenadas de la textura se asocien correctamente al objeto en el proceso de renderizado.

El siguiente paso consiste en elegir los vértices de cada una de las caras del cubo y establecer una correspondencia con coordenadas de la textura. Para ello, pulsamos la tecla TAB para visualizar los vértices y nos aseguramos que todos están seleccionados (todos deben estar coloreados de amarillo). Para seleccionar o eliminar la selección de todos los vértices basta con pulsar la tecla A. Con todos los vértices del cubo seleccionados, pulsamos la tecla U y en el menú *UV Mapping* elegimos la opción *Cube Projection*. En el editor UV de la derecha deben aparecer tres recuadros nuevos de color naranja.

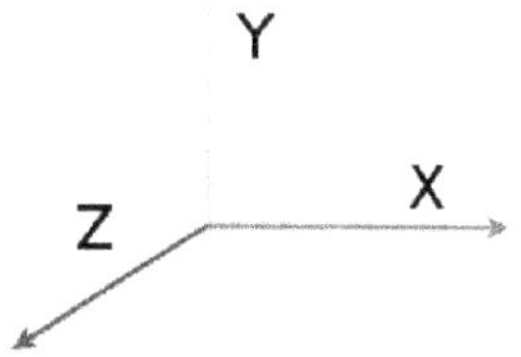

Figura 4.13: Sistema de coordenadas utilizado en Ogre.

Pulsamos A para que ninguno de los vértices quede seleccionado y, de forma manual, seleccionamos los vértices de la cara superior (z+). Para seleccionar los vértices existen dos alternativas; la primera es seleccionar uno a uno manteniendo la tecla SHIFT pulsada y presionar el botón derecho del ratón en cada uno de los vértices. Una segunda opción es dibujar un área que encuadre los vértices, para ello hay que pulsar primero la tecla B (Pulsa el botón intermedio del ratón y muévelo para cambiar la perspectiva y poder asegurar así que se han elegido los vértices correctos).

En la parte derecha, en el editor UV se puede observar un cuadrado con los bordes de color amarillo y la superficie morada. Este recuadro corresponde con la cara del cubo seleccionada y con el que se pueden establecer correspondencias con coordenadas de la textura. El siguiente paso consistirá en adaptar la superficie del recuadro a la imagen que debe aparecer en la parte superior del cubo (z+), tal como indica la Figura 4.8. Para adaptar la superficie existen varias alternativas; una de ellas es escalar el cuadrado con la tecla S y para desplazarlo la tecla G (para hacer zoom sobre la textura se gira la rueda central del ratón). Un segunda opción es ajustar cada vértice de forma individual, para ello se selecciona un vértice con

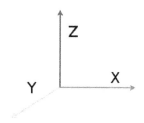

Figura 4.14: Sistema de coordenadas utilizado en Blender.

el botón derecho del ratón, pulsamos $\boxed{\text{G}}$ y desplazamos el vértice a la posición deseada. Las dos alternativas descritas anteriormente no son excluyentes y se pueden combinar, es decir, se podría escalar el recuadro en primer lugar y luego ajustar los vértices, e incluso escalar de nuevo si fuera necesario.

Los pasos que se han realizo para establecer la textura de la parte superior del cubo deben ser repetidos para el resto de caras del cubo. Si renderizamos la escena pulsando $\boxed{\text{F12}}$ podemos apreciar el resultado final.

Por último vamos a empaquetar el archivo *.blend* para que sea autocontenido. La textura es un recurso externo; si cargáramos el fichero *.blend* en otro ordenador posiblemente no se visualizaría debido a que las rutas no coinciden. Si empaquetamos el fichero eliminamos este tipo de problemas. Para ello, seleccionamos *File >External Data >Pack into .blend file*.

4.2.4.   Exportación del objeto en formato Ogre XML

Para exportar la escena de Blender al formato de Ogre seleccionamos *File >Export >Ogre 3D*. Antes de exportar debemos asegurarnos de que nos encontramos en modo objeto y no en modo de edición, sino blender no nos permitirá exportar el objeto. En la parte izquierda aparecerá un nuevo panel con las opciones del exportador tal como muestra la Figura 4.15. Tal como se puede apreciar, el exportador dispone de múltiples opciones encuadradas en dos categorías: exportación de materiales y exportación de mallas.

Figura 4.15: Exportador de Ogre integrado en Blender

Las opciones del exportador son las siguientes:

- Posibilidad de intercambiar los ejes de coordenadas

- **Separate Materials:** Exporta todos los materiales por separado, genera un archivo .material por cada uno de ellos, en lugar de aglomerar todos ellos en un único archivo.

- **Only Animated Bones:** Únicamente exporta aquellos huesos que han sido animados y forman parte de frames clave.

- **Export Scene:** Exportación de la escena actual.

- **Export Selected Only:** Exporta únicamente los objetos seleccionados.

- **Force Camera:** Exporta la cámara que esté activa en el momento actual.

- **Force Lamps:** Exportación de todas las luces de la escena.

- **Export Meshes:** Exportación de las mallas de los objetos.

- **Export Meshes (overwrite):** Exporta las mallas y las sobreescribe si se han creado con anterioridad.

- **Armature Animation:** Exportación del esqueleto del objeto y la animación de los huesos.

- **Shape Animation:** datos sobre la animación de personajes. Ofrece la posibilidad de ignorar los huesos cuyo valor esta por debajo del umbral definido en el parámetro *Trim Weights*.

- **Optimize Arrays:** optimiza el array de modificadores como instancias.

- **Export Materials:** Exportación de los materiales y generación de archivos .material

- Conversión de la imagen de la textura a otros formatos.

- Número de Mip Maps

- Número de niveles LOD en la malla

- Valor de incremento para reducir LOD

- Porcentaje de reducción LOD

- Generación de la lista con las aristas de la geometría del objeto

- Tangentes en la malla

- Reorganización de los buffers de vértices en la malla

- Optimización de las animaciones de la malla

4.2.5. Carga del objeto en una aplicación Ogre

Para cargar el cubo exportado en Ogre vamos a partir de ejemplo visto al comienzo del curso *Hello World*. Recordemos que la estructura de directorios para la aplicación en Ogre era la siguiente:

- Directorios:
  - Include
  - Media
  - Obj
  - Plugins
  - src
- Ficheros en el directorio raíz del proyecto Ogre:
  - ogre.cfg
  - plugins.cfg
  - resources.cfg

Una vez que se ha exportado el cubo con las texturas asociadas y se han generado los ficheros *Cube.mesh*, *Cube.mesh.xml* y *Scene.material*, los incluimos en el directorio *media* (también incluimos la textura "textura512.jpg"). Los ficheros deben incluirse en este directorio porque así está configurado en el fichero *resources.cfg*, si deseáramos incluir los recursos en otro directorio deberíamos variar la configuración en dicho fichero.

En segundo lugar, cambiamos el nombre del ejecutable; para ello, abrimos el archivo *makefile* y en lugar de *EXEC := helloWorld*, ponemos *EXEC:= cubo*. Después es necesario cambiar el código de ejemplo para que cargue nuestro modelo. Abrimos el archivo */src/main.cpp* que se encuentra dentro en el directorio */src*. El código es el siguiente:

Listado 4.21: Código incluido en el archivo main.cpp

```
1  #include <ExampleApplication.h>
2  class SimpleExample : public ExampleApplication {
3      public : void createScene() {
4          Ogre::Entity *ent = mSceneMgr->createEntity("Sinbad", "Sinbad.mesh");
5          mSceneMgr->getRootSceneNode()->attachObject(ent);
6      }
7  };
8
9  int main(void) {
10     SimpleExample example;
11     example.go();
12     return 0;
13 }
```

En nuestro caso la entidad a crear es aquella cuya malla se llama *Cube.Mesh*, ésta ya contiene información sobre la geometría de la malla y las coordenadas UV en el caso de utilización de texturas.

Por lo tanto el código tras la modificación de la función *createScene*, sería el siguiente:

Listado 4.22: Modificación del fichero main.cpp para cargar el cubo modelado en Blender

```
1  public : void createScene() {
2      Ogre::Entity *ent = mSceneMgr->createEntity("Caja", "cubo.mesh");
3      mSceneMgr->getRootSceneNode()->attachObject(ent);
4  }
```

Al compilar (make) y ejecutar (./Cubo) aceptamos las opciones que vienen por defecto y se puede observar el cubo pero muy lejano. A partir de ahora todas las operaciones que queramos hacer (translación, escalado, rotación, ...) tendrá que ser a través de código. A continuación se realiza una operación de traslación para acercar el cubo a la cámara:

Listado 4.23: Traslación del cubo para acercarlo hacia la cámara

```
1  Entity *ent1 = mSceneMgr->createEntity( "Cubo", "Cube.mesh" );
2  SceneNode *node1 = mSceneMgr->getRootSceneNode()->createChildSceneNode( );
3  node1->attachObject( ent1 );
4  node1->translate(Vector3(0, 0, 490 ));
```

Listado 4.24: Ejemplo de escalado de un objeto

```
1  node1->scale( 3, 3, 3 );
```

Listado 4.25: Ejemplo de rotación

```
1  node1->yaw(Ogre::Degree( -90 ) );
2  node1->pitch(Ogre::Degree( -90 ) );
3  node1->roll(Ogre::Degree( -90 ) );
```

Como ejercicio, se propone al lector intentar escalar el cubo y rotarlo en función de los ejes usando *Pitch*, *Yaw* y *Roll*.

4.3.   Procesamiento de Recursos Gráficos

En esta sección estudiaremos cómo adaptar recursos 3D realizados con Blender en Ogre. Tendremos en cuenta aspectos relativos a la escala, posicionamiento de los objetos (respecto de su sistema de referencia local y global) y estudiaremos algunas herramientas disponibles en Blender para el posicionamiento preciso de modelos 3D.

Antes de continuar, el lector podría (opcionalmente) completar el estudio del capítulo 6, ya que utilizaremos como base el código fuente obtenido en el último ejemplo de dicho capítulo, y estudiaremos algunas cuestiones referentes al gestor de recursos.

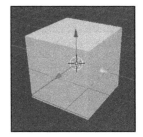

Blender, a diferencia de los sistemas de CAD (Computer Aided Design) (que emplean modelos de CSG (Constructive Solid Geometry), es una herramienta de modelado de contorno B-REP (Boundary Representation). Esto implica que, a diferencia de los sistemas basados en CSG, trabaja con modelos huecos definidos por vértices, aristas y caras. Como hemos estudiado en el capítulo de introducción matemática, las coordenadas de estos modelos se especifican de forma relativa a su centro, que define el origen de su sistema de referencia local.

Figura 4.16: El centro del objeto define el origen del sistema de referencia local. Así, la posición de los vértices del cubo se definen según este sistema local.

En Blender el centro del objeto se representa mediante un punto de color rosa (ver Figura 4.16). Si tenemos activos los manejadores en la cabecera de la ventana 3D 🔧, será el punto de donde comienzan estos elementos de la interfaz. Este centro define el sistema de referencia local, por lo que resulta crítico poder cambiar el centro del objeto ya que, tras su exportación, se dibujará a partir de esta posición.

Con el objeto seleccionado en Modo de Objeto se puede indicar a Blender que recalcule el centro geométrico del objeto en el panel de *Object Tools* (accesible con la tecla T), en el botón Origin (ver Figura 4.17). Una vez pulsado *Origin*, podemos elegir entre **Geometry to Origin**, que desplaza los vértices del objeto de modo que se ajustan a la posición fijada del centro geométrico, **Origin to Geometry** que realiza la misma operación de alineación, pero desplazando el centro en lugar de mover los vértices, o **Origin to 3D Cursor** que cambia la posición del centro del objeto a la localización actual del cursor 3D.

Figura 4.17: Botón *Origin* para elegir el centro del objeto, en el panel *Object Tools*.

En muchas ocasiones, es necesario situar el centro y los vértices de un modelo con absoluta precisión. Para realizar esta operación, basta con pulsar la tecla N, y aparecerá el panel de Transformación *Transform* a la derecha de la vista 3D (ver Figura 4.18), en el que podremos especificar las coordenadas específicas del centro del objeto. Si estamos en modo edición, podremos indicar las coordenadas a nivel de vértice. Es interesante que esas coordenadas se especifiquen *localmente* (botón Local activado), porque el exportador de Ogre trabajará con coordenadas locales relativas a ese centro.

El centro del objeto puede igualmente situarse de forma precisa, empleando la posición del puntero 3D. El puntero 3D puedes situarse en cualquier posición del espacio con precisión. En el panel *Transform* comentado anteriormente (accesible mediante la tecla T) pueden especificarse numéricamente las coordenadas 3D (ver Figura 4.19). Posteriormente, utilizando el botón Origin (ver Figura 4.17), y eligiendo la opción *Origin to 3D Cursor* podremos situar el centro del objeto en la posición del puntero 3D.

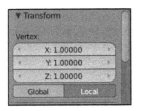

Figura 4.18: Propiedades del panel *Transform* en modo edición (tecla *T*). Permiten indicar las coordenadas de cada vértice con respecto del Sistema de Referencia Local y del Sistema de Referencia Universal (Global).

Es muy importante que las transformaciones de modelado se apliquen finalmente a las coordenadas locales del objeto, para que se apliquen de forma efectiva a las coordenadas de los vértices. Es decir, si después de trabajar con el modelo, pulsando la tecla N en modo Objeto, el valor *Scale* es distinto de 1 en alguno de los ejes, implica que esa transformación se ha realizado en modo objeto, por lo que los vértices del mismo no tendrán esas coordenadas asociadas. De igual modo, también hay que prestar atención a la rotación del objeto (estudiaremos cómo resolver este caso más adelante).

La Figura 4.20 muestra un ejemplo de este problema; el cubo de la izquierda se ha escalado en modo edición, mientras que el de la derecha se ha escalado en modo objeto. El modelo de la izquierda se exportará correctamente, porque los vértices tienen asociadas sus coordenadas locales. El modelo de la derecha sin embargo aplica una transformación a nivel de objeto, y será exportado como un cubo.

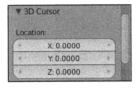

Figura 4.19: Posicionamiento numérico del cursor 3D.

Otra operación muy interesante consiste en posicionar un objeto con total precisión. Para realizar esta operación puede ser suficiente con situarlo numéricamente, como hemos visto anteriormente, accediendo al panel de transformación mediante la tecla N. Sin embargo, otras veces necesitamos situarlo en una posición relativa a otro objeto; necesitaremos situarlo empleando el cursor 3D.

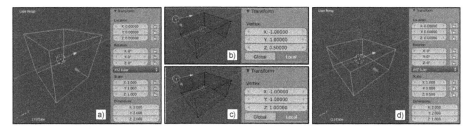

Figura 4.20: Aplicación de transformaciones geométricas en modo Edición. **a)** Situación inicial del modelo al que le aplicaremos un escalado de 0.5 respecto del eje Z. **b)** El escalado se aplica en modo Edición. El campo Vertex Z muestra el valor correcto. **c)** Si el escalado se aplicó en modo objeto, el campo Vertex Z no refleja la geometría *real* del objeto. Esto puede comprobarse fácilmente si alguno de los campos *Scale* no son igual a uno, como en **d)**.

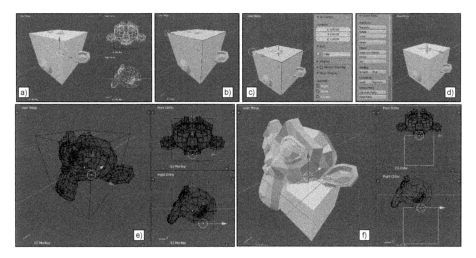

Figura 4.21: Ejemplo de uso del operador *Cursor to Selected* y *Selection to Cursor*. **a)** Posición inicial de los dos modelos. Queremos llegar a la posición *f)*. En modo edición, elegimos un vértice superior del cubo y posicionamos el puntero 3D ahí (empleando *Shift S Cursor to Selected*). **c)** A continuación modificamos el valor de X e Y de la posición del cursor numéricamente, para que se sitúe en el centro de la cara. **d)** Elegimos *Origin to 3D Cursor* entre las opciones disponibles en el botón *Origin* del panel *Object Tools*. Ahora el cubo tiene su centro en el punto medio de la cara superior. **e)** Elegimos el vértice señalado en la cabeza del mono y posicionamos ahí el puntero 3D. Finalmente en **f)** cambiamos la posición del cubo de forma que interseca exactamente en ese vértice (*Shift S/ Selection to Cursor*).

El centro de un objeto puede situarse en la posición del puntero 3D, y el puntero 3D puede situarse en cualquier posición del espacio. Podemos, por ejemplo, en modo edición situar el puntero 3D en la posición de un vértice de un modelo, y situar ahí el centro del objeto. Desde ese momento, los desplazamientos del modelo se harán tomando como referencia ese punto.

Mediante el atajo ⬚Shift ⬚S *Cursor to Selected* podemos situar el puntero 3D en la posición de un elemento seleccionado (por ejemplo, un vértice, o en el centro de otro objeto que haya sido seleccionado en modo objeto) y mediante ⬚Shift ⬚S *Selection to Cursor* moveremos el objeto seleccionado a la posición del puntero 3D (ver Figura 4.21). Mediante este sencillo mecanismo de 2 pasos podemos situar los objetos con precisión, y modificar el centro del objeto a cualquier punto de interés.

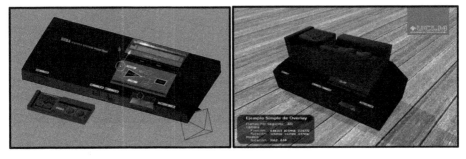

Figura 4.22: Resultado de exportar directamente el modelo de la *Master System* desde Blender. La imagen de la izquierda muestra el modelo en Blender, y la imagen de la derecha corresponde al resultado de desplegar el modelo en Ogre, con proporciones claramente erróneas.

 Blender dispone de una orden para aplicar las transformaciones realizadas en modo Objeto al sistema de coordenadas local del objeto. Para ello, bastará con pulsar **Control A** y elegir *Apply/ Rotation & Scale*, o bien desde la cabecera de la ventana 3D en *Object/ Apply/ Rotation & Scale*.

4.3.1.   Ejemplo de uso

A continuación veremos un ejemplo de utilización de los operadores comentados anteriormente. Partiremos de un sencillo modelo (de 308 vértices y 596 caras triangulares) creado en Blender, que se muestra en la Figura 4.22. Al importar el modelo en Ogre, se ha creado un plano manualmente que sirve como *"base"*, y que está posicionado en $Y = 0$ (con vector normal el Y unitario). El código 4.26 muestra las líneas más relevantes relativas a la creación de la escena.

El problema viene asociado a que el modelo ha sido construido empleando transformaciones a nivel de objeto. Si accedemos a las propiedades de transformación [N] para cada objeto, obtenemos la información mostrada en la Figura 4.23. Como vemos, la escala a nivel de objeto de ambos modelos es distinta de 1.0 para alguno de los ejes, lo que indica que la transformación se realizó a nivel de objeto.

Aplicaremos la escala (y la rotación, aunque en este caso el objeto no fue rotado) a los vértices del modelo, eliminando cualquier operación realizada en modo objeto. Para ello, con cada objeto seleccionado, pulsaremos [Control] [A] *Apply / Rotation & Scale*. Ahora la escala (ver Figura 4.23) debe mostrar un valor de 1.0 en cada eje.

Como hemos visto, la elección correcta del centro del objeto facilita el código en etapas posteriores. Si el modelo está normalizado (con escala 1.0 en todos los ejes), las coordenadas del espacio 3D de Blender pueden ser fácilmente transformadas a coordenadas de Ogre. En este caso, vamos a situar el centro de cada objeto de la escena de forma que esté situado exactamente en el $Z = 0$. Para ello, con cada objeto seleccionado, pulsaremos en [Origin] *Origin to 3D Cursor* (del panel *Object Tools*).

Figura 4.23: Propiedades de transformación de los dos objetos del ejemplo.

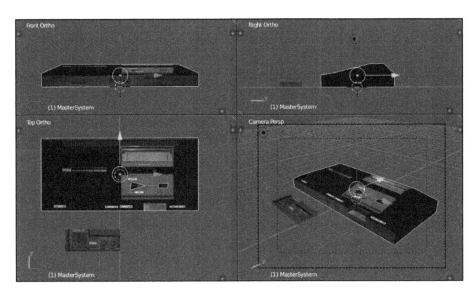

Figura 4.24: Posicionamiento del puntero 3D en relación al centro del objeto. En muchas situaciones puede ser conveniente especificar que varios objetos tengan el centro en una misma posición del espacio (como veremos en la siguiente sección). Esto puede facilitar la construcción de la aplicación.

Listado 4.26: Fragmento de MyApp.c

```
 1  int MyApp::start() {
 2      // ... Carga de configuracion, creacion de window ...
 3      Ogre::Camera* cam = _sceneManager->createCamera("MainCamera");
 4      cam->setPosition(Ogre::Vector3(5,20,20));
 5      cam->lookAt(Ogre::Vector3(0,0,0));
 6      cam->setNearClipDistance(5);
 7      cam->setFarClipDistance(100);
 8      // ... Viewport, y createScene...
 9  }
10
11  void MyApp::createScene() {
12      Ogre::Entity* ent1 = _sceneManager->createEntity("MS.mesh");
13      Ogre::SceneNode* node1 = _sceneManager->createSceneNode("MS");
14      node1->attachObject(ent1);
15      node1->translate(0,2,0);
16      _sceneManager->getRootSceneNode()->addChild(node1);
17
18      Ogre::Entity* ent2 = _sceneManager->createEntity("Mando.mesh");
19      Ogre::SceneNode* node2 = _sceneManager->createSceneNode("Mando");
20      node2->attachObject(ent2);
21      node2->translate(0,2,0);
22      node1->addChild(node2);
23      // ... creacion del plano, luces, etc...
24  }
```

Ahora posicionaremos el cursor 3D en esa posición $\boxed{\text{Shift}}$ $\boxed{\text{S}}$ *Cursor to Selected* y modificaremos numéricamente la coordenada del cursor 3D, para que se sitúe en $Z = 0$ (accediendo al panel de *Propiedades* $\boxed{\text{N}}$). El resultado de posicionar el cursor 3D se muestra en la Figura 4.24.

Figura 4.25: Posicionamiento del objeto mando.

Ahora podemos exportar el modelo a Ogre, y las proporciones se mantendrán correctamente. Sería conveniente posicionar exactamente el mando en relación a la consola, tal y como está en el modelo .blend. Para ello, podemos modificar y anotar manualmente la posición de objeto 3D (en relación con el SRU). Como el centro de la consola se ha posicionado en el origen del SRU, la posición del centro del mando será relativa al centro de la consola. Bastará con consultar estos valores (*Location X, Y, Z*) en el panel *Transform* (ver Figura 4.25) y utilizarlos en Ogre.

Sistemas de Coordenadas: Recordemos que los sistemas de coordenadas de Ogre y Blender siguen convenios diferentes. Si utilizamos la opción del exportador de Ogre *Swap axis* por defecto (con valor *xz-y*), para obtener las coordenadas equivalentes de Ogre desde Blender bastará con aplicar la misma coordenada X, la coordenada Z de Blender utilizarla en Y en Ogre, y la coordenada Y de Blender aplicarla invertida en Z en Ogre.

En el ejemplo de la Figura 4.25, el objeto tiene asociadas en Blender las coordenadas (-1.8, -2.8, 0). Al aplicar la equivalencia aplicada por el exportador (por defecto), obtendríamos el equivalente en Ogre de (-1.8, 0, 2.8). De este modo, el siguiente fragmento de código muestra la creación de la escena correcta en Ogre. En este caso ya no es necesario aplicar ninguna traslación al objeto *MS* (se posicionará en el origen del SRU). Por su parte, al objeto *Mando* se aplicará la traslación indicada en la línea $\boxed{9}$, que se corresponde con la obtenida de Blender.

```
Listado 4.27: Fragmento de MyApp.c
 1  Ogre::Entity* ent1 = _sceneManager->createEntity("MS.mesh");
 2  Ogre::SceneNode* node1 = _sceneManager->createSceneNode("MS");
 3  node1->attachObject(ent1);
 4  _sceneManager->getRootSceneNode()->addChild(node1);
 5
 6  Ogre::Entity* ent2 = _sceneManager->createEntity("Mando.mesh");
 7  Ogre::SceneNode* node2 = _sceneManager->createSceneNode("Mando");
 8  node2->attachObject(ent2);
 9  node2->translate(-1.8,0,2.8);
10  node1->addChild(node2);
```

Por último, sería deseable poder exportar la posición de las cámara para percibir la escena con la misma configuración que en Blender. Existen varias formas de configurar el *camera pose*. Una de las más cómodas para el diseñador es trabajar con la posición de la cámara y el punto al que ésta mira. Esta especificación es equivalente a indicar la posición y el punto *look at* (en el primer fragmento de código de la sección, en las líneas $\boxed{4}$ y $\boxed{5}$).

Para que la cámara apunte hacia un objeto de la escena, puede crearse una restricción de tipo *Track To*. Para ello, añadimos un objeto vacío a la escena (que no tiene representación), mediante (Shift) (A) *Add / Empty*. Ahora seleccionamos primero la cámara, y luego con (Shift) pulsado seleccionamos el Empty y pulsamos (Control) (T) *Track To Constraint*. De este modo, si desplazamos la cámara, obtendremos que siempre está *mirando* hacia el objeto Empty creado (ver Figura 4.26).

Cuando tengamos la "fotografía" de la escena montada, bastará con consultar el valor de posición de la cámara y el *Empty*, y asignar esos valores al código de posicionamiento y *look at* de la misma (teniendo en cuenta las diferencias entre sistemas de coordenadas de Blender y Ogre). El resultado se encuentra resumido en la Figura 4.28.

Figura 4.26: Track de la cámara al objeto Empty. Blender representa la relación con una línea punteada que va de la cámara al objeto Empty.

 Automatízate!! Obviamente, el proceso de exportación de los datos relativos al posicionamiento de objetos en la escena (junto con otros datos de interés) deberán ser automatizados definiendo un formato de escena para Ogre. Este formato tendrá la información necesaria para cada juego particular.

4.4. Gestión de Recursos y Escena

En esta sección estudiaremos un ejemplo que cubre varios aspectos que no han sido tratados en el documento, relativos al uso del gestor de recursos y de escena. Desarrollaremos un demostrador de *3D Picking* que gestionará manualmente el puntero del ratón (mediante *overlays*), gestionará recursos empaquetados en archivos .zip (empleando las facilidades que proporciona Ogre), cargará geometría estática y utilizará el potente sistema de *queries* del *SceneManager* con máscaras.

La Figura 4.29 muestra el interfaz del ejemplo desarrollado. Mediante la rueda del ratón es posible desplazar la cámara. Si se pulsa la rueda, se aplicará un rotación sobre la misma. Si se pulsa el botón izquierdo del ratón sobre un objeto de colisión del escenario (como el mostrado en la figura), se seleccionará mostrando su caja límite *bounding box*. Si se pulsa con el botón izquierdo sobre el suelo de la sala, se añadirá aleatoriamente una caja de tipo 1 o 2. Si pinchamos con el botón izquierdo sobre alguna de las cajas creadas, se seleccionará. Mediante el botón derecho únicamente podremos seleccionar cajas creadas (no se añadirán nunca cajas, aunque pulsemos sobre el suelo de la sala).

```
[General]
FileSystem=media
Zip=media/cube.zip
Zip=media/stage.zip
Zip=media/colision.zip
Zip=media/overlay.zip
```

Figura 4.27: Contenido del archivo de configuración de recursos *resource.cfg*.

Sobre una caja creada, podemos aplicar tres operaciones: con la tecla (Supr) eliminamos el objeto. Con la tecla (R) rotaremos la caja respecto de su eje Y. Finalmente, con la tecla (S) modificamos su escala. El operador de escala y de rotación permiten invertir su comportamiento si pulsamos simultáneamente la tecla (Shift). Veamos a continuación algunos aspectos relevantes en la construcción de este ejemplo.

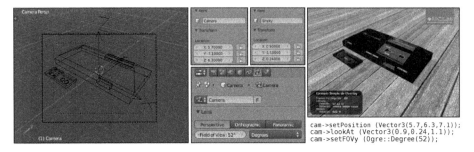

cam->setPosition (Vector3(5.7,6.3,7.1));
cam->lookAt (Vector3(0.9,0.24,1.1));
cam->setFOVy (Ogre::Degree(52));

Figura 4.28: Resultado de aplicar la misma cámara en Blender y Ogre. El campo de visión de la lente puede consultarse en las propiedades específicas de la cámara, indicando que el valor quiere representarse en grados (ver lista desplegable de la derecha)

4.4.1. Recursos empaquetados

El gestor de recursos de Ogre permite utilizar ficheros `.zip` definiendo en el archivo de configuración de recursos que el tipo es *Zip*.

De este modo, el archivo de configuración de recursos asociado a este ejemplo se muestra en la Figura 4.27. La implementación del cargador de recursos que estudiamos en el capítulo 6 permite su utilización directamente.

4.4.2. Gestión del ratón

En el siguiente listado se resume el código necesario para posicionar una imagen usada como puntero del ratón en Ogre. La Figura 4.30 define el material creado (textura con transparencia) para cargar la imagen que emplearemos como puntero.

```
Listado 4.28: Fragmentos de MyFrameListener.cpp

 1 int posx = _mouse->getMouseState().X.abs;   // Posicion del puntero
 2 int posy = _mouse->getMouseState().Y.abs;   // en pixeles.
 3
 4 // Si usamos la rueda, desplazamos en Z la camara ----------
 5 vt+= Vector3(0,0,-10)*deltaT * _mouse->getMouseState().Z.rel;
 6 _camera->moveRelative(vt * deltaT * tSpeed);
 7
 8 // Gestion del overlay ----------------------------
 9 OverlayElement *oe;
10 oe = _overlayManager->getOverlayElement("cursor");
11 oe->setLeft(posx);  oe->setTop(posy);
12
13 // En el constructor de MyFrameListener...
14 _mouse->getMouseState().width = _win->getWidth();
15 _mouse->getMouseState().height = _win->getHeight();
```

En la línea ⑪ se posiciona el elemento del overlay llamado *cursor* en la posición absoluta obtenida del ratón por OIS (líneas ① y ②). En el constructor del *FrameListener* hay que indicar a OIS las dimensiones de la ventana, para que pueda posicionar adecuadamente el ratón (de otra forma, trabajará en un cuadrado de 50 píxeles de ancho y alto). Esta operación se realiza como se indica en las líneas ⸤14-15⸥.

Figura 4.29: Ejemplo de aplicación que desarrollaremos en esta sección. El interfaz permite seleccionar objetos en el espacio 3D y modificar algunas de sus propiedades (escala y rotación).

El desplazamiento de la rueda del ratón se obtiene en la coordenada Z con *getMouseState* (línea ⑤). Utilizamos esta información para desplazar la cámara relativamente en su eje local Z.

4.4.3. Geometría Estática

Como hemos estudiado anteriormente, el modelo abstracto de los *MovableObject* abarca multitud de tipos de objetos en la escena (desde luces, cámaras, entidades, etc...). Uno de los tipos más empleados son las mallas poligonales, que tienen asociada información geométrica y datos específicos para el posterior uso de materiales.

La **geometría estática**, como su nombre indica, está pensada para elementos gráficos que no modifican su posición durante la ejecución de la aplicación. Está pensada para enviar *pocos* paquetes (lotes) *grandes* de geometría a la GPU en lugar de muchos pequeños. Esto permite optimizar el rendimiento en el posterior despliegue. De este modo, a menor número de paquetes enviados a la GPU tendremos mayor rendimiento en la aplicación. Por ejemplo, realizar 100 llamadas de 10.000 polígonos a la GPU puede ser un orden de magnitud menos eficiente que realizar 10 llamadas de 100.000 polígonos.

El uso de la memoria empleando *geometría estática* sin embargo es mayor. Mientras que los *MovableObject* comparten mallas poligonales (siempre que sean instancias del mismo objeto), empleando geometría estática se copian los datos para cada instancia de la geometría.

```
material pointer{
  technique {
    pass {
      scene_blend src_alpha
        one_minus_src_alpha
      texture_unit {
        texture cursor.png
}}}}
```

Figura 4.30: Material asociado al puntero del ratón.

Figura 4.31: El escenario del ejemplo está realizado en baja poligonalización (1616 vértices y 1003 caras). Aun así, el uso de geometría estática *acelera* su despliegue en 3x!.

Existen algunas características principales que deben tenerse en cuenta a la hora de trabajar con geometría estática:

- **Construcción**. La geometría estática debe ser construída previamente a su uso. Esta etapa debe realizarse una única vez, por lo que puede generarse en la carga del sistema y no supone una carga real en la tasa de refresco interactiva del juego.

- **Gestión de materiales**. El número de materiales diferentes asociados a la geometría estática delimita el número de lotes (paquetes) que se enviarán a la GPU. De este modo, aunque un bloque de geometría estática contenga gran cantidad de polígonos, se crearán tantos paquetes como diferentes materiales tenga asociado el bloque. Así, existe un compromiso de eficiencia relacionado con el número de materiales diferentes asociados a cada paquete de geometría estática.

- **Rendering en grupo**. Aunque únicamente una pequeña parte de la geometría estática sea visible en el *Frustum* todo el paquete será enviado a la GPU para su representación. De este modo, es conveniente separar la geometría estática en diferentes bloques para evitar el despliegue global de todos los elementos.

En el siguiente fragmento de código relativo a MyApp.c se muestra las instrucciones necesarias para definir un paquete de geometría estática en Ogre. Basta con llamar al *SceneManager*, e indicarle el nombre del bloque a definir (en este caso "SG" en la línea ①). A continuación se añade una entidad cargada desde un archivo .mesh. Finalmente en la línea ④ se ejecuta la operación de construcción del bloque de geometría.

Listado 4.29: Fragmento de MyApp.c

```
1  StaticGeometry* stage = _sceneManager->createStaticGeometry("SG");
2  Entity* ent1 = _sceneManager->createEntity("Escenario.mesh");
3  stage->addEntity(ent1, Vector3(0,0,0));
4  stage->build();  // Operacion para construir la geometria
```

Otro aspecto importante a tener en cuenta a la hora de trabajar con geometría estática es que no es tenida en cuenta a la hora de realizar preguntas al gestor de escena. En la siguiente sección veremos cómo *resolver* este inconveniente.

4.4.4. Queries

El gestor de escena permite resolver preguntas relativas a la relación espacial entre los objetos de la escena. Estas preguntas pueden plantearse relativas a los objetos móviles *MovableObject* y a la geometría del mundo *WorldFragment*.

Ogre no gestiona las preguntas relativas a la geometría estática. Una posible solución pasa por crear objetos móviles invisibles de baja poligonalización que servirán para realizar estas preguntas. Estos objetos están exportados conservando las mismas dimensiones y rotaciones que el bloque de geometría estática (ver Figura 4.33). Además, para evitar tener que cargar manualmente los centros de cada objeto, todos los bloques han redefinido su centro en el origen del SRU (que coincide con el centro de la geometría estática). El siguiente listado muestra la carga de estos elementos en el grafo de escena.

```
Listado 4.30: Fragmento de MyApp.cpp (Create Scene)

1  // Objeto movable "suelo"para consultar al SceneManager
2  SceneNode *nodecol = _sceneManager->createSceneNode("Col_Suelo");
3  Entity *entcol = _sceneManager->createEntity
4                        ("Col_Suelo", "Col_Suelo.mesh");
5  entcol->setQueryFlags(STAGE);    // Usamos flags propios!
6  nodecol->attachObject(entcol);
7  nodecol->setVisible(false);      // Objeto oculto
8  _sceneManager->getRootSceneNode()->addChild(nodecol);
9
10 // Cajas del escenario (baja poligonalizacion)
11 stringstream sauxnode, sauxmesh;
12 string s = "Col_Box";
13 for (int i=1; i<6; i++) {
14   sauxnode << s << i; sauxmesh << s << i << ".mesh";
15   SceneNode *nodebox = _sceneManager->createSceneNode
16                        (sauxnode.str());
17   Entity *entboxcol = _sceneManager->createEntity
18                        (sauxnode.str(), sauxmesh.str());
19   entboxcol->setQueryFlags(STAGE);    // Escenario
20   nodebox->attachObject(entboxcol);
21   nodebox->setVisible(false);
22   nodecol->addChild(nodebox);
23   sauxnode.str(""); sauxmesh.str(""); // Limpiamos el stream
24 }
```

Cabe destacar el establecimiento de flags propios (en las líneas ⑤ y ⑲) que estudiaremos en la sección 4.4.5, así como la propiedad de visibilidad del nodo (en ⑦ y ㉑). El bucle definido en ⑬-㉓ sirve para cargar las cajas límite mostradas en la Figura 4.33.

Las preguntas que pueden realizarse al gestor de escena se dividen en cuatro categorías principales: **1. Caja límite**, definida mediante dos vértices opuestos, **2. Esfera**, definida por una posición y un radio, **3. Volumen**, definido por un conjunto de tres o más planos y **4. Rayo**, denifido por un punto (origen) y una dirección.

Otras intersecciones

Ogre soporta igualmente realizar consultas sobre cualquier tipo de intersecciones arbitrarias entre objetos de la escena.

En este ejemplo utilizaremos las intersecciones Rayo-Plano. Una vez creado el objeto de tipo *RaySceneQuery* en el constructor (mediante una llamada a *createRayQuery* del *SceneManager*), que posteriormente será eliminado en el destructor (mediante una llamada a *destroyQuery* del *SceneManager*), podemos utilizar el objeto para realizar consultas a la escena.

En la línea ⑳ se utiliza un método auxiliar para crear la Query, indicando las coordenadas del ratón. Empleando la función de utilidad de la línea ②, Ogre crea un rayo con origen en la cámara y la dirección indicada por las dos coordendas X, Y normalizadas (entre 0.0 y 1.0) que recibe como argumento (ver Figura 4.32). En la línea ④ se establece ese rayo para la consulta y se indica en la línea ⑤ que ordene los resultados por distancia de intersección. La consulta de tipo rayo devuelve una lista con todos los objetos que han intersecado con el rayo[1]. Ordenando el resultado por distancia, tendremos como primer elemento el primer objeto con el que ha *chocado* el rayo. La ejecución de la consulta se realiza en la línea ㉑.

Figura 4.32: El usuario, empleando do *getCameraToViewportRay*, puede obtener un rayo con origen en la posición de la cámara, y con la dirección de la posición del ratón.

---

[1]El rayo se describe por un punto de origen y una dirección. Desde ese origen, y siguiendo esa dirección, el rayo describe una línea infinita que podrá intersecar con *infinitos* objetos

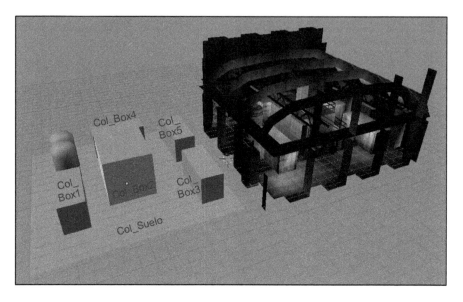

Figura 4.33: A la izquierda la geometría utilizada para las preguntas al gestor de escena. A la derecha la geometría estática. El centro de todas las entidades de la izquierda coinciden con el centro del modelo de la derecha. Aunque en la imagen los modelos están *desplazados* con respecto del eje X, en realidad ambos están exactamente en la misma posición del mundo.

La creación de las *Queries* son costosas computacionalmente (por lo que interesa realizarlas al inicio; en los constructores). Sin embargo su ejecución puede realizarse sin problema en el bucle principal de dibujado. El rendimiento se verá notablemente afectado si creas y destruyes la *query* en cada frame.

Figura 4.34: En el caso de objetos móviles, Ogre emplea una caja límite (definida por las coordenadas mayor y menor de los vértices del modelo) para calcular la intersección *rayo-objeto* y optimizar así los cálculos. Esto implica que, en el caso del test de intersección de la figura daría que hay colisión entre el rayo y el objeto. No obstante, es posible realizar *manualmente* un test de colisión con precisión (a nivel de polígono) si el juego lo requiere.

Para recuperar los datos de la consulta, se emplea un iterador. En el caso de esta aplicación, sólo nos interesa el primer elemento devuelto por la consulta (el primer punto de intersección), por lo que en el *if* de la línea ⟨25⟩ preguntamos si hay algún elemento devuelto por la consulta.

El iterador obtiene punteros a objetos de tipo *RaySceneQueryResultEntry*, que cuentan con 3 atributos públicos. El primero llamado distance es de tipo *Real* (usado en la línea ⟨35⟩) nos indica la distancia de intersección desde el origen del rayo. El segundo atributo llamado *movable* contiene un puntero al MovableObject con el que intersecó (si existe). El tercer atributo *worldFragment* contiene un puntero al objeto de ese tipo (en este ejemplo no utilizamos geometría de esta clase).

El test de intersección rayo-objeto se realiza empleando cajas límite. Esto resulta muy eficiente (ya que únicamente hay que comparar con una caja y no con todos los polígonos que forman la entidad), pero tiene el inconveniente de la pérdida de precisión (Figura 4.34).

Finalmente, para añadir una caja en el punto de intersección del rayo con el suelo, tenemos que obtener la posición en el espacio 3D. Ogre proporciona una función de utilidad asociada a los rayos, que permite obtener el punto 3D, indicando una distancia desde el origen (línea ⟨35⟩). De esta forma, indicando la distancia de intersección (obtenida en el iterador) en el método *getPoint* del rayo, obtenemos el *Vector3* que usamos directamente para posicionar el nuevo nodo en la escena (ver listado 4.31).

Listado 4.31: Fragmento de MyFrameListener.cpp

```
 1  Ray MyFrameListener::setRayQuery(int posx, int posy, uint32 mask) {
 2    Ray rayMouse = _camera->getCameraToViewportRay
 3      (posx/float(_win->getWidth()), posy/float(_win->getHeight()));
 4    _raySceneQuery->setRay(rayMouse);
 5    _raySceneQuery->setSortByDistance(true);
 6    _raySceneQuery->setQueryMask(mask);
 7    return (rayMouse);
 8  }
 9
10  bool MyFrameListener::frameStarted(const FrameEvent& evt) {
11    // ... Codigo anterior eliminado...
12    if (mbleft || mbright) {  // Boton izquierdo o derecho ------
13      if (mbleft) mask = STAGE | CUBE1 | CUBE2;  // Todos
14      if (mbright) mask = ~STAGE;   // Todo menos el escenario
15
16      if (_selectedNode != NULL) {  // Si hay alguno seleccionado...
17        _selectedNode->showBoundingBox(false);  _selectedNode = NULL;
18      }
19
20      Ray r = setRayQuery(posx, posy, mask);
21      RaySceneQueryResult &result = _raySceneQuery->execute();
22      RaySceneQueryResult::iterator it;
23      it = result.begin();
24
25      if (it != result.end()) {
26        if (mbleft) {
27          if (it->movable->getParentSceneNode()->getName() ==
28                                               "Col_Suelo") {
29            SceneNode *nodeaux = _sceneManager->createSceneNode();
30            int i = rand()%2;   stringstream saux;
31            saux << "Cube" << i+1 << ".mesh";
32            Entity *entaux=_sceneManager->createEntity(saux.str());
33            entaux->setQueryFlags(i?CUBE1:CUBE2);
34            nodeaux->attachObject(entaux);
35            nodeaux->translate(r.getPoint(it->distance));
36            _sceneManager->getRootSceneNode()->addChild(nodeaux);
37          }
38        }
39        _selectedNode = it->movable->getParentSceneNode();
40        _selectedNode->showBoundingBox(true);
41      }
42    }
```

4.4.5. Máscaras

Las máscaras permiten restringir el ámbito de las consultas realizadas al gestor de escena. En el listado anterior, en las líneas ⑬ y ⑭ especificamos la máscara binaria que utilizaremos en la consulta (línea ⑥). Para que una máscara sea válida (y permita realizar operaciones lógicas con ella), debe contener un único uno.

```
#define STAGE 1 << 0
#define CUBE1 1 << 1
#define CUBE2 1 << 2
```

Es equivalente a:
STAGE
0000000000000...00001
CUBE1
0000000000000...00010
CUBE2
0000000000000...00100

Figura 4.35: Máscaras binarias definidas en *MyFrameListener.h* para el ejemplo.

Así, la forma más sencilla de definirlas es desplazando el 1 tantas posiciones como se indica tras el operador << como se indica en la Figura 4.35. Como el campo de máscara es de 32 bits, podemos definir 32 máscaras personalizadas para nuestra aplicación.

En el listado de la sección 4.4.4, vimos que mediante la llamada a setQueryFlags se podían asociar máscaras a entidades (líneas ⑤ y ⑲). Si no se especifica ninguna máscara en la creación de la entidad, ésta responderá a *todas* las *Queries*, planteando así un esquema bastante flexible.

Los operadores lógicos pueden emplearse para combinar varias máscaras, como el uso del AND &&, el OR || o la negación ∼ (ver líneas ⑬ y ⑭ del pasado código fuente). En este código fuente, la consulta a ∼STAGE sería equivalente a consultar por CUBE1 | CUBE2. La consulta de la línea ⑬ sería equivalente a preguntar por todos los objetos de la escena (no especificar ninguna máscara).

Capítulo **5**

APIS de Gráficos 3D

Carlos González Morcillo

En este capítulo se introducirán los aspectos más relevantes de OpenGL. Como hemos señalado en el capítulo de introudcción, muchas bibliotecas de visualización (como OGRE) nos abstraen de los detalles de *bajo nivel*. Sin embargo, resulta interesante conocer el modelo de estados de este ipo de APIs, por compartir multitud de convenios con las bibliotecas de alto nivel. Entre otros aspectos, en este capítulo se estudiará la gestión de pilas de matrices y los diferentes modos de transformación de la API.

5.1. Introducción

Actualmente existen en el mercado dos alternativas principales como bibliotecas de representación 3D a bajo nivel: Direct3D y OpenGL. Estas dos bibliotecas son soportadas por la mayoría de los dispositivos hardware de aceleración gráfica. Direct3D forma parte del framework *DirectX* de *Microsoft*. Es una biblioteca ampliamente extendida, y multitud de motores 3D comerciales están basados en ella. La principal desventaja del uso de *DirectX* es la asociación exclusiva con el sistema operativo *Microsoft Windows*. Aunque existen formas de ejecutar un programa compilado para esta plataforma en otros sistemas, no es posible crear aplicaciones nativas utilizando *DirectX* en otros entornos. De este modo, en este primer estudio de las APIs de bajo nivel nos centraremos en la API multiplataforma OpenGL.

OpenGL es, probablemente, la biblioteca de programación gráfica más utilizada del mundo; desde videojuegos, simulación, CAD, visualización científica, y un largo etcétera de ámbitos de aplicación la configuran como la mejor alternativa en multitud de ocasiones. En esta sección se resumirán los aspectos básicos más relevantes para comenzar a utilizar OpenGL.

En este breve resumen de OpenGL se dejarán gran cantidad de aspectos sin mencionar. Se recomienda el estudio de la guía oficial de OpenGL [29] (también conocido como *El Libro Rojo de OpenGL*) para profundizar en esta potente biblioteca gráfica. Otra fantástica fuente de información, con ediciones anteriores del *Libro Rojo* es la página oficial de la biblioteca[1].

El propio nombre *OpenGL* indica que es una *Biblioteca para Gráficos Abierta*[2]. Una de las características que ha hecho de OpenGL una biblioteca tan famosa es que es independiente de la plataforma sobre la que se está ejecutando (en términos software y hardware). Esto implica que *alguien* tendrá que encargarse de abrir una ventana gráfica sobre la que OpenGL pueda dibujar los preciosos gráficos 3D.

Figura 5.1: La octava edición del libro oficial de OpenGL, la referencia imprescindible de 935 páginas.

Para facilitar el desarrollo de aplicaciones con OpenGL sin preocuparse de los detalles específicos de cada sistema operativo (tales como la creación de ventanas, gestión de eventos, etc...), *M. Kilgard* creó GLUT (OpenGL Utility Toolkit), una biblioteca independiente de OpenGL (no forma parte de la distribución oficial de la API) que facilita el desarrollo de pequeños prototipos. Esta biblioteca auxiliar es igualmente multiplataforma.

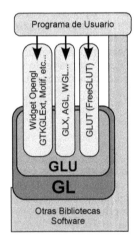

Figura 5.2: Relación entre los módulos principales de OpenGL.

En este capítulo trabajaremos con FreeGLUT, la alternativa con licencia GPL totalmente compatible con GLUT. Si se desea mayor control sobre los eventos, y la posibilidad de extender las capacidades de la aplicación, se recomienda el estudio de otras APIs multiplataforma compatibles con OpenGL, como por ejemplo SDL[3] o la que emplearemos con OGRE (OIS). Existen alternativas específicas para sistemas de ventanas concretos (ver Figura 5.2, como *GLX* para plataformas Unix, *AGL* para Macintosh o *WGL* para sistemas Windows.

De este modo, el núcleo principal de las biblioteca se encuentra en el módulo *GL* (ver Figura 5.2). En el módulo GLU (OpenGL Utility) se encuentran funciones de uso común para el dibujo de diversos tipos de superficies (esferas, conos, cilindros, curvas...). Este módulo es parte oficial de la biblioteca.

Uno de los objetivos principales de OpenGL es la representación de imágenes de alta calidad a alta velocidad. OpenGL está diseñado para la realización de **aplicaciones interactivas**, como videojuegos. Gran cantidad de plataformas actuales se basan en esta especificación para definir sus interfaces de dibujado en gráficos 3D.

---

[1] http://www.opengl.org/
[2] Las siglas de *GL* corresponden a *Graphics Library*
[3] http://www.libsdl.org/

5.2. Modelo Conceptual

Las llamadas a funciones de OpenGL están diseñadas para aceptar diversos tipos de datos como entrada. El nombre de la función identifica además los argumentos que recibirá.

Por ejemplo, en la Figura 5.4 se llama a una función para especificar un nuevo vértice en coordenadas homogéneas (4 parámetros), con tipo de datos *double* y en formato vector. Se definen tipos enumerados como redefinición de tipos básicos (como *GLfloat*, *GLint*, etc) para facilitar la compatibilidad con otras plataformas. Es buena práctica utilizar estos tipos redefinidos si se planea compilar la aplicación en otros sistemas.

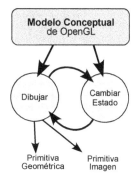

El **Modelo Conceptual General** de OpenGL define dos operaciones básicas que el programador puede realizar en cada instante; 1) dibujar algún elemento o 2) cambiar el estado de cómo se dibujan los elementos. La primera operación de *dibujar algún elemento* tiene que ser a) una primitiva geométrica (puntos, líneas o polígonos) o b) una primitiva de imagen.

La Figura 5.3 resume el modelo conceptual de OpenGL. Así, la aplicación que utilice OpenGL será simplemente una colección de ciclos de cambio de estado y dibujado de elementos.

Figura 5.3: Modelo conceptual general de OpenGL.

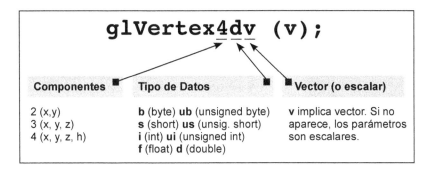

Figura 5.4: Prototipo general de llamada a función en OpenGL.

5.2.1. Cambio de Estado

La operación de **Cambiar el Estado** se encarga de inicializar las variables internas de OpenGL que definen cómo se dibujarán las primitivas. Este cambio de estado puede ser de múitples tipos; desde cambiar el color de los vértices de la primitiva, establecer la posición de las luces; etc. Por ejemplo, cuando queremos dibujar el vértice de un polígono de color rojo, primero cambiamos el color del vértice con glColor() y después dibujamos la primitiva en ese nuevo estado con glVertex().

A modo de curiosidad: OpenGL cuenta con más de 400 llamadas a función que tienen que ver con el cambio del estado interno de la biblioteca.

Algunas de las formas más utilizadas para cambiar el estado de OpenGL son:

1. **Gestión de Vértices**: Algunas llamadas muy utilizadas cuando se trabaja con modelos poligonales son `glColor()` que utilizaremos en el primer ejemplo del capítulo para establecer el color con el que se dibujarán los vértices[4], `glNormal()` para especificar las normales que se utilizarán en la iluminación, o `glTexCoord()` para indicar coordendas de textura.

2. **Activación de Modos**: Mediante las llamadas a `glEnable` y `glDisable` se pueden activar o desactivar características internas de OpenGL. Por ejemplo, en la línea ⌐3⌐ del primer ejemplo del capítulo se activa el Test de Profundidad que utiliza y actualiza el Z-Buffer. Este test se utilizará hasta que de nuevo se cambia el *interruptor* desactivando esta funcionalidad en la línea ⌐17⌐.

3. **Características Especiales**: Existen multitud de características particulares de los elementos con los que se está trabajando. OpenGL define valores por defecto para los elementos con los que se está trabajando, que pueden ser cambiadas empleando llamadas a la API.

5.2.2. Dibujar Primitivas

Figura 5.5: Salida por pantalla del ejemplo.

La operación de **Dibujar Primitivas** requiere habitualmente que éstas se definan en coordenadas homogéneas. Todas las primitivas geométricas se especifican con vértices. El tipo de primitiva determina cómo se combinarán los vértices para formar la superficie poligonal final. La creación de primitivas se realiza entre llamadas a `glBegin(PRIMITIVA)` y `glEnd()`, siendo `PRIMITIVA` alguna de las 10 primitivas básicas soportadas por OpenGL[5]. No obstante, el módulo GLU permite dibujar otras superficies más complejas (como cilindros, esferas, discos...), y con GLUT es posible dibujar algunos objetos simples. Como se puede ver, OpenGL no dispone de funciones para la carga de modelos poligonales creados con otras aplicaciones (como por ejemplo, en formato OBJ o MD3). Es responsabilidad del programador realizar esta carga y dibujarlos empleando las primitivas básicas anteriores.

Una vez estudiados los cambios de estado y el dibujado de primitivas básicas, podemos especificar en la función `display` del siguiente listado para que dibuje un cuadrado (primitiva `GL_QUADS`). Las líneas relativas al despliegue del cuadrado se corresponden con el intervalo ⌐7-17⌐. Especificamos la posición de cada vértice del cuadrado modificando el color (el estado interno). OpenGL se encargará de calcular la transición de color entre cada punto intermedio del cuadrado.

---

[4]Como veremos a continuación, los colores en OpenGL se especifican en punto flotante con valores entre 0 y 1. Las primeras tres componentes se corresponden con los canales RGB, y la cuarta es el valor de transparencia *Alpha*.

[5]Las 10 primitivas básicas de OpenGL son GL_POINTS, GL_LINE_STRIP, GL_LINES, GL_LINE_LOOP, GL_POLYGON, GL_TRIANGLE_STRIP, GL_TRIANGLES, GL_TRIANGLE_FAN, GL_QUADS y GL_QUAD_STRIP

Listado 5.1: Ejemplo de cambio de estado y dibujo de primitivas.

```
1  void display() {
2      glClear( GL_COLOR_BUFFER_BIT );
3      glEnable(GL_DEPTH_TEST);
4      glLoadIdentity();          /* Cargamos la matriz identidad */
5      glTranslatef( 0.f, 0.f, -4.f );
6
7      glBegin(GL_QUADS);         /* Dibujamos un cuadrado      */
8      glColor3f(1.0, 0.0, 0.0);  /* de dos unidades de lado. */
9      glVertex3f(1.0, 1.0, 0.0); /* Especificamos la coorde- */
10     glColor3f(0.0, 1.0, 0.0);  /* nada 3D de cada vertice */
11     glVertex3f(1.0, -1.0, 0.0); /* y su color asociado.    */
12     glColor3f(0.0, 0.0, 1.0);
13     glVertex3f(-1.0, -1.0, 0.0);
14     glColor3f(1.0, 1.0, 1.0);
15     glVertex3f(-1.0, 1.0, 0.0);
16     glEnd();
17     glDisable(GL_DEPTH_TEST);
18
19     glutSwapBuffers();
20  }
```

5.3. Pipeline de OpenGL

Como vimos en el capítulo 1.2, los elementos de la escena sufren diferentes transformaciones en el *pipeline* de gráficos 3D. Algunas de las principales etapas se corresponden con las siguiente operaciones:

- **Transformación de Modelado**: En la que los modelos se posicionan en la escena y se obtienen las Coordenadas Universales.

- **Transformación de Visualización**: Donde se especifica la posición de la cámara y se mueven los objetos desde las coordenadas del mundo a las Coordenadas de Visualización (o coordenadas de cámara).

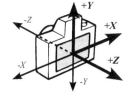

Figura 5.6: Descripción del sistema de coordenadas de la cámara definida en OpenGL.

- **Transformación de Proyección**: Obteniendo Coordenadas Normalizadas en el cubo unitario.

- **Transformación de Recorte y de Pantalla**: Donde se obtienen, tras el recorte (o *clipping* de la geometría), las coordenadas 2D de la ventana en pantalla.

OpenGL combina la Transformación de Modelado y la de Visualización en una Transformación llamada **"Modelview"**. De este modo OpenGL transforma directamente las Coordenadas Universales a Coordenadas de Visualización empleando la matriz *Modelview*. La posición inicial de la cámara en OpenGL sigue el convenio estudiado en el capítulo 2 y que se resume en la Figura 5.6.

5.3.1. Transformación de Visualización

La transformación de Visualización debe especificarse **antes** que ninguna otra transformación de Modelado. Esto es debido a que **OpenGL aplica las transformaciones en orden inverso**. De este modo, aplicando en el código las transformaciones de Visualización antes que las de Modelado nos aseguramos que ocurrirán después que las de Modelado.

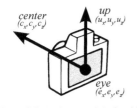

Figura 5.7: Parámetros de la función *glulookat*.

Para comenzar con la definición de la Transformación de Visualización, es necesario *limpiar* la matriz de trabajo actual. OpenGL cuenta con una función que carga la matriz identidad como matriz actual glLoadIdentity().

Recordemos que la *Matriz Identidad* es una matriz 4x4 con valor 1 en la diagonal principal, y 0 en el resto de elementos. La multiplicación de esta matriz I por una matriz M cualquiera siempre obtiene como resultado M. Esto es necesario ya que OpenGL siempre multiplica las matrices que se le indican para modificar su estado interno. Hecho esto, podemos posicionar la cámara virtual de varias formas:

1. **glulookat**. La primera opción, y la más comunmente utilizada es mediante la función glLookAt. Esta función recibe como parámetros un punto (*eye*) y dos vectores (*center* y *up*). El punto *eye* es el punto donde se encuentra la cámara en el espacio y mediante los vectores libres *center* y *up* orientamos hacia dónde mira la cámara (ver Figura 5.7).

2. **Traslación y Rotación**. Otra opción es especificar *manualmente* una secuencia de traslaciones y rotaciones para posicionar la cámara (mediante las funciones glTraslate() y glRotate(), que serán estudiadas más adelante.

3. **Carga de Matriz**. La última opción, que es la utilizada en aplicaciones de Realidad Aumentada, es la carga de la matriz de Visualización calculada *externamente*. Esta opción se emplea habitualmente cuando el programador quiere calcular la posición de la cámara virtual empleando métodos externos (como por ejemplo, mediante una biblioteca de *tracking* para aplicaciones de Realidad Aumentada).

5.3.2. Transformación de Modelado

Las transformaciones de modelado nos permiten modificar los objetos de la escena. Existen tres operaciones básicas de modelado que implementa OpenGL con llamadas a funciones. No obstante, puede especificarse cualquier operación aplicando una matriz definida por el usuario.

- **Traslación**. El objeto se mueve a lo largo de un vector. Esta operación se realiza mediante la llamada a glTranslate(x,y,z).

- **Rotación**. El objeto se rota en el eje definido por un vector. Esta operación se realiza mediante la llamada a glRotate(α,x,y,z), siendo α el ángulo de rotación en grados sexagesimales (en sentido contrario a las agujas del reloj).

- **Escalado**. El objeto se escala un determinado valor en cada eje. Se realiza mediante glScale(x,y,z).

5.3.3. Transformación de Proyección

Como hemos visto, las transformaciones de proyección definen el volumen de visualización y los planos de recorte. OpenGL soporta dos modelos básicos de proyección; la proyección ortográfica y la proyección en perspectiva.

El núcleo de OpenGL define una función para definir la pirámide de visualización (o *frustum*) mediante la llamada a `glFrustum()`. Esta función require los seis parámetros (t, b, r, l, f y n) estudiados en la sección 2.3.

Otro modo de especificar la transformación es mediante la función de GLU `gluPerspective(fov, aspect, near, far)`. En esta función, *far* y *near* son las distancias de los planos de recorte (igual que los parámetros f y n del *frustum*. *fov* especifica en grados sexagesimales el ángulo en el eje Y de la escena que es visible para el usuario, y *aspect* indica la relación de aspecto de la pantalla (ancho/alto).

5.3.4. Matrices

OpenGL utiliza matrices 4x4 para representar todas sus transformaciones geométricas. Las matrices emplean coordenadas homogéneas, como se estudió en la sección 2.2.1. A diferencia de la notación matemática estándar, OpenGL especifica por defecto las matrices por columnas, por lo que si queremos cargar nuestras propias matrices de transformación debemos tener en cuenta que el orden de elementos en OpenGL es el siguiente:

$$\begin{bmatrix} m_0 & m_4 & m_8 & m_{12} \\ m_1 & m_5 & m_9 & m_{13} \\ m_2 & m_6 & m_{10} & m_{14} \\ m_3 & m_7 & m_{11} & m_{15} \end{bmatrix} \tag{5.1}$$

Como el convenio en C y C++ de definición de matrices bidimensionales es ordenados por filas, suele ser una fuente de errores habitual definir la matriz como un array bidimensional. Así, para acceder al elemento superior derecho de la matriz, tendríamos que acceder al `matriz[3][0]` según la notación OpenGL. Para evitar errores, se recomienda definir el array como unidimensional de 16 elementos `GLfloat matriz[16]`.

OpenGL internamente maneja *pilas de matrices*, de forma que únicamente la matriz de la cima de cada pila es la que se está utilizando en un momento determinado. Hay cuatro pilas de matrices en OpenGL:

1. Pila *Modelview* (`GL_MODELVIEW`). Esta pila contiene las matrices de Transformación de modelado y visualización. Tiene un tamaño mínimo de 32 matrices (aunque, dependiendo del sistema puede haber más disponibles).

2. Pila *Projection* (`GL_PROJECTION`). Esta pila contiene las matrices de proyección. Tiene un tamaño mínimo de 2 elementos.

3. Pila *Color* (`GL_PROJECTION`). Utilizada para modificar los colores.

4. Pila *Texture* (`GL_TEXTURE`). Estas matrices se emplean para transformar las coordenadas de textura.

Es posible cambiar la pila sobre la que especificaremos las transformaciones empleando la llamada a `glMatrixMode()`. Por ejemplo, para utilizar la pila de *Modelview* utilizaríamos `glMatrixMode(GL_MODELVIEW)`.

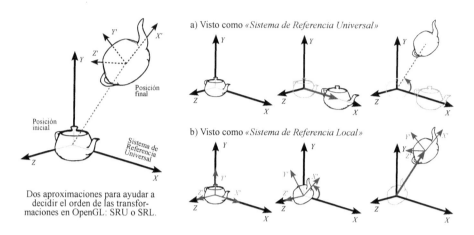

Dos aproximaciones para ayudar a
decidir el orden de las transformaciones en OpenGL: SRU o SRL.

Figura 5.8: Cómo decidir el orden de las operaciones en OpenGL.

El uso de *pilas* de matrices nos facilita la construcción de modelos jerárquicos, donde es posible utilizar modelos simples y ensamblarlos para construir modelos más complejos. Por ejemplo, si queremos dibujar un coche, tendríamos que dibujar las 4 ruedas con su posición relativa al chasis del vehículo. Así, dibujaríamos el chasis, y luego desplazándonos *cada vez desde el centro del coche* dibujaríamos cada una de las ruedas. Esta operación de *"volver al centro del coche"* se realiza fácilmente empleando pilas de matrices. Este concepto está directamente relacionado con el *Grafo de Escena* que estudiamos en el capítulo 3.

Recordemos que únicamente trabajamos con la matriz que está en la cima de la pila. La función `glPushMatrix()` añade una copia de la matriz de trabajo actual a la parte superior de la pila. Por su parte, la función `glPopMatrix()` elimina la matriz superior de la pila, descartando su información. La siguiente matriz de la pila pasará a ser la matriz *activa*. El efecto de esta función es el de "volver" al último punto que guardamos en la pila.

Supongamos ahora que queremos rotar un objeto 45° respecto del eje Z y trasladarlo 5 unidades respecto del eje X, obteniendo una determinada posición final (ver Figura 5.8 izquierda). El objeto inicialmente está en el origen del SRU. ¿En qué orden debemos aplicar las transformaciones de OpenGL? Como la transformación es de modelo, tendremos que aplicarla sobre la pila de matrices *Modelview*, con el siguiente código resultante:

Listado 5.2: Ejemplo de transformaciones.

```
1  glMatrixMode(GL_MODELVIEW);
2  glLoadIdentity();
3  glRotatef(45,0,0,1);
4  glTraslatef(5,0,0);
5  dibujar_objeto();
```

El código anterior dibuja el objeto en la posición deseada, pero ¿cómo hemos llegado a ese código y no hemos intercambiado las instrucciones de las líneas ③ y ④?. Existen dos formas de imaginarnos cómo se realiza el dibujado que nos puede ayudar a plantear el código fuente. Ambas formas son únicamente aproximaciones conceptuales, ya que el resultado en código debe ser exactamente el mismo.

- **Idea de Sistema de Referencia Universal Fijo**. La composición de movimientos aparece en orden inverso al que aparece en el código fuente. Esta idea es como ocurre realmente en OpenGL. Las transformaciones se aplican siempre respecto del SRU, y en orden inverso a como se indica en el código fuente. De este modo, la primera transformación que ocurrirá será la traslación (línea ④) y después la rotación *respecto del origen del sistema de referencia universal* (línea ③). El resultado puede verse en la secuencia de la Figura 5.8 a).

- **Idea del Sistema de Referencia Local**. También podemos imaginar que cada objeto tiene un sistema de referencia local *interno* al objeto que va cambiando. La composición se realiza en el mismo orden que aparece en el código fuente, y siempre respecto de ese sistema de referencia local. De esta forma, como se muestra en la secuencia de la Figura 5.8 b), el objeto primero rota (línea ③) por lo que su sistema de referencia local queda rotado respecto del SRU, y respecto de ese sistema de referencia local, posteriormente lo trasladamos 5 unidades respecto del eje X' (local).

Como hemos visto, es posible además cargar matrices de transformación definidas por nuestros propios métodos (podría ser interesante si empleáramos, por ejemplo, algún método para calcular la proyección de sombras). Esto se realiza con la llamada a función `glLoadMatrix()`. Cuando se llama a esta función se reemplaza la cima de la pila de matrices activa con el contenido de la matriz que se pasa como argumento.

Si lo que nos interesa es multiplicar una matriz definida en nuestros métodos por el contenido de la cima de la pila de matrices, podemos utilizar la función `glMultMatrix` que postmultiplica la matriz que pasamos como argumento por la matriz de la cima de la pila.

5.3.5.   Dos ejemplos de transformaciones jerárquicas

Veamos a continuación un ejemplo sencillo que utiliza transformaciones jerárquicas. Definiremos un sistema planetario que inicialmente estará formado por el Sol y la Tierra.

Listado 5.3: Sistema Planetario

```
1  // ==== Definicion de constantes y variables globales =============
2  long hours = 0;    // Horas transcurridas (para calculo rotaciones)
3  // ======== display ===============================================
4  void display()
5  {
6      float RotEarthDay=0.0;  // Movimiento de rotacion de la tierra
7      float RotEarth=0.0;     // Movimiento de traslacion de la tierra
8      glClear( GL_COLOR_BUFFER_BIT );
9      glPushMatrix();
10
11     RotEarthDay = (hours % 24) * (360/24.0);
12     RotEarth = (hours / 24.0) * (360 / 365.0) * 10; // x10 rapido!
13
14     glColor3ub (255, 186, 0);
15     glutWireSphere (1, 16, 16);          // Sol (radio 1 y 16 div)
16     glRotatef (RotEarth, 0.0, 0.0, 1.0);
17     glTranslatef(3, 0.0, 0.0);           // Distancia Sol, Tierra
18     glRotatef (RotEarthDay, 0.0, 0.0, 1.0);
19     glColor3ub (0, 0, 255);
20     glutWireSphere (0.5, 8, 8);          // Tierra (radio 0.5)
21     glutSwapBuffers();
22     glPopMatrix();
23 }
```

Como puede verse en el listado anterior, se ha incluido una variable global `hours` que se incrementa cada vez que se llama a la función `display`. En este ejemplo, esta función se llama cada vez que se pulsa cualquier tecla. Esa variable modela el paso de las horas, de forma que la traslación y rotación de la *Tierra* se calculará a partir del número de horas que han pasado (líneas ⑪ y ⑫). En la simulación se ha acelerado 10 veces el movimiento de traslación para que se vea más claramente.

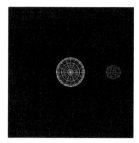

Figura 5.9: Salida por pantalla del ejemplo del planetario.

Empleando la *Idea de Sistema de Referencia Local* podemos pensar que desplazamos el sistema de referencia para dibujar el sol. En la línea ⑮, para dibujar una esfera alámbrica especificamos como primer argumento el radio, y a continuación el número de *rebanadas* (horizontales y verticales) en que se dibujará la esfera.

En ese punto dibujamos la primera esfera correspondiente al Sol. Hecho esto, rotamos los grados correspondientes al movimiento de traslación de la tierra (línea ⑯) y nos desplazamos 3 unidades respecto del eje *X* local del objeto (línea ⑰). Antes de dibujar la *Tierra* tendremos que realizar el movimiento de rotación de la tierra (línea ⑱). Finalmente dibujamos la esfera en la línea ⑳.

Veamos ahora un segundo ejemplo que utiliza `glPushMatrix()` y `glPopMatrix()` para dibujar un brazo robótico sencillo. El ejemplo simplemente emplea dos cubos (convenientemente escalados) para dibujar la estructura jerárquica de la figura 5.10.

En este ejemplo, se asocian manejadores de *callback* para los eventos de teclado, que se corresponden con la función `keyboard` (en ⑧-⑯). Esta función simplemente incrementa o decrementa los ángulos de rotación de las dos articulaciones del robot, que están definidas como variables globales en ② y ③.

La parte más *interesante* del ejemplo se encuentra definido en la función `dibujar` en las líneas ⑲-⑫.

Listado 5.4: Brazo Robótico

```
1  // ==== Definicion de constantes y variables globales =============
2  static int hombro = 15;
3  static int codo = 30;
4  GLfloat matVerde[] = {0.0, 1.0, 0.0, 1.0};
5  GLfloat matAzul[] = {0.0, 0.0, 1.0, 1.0};
6
7  // ==== Funcion de callback del teclado ========================
8  void teclado(unsigned char key, int x, int y) {
9    switch (key) {
10     case 'q': hombro = (hombro++) % 360; break;
11     case 'w': hombro = (hombro--) % 360; break;
12     case 'a': codo = (codo++) % 360; break;
13     case 's': codo = (codo--) % 360; break;
14   }
15   glutPostRedisplay();
16 }
17
18 // ==== Funcion de dibujado ========================================
19 void dibujar() {
20   glClear( GL_COLOR_BUFFER_BIT | GL_DEPTH_BUFFER_BIT);
21   glLoadIdentity();
22   gluLookAt(0.0, 1.0, 6.0, 0.0, 1.0, 0.0, 0.0, 1.0, 0.0);
23
24   glRotatef(hombro, 0.0, 0.0, 1.0);
25   glTranslatef(1.0, 0.0, 0.0);    // Nos posicionamos en la mitad
26   glPushMatrix();                 // Guardamos la posicion
```

```
27    glScalef (2.0, 0.7, 0.1);      // Establecemos la escala
28    glMaterialfv(GL_FRONT, GL_DIFFUSE, matVerde);
29    glutSolidCube(1.0);            // Dibujamos el çubo"
30    glPopMatrix();                 // Recuperamos la posicion
31
32    glTranslatef(1.0,0.0,0.0);     // Continuamos hasta el extremo
33    glRotatef(codo, 0.0, 0.0, 1.0);
34    glTranslatef(1.0,0.0,0.0);     // Nos posicionamos en la mitad
35    glPushMatrix();                // Guardamos la posicion
36    glScalef (2.0, 0.7, 0.1);      // Establecemos la .escala"
37    glMaterialfv(GL_FRONT, GL_DIFFUSE, matAzul);
38    glutSolidCube(1.0);            // Dibujamos el çubo"
39    glPopMatrix();
40
41    glutSwapBuffers();
42 }
```

Aplicamos de nuevo la idea de trabajar en un sistema de referencia local que se desplaza con los objetos según los vamos dibujando. De este modo nos posicionaremos en la mitad del trayecto para dibujar el cubo *escalado*. El cubo siempre se dibuja en el centro del sistema de referencia local (dejando mitad y mitad del cubo en el lado positivo y negativo de cada eje). Por tanto, para que el cubo *rote* respecto del extremo tenemos que rotar primero (como en la línea 24) y luego desplazarnos hasta la mitad del trayecto (línea 25), dibujar y recorrer la otra mitad 32 antes de dibujar la segunda parte del robot.

Figura 5.10: Salida por pantalla del ejemplo del robot.

5.4. Ejercicios Propuestos

Se recomienda la realización de los ejercicios de esta sección en orden, ya que están relacionados y su complejidad es ascendente.

1. Modifique el ejemplo del listado del planetario para que dibuje una esfera de color blanco que representará a la *Luna*, de radio 0.2 y separada 1 unidad del centro de la *Tierra* (ver Figura 5.11). Este objeto tendrá una rotación completa alrededor de la *Tierra* cada 2.7 días (10 veces más rápido que la rotación real de la *Luna* sobre la *Tierra*. Supondremos que la luna no cuenta con rotación interna[6].

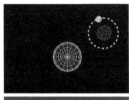

2. Modifique el ejemplo del listado del brazo robótico para que una base (añadida con un toroide glutSolidTorus) permita rotar el brazo robótico respecto de la base (eje Y) mediante las teclas *1* y *2*. Además, añada el código para que el extremo cuente con unas pinzas (creadas con glutSolidCone) que se abran y cierren empleando las teclas *z* y *x*, tal y como se muestra en la Figura 5.11.

Figura 5.11: Ejemplo de salida de los ejercicios propuestos. Arriba: Salida del ejercicio propuesto del planteario. Abajo: Salida del ejercicio propuesto del brazo robótico.

---

[6]Nota: Para la resolución de este ejercicio es recomendable utilizar las funciones de glPushMatrix() y glPopMatrix() para volver al punto donde se dibujó la *Tierra* antes de aplicar su rotación interna.

Capítulo 6

Gestión Manual OGRE 3D

Carlos González Morcillo

E n las sesiones anteriores hemos delegado la gestión del arranque, inicialización y parada de Ogre en una clase *SimpleExample* proporcionada junto con el motor gráfico para facilitar el desarrollo de los primeros ejemplos. En este capítulo estudiaremos la gestión semi-automática de la funcionalidad empleada en los ejemplos anteriores, así como introduciremos nuevas características, como la creación manual de entidades, y el uso de *Overlays*, luces y sombras dinámicas.

6.1. Inicialización Manual

En esta sección introduciremos un esqueleto de código fuente que emplearemos en el resto del capítulo, modificándolo de manera incremental. Trabajaremos con dos clases; MyApp que proporciona el núcleo principal de la aplicación, y la clase MyFrameListener que es una instancia de clase que hereda de Ogre::FrameListener, basada en el patrón *Observador*.

En este capítulo no describiremos el inicio *totalmente* manual de Ogre; emplearemos las llamadas de alto nivel para cargar plugins, inicializar ventana, etc...

Como puede verse en el primer listado, en el fichero de cabecera de MyApp.h se declara la clase que contiene tres miembros privados; la instancia de *root* (que hemos estudiado en capítulos anteriores), el gestor de escenas y un puntero a un objeto de la clase propia *MyFrameListener* que definiremos a continuación.

El programa principal del siguiente listado únicamente tendrá que crear una instancia de la clase MyApp y ejecutar su método start. La definición de este método puede verse en el listado 6.2, en las líneas 13-44.

Listado 6.1: MyApp.h

```
1  #include <Ogre.h>
2  #include "MyFrameListener.h"
3
4  class MyApp {
5  private:
6    Ogre::SceneManager* _sceneManager;
7    Ogre::Root* _root;
8    MyFrameListener* _framelistener;
9
10 public:
11   MyApp();
12   ~MyApp();
13   int start();
14   void loadResources();
15   void createScene();
16 };
```

6.1.1. Inicialización

En la línea ⟨14⟩ se crea el objeto *Root*. Esta es la primera operación que se debe realizar antes de ejecutar cualquier otra operación con Ogre. El constructor de *Root* está sobrecargado, y permite que se le pase como parámetros el nombre del archivo de configuración de plugins (por defecto, buscará *plugins.cfg* en el mismo directorio donde se encuentra el ejecutable), el de configuración de vídeo (por defecto *ogre.cfg*), y de log (por defecto *ogre.log*). Si no le indicamos ningún parámetro (como en el caso de la línea ⟨14⟩), tratará de cargar los ficheros con el nombre por defecto.

El comportamiento del constructor de *Root* es diferente entre no especificar parámetro, o pasar la cadena vacía "". En el primer caso se buscarán los archivos con el nombre por defecto. En el segundo caso, indicamos a Ogre que cargaremos *manualmente* los plugins y la configuración de vídeo.

En la línea ⟨16⟩ se intenta cargar la configuración de vídeo existente en el archivo *ogre.cfg*. Si el archivo no existe, o no es correcto, podemos abrir el diálogo que empleamos en los ejemplos de las sesiones anteriores (línea ⟨17⟩), y guardar a continuacion los valores elegidos por el usuario (línea ⟨18⟩). Con el objeto *Root* creado, podemos pasar a crear la ventana. Para ello, en la línea ⟨21⟩ solicitamos al objeto *Root* que finalice su inicialización creando una ventana que utilice la configuración que eligió el usuario, con el título especificado como segundo parámetro (*MyApp* en este caso).

El primer parámetro booleano del método indica a Ogre que se encargue de crear automáticamente la ventana. La llamada a este método nos devuelve un puntero a un objeto *RenderWindow*, que guardaremos en la variable window.

Lo que será representado en la ventana vendrá definido por el volumen de visualización de la cámara virtual. Asociado a esta cámara, crearemos una *superficie* (algo que conceptualmente puede verse como el lienzo, o el *plano de imagen*) sobre la que se dibujarán los objetos 3D. Esta superficie se denomina *viewport*. El *Gestor de Escena* admite diversos modos de gestión, empleando el patrón de *Factoría*, que son cargados como plugins (y especificados en el archivo *plugins.cfg*). El parámetro indicado en la llamada de ⟨22⟩ especifica el tipo de gestor de escena que utilizaremos ST_GENERIC[1]. Esta gestión de escena mínima no está optimizada para ningún tipo de aplicación en particular, y resulta especialmente adecuada para pequeñas aplicaciones, menús de introducción, etc.

---

[1]Existen otros métodos de gestión, como ST_INTERIOR, ST_EXTERIOR...   Estudiaremos en detalle las opciones de estos gestores de escena a lo largo de este módulo.

Listado 6.2: MyApp.cpp

```cpp
1  #include "MyApp.h"
2
3  MyApp::MyApp() {
4    _sceneManager = NULL;
5    _framelistener = NULL;
6  }
7
8  MyApp::~MyApp() {
9    delete _root;
10   delete _framelistener;
11 }
12
13 int MyApp::start() {
14   _root = new Ogre::Root();        // Creamos el objeto root
15   if(!_root->restoreConfig()) {    // Si no se puede restaurar
16     _root->showConfigDialog();     // Abrimos ventana de config
17     _root->saveConfig();           // Guardamos la configuracion
18   }
19
20   Ogre::RenderWindow* window = _root->initialise(true,"MyApp");
21   _sceneManager = _root->createSceneManager(Ogre::ST_GENERIC);
22
23   Ogre::Camera* cam = _sceneManager->createCamera("MainCamera");
24   cam->setPosition(Ogre::Vector3(5,20,20));
25   cam->lookAt(Ogre::Vector3(0,0,0));
26   cam->setNearClipDistance(5);     // Establecemos distancia de
27   cam->setFarClipDistance(10000); // planos de recorte
28
29   Ogre::Viewport* viewport = window->addViewport(cam);
30   viewport->setBackgroundColour(Ogre::ColourValue(0.0,0.0,0.0));
31   double width = viewport->getActualWidth();
32   double height = viewport->getActualHeight();
33   cam->setAspectRatio(width / height);
34
35   loadResources();   // Metodo propio de carga de recursos
36   createScene();     // Metodo propio de creacion de la escena
37
38   _framelistener = new MyFrameListener();   // Clase propia
39   _root->addFrameListener(_framelistener);  // Lo anadimos!
40
41   _root->startRendering();   // Gestion del bucle principal
42   return 0;                  // delegada en OGRE
43 }
44
45 void MyApp::loadResources() {
46   Ogre::ConfigFile cf;
47   cf.load("resources.cfg");
48
49   Ogre::ConfigFile::SectionIterator sI = cf.getSectionIterator();
50   Ogre::String sectionstr, typestr, datastr;
51   while (sI.hasMoreElements()) {    // Mientras tenga elementos...
52     sectionstr = sI.peekNextKey();
53     Ogre::ConfigFile::SettingsMultiMap *settings = sI.getNext();
54     Ogre::ConfigFile::SettingsMultiMap::iterator i;
55     for (i = settings->begin(); i != settings->end(); ++i) {
56       typestr = i->first;    datastr = i->second;
57       Ogre::ResourceGroupManager::getSingleton().addResourceLocation(datastr, typestr,
58                                    sectionstr);
59     }
60   }
61   Ogre::ResourceGroupManager::getSingleton().initialiseAllResourceGroups();
62 }
63
64 void MyApp::createScene() {
65   Ogre::Entity* ent = _sceneManager->createEntity("Sinbad.mesh");
66   _sceneManager->getRootSceneNode()->attachObject(ent);
67 }
```

El gestor de escena es el encargado de crear las cámaras virtuales. En realidad el gestor de escena trabaja como una factoría de diferentes tipos de objetos que crearemos en la escena. En la línea ⟨24⟩ obtenemos un puntero a una cámara que llamaremos *MainCamera*. A continuación establecemos la posición de la cámara virtual (línea ⟨25⟩), y el punto hacia el que mira del SRU (línea ⟨26⟩). En las líneas ⟨27-28⟩ establecemos la distancia con los planos de recorte cercano y lejano (ver Sección 2.3). En la línea ⟨34⟩ se establece la relación de aspecto de la cámara. Esta relación de aspecto se calcula como el número de píxeles en horizontal con respecto del número de píxeles en vertical. Resoluciones de 4/3 (como 800x600, o 1024x768) tendrán asociado un valor de ratio de 1.3333, mientras que resoluciones panorámicas de 16/9 tendrán un valor de 1.77, etc.

Para calcular el aspect ratio de la cámara, creamos un *viewport* asociado a esa cámara y establecemos el color de fondo como negro (líneas ⟨30-31⟩). Una cámara puede tener cero o más **Viewports**. Un uso común de los viewports es la generación de imágenes dentro de otros viewports. Veremos un uso de esta característica en próximos capítulos del módulo.

A continuación en las líneas ⟨36-37⟩ se ejecutan métodos propios de la clase para cargar los recursos y crear la escena. La carga de recursos manual la estudiaremos en la sección 6.1.2. La creación de la escena (líneas ⟨64-67⟩), se realiza añadiendo la entidad directamente al nodo *Root*.

Las líneas ⟨39-40⟩ crean un objeto de tipo *FrameListener*. Una clase *FrameListener* es cualquier clase que implemente el interfaz de *FrameListener*, permitiendo que Ogre llame a ciertos métodos al inicio y al final del dibujado de cada frame empleando el patrón *Observer*. Veremos en detalle cómo se puede implementar esta clase en la sección 6.1.3.

Al finalizar la inicialización, llamamos al método *startRendering* de *Root* (línea ⟨42⟩), que inicia el bucle principal de rendering. Esto hace que Ogre entre en un bucle infinito, ejecutando los métodos asociados a los *FrameListener* que hayan sido añadidos anteriormente.

En muchas ocasiones, no es conveniente delegar en Ogre la gestión del bucle principal de dibujado. Por ejemplo, si queremos atender peticiones de networking, o actualizar estados internos del juego. Además, si queremos integrar la ventana de visualización de Ogre como un widget dentro de un entorno de ventanas, es posible que éste no nos deje utilizar nuestro propio bucle principal de dibujado. En este caso, como veremos en sucesivos ejemplos, puede ser conveniente emplear la llamada a renderOneFrame() y gestionar manualmente el bucle de rendering.

6.1.2.   Carga de Recursos

El fichero de definición de recursos se especifica en la línea ⟨48⟩. Este archivo está formado de diferentes secciones, que contienen pares de clave y valor. En el sencillo ejemplo que vamos a definir en este capítulo, tendremos el contenido definido en la Figura 6.1.

```
[General]
FileSystem=media
```

Figura 6.1: Contenido del archivo resources.cfg del ejemplo.

Como puede verse, la única sección del archivo se denomina *General*. Crearemos un iterador que permita cargar cada una de las secciones y, dentro de cada una, obtendremos los elementos que la definen.

La línea ⟨50⟩ crea el *SectionIterator* asociado al fichero de configuración. Mientras existan elementos que procesar por el iterador (bucle *while* de las líneas ⟨52-60⟩), obtiene la **clave** del primer elemento de la colección (línea ⟨53⟩) sin avanzar al siguiente (en el caso del ejemplo, obtiene la sección *General*). A continuación, obtiene en *settings* un puntero al **valor** del elemento actual de la colección, *avanzando al siguiente*. Este valor en realidad otro mapa. Emplearemos un segundo iterador (líneas 56-69) para recuperar los nombres y valores de cada entrada de la sección. En el fichero de ejemplo, únicamente iteraremos una vez dentro del segundo iterador, para obtener en typestr la entrada a FileSystem, y en datastr el valor del directorio media.

Finalmente la llamada al *ResourceGroupManager* (línea 61) solicita que se inicialicen todos los grupos de recursos que han sido añadidos en el iterador anterior, en la línea 58.

6.1.3. FrameListener

Como hemos comentado anteriormente, el uso de *FrameListener* se basa en el patrón *Observador*. Añadimos instancias de esta clase al método Root de forma que será notificada cuando ocurran ciertos eventos. Antes de representar un frame, Ogre itera sobre todos los *FrameListener* añadidos, ejecutando el método *frameStarted* de cada uno de ellos. Cuando el frame ha sido dibujado, Ogre ejecutará igualmente el método *frameEnded* asociado a cada *FrameListener*. En el siguiente listado se declara la clase MyFrameListener.

Listado 6.3: MyFrameListener.h

```
1  #include <OgreFrameListener.h>
2
3  class MyFrameListener : public Ogre::FrameListener {
4  public:
5    bool frameStarted(const Ogre::FrameEvent& evt);
6    bool frameEnded(const Ogre::FrameEvent& evt);
7  };
```

Vemos que en esta sencilla implementación de la clase *MyFrameListener* no es necesario tener ninguna variable miembro específica, ni definir ningún constructor o destructor particular asociado a la clase. Veremos en las siguientes secciones cómo se complica la implementación de la misma según necesitamos añadir nueva funcionalidad.

La definición de la clase es igualmente sencilla. Los métodos *frameStarted* o *frameEnded* devolverán *false* cuando queramos finalizar la aplicación. En este ejemplo, tras llamar la primera vez a *frameStarted*, se enviará al terminal la cadena Frame Started y Ogre finalizará. De este modo, no se llegará a imprimir la cadena asociada a *frameEnded* (ni se representará el primer frame de la escena!). Si modificamos la implementación del método *frameStarted*, devolviendo *true*, se dibujará el primer frame y al ejecutar el método *frameEnded* (devolviendo *false*), Ogre finalizará el bucle principal de dibujado.

Habitualmente el método *frameEnded* se define pocas veces. Únicamente si necesitamos liberar memoria, o actualizar algún valor tras dibujar el frame, se realizará una implementación específica de este método. En los próximos ejemplos, únicamente definiremos el método *frameStarted*.

Si delegamos la gestión de bucle de dibujado a Ogre, la gestión de los eventos de teclado, ratón y joystick se realiza en *FrameStarted*, de modo que se atienden las peticiones *antes* del dibujado del frame.

Listado 6.4: MyFrameListener.cpp

```
1  #include "MyFrameListener.h"
2
3  bool MyFrameListener::frameStarted(const Ogre::FrameEvent& evt) {
4    std::cout << "Frame started" << std::endl;
5    return false;
6  }
7
8  bool MyFrameListener::frameEnded(const Ogre::FrameEvent& evt)  {
9    std::cout << "Frame ended" << std::endl;
10   return false;
11 }
```

6.2. Uso de OIS

A continuación utilizaremos OIS para añadir un soporte de teclado mínimo, de forma que cuando se pulse la tecla $\boxed{\text{ESC}}$, se cierre la aplicación. Bastará con devolver *false* en el método *frameStarted* del *FrameListener* cuando esto ocurra. Como vemos en el siguiente listado, es necesario añadir al constructor de la clase (línea $\boxed{\text{11}}$) un puntero a la *RenderWindow*.

Recordemos que OIS no forma parte de la distribución de Ogre. Es posible utilizar cualquier biblioteca para la gestión de eventos.

Listado 6.5: MyFrameListener.h

```
1  #include <OgreFrameListener.h>
2  #include <OgreRenderWindow.h>
3  #include <OIS/OIS.h>
4
5  class MyFrameListener : public Ogre::FrameListener {
6  private:
7    OIS::InputManager* _inputManager;
8    OIS::Keyboard* _keyboard;
9
10 public:
11   MyFrameListener(Ogre::RenderWindow* win);
12   ~MyFrameListener();
13   bool frameStarted(const Ogre::FrameEvent& evt);
14 };
```

Esta ventana se necesita para obtener el *manejador* de la ventana. Este manejador es un identificador único que mantiene el sistema operativo para cada ventana. Cada sistema operativo mantiene una lista de atributos diferente. Ogre abstrae del sistema operativo subyacente empleando una función genérica, que admite como primer parámetro el tipo de elemento que queremos obtener, y como segundo un puntero al tipo de datos que vamos a recibir. En el caso de la llamada de la línea $\boxed{\text{7}}$, obtenemos el manejador de la ventana (el tipo asociado al manejador se especifica mediante la cadena WINDOW).

En las líneas $\boxed{\text{8-9}}$ convertimos el manejador a cadena, y añadimos el par de objetos (empleando la plantilla *pair* de std) como parámetros de OIS. Como puede verse el convenio de Ogre y de OIS es similar a la hora de nombrar el manejador de la ventana (salvo por el hecho de que OIS requiere que se especifique como cadena, y Ogre lo devuelve como un entero).

Con este parámetro, creamos un *InputManager* de OIS en ⑪, que nos permitirá crear diferentes interfaces para trabajar con eventos de teclado, ratón, etc. Así, en las líneas ⑫-⑬ creamos un objeto de tipo *OIS::Keyboard*, que nos permitirá obtener las pulsaciones de tecla del usuario. El segundo parámetro de la línea ⑬ permite indicarle a OIS si queremos que almacene en un buffer los eventos de ese objeto. En este caso, la entrada por teclado se consume directamente sin almacenarla en un buffer intermedio.

Tanto el *InputManager* como el objeto de teclado deben ser eliminados explícitamente en el destructor de nuestro *FrameListener*. Ogre se encarga de liberar los recursos asociados a todos sus *Gestores*. Como Ogre es independiente de OIS, no tiene constancia de su uso y es responsabilidad del programador liberar los objetos de entrada de eventos, así como el propio gestor *InputManager*.

Listado 6.6: MyFrameListener.cpp

```cpp
 1  #include "MyFrameListener.h"
 2
 3  MyFrameListener::MyFrameListener(Ogre::RenderWindow* win) {
 4    OIS::ParamList param;
 5    unsigned int windowHandle;  std::ostringstream wHandleStr;
 6
 7    win->getCustomAttribute("WINDOW", &windowHandle);
 8    wHandleStr << windowHandle;
 9    param.insert(std::make_pair("WINDOW", wHandleStr.str()));
10
11    _inputManager = OIS::InputManager::createInputSystem(param);
12    _keyboard = static_cast<OIS::Keyboard*>
13      (_inputManager->createInputObject(OIS::OISKeyboard, false));
14  }
15
16  MyFrameListener::~MyFrameListener() {
17    _inputManager->destroyInputObject(_keyboard);
18    OIS::InputManager::destroyInputSystem(_inputManager);
19  }
20
21  bool MyFrameListener::frameStarted(const Ogre::FrameEvent& evt) {
22    _keyboard->capture();
23    if(_keyboard->isKeyDown(OIS::KC_ESCAPE)) return false;
24    return true;
25  }
```

La implementación del método *frameStarted* es muy sencilla. En la línea ㉒ se obtiene si hubo alguna pulsación de tecla. Si se presionó la tecla Escape (línea ㉓), se devuelve *false* de modo que Ogre finalizará el bucle principal de dibujado y liberará todos los recursos que se están empleando.

Hasta ahora, la escena es totalmente estática. La Figura 6.2 muestra el resultado de ejecutar el ejemplo (hasta que el usuario presiona la tecla ⌈ESC⌋). A continuación veremos cómo modificar la posición de los elementos de la escena, definiendo un interfaz para el manejo del ratón.

Figura 6.2: Resultado de ejecución del ejemplo básico con OIS.

6.2.1. Uso de Teclado y Ratón

En el ejemplo de esta sección desplazaremos la cámara y rotaremos el modelo empleando el teclado y el ratón. Como en el diseño actual de nuestra apliación el despliegue se gestiona íntegramente en la clase *MyFrameListener*, será necesario que esta clase *conozca* los nuevos objetos sobre los que va a trabajar: el ratón (línea ⑧), la cámara (declarada igualmente como variable miembro privada en ⑨), y el nodo (que contendrá las entidades que queremos mover en ⑩).

En estos primeros ejemplos nos centraremos en el aspecto funcional de los mismos. En sucesivos capítulos estudiaremos otras aproximaciones de diseño para la gestión de eventos.

Listado 6.7: MyFrameListener.h

```
1  #include <Ogre.h>
2  #include <OIS/OIS.h>
3
4  class MyFrameListener : public Ogre::FrameListener {
5  private:
6    OIS::InputManager* _inputManager;
7    OIS::Keyboard* _keyboard;
8    OIS::Mouse* _mouse;
9    Ogre::Camera* _camera;
10   Ogre::SceneNode *_node;
11
12 public:
13   MyFrameListener(Ogre::RenderWindow* win, Ogre::Camera* cam,
14           Ogre::SceneNode* node);
15   ~MyFrameListener();
16   bool frameStarted(const Ogre::FrameEvent& evt);
17 };
```

La implementación de la clase *MyFrameListener* requiere asignar en el constructor los punteros de la cámara y del nodo de escena a las variables miembro privadas (línea ⑧). De forma análoga, crearemos un *InputObject* para el ratón en las líneas ⟨17-18⟩ (que eliminaremos en el destructor en ㉓).

El método *frameStarted* es algo más complejo que el estudiado en el ejemplo anterior. En esta ocasión, se definen en las líneas ⟨28-30⟩ una serie de variables que comentaremos a continuación. En vt almacenaremos el vector de traslación relativo que aplicaremos a la cámara, dependiendo de la pulsación de teclas del usuario. La variable r almacenará la rotación que aplicaremos al nodo de la escena (pasado como tercer argumento al constructor). En deltaT guardaremos el número de segundos transcurridos desde el despliegue del último frame. Finalmente la variable tSpeed servirá para indicar la traslación (distancia en unidades del mundo) que queremos recorrer con la cámara en un segundo.

La necesidad de medir el tiempo transcurrido desde el despliegue del último frame es imprescindible si queremos que las unidades del espacio recorridas por el modelo (o la cámara en este caso) sean dependientes del tiempo e independientes de las capacidades de representación gráficas de la máquina sobre la que se están ejecutando. Si aplicamos directamente un incremento del espacio sin tener en cuenta el tiempo, como se muestra en la Figura 6.3, el resultado del espacio recorrido dependerá de la velocidad de despliegue (ordenadores más potentes avanzarán más espacio). La solución es aplicar incrementos en la distancia dependientes del tiempo.

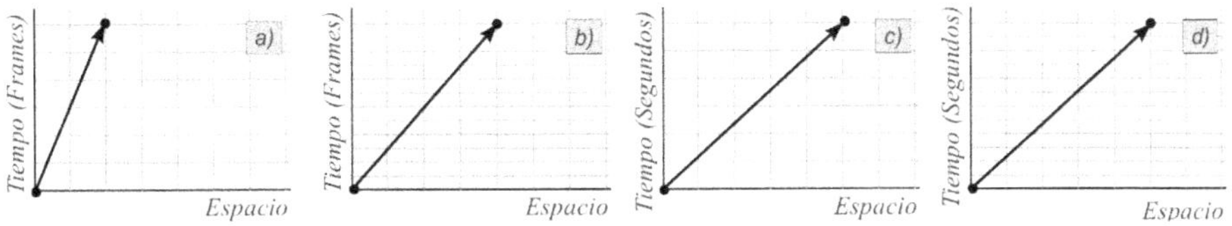

Figura 6.3: Comparación entre animación basada en frames y animación basada en tiempo. El eje de abcisas representa el espacio recorrido en una trayectoria, mientras que el eje de ordenadas representa el tiempo. En las gráficas a) y b) el tiempo se especifica en frames. En las gráficas c) y d) el tiempo se especifica en segundos. Las gráficas a) y c) se corresponden con los resultados obtenidos en un computador con bajo rendimiento gráfico (en el mismo tiempo presenta una baja tasa de frames por segundo). Las gráficas b) y d) se corresponden a un computador con el doble de frames por segundo.

Listado 6.8: MyFrameListener.cpp

```cpp
1  #include "MyFrameListener.h"
2
3  MyFrameListener::MyFrameListener(Ogre::RenderWindow* win,
4      Ogre::Camera* cam,  Ogre::SceneNode *node) {
5    OIS::ParamList param;
6    size_t windowHandle;  std::ostringstream wHandleStr;
7
8    _camera = cam;  _node = node;
9
10   win->getCustomAttribute("WINDOW", &windowHandle);
11   wHandleStr << windowHandle;
12   param.insert(std::make_pair("WINDOW", wHandleStr.str()));
13
14   _inputManager = OIS::InputManager::createInputSystem(param);
15   _keyboard = static_cast<OIS::Keyboard*>
16     (_inputManager->createInputObject(OIS::OISKeyboard, false));
17   _mouse = static_cast<OIS::Mouse*>
18     (_inputManager->createInputObject(OIS::OISMouse, false));
19 }
20
21 MyFrameListener::~MyFrameListener() {
22   _inputManager->destroyInputObject(_keyboard);
23   _inputManager->destroyInputObject(_mouse);
24   OIS::InputManager::destroyInputSystem(_inputManager);
25 }
26
27 bool MyFrameListener::frameStarted(const Ogre::FrameEvent& evt) {
28   Ogre::Vector3 vt(0,0,0);    Ogre::Real tSpeed = 20.0;
29   Ogre::Real r = 0;
30   Ogre::Real deltaT = evt.timeSinceLastFrame;
31
32   _keyboard->capture();
33   if(_keyboard->isKeyDown(OIS::KC_ESCAPE)) return false;
34   if(_keyboard->isKeyDown(OIS::KC_UP))    vt+=Ogre::Vector3(0,0,-1);
35   if(_keyboard->isKeyDown(OIS::KC_DOWN)) vt+=Ogre::Vector3(0,0,1);
36   if(_keyboard->isKeyDown(OIS::KC_LEFT)) vt+=Ogre::Vector3(-1,0,0);
37   if(_keyboard->isKeyDown(OIS::KC_RIGHT))vt+=Ogre::Vector3(1,0,0);
38   _camera->moveRelative(vt * deltaT * tSpeed);
39
40   if(_keyboard->isKeyDown(OIS::KC_R)) r+=180;
41   _node->yaw(Ogre::Degree(r * deltaT));
42
43   _mouse->capture();
44   float rotx = _mouse->getMouseState().X.rel * deltaT * -1;
45   float roty = _mouse->getMouseState().Y.rel * deltaT * -1;
46   _camera->yaw(Ogre::Radian(rotx));
47   _camera->pitch(Ogre::Radian(roty));
48
49   return true;
50 }
```

De este modo, aplicamos un movimiento relativo a la cámara (en función de sus ejes locales), multiplicando el vector de traslación (que ha sido definido dependiendo de la pulsación de teclas del usuario en las líneas ⟨34-37⟩), por deltaT y por la velocidad de traslación (de modo que avanzará 20 unidades por segundo).

De forma similar, cuando el usuario pulse la tecla ⟨R⟩, se rotará el modelo respecto de su eje Y local a una velocidad de 180º por segundo (líneas ⟨40-41⟩).

Finalmente, se aplicará una rotación a la cámara respecto de sus ejes Y y Z locales empelando el movimiento relativo del ratón. Para ello, se obtiene el estado del ratón (líneas ⟨44-45⟩), obteniendo el incremento relativo en píxeles desde la última captura (mediante el atributo abs se puede obtener el valor absoluto del incremento).

6.3. Creación manual de Entidades

Ogre soporta la creación manual de multitud de entidades y objetos. Veremos a continuación cómo se pueden añadir planos y fuentes de luz a la escena.

La creación manual del plano se realiza en las líneas ⟨8-11⟩ del siguiente listado. En la línea ⟨8⟩ se especifica que el plano tendrá como vector normal, el vector unitario en Y, y que estará situado a -5 unidades respecto del vector normal. Esta definición se corresponde con un plano infinito (descripción matemática abstracta). Si queremos representar el plano, tendremos que indicar a Ogre el tamaño (finito) del mismo, así como la resolución que queremos aplicarle (número de divisiones horizontales y verticales). Estas operaciones se indican en las líneas ⟨9-11⟩.

Listado 6.9: Definición de createScene (MyApp.cpp)

```
1  void MyApp::createScene() {
2    Ogre::Entity* ent1 = _sceneManager->createEntity("Sinbad.mesh");
3    Ogre::SceneNode* node1 =
4        _sceneManager->createSceneNode("SinbadNode");
5    node1->attachObject(ent1);
6    _sceneManager->getRootSceneNode()->addChild(node1);
7
8    Ogre::Plane pl1(Ogre::Vector3::UNIT_Y, -5);
9    Ogre::MeshManager::getSingleton().createPlane("pl1",
10     Ogre::ResourceGroupManager::DEFAULT_RESOURCE_GROUP_NAME,
11     pl1,200,200,1,1,true,1,20,20,Ogre::Vector3::UNIT_Z);
12
13   Ogre::SceneNode* node2 = _sceneManager->createSceneNode("node2");
14   Ogre::Entity* grEnt = _sceneManager->createEntity("pEnt", "pl1");
15   grEnt->setMaterialName("Ground");
16   node2->attachObject(grEnt);
17
18   _sceneManager->setShadowTechnique(Ogre::SHADOWTYPE_STENCIL_ADDITIVE);
19   Ogre::Light* light = _sceneManager->createLight("Light1");
20   light->setType(Ogre::Light::LT_DIRECTIONAL);
21   light->setDirection(Ogre::Vector3(1,-1,0));
22   node2->attachObject(light);
23
24   _sceneManager->getRootSceneNode()->addChild(node2);
25 }
```

El uso del *MeshManager* nos permite la creación de planos, skyboxes, superficies de Bezier, y un largo etcétera. En el caso de este ejemplo, se utiliza la llamada a createPlane que recibe los siguientes parámetros indicados en orden: el primer parámetro es el nombre de la malla resultante, a continuación el nombre del grupo de mallas (emplearemos el grupo por defecto). El tercer parámetro es el objeto definición del plano infinito (creado en la línea ⟨8⟩). Los siguientes dos parámetros indican el ancho y alto del plano en coordenadas

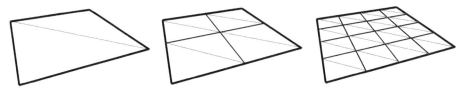

Figura 6.4: Número de segmentos de definición del plano. La imagen de la izquierda implica un segmento en X y un segmento en Y (valores por defecto). La imagen central se corresponde con una definición de 2 segmentos en ambos planos, y la imagen de la derecha es de 4 segmentos.

del mundo (200x200 en este caso). Los siguientes dos parámetros se corresponden con el número de segmentos empleados para definir el plano (1x1 en este caso), como se indica en la Figura 6.4. Estos parámetros sirven para especificar la resolución geométrica del plano creado (por si posteriormente queremos realizar operaciones de distorsión a nivel de vértice, por ejemplo).

El siguiente parámetro booleano indica (si es cierto) que los vectores normales se calcularán perpendiculares al plano. El siguiente parámetro (por defecto, 1) indica el conjunto de coordenadas de textura que serán creadas. A continuación se indica el número de repetición (*uTile* y *vTile*) de la textura (ver Figura 6.7). El último parámetro indica la dirección del vector *Up* del plano.

A continuación en la línea ⎡15⎤ asignamos al plano el material "*Ground*". Este material está definido en un archivo en el directorio media que ha sido cargado empleando el cargador de recursos explicado en la sección 6.1.2. Este material permite la recepción de sombras, tiene componente de brillo difuso y especular, y una textura de imagen basada en el archivo *ground.jpg*. Estudiaremos en detalle la asignación de materiales en el próximo capítulo del documento.

Finalmente las líneas ⎡18-22⎤ se encargan de definir una fuente de luz dinámica direccional [2] y habilitar el cálculo de sombras. Ogre soporta 3 tipos básicos de fuentes de luz y 11 modos de cálculo de sombras dinámicas, que serán estudiados en detalle en próximos capítulos.

```
material Ground
{
  receive_shadows on
  technique
  {
    pass
    {
      ambient 0.7 0.7 0.7
      diffuse 1 1 1 1
      texture_unit
      {
        texture
          ground.jpg
      }
    }
  }
}
```

Figura 6.5: Fichero de definición del material Ground.material.

6.4. Uso de Overlays

En el último ejemplo del capítulo definiremos superposiciones (*Overlays*) para desplegar en 2D elementos de información (tales como marcadores, botones, logotipos, etc...).

La gestión de los *Overlays* en Ogre se realiza mediante el gestor de recursos llamado *OverlayManager*, que se encarga de cargar los scripts de definición de los *Overlays*. En un overlay pueden existir objetos de dos tipos: los **contenedores** y los **elementos**. Los elementos pueden ser de tres tipos básicos: *TextArea* empleado para incluir texto, *Panel* empleado como elemento que puede agrupar otros elementos con un fondo fijo y *Border-Panel* que es igual que *Panel* pero permite que la textura de fondo se repita y definir un

---

[2]Este tipo de fuentes de luz únicamente tienen dirección. Definen rayos de luz paralelos de una fuente distante. Es el equivalente al tipo de fuente *Sun* de Blender.

info.overlay

```
template element TextArea(MyTemplates/Text)
{
  font_name Blue
  metrics_mode pixels
  char_height 15
  colour 1.0 1.0 1.0
}

template element TextArea(MyTemplates/SmallText)
{
  font_name Blue
  metrics_mode pixels
  char_height 12
  colour 1.0 1.0 1.0
}
```

panel.material

```
material panelInfoM
{
 technique
 {
  pass
  {
   scene_blend src_alpha one_minus_src_alpha
   texture_unit
   {
    texture panel.tga
   }
  }
 }
}

material matUCLM
{
 technique
 {
  pass
  {
   texture_unit
   {
    texture logouclm.jpg
   }
  }
 }
}
```

```
Info
  zorder 500
  container Panel(panelInfo)
  {
    metrics_mode pixels
    left 10
    top -140
    width 280
    height 130
    vert_align bottom
    material panelInfoM

    element TextArea(fpsInfo) : MyTemplates/Text
    {
      top 35
      left 180
    }

    element TextArea(camPosInfo) : MyTemplates/Text
    {
      top 65
      left 120
    }

    element TextArea(camRotInfo) : MyTemplates/SmallText
    {
      top 80
      left 120
    }

    element TextArea(modRotInfo) : MyTemplates/Text
    {
      top 105
      left 120
    }
  }

  container Panel(logoUCLM)
  {
    metrics_mode pixels
    left -180
    top 0
    width 150
    height 120
    vert_align top
    horz_align right
    material matUCLM
  }
}
```

Figura 6.6: Definición de los Overlays empleando ficheros externos. En este fichero se describen dos paneles contenedores; uno para la zona inferior izquierda que contiene cuatro áreas de texto, y uno para la zona superior derecha que representará el logotipo de la UCLM.

borde independiente del fondo. La definición del *Overlay* del ejemplo de esta sección se muestra en la Figura 6.6. En el caso de utilizar un *TextArea*, será necesario especificar la carga de una fuente de texto. Ogre soporta texturas basadas en imagen o truetype. La definición de las fuentes se realiza empleando un fichero extensión .fontdef (ver Figura 6.8).

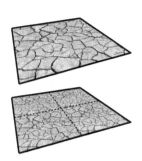

Figura 6.7: Valores de repetición en la textura. La imagen superior se corresponde con valores de $uTile = 1, vTile = 1$. La imagen inferior implica un valor de 2 en ambos parámetros (repitiendo la textura 2x2 veces en el plano).

En el listado de la Figura 6.6 se muestra la definición de los elementos y contendores del Overlay, así como los ficheros de material (extensión .material) asociados al mismo. En el siguiente capítulo estudiaremos en detalle la definición de materiales en Ogre, aunque un simple vistazo al fichero de materiales nos adelanta que estamos creando dos materiales, uno llamado *panelInfoM*, y otro *matUCLM*. Ambos utilizan texturas de imagen. El primero de ellos utiliza una técnica de mezclado que tiene en cuenta la componente de opacidad de la pasada.

El primer contenedor de tipo Panel (llamado *PanelInfo*), contiene cuatro TextArea en su interior. El posicionamiento de estos elementos se realiza de forma relativa al posicionamiento del contenedor. De este modo, se establece una relación de jerarquía implícita entre el contenedor y los objetos contenidos. El segundo elemento contenedor (llamado *logoUCLM*) no tiene ningún elemento asociado en su interior.

Atributo	Descripción
metrics_mode	Puede ser *relative* (valor entre 0.0 y 1.0), o *pixels* (valor en píxeles). Por defecto es *relative*. En coordenadas relativas, la coordenada superior izquierda es la (0,0) y la inferior derecha la (1,1).
horz_align	Puede ser *left* (por defecto), *center* o *right*.
vert_align	Puede ser *top* (por defecto), *center* o *bottom*.
left	Posición con respecto al extremo izquierdo. Por defecto 0. Si el valor es negativo, se interpreta como espacio desde el extremo derecho (con alineación *right*).
top	Posición con respecto al extremo superior. Por defecto 0. Si el valor es negativo, se interpreta como espacio desde el extremo inferior (con alineación vertical *bottom*).
width	Ancho. Por defecto 1 (en *relative*).
height	Alto. Por defecto 1 (en *relative*).
material	Nombre del material asociado (por defecto Ninguno).
caption	Etiqueta de texto asociada al elemento (por defecto Ninguna).
rotation	Ángulo de rotación del elemento (por defecto sin rotación).

Tabla 6.1: Atributos generales de *Elementos* y *Contenedores* de Overlays.

La Tabla 6.1 describe los principales atributos de los contenedores y elementos de los overlays. Estas propiedades pueden ser igualmente modificadas en tiempo de ejecución, por lo que son *animables*. Por ejemplo, es posible modificar la rotación de un elemento del *Overlay* consiguiendo bonitos efectos en los menús del juego.

El sistema de scripting de Overlays de Ogre permite definir plantillas de estilo que pueden utilizar los elementos y contenedores. En este ejemplo se han definido dos plantillas, una para texto genérico (de nombre *MyTemplates/Text*), y otra para texto pequeño (*MyTemplates/SmallText*). Para aplicar estas plantillas a un elemento del *Overlay*, basta con indicar seguido de dos puntos el nombre de la plantilla a continuación del elemento (ver Figura 6.6).

En el listado del Overlay definido, se ha trabajado con el modo de especificación del tamaño en píxeles. La alineación de los elementos se realiza a nivel de píxel (en lugar de ser relativo a la resolución de la pantalla), obteniendo un resultado como se muestra en la Figura 6.6. El uso de valores negativos en los campos de alineación permite posicionar con exactitud los paneles alineados a la derecha y en el borde inferior. Por ejemplo, en el caso del panel *logoUCLM*, de tamaño (150x120), la alineación horizontal se realiza a la derecha. El valor de -180 en el campo *left* indica que queremos que quede un margen de 30 píxeles entre el lado derecho de la ventana y el extremo del logo.

```
Blue
{
    type truetype
    source Blue.ttf
    size 25
    resolution 96
}
```

Figura 6.8: Fichero de definición de la fuente Blue.fontdef.

Los *Overlays* tienen asociada una profundidad, definida en el campo *zorder* (ver Figura 6.6), en el rango de 0 a 650. *Overlays* con menor valor de este campo serán dibujados encima del resto. Esto nos permite definir diferentes niveles de despliegue de elementos 2D.

Figura 6.9: Resultado de ejecución del ejemplo de uso de Overlays, combinado con los resultados parciales de las secciones anteriores. La imagen ha sido generada con 3 configuraciones de resolución diferentes (incluso con diferente relación de aspecto): 1280x800, 1024x768 y 800x600.

Para finalizar estudiaremos la modificación en el código de *MyApp* y *MyFrameListener*. En el siguiente listado se muestra que el constructor del *FrameListener* (línea ⑦) necesita conocer el *OverlayManager*, cuya referencia se obtiene en la línea ⑭. En realidad no sería necesario pasar el puntero al constructor, pero evitamos de esta forma que el *FrameListener* tenga que solicitar la referencia.

Listado 6.10: Modificación en MyApp.cpp

```
1  int MyApp::start() {
2    ...
3    loadResources();  createScene();
4    createOverlay();   // Metodo propio para crear el overlay
5    ...
6    _framelistener = new MyFrameListener(window, cam, node, _overlayManager);
7    _root->addFrameListener(_framelistener);
8    ...
9  }
10
11 void MyApp::createOverlay() {
12   _overlayManager = Ogre::OverlayManager::getSingletonPtr();
13   Ogre::Overlay *overlay = _overlayManager->getByName("Info");
14   overlay->show();
15 }
```

En las líneas ⟨15-16⟩, obtenemos el *Overlay* llamado *Info* (definido en el listado de la Figura 6.6), y lo mostramos.

Para finalizar, el código del *FrameListener* definido en las líneas ⟨6-16⟩ del siguiente listado parcial, modifica el valor del texto asociado a los elementos de tipo TextArea. Hacemos uso de la clase auxiliar *Ogre::StringConverter* que facilita la conversión a String de ciertos tipos de datos (vectores, cuaternios...).

```
1  bool MyFrameListener::frameStarted(const Ogre::FrameEvent& evt) {
2    ...
3    _camera->yaw(Ogre::Radian(rotx));
4    _camera->pitch(Ogre::Radian(roty));
5
6    Ogre::OverlayElement *oe;
7    oe = _overlayManager->getOverlayElement("fpsInfo");
8    oe->setCaption(Ogre::StringConverter::toString(fps));
9    oe = _overlayManager->getOverlayElement("camPosInfo");
10   oe->setCaption(Ogre::StringConverter::toString(_camera->getPosition()));
11   oe = _overlayManager->getOverlayElement("camRotInfo");
12   oe->setCaption(Ogre::StringConverter::toString(_camera->getDirection()));
13   oe = _overlayManager->getOverlayElement("modRotInfo");
14   Ogre::Quaternion q = _node->getOrientation();
15   oe->setCaption(Ogre::String("RotZ: ") + Ogre::StringConverter::toString(q.getYaw()));
16
17   return true;
18 }
```

Capítulo 7

Interacción y Widgets

César Mora Castro

Como se ha visto a lo largo del curso, el desarrollo de un videojuego requiere tener en cuenta una gran variedad de disciplinas y aspectos: gráficos 3D o 2D, música, simulación física, efectos de sonido, jugabilidad, eficiencia, etc. Uno de los aspectos a los que se les suele dar menos importancia, pero que juegan un papel fundamental a la hora de que un juego tenga éxito o fracase, es la *interfaz de usuario*. Sin embargo, el mayor inconveniente es que la mayoría de los motores gráficos no dan soporte para la gestión de *Widgets*, y realizarlos desde cero es un trabajo más costoso de lo que pueda parecer.

En este capítulo se describe de forma general la estructura y las guías que hay que tener en cuenta a la hora de diseñar y desarrollar una interfaz de usuario. Además, se explicará el uso de *CEGUI*, una biblioteca de gestión de *Widgets* para integrarlos en motores gráficos.

7.1. Interfaces de usuario en videojuegos

Las interfaces de usuario específicas de los videojuegos deben tener el objetivo de crear una sensación positiva, que consiga la mayor inmersión del usuario posible. Estas interfaces deben tener lo que se denomina *flow*. El *flow*[19] es la capacidad de atraer la atención del usuario, manteniendo su concentración, la inmersión dentro de la trama del videojuego, y que consiga producir una experiencia satisfactoria.

Eficiencia y diseño

Para desarrollar un videojuego, tan importante es cuidar la eficiencia y optimizarlo, como que tenga un diseño visualmente atractivo.

Cada vez se realizan estudios más serios sobre cómo desarrollar interfaces que tengan *flow*, y sean capaces de brindar una mejor experiencia al usuario. La principal diferencia con las interfaces de usuario de aplicaciones no orientadas al ocio, es que estas centran su diseño en la usabilidad y la eficiencia, no en el impacto *sensorial*. Si un videojuego no consigue atraer y provocar sensaciones positivas al usuario, este posiblemente no triunfará, por muy eficiente que sea, o por muy original o interesante que sea su trama.

A continuación se detalla una lista de aspectos a tener en cuenta que son recomendables para aumentar el *flow* de un videojuego, aunque tradicionalmente se han considerado *perjudiciales* a la hora de diseñar interfaces tradicionales según las reglas de interacción persona-computador:

- *Mostrar la menor cantidad de información posible*: durante el transcurso del juego, es mejor no sobrecargar la interfaz con una gran cantidad de información. En la gran mayoría de videojuegos, toda esta configuración se establece *antes* de comenzar el juego (por ejemplo, en el *Menú*), por lo que la interfaz queda menos sobrecargada y distrae menos al usuario. Incluso el usuario puede tener la opción de mostrar menos información aún si lo desea.

- *Inconsistencia de acciones:* en algunos casos, es posible que se den inconsistencias en las acciones dependiendo del contexto del personaje. Por ejemplo, el botón de saltar cuando el personaje está en tierra puede ser el de nadar si de repente salta al agua.

  Es importante mantener un número reducido de teclas (tanto si es por limitaciones de la plataforma, como una videoconsola, como para hacer la usabilidad más sencilla al usuario). Por lo tanto, hay que conseguir agrupar las acciones en los botones según su naturaleza. Por ejemplo, un botón lleva a cabo acciones con objetos y peronajes (hablar, abrir una puerta), y otro movimientos de desplazamiento (saltar, escalar). Esto aumentará la intuitividad y la usabilidad del videojuego, y por lo tanto, su *flow*.

- *Dificultar los objetivos al usuario:* una de las reglas de oro de la interacción persona-computador es prevenir al usuario de cometer errores. Sin embargo, en los videojuegos esta regla puede volverse contradictoria, pues en la mayoría de los casos el usuario busca en los videojuegos un sentimiento de satisfacción que se logra por medio de la superación de obstáculos y desafíos.

  Por lo tanto, es también de vital importancia conseguir un equilibrio en la dificultad del juego, que no sea tan difícil como para frustrar al usuario, pero no tan fácil como para que resulte aburrido. En este aspecto la interfaz juega un papel de mucho peso.

Se ha visto cómo el caso particular de las interfaces de los videojuegos puede contradecir reglas que se aplican en el diseño de interfaces de usuario clásicas en el campo de la interacción persona-computador. Sin embargo, existen muchas recomendaciones que son aplicables a ambos tipos de interfaces. A continuación se explican algunas:

- *Mantener una organización intuitiva:* es importante que el diseño de los *menús* sean intuitivos. En muchos casos, esta falta de organización crea confusión innecesaria al usuario.

- *Ofrecer una legibilidad adecuada:* en algunos casos, darle demasiada importancia a la estética puede implicar que la legibilidad del texto de las opciones o botones se vea drásticamente reducida. Es importante mantener la funcionalidad básica.

- *Esperas innecesarias:* en multitud de videojuegos, el usuario se ve forzado a esperar a que una determinada película o animación se reproduzca de forma completa, sin poder omitirla. Incluso en el caso en que pueda omitirse, el usuario ha debido esperar previamente a la carga del clip de vídeo para después poder omitirla. Este tipo de inconvenientes reduce notablemente el *flow* de la aplicación.

Existen multitud de formas en las que el usuario realiza esperas innecesarias, y que aumenta su frustración. Por ejemplo, si quiere volver a repetir una acción, tiene que volver a confirmar uno por uno todos los parámetros, aunque estos no cambien. Este es el caso de los juegos de carreras, en el que para volver a repetir una carrera es necesario presionar multitud botones e incluso esperar varios minutos.

- *Ayuda en línea:* muchas veces el usuario necesita consultar el manual durante el juego para entender alguna característica de él. Sin embargo, este manual es documentación extensa que no rompe con la inmersión del videojuego. Es conveniente que se proporcione una versión *suave*, acorde con la estética y que muestre la información estrictamente necesaria.

En general, es importante tener en cuenta cuatro puntos importantes:

1. **Intuitividad:** cuán fácil es aprender a usar una interfaz de un videojuego.

2. **Eficiencia:** cuán rápido se puede realizar una tarea, sobretodo si es muy repetitiva.

3. **Simplicidad:** mantener los controles y la información lo más minimalista posible.

4. **Estética:** cuán sensorialmente atractiva es la interfaz.

Una vez vistas algunas guías para desarrollar interfaces de usuario de videojuegos atractivas y con *flow*, se va a describir la estructura básica que deben tener.

Existe una estructura básica que un videojuego debe seguir. No es buena práctica comenzar el juego directamente en el "terreno de juego" o "campo de batalla". La estructura típica que debe seguir la interfaz de un videojuego es la siguiente:

En primer lugar, es buena práctica mostrar una *splash screen*. Este tipo de pantallas se muestran al ejecutar el juego, o mientras se carga algún recurso que puede durar un tiempo considerable, y pueden ser usadas para mostrar información sobre el juego o sobre sus desarrolladores. Suelen mostrarse a pantalla completa, o de menor tamaño pero centradas. La Figura 7.1 muestra la *splash screen* del juego *free orion*.

Las otros dos elementos de la esctructura de un videojuego son el Menú y el HUD. Suponen una parte muy importante de la interfaz de un juego, y es muy común utilizar *Widgets* en ellos. A continuacion se analizarán más en detalle y se mostrarán algunos ejemplos.

7.1.1. Menú

Todos los videojuegos deben tener un *Menú* desde el cual poder elegir los modos de juego, configurar opciones, mostrar información adicional y otras características. Dentro de estos menús, es muy frecuente el uso de *Widgets* como botones, barras deslizantes (por ejemplo, para configurar la resolución de pantalla), listas desplegables (para elegir idioma), o *check buttons* (para activar o desactivar opciones). Por eso es importante disponer de un buen repertorio de *Widgets*, y que sea altamente personalizable para poder adaptarlos al estilo visual del videojuego.

En la Figura 7.2 se puede apreciar ejemplos de interfaces de dos conocidos juegos *open-source*. La interfaz de la izquierda, correspondiente al juego *Nexuiz*, muestra un trozo de su dialogo de configuración, mientras que la de la derecha corresponde a la interfaz de *ScummVM*. En estos pequeños ejemplos se muestra un número considerable de *Widgets*, cuyo uso es muy común:

- *Pestañas:* para dividir las opciones por categorías.

Figura 7.1: Ejemplo de *Splash Screen* durante la carga del juego *FreeOrion*.

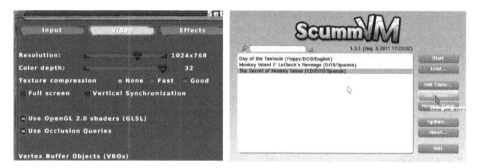

Figura 7.2: Extracto del menú de configuración de Nexuiz (*izquierda*), e interfaz de ScummVM (*derecha*).

- *Barras de desplazamiento:* para configurar opciones que pueden tomar valores muy numerosos.

- *Radio buttons:* parámetros que pueden tomar valores excluyentes entre ellos.

- *Check buttons:* activan o desactivan una opción.

7.1.2. HUD

En relación a las interfaces de los videojuegos, concretamente se denomina *HUD* (del inglés, *Head-Up Display*), a la información y elementos de interacción mostrados durante el propio transcurso de la partida. La información que suelen proporcionar son la vida de los personajes, mapas, velocidad de los vehículos, etc.

En la Figura 7.3 se muestra una parte de la interfaz del juego de estrategia ambientada en el espacio *FreeOrion*. La interfaz utiliza elementos para mostrar los parámetros del juego, y también utiliza *Widgets* para interactuar con él.

Como se puede intuir, el uso de estos *Widgets* es muy común en cualquier videojuego, independientemente de su complejidad. Sin embargo, crear desde cero un conjunto medianamente funcional de estos es una tarea nada trivial, y que roba mucho tiempo de la línea principal de trabajo, que es el desarrollo del propio videojuego.

Una vez que se ha dado unas guías de estilo y la estructura básicas para cualquier videojuego, y se ha mostrado la importancia de los *Widgets* en ejemplos reales, se va a estudiar el uso de una potente biblioteca que proporciona estos mismos elementos para distintos motores gráficos, para que el desarrollo de *Widgets* para videojuegos sea lo menos problemático posible.

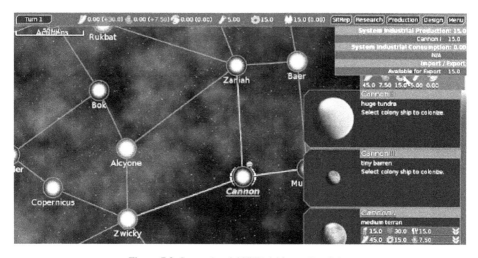

Figura 7.3: Screenshot del HUD del juego *FreeOrion*.

7.2. Introducción CEGUI

CEGUI (Crazy Eddie's GUI)[1] (*Crazy Eddie's GUI*) es una biblioteca *open source* multiplataforma que proporciona entorno de ventanas y *Widgets* para motores gráficos, en los cuales no se da soporte nativo, o es muy deficiente. Es orientada a objetos y está escrita en C++.

CEGUI's mission

Como dice en su página web, "CEGUI está dirigido a desarrolladores de videojuegos que deben invertir su tiempo en desarrollar buenos juegos, no creando subsistemas de interfaces de usuario".

CEGUI es una biblioteca muy potente en pleno desarrollo, por lo que está sujeta a continuos cambios. Todas las características y ejemplos descritos a lo largo de este capítulo se han creado utilizando la versión actualmente estable, la **0.7.x**. No se asegura el correcto funcionamiento en versiones anteriores o posteriores.

CEGUI y Ogre3D

A lo largo de estos capítulos, se utilizará la fórmula CEGUI/Ogre3D/OIS para proveer interfaz gráfica, motor de rendering y gestión de eventos a los videojuegos, aunque también es posible utilizarlo con otras bibliotecas (ver documentación de CEGUI).

CEGUI es muy potente y flexible. Es compatible con los motores gráficos OpenGL, Direct3D, Irrlicht y Ogre3D.

De la misma forma que Ogre3D es únicamente un motor de rendering, CEGUI es sólo un motor de de gestión de *Widgets*, por lo que el renderizado y la gestión de eventos de entrada deben ser realizadas por bibliotecas externas.

En sucesivas secciones se explicará cómo integrar CEGUI con las aplicaciones de este curso que hacen uso de Ogre3D y OIS. Además se mostrarán ejemplos prácticos de las características más importantes que ofrece.

7.2.1. Instalación

En las distribuciones actuales más comunes de GNU/Linux (Debian, Ubuntu), está disponible los paquetes de CEGUI para descargar, sin embargo estos dependen de la versión 1.7 de Ogre, por lo que de momento no es posible utilizar la combinación CEGUI+OGRE 1.8 desde los respositorios. Para ello, es necesario descargarse el código fuente de la última versión de CEGUI y compilarla. A continuación se muestran los pasos.

Descargar la última versión estable (0.7.7) desde la página web (*www.cegui.org.uk*), ir a la sección *Downloads* (columna de la izquierda). Pinchar sobre la versión 0.7.7, y en la sección *CEGUI 0.7.7 Library Source Downloads* descargar la versión para GNU/Linux.

Una vez descomprimido el código fuente, para compilar e instalar la biblioteca se ejecutan los siguientes comandos:

```
./configure cegui_enable_ogre=yes
make && sudo make install
```

Después de ejecutar el `./configure`, es importante asegurarse de que en el resumen se muestre, bajo la sección *Renderer Modules*, la opción *Building Ogre Renderer: yes*.

 Estos pasos instalarán CEGUI bajo el directorio */usr/local/*, por lo que es importante indicar en el *Makefile* que las cabeceras las busque en el directorio */usr/local/include/CEGUI*.

Además, algunos sistemas operativos no buscan las bibliotecas de enlazado dinámico en /usr/local/lib por defecto. Esto produce un error al ejecutar la aplicación indicando que no puede encontrar las bibliotecas libCEGUI*. Para solucionarlo, se puede editar como superusuario el fichero */etc/ld.so.conf*, y añadir la línea *include /usr/local/lib*. Para que los cambios surtan efecto, ejecutar `sudo ldconfig`.

7.2.2. Inicialización

La arquitectura de CEGUI es muy parecida a la de Ogre3D, por lo que su uso es similar. Está muy orientado al uso de *scripts*, y hace uso del patrón *Singleton* para implementar los diferentes subsistemas. Los más importantes son:

- CEGUI::System: gestiona los parámetros y componentes más importantes de la biblioteca.

- CEGUI::WindowManager: se encarga de la creación y gestión de las *windows* de CEGUI.

- CEGUI::SchemeManager: gestiona los diferentes esquemas que utilizará la interfaz gráfica.

- CEGUI::FontManager: gestiona los distintos tipos de fuentes de la interfaz.

Estos subsistemas ofrecen funciones para poder gestionar los diferentes recursos que utiliza CEGUI. A continuación se listan estos tipos de recursos:

- *Schemes:* tienen la extensión *.scheme*. Definen el repertorio (o esquema) de *Widgets* que se utilizarán. También indica qué scripts utilizará de otros tipos, como por ejemplo el *ImageSet*, las *Fonts* o el *LookNFeel*.

- *Imageset:* tienen la extensión *.imageset*. Define cuáles serán la imágenes de los elementos de la interfaz (punteros, barras, botones, etc).

- *LookNFeel:* tienen la extensión *.looknfeel*. Define el *comportamiento visual* de cada uno de los *Widgets* para distintas acciones, por ejemplo, cómo se muestran cuando se pasa el puntero del ratón o cuando se presionan,

- *Fonts:* tienen la extensión *.font*. Cada uno de los scripts define un tipo de fuente junto con propiedades específicas como su tamaño.

- *Layouts:* tienen la extensión *.layout*. Cada script define clases de *ventanas* concretas, con cada uno de sus elementos. Por ejemplo, una ventana de chat o una consola.

Según se avance en el capítulo se irá estudiando más en profundidad cuál es el funcionamiento y la estructura de estos recursos.

En el siguiente código se muestran los primeros pasos para poder integrar CEGUI con Ogre3D, y de qué forma se inicializa.

Listado 7.1: Inicializacón de CEGUI para su uso con Ogre3D

```
1  #include <CEGUI.h>
2  #include <RendererModules/Ogre/CEGUIOgreRenderer.h>
3
4  CEGUI::OgreRenderer* renderer = &CEGUI::OgreRenderer::bootstrapSystem();
5
6  CEGUI::Scheme::setDefaultResourceGroup("Schemes");
7  CEGUI::Imageset::setDefaultResourceGroup("Imagesets");
8  CEGUI::Font::setDefaultResourceGroup("Fonts");
9  CEGUI::WindowManager::setDefaultResourceGroup("Layouts");
10 CEGUI::WidgetLookManager::setDefaultResourceGroup("LookNFeel");
```

Este método de inicializar el *renderer* utilizando el *bootstrapSystem* fue introducido a partir de la versión 0.7.1. Para inicializar CEGUI en versiones anteriores, es necesario referirse a su documentacion.

En las líneas 1 y 2 se insertan las cabeceras necesarias. La primera incluye la biblioteca general, y en la segunda se indica de forma concreta que se va a utilizar el motor gráfico Ogre3D. En la línea 4 se inicializa CEGUI para ser utilizado con Ogre3D. Además es necesario indicar dónde estarán los recursos que utilizará la interfaz gráfica, tanto los scripts que utiliza, como las fuentes o las imágenes.

Dependiendo de la distribución que se utilice, estos recursos pueden venir con el paquete del repositorio o no. En este ejemplo vamos a considerar que debemos descargarlos aparte. Se pueden conseguir directamente descargando el código fuente de CEGUI desde su página[1]. Las distribuciones que los proporcionan, suelen situarlos en */usr/share/CEGUI/* o */usr/local/share/CEGUI/*

Para que CEGUI pueda encontrar los recursos, es necesario añadir estos grupos al fichero *resources.cfg* de Ogre.

Listado 7.2: Contenido del fichero *resources.cfg*

```
1  [General]
2  FileSystem=media
3  [Schemes]
4  FileSystem=media/schemes
5  [Imagesets]
6  FileSystem=media/imagesets
7  [Fonts]
8  FileSystem=media/fonts
9  [Layouts]
10 FileSystem=media/layouts
11 [LookNFeel]
12 FileSystem=media/looknfeel
```

Y las opciones que hay que añadir al *Makefile* para compilar son:

Listado 7.3: Flags de compilación y de enlazado de CEGUI.

```
1  #Flags de compilado
2  CXXFLAGS += 'pkg-config --cflags CEGUI-OGRE'
3
4  #Flags de enlazado
5  LDFLAGS += 'pkg-config --libs-only-L CEGUI-OGRE'
6  LDLIBS += 'pkg-config --libs-only-l CEGUI-OGRE'
```

Es importante incluir los *flags* de compilado, en la línea 2, para que encuentre las cabeceras según se han indicado en el ejemplo de inicialización.

Esto es sólo el código que inicializa la biblioteca en la aplicación para que pueda comenzar a utilizar CEGUI como interfaz gráfica, todavía no tiene ninguna funcionalidad. Pero antes de empezar a añadir *Widgets*, es necesario conocer otros conceptos primordiales.

7.2.3.   El Sistema de Dimensión Unificado

El posicionamiento y tamaño de los distintos *Widgets* no es tan trivial como indicar los valores absolutos. Puede ser deseable que un *Widget* se reposicione y redimensione si el *Widget* al que pertenece se redimensiona, por ejemplo.

CEGUI utiliza lo que denomina el Sistema de Dimensión Unificado (*Unified Dimension System*). El elemento principal de este sistema es:

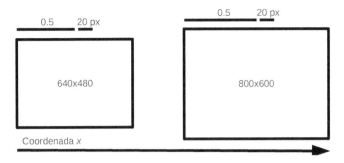

Figura 7.5: Ejemplo del funcionamiento de *UDim*.

CEGUI::UDim(scale, offset)

Indica la posición en una dimensión. El primer parámetro indica la posición relativa, que toma un valor entre 0 y 1, mientras que el segundo indica un desplazamiento absoluto en píxeles.

Por ejemplo, supongamos que posicionamos un *Widget* con *UDim* 0.5,20 en la dimensión *x*. Si el ancho de la pantalla fuese 640, la posición sería 0.5*640+20 = 340, mientras que si el ancho fuese 800, la posición sería 0.5*800+20 = 420. En la Figura 7.5 se aprecian los dos ejemplos de forma gráfica. De esta forma, si la resolución de la pantalla cambia, por ejemplo, el *Widget* se reposicionará y se redimensionará de forma automática.

Teniendo en cuenta cómo expresar el posicionamiento en una única dimensión utilizando *UDim*, se definen dos elementoss más.

Para definir un punto o el tamaño de un *Widget* se usa:

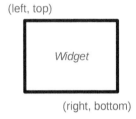

Figura 7.4: Área rectangular definida por *URect*.

CEGUI::UVector2(UDim x, UDim y)

que está compuesto por dos *UDim*, uno para la coordenada *x*, y otro para la *y*, o para el ancho y el alto, dependiendo de su uso.

El segundo elemento, se utiliza para definir un área rectangular:

CEGUI::URect(UDim left, UDim top, UDim right, UDIM bottom)

Como muestra la Figura 7.4, los dos primeros definen la esquina superior izquierda, y los dos últimos la esquina inferior derecha.

7.2.4. Detección de eventos de entrada

Puesto que CEGUI es únicamente un motor de gestión de *Widgets*, tampoco incorpora la detección de eventos de entrada, por lo que es necesario *inyectárselos* desde otra biblioteca. En este caso, se aprovechará la que ya se ha estudiado: *OIS*.

Considerando que se utiliza *OIS* mediante *callbacks* (en modo *buffered*), hay que añadir las siguientes líneas para enviar a CEGUI la pulsación y liberación de teclas y de los botones del ratón.

Listado 7.4: Inyección de eventos de pulsación y liberación de teclas a CEGUI.

```
 1  bool MyFrameListener::keyPressed(const OIS::KeyEvent& evt)
 2  {
 3    CEGUI::System::getSingleton().injectKeyDown(evt.key);
 4    CEGUI::System::getSingleton().injectChar(evt.text);
 5
 6    return true;
 7  }
 8
 9  bool MyFrameListener::keyReleased(const OIS::KeyEvent& evt)
10  {
11    CEGUI::System::getSingleton().injectKeyUp(evt.key);
12
13    return true;
14  }
15
16  bool MyFrameListener::mousePressed(const OIS::MouseEvent& evt, OIS::MouseButtonID id)
17  {
18    CEGUI::System::getSingleton().injectMouseButtonDown(convertMouseButton(id));
19    return true;
20  }
21
22  bool MyFrameListener::mouseReleased(const OIS::MouseEvent& evt, OIS::MouseButtonID id)
23  {
24    CEGUI::System::getSingleton().injectMouseButtonUp(convertMouseButton(id));
25    return true;
26  }
```

Además, es necesario convertir la forma en que identifica *OIS* los botones del ratón, a la que utiliza CEGUI, puesto que no es la misma, al contrario que sucede con las teclas del teclado. Para ello se ha escrito la función convertMouseButton():

Listado 7.5: Función de conversión entre identificador de botones de ratón de OIS y CEGUI.

```
 1  CEGUI::MouseButton MyFrameListener::convertMouseButton(OIS::MouseButtonID id)
 2  {
 3    CEGUI::MouseButton ceguiId;
 4    switch(id)
 5      {
 6      case OIS::MB_Left:
 7        ceguiId = CEGUI::LeftButton;
 8        break;
 9      case OIS::MB_Right:
10        ceguiId = CEGUI::RightButton;
11        break;
12      case OIS::MB_Middle:
13        ceguiId = CEGUI::MiddleButton;
14        break;
15      default:
16        ceguiId = CEGUI::LeftButton;
17      }
18    return ceguiId;
19  }
```

Por otro lado, también es necesario decir a CEGUI cuánto tiempo ha pasado desde la detección del último evento, por lo que hay que añadir la siguiente línea a la función frameStarted():

Listado 7.6: Orden que indica a CEGUI el tiempo transcurrido entre eventos.

```
1  CEGUI::System::getSingleton().injectTimePulse(evt.timeSinceLastFrame)
```

Hasta ahora se ha visto el funcionamiento básico de *CEGUI*, los tipos básicos de scripts que define, la inicialización, el sistema de posicionamiento y dimensionado que utiliza e incluso como enviarle eventos de entrada. Una vez adquiridos estos conocimientos, es momento de crear la primera aplicación de Ogre que muestre un *Widget* con funcionalidad, como se describirá en la siguiente sección.

7.3. Primera aplicación

En esta sección se van a poner en práctica los primeros conceptos descritos para crear una primera aplicación. Esta aplicación tendrá toda la funcionalidad de Ogre (mostrando a Sinbad), y sobre él un botón para salir de la aplicación.

Es importante tener en cuenta que en CEGUI, **todos los elementos son** *Windows*. Cada uno de los *Windows* puede contener a su vez otros *Windows*. De este modo, pueden darse situaciones raras como que un botón contenga a otro botón, pero que en la práctica no suceden.

Listado 7.7: Código de la función createGUI().

```
1  void MyApp::createGUI()
2  {
3    renderer = &CEGUI::OgreRenderer::bootstrapSystem();
4    CEGUI::Scheme::setDefaultResourceGroup("Schemes");
5    CEGUI::Imageset::setDefaultResourceGroup("Imagesets");
6    CEGUI::Font::setDefaultResourceGroup("Fonts");
7    CEGUI::WindowManager::setDefaultResourceGroup("Layouts");
8    CEGUI::WidgetLookManager::setDefaultResourceGroup("LookNFeel");
9
10   CEGUI::SchemeManager::getSingleton().create("TaharezLook.scheme");
11   CEGUI::System::getSingleton().setDefaultFont("DejaVuSans-10");
12   CEGUI::System::getSingleton().setDefaultMouseCursor("TaharezLook","MouseArrow");
13
14   //Creating GUI Sheet
15   CEGUI::Window* sheet = CEGUI::WindowManager::getSingleton().createWindow("DefaultWindow","Ex1/
        Sheet");
16
17   //Creating quit button
18   CEGUI::Window* quitButton = CEGUI::WindowManager::getSingleton().createWindow("TaharezLook/
        Button","Ex1/QuitButton");
19   quitButton->setText("Quit");
20   quitButton->setSize(CEGUI::UVector2(CEGUI::UDim(0.15,0),CEGUI::UDim(0.05,0)));
21   quitButton->setPosition(CEGUI::UVector2(CEGUI::UDim(0.5-0.15/2,0),CEGUI::UDim(0.2,0)));
22   quitButton->subscribeEvent(CEGUI::PushButton::EventClicked,
23               CEGUI::Event::Subscriber(&MyFrameListener::quit,
24                         framelistener));
25   sheet->addChildWindow(quitButton);
26   CEGUI::System::getSingleton().setGUISheet(sheet);
27  }
```

La función `createGUI()` se encarga de la inicialización de la interfaz gráfica y de la creación de los elementos que contendrá. Como se explicó en la Sección 7.2.2, de las líneas 3-8 se indica que se quiere utilizar Ogre3D como motor de rendering, y se indica a CEGUI dónde están los distintos recursos.

En la línea 10 se crea el esquema que se va a utilizar. Se recuerda que un esquema definía el conjunto de *Widgets* que se podrán utilizar en la aplicación, junto a los tipos de letras, apariencia o comportamiento visual. Es como la elección del *tema* de la interfaz. El fichero de script *TaharezLook.scheme* debe de encontrarse en algún lugar del que CEGUI tenga constancia. Como se ha definido en el fichero *resources.cfg*, los esquemas (*Schemes*) deben estar en *media/schemes*. Desde su página web se pueden descargar otros ejemplos, como el esquema *Vanilla*. Más adelante se analizará brevemente el contenido de estos scripts, para poder ajustar la interfaz gráfica a la estética del videojuego.

En las líneas 11 y 12 se definen algunos parámetros por defecto. En el primer caso, el tipo de letra predeterminada, y en el segundo el cursor, ambos elementos definidos en *TaharezLook.scheme*.

Convenio de nombrado

CEGUI no exige que se siga ningún convenio de nombrado para sus elementos. Sin embargo, es altamente recomendable utilizar un convenio jerárquico, utilizando la barra "/" como separador.

Los *Widgets* de la interfaz gráfica se organizan de forma jerárquica, de forma análoga al grafo de escena Ogre. Cada *Widget* (o *Window*) debe pertenecer a otro que lo contenga. De este modo, debe de haber un *Widget* "padre" o "raíz". Este *Widget* se conoce en CEGUI como *Sheet* (del inglés, *hoja*, refiriéndose a la hoja en blanco que contiene todos los elementos). Esta se crea en la línea 15. El primer parámetro indica el tipo del *Window*, que será un tipo genérico, *DefaultWindow*. El segundo es el nombre que se le da a ese elemento. Con *Ex1* se hace referencia a que es el primer ejemplo (*Example1*), y el segundo es el nombre del elemento.

El siguiente paso es crear el botón. En la línea 18 se llama al *WindowManager* para crear un *Window* (hay que recordar que en CEGUI todo es un *Window*). El primer parámetro indica el tipo, definido en el esquema escogido, en este caso un botón. El segundo es el nombre del elemento, para el cual se sigue el mismo convenio de nombrado que para el *Sheet*.

Después se indican algunos parámetros del botón. En la línea 19 se indica el texto del botón, utilizando la fuente predeterminada del sistema que se indicó en la inicialización.

En la línea 20 se indica el tamaño. Como se explicó en la Sección 7.2.3, para el tamaño se utiliza un *UVector2*, que contiene dos valores, ancho y alto. Por lo tanto, el ancho de este botón siempre será 0.15 del ancho del *Sheet*, y el alto será 0.05.

Para indicar la posición del *Widget*, se opta por centrarlo horizontalmente. Como se puede ver en la línea 21, para la posición en la dimensión x se indica la mitad del ancho del *Sheet*, 0.5, menos la mitad del ancho del *Widget*, es decir, 0.15/2 (el tamaño se acaba de indicar en la línea 20). Esto se debe a que el posicionamiento toma como punto de referencia la esquina superior izquierda del *Widget*. Para la posición en el eje y se ha optado por un 0.2 del alto del *Sheet*.

Hasta el momento se ha creado el *Sheet* que contendrá todo el conjunto de *Widgets*, un botón con el texto "Quit", y con un tamaño y apariencia determinado. Ahora se le va a asociar un comportamiento para cuando se pulse. Para asociar comportamientos, es necesario suscribir las funciones que implementan el comportamiento a los elementos. En la línea 22 se asocia ese comportamiento. El primer parámetro indica a qué tipo de acción se asocia el comportamiento, y en el segundo qué función se ejecuta. Existen una extensa lista de acciones a las que se pueden asociar comportamientos, como por ejemplo:

- MouseClicked
- MouseEnters

- MouseLeaves

- EventActivated

- EventTextChanged

- EventAlphaChanged

- EventSized

Como se ha estudiado anteriormente, al igual que pasa con el grafo de escena de Ogre3D, cada *Window* de CEGUI debe tener un padre. En la línea 25 se asocia el botón al *Sheet*, y por último, en la línea 26 se indica a CEGUI cuál es el *Sheet* que debe mostrar.

A continuación se muestra la definición de la función que implementa el comportamiento. Como se puede apreciar, simplemente cambia el valor de una variable booleana que controla la salida de la aplicación. Es importante tener en cuenta que no todas las funciones pueden ser utilizadas para implementar el comportamiento de los elementos. En su *signatura*, deben de tener como valor de retorno *bool*, y aceptar un único parámetro del tipo *const CEGUI::EventArgs& e*

Listado 7.8: Función que implementa el comportamiento del botón al ser pulsado.

```
1  bool MyFrameListener::quit(const CEGUI::EventArgs &e)
2  {
3    _quit = true;
4    return true;
5  }
```

En la Figura 7.6 se puede ver una captura de esta primera aplicación.

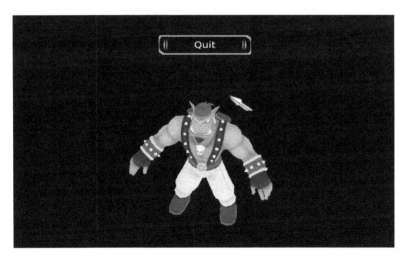

Figura 7.6: *Screenshot* de la primera aplicación de ejemplo.

Ya que se ha visto cómo inicializar *CEGUI* y cuál es su funcionamiento básico, es momento de comenzar a crear interfaces más complejas, útiles, y atractivas.

7.4. Tipos de *Widgets*

Para comenzar a desarrollar una interfaz gráfica con CEGUI para un videojuego, primero es necesario saber cuál es exactamente el repertorio de *Widgets* disponible. Como se ha estudiado en secciones anteriores, el repertorio como tal está definido en el esquema escogido. Para los sucesivos ejemplos, vamos a utilizar el esquema *TaharezLook*, utilizado también en la primera aplicación de inicialización. CEGUI proporciona otros esquemas que ofrecen otros repertorios de *Widgets*, aunque los más comunes suelen estar implementados en todos ellos. Otros esquemas que proporciona CEGUI son *OgreTray*, *VanillaSkin* y *WindowsLook*.

El *script* del esquema define además la apariencia y el comportamiento visual de los *Widgets*. Para cambiar la apariencia visual, no es necesario crear un fichero esquema desde cero (lo que sería una ardua tarea). Basta con cambiar el *script* de los *ImageSet* y de los *Fonts*. Esto se estudiará con más profundidad en la Sección 7.8.

A continuación se muestra una pequeña lista de los *Widgets* más importantes definidos en el esquema *TaharezLook*:

- Button
- Check Box
- Combo Box
- Frame Window
- List Box
- Progress Bar
- Slider
- Static Text
- etc

El siguiente paso en el aprendizaje de CEGUI es crear una interfaz que bien podría servir para un juego, aprovechando las ventajas que proporcionan los *scripts*.

7.5. *Layouts*

Los *scripts* de layouts especifican qué *Widgets* habrá y su organización para una ventana específica. Por ejemplo, un *layout* llamado *chatBox.layout* puede contener la estructura de una ventana con un *editBox* para insertar texto, un *textBox* para mostrar la conversación, y un *button* para enviar el mensaje. De cada *layout* se pueden crear tantas instancias como se desee.

No hay que olvidar que estos ficheros son *xml*, por lo que deben seguir su estructura. La siguiente es la organización genérica de un recurso *layout*:

```
Listado 7.9: Estructura de un script layout.
1  <?xml version="1.0" encoding="UTF-8"?>
2  <GUILayout>
3    <Window Type="WindowType" Name="Window1">
4      <Property Name="Property1" Value="Property1Value"/>
5      <Property Name="Property2" Value="Property2Value"/>
6      <!-- This is a comment -->
7      <Window Type="WindowType" Name="Window1/Window2">
8        <Property Name="Property1" Value="Property1Value"/>
9        <Property Name="Property2" Value="Property2Value"/>
10     </Window>
11     <!-- ... --!>
12   </Window>
13 </GUILayout>
```

En la línea 1 se escribe la cabecera del archivo *xml*, lo cual no tiene nada que ver con CEGUI. En la línea 2 se abre la etiqueta *GUILayout*, para indicar el tipo de *script* y se cierra en la línea 13.

A partir de aquí, se definen los *Windows* que contendrá la interfaz (¡en CEGUI todo es un *Window*!). Para declarar uno, se indica el tipo de *Window* y el nombre, como se puede ver en la línea 3. Dentro de él, se especifican sus propiedades (líneas 4 y 5). Estas propiedades pueden indicar el tamaño, la posición, el texto, la transparencia, etc. Los tipos de *Widgets* y sus propiedades se definían en el esquema escogido, por lo que es necesario consultar su documentación específica. En la Sección 7.6 se verá un ejemplo concreto.

En la línea 6 se muestra un comentario en *xml*.

Figura 7.7: Resultado de la ventana de configuración del ejemplo.

Después de la definición de las propiedades de un *Window*, se pueden definir más *Windows* que pertenecerán al primero, ya que los *Widgets* siguen una estructura jerárquica.

7.6. Ejemplo de interfaz

El siguiente es el código de un *script layout* que define una ventana de configuración, con distintos *Widgets* para personalizar el volumen, la resolución, o el puerto para utilizar en modo *multiplayer*. Además incorpora un botón para aplicar los cambios y otro para salir de la aplicación. En la Figura 7.7 se muestra el resultado final.

Para comenzar, la línea 2 define el tipo de *script*, como se ha explicado en la Sección anterior. El tipo de *Window* que contendrá al resto es un *TaharezLook/FrameWindow*, y se le ha puesto el nombre *Cfg*. Es importante que el tipo del *Window* indique el esquema al que pertenece, por eso se antepone *TaharezLook/*. A partir de aquí se añaden el resto de *Widgets*.

Listado 7.10: Ejemplo de *layout* para crear una ventana de configuración.

```xml
1  <?xml version="1.0" encoding="UTF-8"?>
2  <GUILayout >
3    <Window Type="TaharezLook/FrameWindow" Name="Cfg" >
4      <Property Name="Text" Value="Cfguration Window" />
5      <Property Name="TitlebarFont" Value="DejaVuSans-10" />
6      <Property Name="TitlebarEnabled" Value="True" />
7      <Property Name="UnifiedAreaRect" Value="{{0.133,0},{0.027,0},{0.320,300},{0.127,300}}" />
8      <!-- Sonud parameter -->
9      <Window Type="TaharezLook/StaticText" Name="Cfg/SndText" >
10       <Property Name="Text" Value="Sonud Volume" />
11       <Property Name="UnifiedAreaRect" Value="{{0.385,0},{0.0316,0},{0.965,0},{0.174,0}}" />
12     </Window>
13     <Window Type="TaharezLook/Spinner" Name="Cfg/SndVolume" >
14       <Property Name="Text" Value="Sonud Volume" />
15       <Property Name="StepSize" Value="1" />
16       <Property Name="CurrentValue" Value="75" />
17       <Property Name="MaximumValue" Value="100" />
18       <Property Name="MinimumValue" Value="0" />
19       <Property Name="UnifiedAreaRect" Value="{{0.0598,0},{0.046,0},{0.355,0},{0.166,0}}" />
20     </Window>
21     <!-- Fullscreen parameter -->
22     <Window Type="TaharezLook/StaticText" Name="Cfg/FullScrText" >
23       <Property Name="Text" Value="Fullscreen" />
24       <Property Name="UnifiedAreaRect" Value="{{0.385,0},{0.226,0},{0.965,0},{0.367,0}}" />
25     </Window>
26     <Window Type="TaharezLook/Checkbox" Name="Cfg/FullscrCheckbox" >
27       <Property Name="UnifiedAreaRect" Value="{{0.179,0},{0.244,0},{0.231,0},{0.370,0}}" />
28     </Window>
29     <!-- Port parameter -->
30     <Window Type="TaharezLook/StaticText" Name="Cfg/PortText" >
31       <Property Name="Text" Value="Port" />
32       <Property Name="UnifiedAreaRect" Value="{{0.385,0},{0.420,0},{0.9656,0},{0.551,0}}" />
33     </Window>
34     <Window Type="TaharezLook/Editbox" Name="Cfg/PortEditbox" >
35       <Property Name="Text" Value="1234" />
36       <Property Name="MaxTextLength" Value="1073741823" />
37       <Property Name="UnifiedAreaRect" Value="{{0.0541,0},{0.417,0},{0.341,0},{0.548,0}}" />
38       <Property Name="TextParsingEnabled" Value="False" />
39     </Window>
40     <!-- Resolution parameter -->
41     <Window Type="TaharezLook/StaticText" Name="Cfg/ResText" >
42       <Property Name="Text" Value="Resolution" />
43       <Property Name="UnifiedAreaRect" Value="{{0.385,0},{0.60,0},{0.965,0},{0.750,0}}" />
44     </Window>
45     <Window Type="TaharezLook/ItemListbox" Name="Cfg/ResListbox" >
46       <Property Name="UnifiedAreaRect" Value="{{0.0530,0},{0.613,0},{0.341,0},{0.7904,0}}" />
47       <Window Type="TaharezLook/ListboxItem" Name="Cfg/Res/Item1" >
48     <Property Name="Text" Value="1024x768"/>
49       </Window>
50       <Window Type="TaharezLook/ListboxItem" Name="Cfg/Res/Item2" >
51     <Property Name="Text" Value="800x600"/>
52       </Window>
53     </Window>
54     <!-- Exit button -->
55     <Window Type="TaharezLook/Button" Name="Cfg/ExitButton" >
56       <Property Name="Text" Value="Exit" />
57       <Property Name="UnifiedAreaRect" Value="{{0.784,0},{0.825,0},{0.968,0},{0.966,0}}" />
58     </Window>
59     <!-- Apply button -->
60     <Window Type="TaharezLook/Button" Name="Cfg/ApplyButton" >
61       <Property Name="Text" Value="Apply" />
62       <Property Name="UnifiedAreaRect" Value="{{0.583,0},{0.825,0},{0.768,0},{0.969,0}}" />
63     </Window>
64   </Window>
65  </GUILayout>
```

En total se han añadido 10 *Widgets* más a la ventana *Cfg*:

- Una etiqueta (*StaticText*) con el texto "Sound Volume" (llamada "Cfg/SndText" - línea 9) y un *Spinner* para indicar el valor (llamado "Cfg/SndVolume" - línea 13).

- Una etiqueta con el texto "Fullscreen" (línea 22) y un *Checkbox* para activarlo y desactivarlo (línea 26).

- Una etiqueta con el texto "Port"(línea 30) y un *EditBox* para indicar el número de puerto (línea 34).

- Una etiqueta con el texto "Resolution" (línea 41) y un *ItemListBox* para elegir entre varias opciones (45).

- Un botón (*Button*) con el texto "Exit" para terminar la aplicación (línea 55).

- Un botón con el texto "Apply" para aplicar los cambios (línea 60).

Cada uno de los *Window*s tiene unas propiedades para personalizarlos. En la documentación se explican todas y cada una de las opciones de los *Window* en función del esquema que se utilice.

> Para indicar el valor de una propiedad en un fichero de *script* cualquiera de CEGUI, se indica en el campo *Value*, y siempre entre comillas, ya sea un número, una cadena o una palabra reservada.

Estas son algunas de las propiedades utilizadas:

- *Text:* indica el texto del *Widget*. Por ejemplo, la etiqueta de un botón o el título de una ventana.

- *UnifiedAreaRect:* es uno de los más importantes. Indica la posición y el tamaño, mediante un objeto *URect*, de un *Window* **relativo a su padre**. Como se indicó en secciones anteriores, se trata de cuatro *UDim*s (cada uno de ellos con un factor de escala relativo y un offset), para indicar la esquina superior izquierda del rectángulo (los dos primeros *UDim*s), y la inferior derecha.

  Es importante tener en cuenta que si al *Widget* hijo se le indique que ocupe todo el espacio (con el valor para la propiedad de {{0,0},{0,0},{1,0},{1,0}}), ocupará todo el espacio del *Window* al que pertenezca, no necesariamente toda la pantalla.

- *TitlebarFont:* indica el tipo de fuente utilizado en el título de la barra de una *FrameWindow*.

- *TitlebarEnabled:* activa o desactiva la barra de título de una *FrameWindow*.

- *CurrentValue:* valor actual de un *Widget* al que haya que indicárselo, como el *Spinner*.

- *MaximumValue* y *MinimumValue*: acota el rango de valores que puede tomar un *Widget*.

Cada *Widget* tiene sus propiedades y uso especial. Por ejemplo, el *Widget* utilizado para escoger la resolución (un *ItemListBox*), contiene a su vez otros dos *Window* del tipo *ListBoxItem*, que representan cada una de las opciones (líneas 47 y 50).

Para poder añadir funcionalidad a estos *Widgets* (ya sea asociar una acción o utilizar valores, por ejemplo), se deben recuperar desde código mediante el *WindowManager*, con el mismo nombre que se ha especificado en el *layout*. Este *script* por tanto se utiliza únicamente para cambiar la organización y apariencia de la interfaz, pero no su funcionalidad.

En este ejemplo concreto, sólo se ha añadido una acción al botón con la etiqueta "Exit" para cerrar la aplicación.

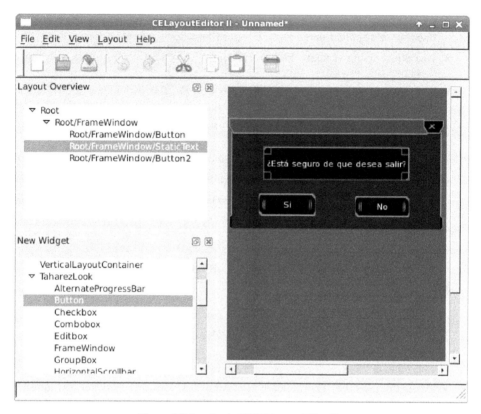

Figura 7.8: Interfaz de CEGUI Layout Editor II.

7.7. Editores de *layouts* gráficos

Este método para diseñar interfaces de usuario directamente modificando los ficheros xml *.layout* puede ser muy costoso. Existen un par de aplicaciones gráficas para el diseño de las interfaces. La primera *CEGUI Layout Editor* es muy avanzada, pero se ha abandonado. Actualmente se está desarrollando un editor nuevo y actualizado, *CEGUI Unified Editor*, pero todavía no se considera estable.

Para compilar el editor, es necesario recompilar CEGUI con soporte para Python, pues es necesaria la biblioteca *PyCEGUI*. Para compilarla en Ubuntu 11.04 y 11.10 se puede seguir un tutorial disponible en la web de CEGUI[1], en el apartado *HowTo*, el tutorial "Build PyCEGUI from source for Linux".

Se puede encontrar un tutorial completo de cómo instalar el editor en:

www.cegui.org.uk/wiki/index.php/CEED

Al tratarse de una versión inestable, es mejor consultar este tutorial para mantener los pasos actualizados de acuerdo a la última versión en desarrollo.

7.8. Scripts en detalle

En esta Sección se va a ver la estructura del resto de *scripts* que se utilizan para construir la interfaz. Es importante conocerlos para poder cambiar la apariencia y poder adaptarlas a las necesidades artísticas del proyecto.

7.8.1. *Scheme*

Los esquemas contienen toda la información para ofrecer *Widgets* a una interfaz, su apariencia, su comportamiento visual o su tipo de letra.

Listado 7.11: Estructura de un *script scheme*.

```
1  <?xml version="1.0" ?>
2  <GUIScheme Name="TaharezLook">
3      <Imageset Filename="TaharezLook.imageset" />
4      <Font Filename="DejaVuSans-10.font" />
5      <LookNFeel Filename="TaharezLook.looknfeel" />
6      <WindowRendererSet Filename="CEGUIFalagardWRBase" />
7      <FalagardMapping WindowType="TaharezLook/Button"      TargetType="CEGUI/PushButton"
          Renderer="Falagard/Button"      LookNFeel="TaharezLook/Button" />
8      <FalagardMapping WindowType="TaharezLook/Checkbox"    TargetType="CEGUI/Checkbox"
          Renderer="Falagard/ToggleButton" LookNFeel="TaharezLook/Checkbox" />
9  </GUIScheme>
```

Al igual que sucedía con los *layout*, comienzan con una etiqueta que identifican el tipo de *script*. Esta etiqueta es *GUIScheme*, en la línea 2.

De las líneas 3-6 se indican los *scripts* que utilizará el esquema de los otros tipos. Qué conjunto de imágenes para los botones, cursores y otro tipo de *Widgets* mediante el *Imageset* (línea 3), qué fuentes utilizará mediante un *Font* (línea 4), y el comportamiento visual de los *Widgets* a través del *LookNFeel* (línea 5). Además se indica qué sistema de renderizado de *skin* utilizará (línea 6). CEGUI utiliza *Falagard*.

El resto se dedica a declarar el conjunto de *Widgets*. Para ello realiza un mapeado entre el *Widget* que habrá disponible en el esquema (por ejemplo, "TaharezLook/Button", en la línea 7), y los que ofrece *CEGUI*. Además, por cada uno se indican varios parámetros.

De este *script* usualmente se suele cambiar los *Imageset* y los *Font* para cambiar la apariencia de la interfaz, y suministrar los desarrollados de forma propia.

7.8.2. *Font*

Describen los tipos de fuente que se utilizarán en la interfaz.

Listado 7.12: Estructura de un *script font*.

```
1  <?xml version="1.0" ?>
2  <Font Name="DejaVuSans-10" Filename="DejaVuSans.ttf" Type="FreeType" Size="10" NativeHorzRes="
       800" NativeVertRes="600" AutoScaled="true"/>
```

En este ejemplo, sólo se define un tipo de fuente, en la línea 2. Además de asignarle un nombre para poder usarla con CEGUI, se indica cuál es el fichero *ttf* que contiene la fuente, y otras propiedades como el tamaño o la resolución. Dentro de este fichero se puede añadir más de una fuente, añadiendo más etiquetas del tipo *Font*.

7.8.3. *Imageset*

Contiene las verdaderas imágenes que compondrán la interfaz. Este recurso es, junto al de las fuentes, los que más sujetos a cambio están para poder adaptar la apariencia de la interfaz a la del videojuego.

Listado 7.13: Estructura de un *script imageset*.

```
1  <?xml version="1.0" ?>
2  <Imageset Name="TaharezLook" Imagefile="TaharezLook.tga" NativeHorzRes="800" NativeVertRes="600"
        AutoScaled="true">
3     <Image Name="MouseArrow" XPos="138" YPos="127" Width="31" Height="25" XOffset="0" YOffset="0
           " />
4  </Imageset>
```

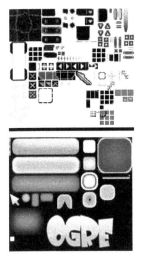

Figura 7.9: Matriz de imágenes que componen la interfaz del esquema *TaharezLook* (arriba), y *OgreTray* (abajo).

CEGUI almacena las imágenes que componen la interfaz como un conjunto de imágenes. De este modo, CEGUI sólo trabaja con un archivo de imagen, y dentro de ella debe saber qué porción corresponde a cada elemento. En la Figura 7.9 podemos ver el archivo de imagen que contiene toda la apariencia del esquema *TaharezLook* y *OgreTray*.

En la línea 2 del *script*, se indica el nombre del conjunto de imágenes y cuál es el archivo de imagen que las contendrá, en este caso, *TaharezLook.tga*. A partir de ese archivo, se define cada uno de los elementos indicando en qué región de *TaharezLook.tga* se encuentra. En la línea 3 se indica que el cursor del ratón ("MouseArrow") se encuentra en el rectángulo definido por la esquina superior izquierda en la posición (138, 127), y con unas dimensiones de 31x25.

De esta forma, se puede diseñar toda la interfaz con un programa de dibujo, unirlos todos en un archivo, e indicar en el *script imageset* dónde se encuentra cada una. Para ver a qué más elementos se les puede añadir una imagen, consultar la referencia, o estudiar los *imageset* proporcionados por CEGUI.

7.8.4. *LookNFeel*

Estos tipos de *scripts* son mucho más complejos, y los que CEGUI proporciona suelen ser más que suficiente para cualquier interfaz. Aún así, en la documentación se puede consultar su estructura y contenido.

7.9. Cámara de Ogre en un *Window*

Una característica muy interesante que se puede realizar con CEGUI es mostrar lo que capta una cámara de Ogre en un *Widget*. Puede ser interesante para mostrar mapas o la vista trasera de un coche de carreras, por ejemplo.

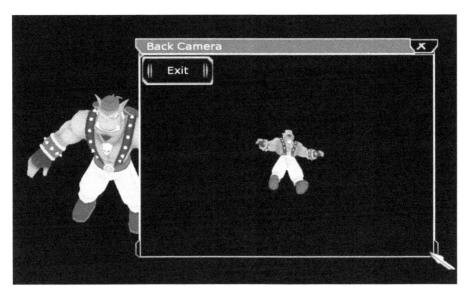

Figura 7.10: *Screenshot* de la aplicación de ejemplo.

Como se aprecia en la Figura 7.10, la aplicación mostrará a Sinbad de la forma habitual, pero además habrá una ventana que muestra otra vista distinta, y ésta a su vez contendrá un botón para salir de la aplicación.

A continuación se muestra el fichero del *layout*. Después de haber visto en la Sección 7.5 cómo funcionan los *layouts*, este no tiene ninguna complicación. Se trata de una única *FrameWindow* (línea 3) llamada "CamWin", con el título "Back Camera" y una posición y tamaño determinados. Esta a su vez contiene dos *Window*s más: uno del tipo *StaticImage* (línea 8), que servirá para mostrar la imagen de la textura generada a partir de una cámara secundaria de Ogre, para tener ese segundo punto de vista; y uno del tipo *Button* (línea 11), con el texto "Exit".

El único aspecto resaltable de este código es que el *Widget* que muestra la imagen ("CamWin/RTTWindow") ocupa todo el area de su padre (su propiedad *UnifiedAreaRect* vale {{0,0},{0,0},{1,0},{1,0}}). Esto quiere decir que ocupará toda la ventana "Cam-Win", que no toda la pantalla.

Listado 7.14: *Layout* del ejemplo.

```
 1  <?xml version="1.0" encoding="UTF-8"?>
 2  <GUILayout>
 3    <Window Type="TaharezLook/FrameWindow" Name="CamWin" >
 4      <Property Name="Text" Value="Back Camera" />
 5      <Property Name="TitlebarFont" Value="DejaVuSans-10" />
 6      <Property Name="TitlebarEnabled" Value="True" />
 7      <Property Name="UnifiedAreaRect" Value="{{0.6,0},{0.6,0},{0.99,0},{0.99,0}}" />
 8      <Window Type="TaharezLook/StaticImage" Name="CamWin/RTTWindow" >
 9        <Property Name="UnifiedAreaRect" Value="{{0,0},{0,0},{1,0},{1,0}}" />
10      </Window>
11      <Window Type="TaharezLook/Button" Name="ExitButton" >
12        <Property Name="Text" Value="Exit" />
13        <Property Name="UnifiedAreaRect" Value="{{0.01,0},{0.01,0},{0.25,0},{0.15,0}}" />
14      </Window>
15    </Window>
16  </GUILayout>
```

Una vez tenemos la organización de la interfaz, es necesario dotarla de funcionalidad. A continuación se muestran las modificaciones que hay que añadir para que se pueda renderizar una cámara de Ogre en el *Widget*.

Listado 7.15: Inicialización de la textura y del *Widget* que la mostrará.

```
1  Ogre::Camera* _camBack = _sceneManager->createCamera("BackCamera");
2  _camBack->setPosition(Ogre::Vector3(-5,-20,20));
3  _camBack->lookAt(Ogre::Vector3(0,0,0));
4  _camBack->setNearClipDistance(5);
5  _camBack->setFarClipDistance(10000);
6  _camBack->setAspectRatio(width / height);
7
8  Ogre::TexturePtr tex = _root->getTextureManager()->createManual(
9              "RTT",
10             Ogre::ResourceGroupManager::DEFAULT_RESOURCE_GROUP_NAME,
11             Ogre::TEX_TYPE_2D,
12             512,
13             512,
14             0,
15             Ogre::PF_R8G8B8,
16             Ogre::TU_RENDERTARGET);
17
18 Ogre::RenderTexture* rtex = tex->getBuffer()->getRenderTarget();
19
20 Ogre::Viewport* v = rtex->addViewport(_camBack);
21 v->setOverlaysEnabled(false);
22 v->setClearEveryFrame(true);
23 v->setBackgroundColour(Ogre::ColourValue::Black);
24
25 CEGUI::Texture& guiTex = renderer->createTexture(tex);
26
27 CEGUI::Imageset& imageSet = CEGUI::ImagesetManager::getSingleton().create("RTTImageset", guiTex)
   ;
28 imageSet.defineImage("RTTImage",
29             CEGUI::Point(0.0f,0.0f),
30             CEGUI::Size(guiTex.getSize().d_width, guiTex.getSize().d_height),
31             CEGUI::Point(0.0f,0.0f));
32
33 CEGUI::Window* ex1 = CEGUI::WindowManager::getSingleton().loadWindowLayout("render.layout");
34
35 CEGUI::Window* RTTWindow = CEGUI::WindowManager::getSingleton().getWindow("CamWin/RTTWindow");
36
37 RTTWindow->setProperty("Image",CEGUI::PropertyHelper::imageToString(&imageSet.getImage("RTTImage
   ")));
38
39 //Exit button
40 CEGUI::Window* exitButton = CEGUI::WindowManager::getSingleton().getWindow("ExitButton");
41 exitButton->subscribeEvent(CEGUI::PushButton::EventClicked,
42             CEGUI::Event::Subscriber(&MyFrameListener::quit,
43                         _framelistener));
44 //Attaching layout
45 sheet->addChildWindow(ex1);
46 CEGUI::System::getSingleton().setGUISheet(sheet);
```

Esta parte supone más código de Ogre que de CEGUI.

Puesto que el objetivo es mostrar en un *Widget* lo que está capturando una cámara, el primer paso es crearla. De las líneas 1 a las 6 se crea una *Ogre::Camera* de forma convencional. Se indica la posición, hacia dónde mira, los planos de corte *Near* y *Far*, y el *aspect ratio*.

Por otro lado, hay que crear la textura en la que se volcará la imagen de la cámara. Para ello se utiliza la función createManual() de *TexureManager*, en las líneas 8 a la 16. La textura se llama "RTT", tendrá un tamaño de 512x512, y será del tipo *Ogre::TU_RENDERTARGET*, para que pueda albergar la imagen de una cámara.

El siguiente paso es crear el *ViewPort*. En la línea 18 se obtiene el objeto *RenderTexture* a partir de la textura manual creada. En la línea 20 se obtiene el objeto *ViewPort* a partir del *RenderTexture* y utilizando la cámara que se quiere mostrar. En este caso, _camBack. A este *ViewPort* se le indica que no dibuje los *Overlays* (línea 21), aunque podría hacerlo sin problemas, y que se actualice en cada frame (línea 22). Además se establece el color de fondo en negro (línea 23).

Hasta ahora se ha creado la textura *tex* de Ogre que es capaz de actualizarse con la imagen capturada por una cámara, también de Ogre, para tal efecto. El siguiente paso es preparar CEGUI para mostrar imagen en uno de sus *Widgets*, y que además esa imagen la obtenga de la textura de Ogre.

En la línea 25 se crea la textura *guiTex* de CEGUI. El objeto *renderer* específico para Ogre proporciona la función createTexture(), que la crea a partir de una de Ogre.

Como se vio en la Sección 7.8.3, CEGUI está diseñado para tratar las distintas imágenes como porciones de un array de imágenes (ver Figura 7.9).

De este modo, primeramente hay que crear un *Imageset* a partir de la textura que devuelve Ogre (ya en formato de CEGUI) en la línea 27. A este conjunto de imágenes se le ha llamado "RTTImageset". Después, hay que identificar qué porción corresponde a la textura de la cámara de ese *Imageset*. En este caso, es la textura completa, por lo que en la línea 28 se define la imagen con el nombre "RTTImage". El primer parámetro es el nombre, el segundo la esquina superior izquierda de la porción que define la imagen (se indica el 0,0), el tercero el tamaño de la porción, que corresponde al tamaño de la textura, y el cuarto un *offset*.

Ya se ha conseguido obtener una imagen de CEGUI que se actualizará cada frame con lo que capturará la cámara. Lo único que falta es recuperar los *Window* definidos en el *layout* e indicar que el *Widget* "CamWin/RTTWindow" muestre dicha textura.

En la línea 33 se carga el *layout* como se hizo en anteriores ejemplos. Es importante hacerlo antes de comenzar a recuperar los *Windows* definidos en el *layout*, porque de lo contrario no los encontrará.

Se recupera el *Window* que mostrará la imagen (del tipo *StaticImage*), llamado "CamWin/RTTWindow", en la línea 35. En la siguiente línea, la 37, se indica en la propiedad "Image" de dicho *Window* que utilice la imagen "RTTImage" del conjunto de imagenes.

Con esto ya es suficiente para mostrar en el *Widget* la imagen de la cámara. Por último se añade la funcionalidad al botón de salida, en las líneas 40 y 41, como en anteriores ejemplos, y se añade el *layout* al *Sheet* (línea 45) y se establece dicho *Sheet* por defecto (línea 46).

7.10. Formateo de texto

Una característica muy versátil que ofrece CEGUI es la de proporcionar formato a las cadenas de texto mediante el uso de *tags* (etiquetas). Este formato permite cambiar el color, tamaño, alineación o incluso insertar imágenes. A continuación se describe el funcionamiento de estas etiquetas.

7.10.1.   Introducción

El formato de las etiquetas utilizadas son el siguiente:

```
[tag-name='value']
```

Estas etiquetas se insertan directamente en las cadenas de texto, y funcionan como estados. Es decir, si se activa una etiqueta con un determinado color, se aplicará a todo el texto que le preceda a no ser que se cambie explícitamente con otra etiqueta.

A continuación se muestran los diferentes aspectos que se pueden personalizar con esta técnica. Al final se muestra una aplicación de ejemplo que implementa su funcionamiento.

 Si se quiere mostrar como texto la cadena "[Texto]" sin que lo interprete como una etiqueta, es necesario utilizar un carácter de escape. En el caso concreto de C++ se debe anteponer "\\" únicamente a la primera llave, de la forma "\\[Texto]"

7.10.2.   Color

Para cambiar el color del texto, se utiliza la etiqueta "colour", usada de la siguiente forma:

```
[colour='FFFF0000']
```

Esta etiqueta colorea el texto que la siguiese de color rojo. El formato en el que se expresa el color es *ARGB* de 8 bits, es decir '*AARRGGBB*'. El primer parámetro expresa la componente de transparencia alpha, y el resto la componente RGB.

7.10.3.   Formato

Para cambiar el formato de la fuente (tipo de letra, negrita o cursiva, por ejemplo) es más complejo ya que se necesitan los propios ficheros que definan ese tipo de fuente, y además deben estar definidos en el *script Font*.

Estando seguro de tener los archivos *.font* y de tenerlos incluidos dentro del fichero del esquema, se puede cambiar el formato utilizando la etiqueta:

```
[font='Arial-Bold-10']
```

Esta en concreto corresponde al formato en negrita del tipo de letra Arial, de tamaño 10. El nombre que se le indica a la etiqueta es el que se especificó en el *.scheme*.

7.10.4.   Insertar imágenes

Insertar una imagen dentro de una cadena, al estilo de los emoticonos, es sencillo. La estructura de la etiqueta es la siguiente:

```
[imageset='set:<imageset> image:<image>']
```

Una vez más, CEGUI trata las imágenes individuales como parte de un *Imageset*, por lo que hay que indicarle el conjunto, y la imagen.

Aprovechando el *Imageset* que utiliza la interfaz, "TaharezLook", se va a mostrar una de ellas, por ejemplo la equis para cerrar la ventana. Echando un vistazo al *xml*, se puede identificar que la imagen que se corresponde con la equis se llama "CloseButtonNormal". La etiqueta que habría que utilizar sería la siguiente:

```
[image='set:TaharezLook image=CloseButtonNormal']
```

Además, existe otra etiqueta poder cambiar el tamaño de las imágenes insertadas. El formato de la etiqueta es el siguiente:

```
[image-size='w:<width_value> h:<height_value>']
```

El valor del ancho y del alto se da en píxeles, y debe ponerse antes de la etiqueta que inserta la imagen. Para mostrar las imágenes en su tamaño original, se deben poner los valores de *width* y *height* a cero.

7.10.5. Alineamiento vertical

Cuando un texto contiene distintos tamaños de letra, es posible configurar el alineamiento vertical de cada parte. El alto de una línea concreta vendrá definido por el alto del texto con mayor tamaño. El resto de texto, con menor tamaño, podrá alinearse verticalmente dentro de ese espacio.

Los tipos de alineamiento vertical disponibles son:

- *top*: lo alinea hacia arriba.

- *bottom*: lo alinea hacia abajo.

- *center*: lo centra verticalmente.

- *strecth*: lo *estira* verticalmente para ocupar todo el alto.

El formato de la etiqueta es:

```
[vert-alignment='<tipo_de_alineamiento>']
```

7.10.6. *Padding*

El *padding* consiste en reservar un espacio alrededor del texto que se desee. Para definirlo, se indican los píxeles para el *padding* izquierdo, derecho, superior e inferior. Así, además de el espacio que ocupe una determinada cadena, se reservará *como un margen* el espacio indicado en el *padding*. Viendo la aplicación de ejemplo se puede apreciar mejor este concepto.

El formato de la etiqueta es:

```
[padding='l:<left_padding> t:<top_padding> r:<right_padding> b:<bottom_padding>']
```

Para eliminar el *padding*, utilizar la etiqueta con los valores a 0.

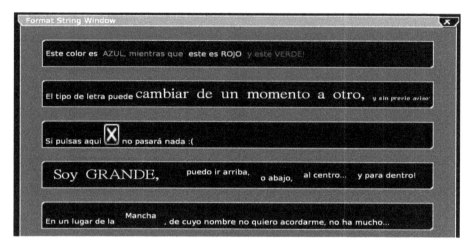

Figura 7.11: Ejemplos de uso del formateo de cadenas.

7.10.7. Ejemplo de texto formateado

El siguiente es un ejemplo que muestra algunas de las características que se han descrito. En la Figura 7.11 se aprecia el acabado final. El siguiente es el *layout* utilizado:

Listado 7.16: *Layout* de la aplicación.

```
1  <?xml version="1.0" encoding="UTF-8"?>
2  <GUILayout>
3    <Window Type="TaharezLook/FrameWindow" Name="FormatWin">
4      <Property Name="Text" Value="Format String Window"/>
5      <Property Name="TitlebarEnabled" Value="True"/>
6      <Property Name="UnifiedAreaRect" Value="{{0.05,0},{0.05,0},{0.95,0},{0.95,0}}"/>
7      <!-- Static Text -->
8      <Window Type="TaharezLook/StaticText" Name="FormatWin/Text1">
9        <Property Name="UnifiedAreaRect" Value="{{0.05,0},{0.05,0},{0.95,0},{0.15,0}}"/>
10     </Window>
11     <!-- Other Static Text ... -->
12     <!-- Exit Button -->
13     <Window Type="TaharezLook/Button" Name="FormatWin/ExitButton">
14       <Property Name="Text" Value="Exit" />
15       <Property Name="UnifiedAreaRect" Value="{{0,0},{0.95,0},{1,0},{1,0}}"/>
16     </Window>
17   </Window>
18 </GUILayout>
```

Y el siguiente listado muestra cada una de las cadenas que se han utilizado, junto a las etiquetas. La primera cadena (línea 1) utiliza las etiquetas del tipo *colour* para cambiar el color del texto escrito a partir de ella. Se utilizan los colores rojo, verde y azul, en ese orden.

La segunda (línea 3) muestra cómo se pueden utilizar las etiquetas para cambiar totalmente el tipo de fuente, siempre y cuando estén definidos los recursos *.font* y estos estén reflejados dentro el *.scheme*.

La tercera (línea 5) muestra una imagen insertada en medio del texto, y además redimensionada. Para ello se utiliza la etiqueta de redimensionado para cambiar el tamaño a 40x55, y después inserta la imagen "CloseButtonNormal", del conjunto "TaharezLook"

La cuarta (línea 7) muestra una cadena con un texto ("Soy GRANDE") de un tipo de fuente con un tamaño 30, y el resto con un tamaño 10. Para el resto del texto, sobra espacio vertical, por lo que se utiliza la etiqueta *vertical-alignment* para indicar dónde posicionarlo.

Por último, la quinta cadena (línea 9), utiliza *padding* para la palabra "Mancha". A esta palabra se le reserva un *margen* izquierdo y derecho de 20 píxeles, y un superior e inferior de 15.

Listado 7.17: Código con los *tags* de formateo.

```
1  "Este color es [colour='FFFF0000'] AZUL, mientras que [colour='FF00FF00'] este es ROJO [colour='
       FF0000FF'] y este VERDE!"
2
3  "El tipo de letra puede [font='Batang-26']cambiar de un momento a otro, [font='fkp-16']y sin
       previo aviso!"
4
5  "Si pulsas aqui [image-size='w:40 h:55'][image='set:TaharezLook image:CloseButtonNormal'] no
       pasara nada :("
6
7  "[font='Batang-26'] Soy GRANDE,   [font='DejaVuSans-10'][vert-alignment='top'] puedo ir arriba,
       [vert-alignment='bottom']o abajo,    [vert-alignment='centre']al centro..."
8
9  "En un lugar de la [padding='l:20 t:15 r:20 b:15']Mancha[padding='l:0 t:0 r:0 b:0'], de cuyo
       nombre no quiero acordarme, no ha mucho..."
```

7.11. Características avanzadas

CEGUI es una biblioteca muy potente y flexible que puede ser utilizada junto a muchas otras para crear efectos visualmente muy impactantes. Algunas características avanzadas que se han implementado son efectos de ventanas, como transparencia y aspecto gelatinoso, o incluso incrustar un navegador dentro de una ventana.

Para aprender estas características y más, en su página existen muchos manuales, y dispone de una muy buena documentación [1].

Capítulo 8

Materiales y Texturas

Carlos González Morcillo

E n este capítulo estudiaremos los conceptos fundamentales con la definición de materiales y texturas. Introduciremos la relación entre los modos de sombreado y la interacción con las fuentes de luz, describiendo los modelos básicos soportados en aplicaciones interactivas. Para finalizar, estudiaremos la potente aproximación de Ogre para la definición de materiales, basándose en los conceptos de técnicas y pasadas.

8.1. Introducción

Los materiales describen las propiedades físicas de los objetos relativas a cómo reflejan la luz incidente. Obviamente, el aspecto final obtenido será dependiente tanto de las propiedades del material, como de la propia definición de las fuentes de luz. De este modo, materiales e iluminación están íntimamente relacionados.

Desde los inicios del estudio de la óptica, investigadores del campo de la física han desarrollado modelos matemáticos para estudiar la interacción de la luz en las superficies. Con la aparición del microprocesador, los ordenadores tuvieron suficiente potencia como para poder simular estas complejas interacciones.

Así, usando un ordenador y partiendo de las propiedades geométricas y de materiales especificadas numéricamente es posible simular la reflexión y propagación de la luz en una escena. A mayor precisión, mayor nivel de realismo en la imagen resultado.

Esta conexión entre la simulación del comportamiento de la luz y el nivel de realismo queda patente en las aproximaciones existentes de diferentes métodos de render. Una ecuación que modela el comportamiento físico de la luz, ampliamente aceptada por la comunidad, es la propuesta por *Kajiya* en 1986. De forma general podemos decir que a mayor simplificación en la resolución de los términos de esta ecuación tendremos métodos menos realistas (y computacionalmente menos costosos).

Figura 8.2: Ejemplo de resultado utilizando un modelo de iluminación local y un modelo de iluminación global con la misma configuración de fuentes de luz y propiedades de materiales. **a)** En el modelo de iluminación local, si no existen fuentes de luz en el interior de la habitación, los objetos aparecerán totalmente "*a oscuras*", ya que no se calculan los rebotes de luz indirectos. **b)** Los modelos de iluminación global tienen en cuenta esas contribuciones relativas a los rebotes de luz indirectos.

A un alto nivel de abstracción, podemos realizar una primera taxonomía de métodos de render entre aquellos que realizan una simulación de **iluminación local**, teniendo en cuenta únicamente una interacción de la luz con las superficies, o los métodos de **iluminación global** que tratan de calcular *todas* [1] las interacciones de la luz con las superficies de la escena. La Figura 8.2 muestra el resultado de renderizar la misma escena con un método de iluminación local y uno global. Los modelos de iluminación global incorporan la iluminación directa que proviene de la primera interacción de las superficies con las fuentes de luz, así como la iluminación indirecta reflejada por otras superficies existentes en la escena.

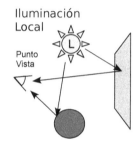

La potencia de cálculo actual hace inviable el uso de métodos de iluminación global. Se emplean aproximaciones de precálculo de la iluminación, que serán estudiadas en el capítulo de iluminación. Así, en los motores gráficos actuales como Ogre, los materiales definen cómo se refleja la luz en los objetos (pero no su contribución con otros objetos), empleando un esquema de **iluminación local**.

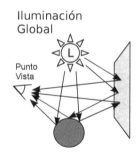

8.2. Modelos de Sombreado

Como hemos comentado anteriormente, es habitual en gráficos por computador interactivos (y en el caso de videojuegos especialmente) emplear modelos de iluminación local. En cierto modo, el sombrado es equivalente a *pintar con luz*. En este apartado estudiaremos los modelos de sombreado más ampliamente utilizados en gráficos interactivos, que fueron inicialmente desarrollados en los años 70.

Figura 8.1: Diferencias entre los modelos de iluminación local y global.

---

[1]Debido a que es imposible calcular las infinitas interacciones de los rayos de luz con todos los objetos de la escena, las aproximaciones de iluminación global se ocuparán de calcular algunas de estas interacciones, tratando de minimizar el error de muestreo.

Figura 8.3: Modos básicos de sombreado de iluminación local.

- **Sombreado difuso**. Muchos objetos del mundo real tienen una acabado eminentemente mate (sin brillo). Por ejemplo, el papel o una tiza pueden ser superficies con sombreado principalmente difuso. Este tipo de materiales reflejan la luz en todas las direcciones, debido principalmente a las rugosidades microscópicas del material. Como efecto visual, el resultado de la iluminación es mayor cuando la luz incide perpendicularmente en la superficie. La intensidad final viene determinada por el ángulo que forma la luz y la superficie (es independiente del punto de vista del observador). En su expresión más simple, el modelo de reflexión difuso de *Lambert* dice que el color de una superficie es proporcional al coseno del ángulo formado entre la normal de la superficie y el vector de dirección de la fuente de luz (ver Figura 8.4(izquierda)).

- **Sombreado especular**. Es el empleado para simular los *brillos* de algunas superficies, como materiales pulidos, pintura plástica, etc. Una característica principal del sombreado especular es que el brillo se *mueve con el observador*. Esto implica que es necesario tener en cuenta el vector del observador. La *dureza* del brillo (la cantidad de reflejo del mismo) viene determinada por un parámetro h. A mayor valor del parámetro h, más concentrado será el brillo. El comportamiento de este modelo de sombreado está representado en la Figura 8.4(derecha), donde r es el vector reflejado del l (forma el mismo ángulo α con n) y e es el vector que se dirige del punto de sombreado al observador. De esta forma, el color final de la superficie es proporcional al ángulo θ.

- **Sombreado ambiental**. Esta componente básica permite añadir una *aproximación* a la *iluminación global* de la escena. Simplemente añade un color base independiente de la posición del observador y de la fuente de luz. De esta forma se evitan los tonos *absolutamente negros* debidos a la falta de iluminación global, añadiendo este término constante. En la Figura 8.3 se puede ver la componente ambiental de un objeto sencillo.

- **Sombreado de emisión**. Finalmente este término permite añadir una simulación de la iluminación propia del objeto. No obstante, debido a la falta de interacción con otras superficies (incluso con las caras poligonales del propio objeto), suele emplearse como una alternativa al sombreado ambiental a nivel local. El efecto es como tener un objeto que emite luz pero cuyos rayos no interactúan con ninguna superficie de la escena (ver Figura 8.3).

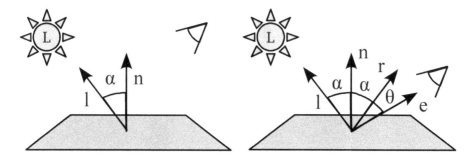

Figura 8.4: En la imagen de la izquierda, se representa el modelo de sombreado difuso básico de Lambert en el que el color c se define como $c \propto n \cdot l$, y los vectores n y l deben estar normalizados. A la derecha se muestra el modelo de sombreado especular, el color c se obtiene como $c \propto (r \cdot e)^h$, y los vectores r y e han de estar normalizados.

El sombreado final de la superficie se obtiene como combinación de los cuatro modos de sombreado anteriores (ver Figura 8.3). Esta aproximación es una simplificación del modelo de reflexión físicamente correcto definido por la Función de Distribución de Reflactancia Bidireccional BRDF (Bidirectional Reflactance Distribution Function). Esta función define cómo se refleja la luz en cualquier superficie opaca, y es empleada en motores de *rendering* fotorrealistas.

8.3.   Mapeado de Texturas

```
color func(p3d p){
  if (sin(p_z)>0)
    return C_1
  else
    return C_2
}
```

Figura 8.5: Definición de una sencilla textura procedural que define bandas de color dependiendo del valor de coordenada Z del punto 3D.

Los materiales definen propiedades que son constantes a lo largo de la superficie. Hasta ahora, hemos hablado de materiales básicos en las superficies, con propiedades (como el color) constantes.

Las texturas permiten variar estas propiedades, determinando en cada punto cómo cambian concretamente estas propiedades. Básicamente podemos distinguir dos tipos de texturas:

- **Texturas Procedurales.** Su valor se determina mediante una ecuación. Estas texturas se calculan rápidamente y no tienen requisitos de espacio en disco, por lo que son ampliamente utilizadas en síntesis de imagen realista para simular ciertos patrones existentes en la naturaleza (madera, mármol, nubes, etc).

  La Figura 8.5 muestra un ejemplo de este tipo de texturas. En videojuegos sin embargo, se emplean en menor medida, ya que resulta habitualmente más interesante emplear texturas de imagen con una resolución controlada.

- **Texturas de Imagen.** Almacenan los valores en una imagen, típicamente bidimensional.

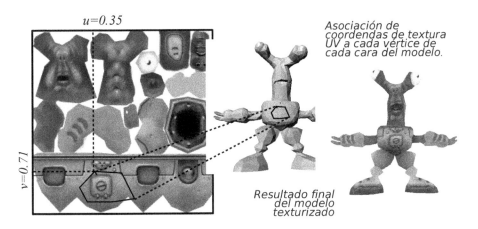

Figura 8.6: Asignación de coordenadas UV a un modelo poligonal. Esta operación suele realizarse con el soporte de alguna herramienta de edición 3D.

Las texturas procedurales obtienen valores habitualmente en el espacio 3D, por lo que no es necesaria ninguna función de proyección de estas texturas sobre el objeto. Sin embargo, para utilizar las texturas de imagen es necesario indicar cómo queremos aplicar esa textura (2D) a la geometría del modelo 3D. Es decir, debemos espeicifcar cómo se recubrirá el objeto con ese mapa de textura. Existen varias alternativas para realizar este mapeado. Empleando proyecciones ortogonales es posible describir esta correspondencia. Se emplean cuatro modos básicos de proyección (ver Figura 8.7). Estos modos de proyección utilizas las coordenadas del objeto 3D normalizadas en el interior de una caja unitaria.

> ⚠️ Una de las características interesantes de los modelos de mapeado de texturas (tanto ortogonales como mediante mapas paramétricos UV) es la **independencia de la resolución** de la imagen. De este modo es posible tener texturas de diferentes tamaños y emplearlas aplicando técnicas de nivel de detalle (*LOD*). Así, si un objeto se muestra a una gran distancia de la cámara es posible cargar texturas de menor resolución que requieran menor cantidad de memoria de la GPU.

Como hemos visto en capítulos anteriores, un método de proyección de texturas de imagen muy empleado en videojuegos es el mapeado paramétrico, también denominado mapeado UV. En este método se definen dos coordenadas paramétricas (entre 0 y 1) para cada vértice de cada cara del modelo (ver Figura 8.6). Estas coordenadas son independientes de la resolución de la imagen, por lo que

Shading programable

En esta sección estudiaremos únicamente lo que se conoce como *shading* fijo (*fixed shading*). En capítulos posteriores del documento estudiaremos cómo aplicar shaders programando la GPU (en *pixel shading* o *fragment shading*).

permite cambiar en tiempo de ejecución la textura teniendo en cuenta ciertos factores de distancia, importancia del objeto, etc. El mapeado UV permite pegar la textura al modelo de una forma muy precisa. Incluso si se aplica sobre el modelo deformación de vértices (*vertex blending*), el mapa seguirá aplicándose correctamente. Por esta razón y su alta eficiencia es una técnica ampliamente utilizada en gráficos por computador.

Textura a Mapear | Proyección Plana | Proyección Cúbica | Proyección Cilíndrica | Proyección Esférica

Figura 8.7: Métodos básicos de mapeado ortogonal sobre una esfera. Los bordes marcados con líneas de colores en la textura a mapear en la izquierda se proyectan de forma distinta empleado diversos métodos de proyección.

8.4. Materiales en Ogre

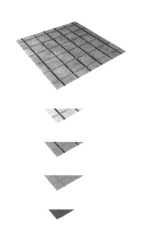

El despliegue de entidades en Ogre se realiza en paquetes, de modo que existe una relación directa entre el número de materiales y el número de *paquetes* que Ogre enviará a la tarjeta gráfica. Por ejemplo, si 10 elementos comparten el mismo material, podrán ser enviados en un único paquete a la GPU (en lugar de en 10 paquetes por separado), de modo que podrán compartir el mismo *estado interno*.

Con la idea de realizar estas optimizaciones, Ogre define que por defecto los materiales son compartidos entre objetos. Esto implica que el mismo puntero que referencia a un material es compartido por todos los objetos que utilizan ese material. De este modo, si queremos cambiar la propiedad de un material de modo que únicamente afecte a un objeto es necesario **clonar** este material para que los cambios no se propaguen al resto de objetos.

Figura 8.8: Un material en Ogre se describe mediante sucesivas pasadas que van configurando la apariencia final.

Los materiales de Ogre se definen empleando técnicas y esquemas. Una **Técnica** puede definirse como cada uno de los modos *alternativos* en los que puede renderizarse un material. De este modo, es posible tener, por ejemplo, diferentes niveles de detalle asociados a un material. Los **esquemas** agrupan técnicas, permitiendo definir nombres y grupos que identifiquen esas técnicas como *alto nivel de detalle*, *medio rendimiento*, etc.

8.4.1. Composición

Un material en Ogre está formado por una o varias *técnicas*, que contienen a su vez una o varias **Pasadas** (ver Figura 8.9). En cada momento sólo puede existir una *técnica* activa, de modo que el resto de técnicas no se emplearán en esa etapa de render.

Una vez que Ogre ha decidido qué *técnica* empleará, generará tantas pasadas (en el mismo orden de definición) como indique el material. Cada *pasada* define una operación de despliegue en la GPU, por lo que si una técnica tiene cuatro pasadas asociadas a un material tendrá que desplegar el objeto tres veces en cada *frame*.

Atributo	Descripción
lod_values	Lista de distancias para aplicar diferentes niveles de detalle. Está relacionado con el campo *lod_strategy* (ver API de Ogre).
receive_shadows	Admite valores *on* (por defecto) y *off*. Indica si el objeto sólido puede recibir sombras. Los objetos transparentes *nunca* pueden recibir sombras (aunque sí arrojarlas, ver el siguiente campo).
transparency_casts_shadows	Indica si el material transparente puede arrojar sombras. Admite valores *on* y *off* (por defecto).
set_texture_alias	Permite crear alias de un nombre de textura. Primero se indica el nombre del alias y después del nombre de la textura original.

Tabla 8.1: Atributos generales de *Materiales*.

Atributo	Formato	Descripción
ambient	r g b [a]	Valor de sombreado ambiente (por defecto 1.0 1.0 1.0 1.0).
diffuse	r g b [a]	Valor de sombreado difuso (por defecto 1.0 1.0 1.0 1.0).
specular	r g b [a] h	Valor de sombreado especular (por defecto 0.0 0.0 0.0 0.0). El valor de dureza (*shininess*) puede ser cualquier valor >0.
emissive	r g b [a]	Valor de emisión (por defecto 0.0 0.0 0.0 0.0).
scene_blend	(Ver valores)	Tipo de mezclado de esta pasada con el resto de la escena. Por defecto no se realiza mezclado. Si se especifica, puede tomar valores entre *add*, *modulate*, *colour_blend* y *alpha_blend*.
depth_check	on | off	Por defecto *on*. Indica si se utilizará el *depth-buffer* para comprobar la profundidad.
lighting	on | off	Por defecto *on*. Indica si se empleará iluminación dinámica en la pasada.
shading	(Ver valores)	Indica el tipo de método de interpolación de iluminación a nivel de vértice. Se especifican los valores de interpolación de sombreado *flat* o *gouraud* o *phong*. Por defecto se emplea el método de *gouraud*.
polygon_mode	(Ver valores)	Indica cómo se representarán los polígonos. Admite tres valores: *solid* (por defecto), *wireframe* o *points*.

Tabla 8.2: Atributos generales de las *Pasadas*. Ver API de Ogre para una descripción completa de todos los atributos soportados.

A continuación se describen algunas de las propiedades generales de los materiales. En la tabla 8.1 se resumen los atributos generales más relevantes empleados en la definición de materiales, mientras que las tablas 8.2 y 8.3 resumen los atributos globales más utilizados en la definición de las pasadas y unidades de textura resepectivamente. Cada pasada tiene asociada cero o más unidades de textura. En los siguientes ejemplos veremos cómo combinar varias pasadas y unidades de textura para definir materiales complejos en Ogre.

Material

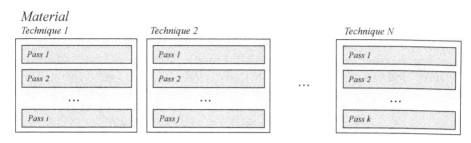

Figura 8.9: Descripción de un material en base a técnicas y pasadas. El número de técnicas y pasadas asociadas a cada técnica puede ser diferente.

Las **Unidades de Textura** (*Texture Unit*) contienen referencias a una única textura. Esta textura puede ser generada en código (*procedural*), puede ser obtenida mediante un archivo o mediante un flujo de vídeo. Cada *pasada* puede utilizar tantas *unidades de textura* como sean necesarias. Ogre optimiza el envío de texturas a la GPU, de modo que únicamente se descargará de la memoria de la tarjeta cuando no se vaya a utilizar más.

8.4.2. Ejemplo de Materiales

A continuación veremos un ejemplo sencillo de definición de materiales en Ogre. Como hemos visto, el material definido en el listado de la Figura 8.11 contiene una técnica y una única pasada que define un método de sombreado difuso (especificando el color base en RGB). El nombre asignado al material especificado a la derecha de la etiqueta *Material* (en este caso "*Material1*") debe ser único a lo largo de la aplicación. El nombre de los *elementos* que definen el material (*técnicas, pasadas* y *unidades de textura*) es opcional. Si no se especifica ninguno, Ogre comenzará a nombrarlas comenzando en 0 según el orden de especificación del script. El nombre de estos *elementos* puede repetirse en diferentes materiales.

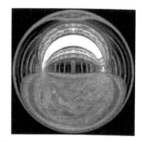

Figura 8.10: Mapa de entorno esférico empleado para simular la reflexión de un supuesto mundo.

Veamos a continuación un ejemplo más complejo de definición de material. En la pasada definida se utiliza una *texture_unit* que referencia a un archivo de mapa de entorno esférico.

Los mapas de entorno se utilizan para simular la reflexión del mundo (representado en el mapa) dependiendo de la relación entre las normales de las caras poligionales y la posición del observador. En este caso, se indica a Ogre que el tipo de mapa de entorno es esférico (tipo *ojo de pez*, ver Figura 8.10). El operador de *colour_op* empleado indica cómo se combinará el color de la textura con el color base del objeto. Existen diversas alternativas; mediante *modulate* se indica a Ogre que *multiplique* el color base (en este caso, un color amarillo indicado en la componente difusa del color) y el color del mapa.

Atributo	Descripción
texture	Especifica el nombre de la textura (estática) para esta *texture_unit*. Permite especificar el tipo, y el uso o no de canal alpha separado.
anim_texture	Permite utilizar un conjunto de imágenes como textura animada. Se especifica el número de frames y el tiempo (en segundos).
filtering	Filtro empleado para ampliar o reducir la textura. Admite valores entre *none*, *bilinear* (por defecto), *trilinear* o *anisotropic*.
colour_op	Permite determinar cómo se mezcla la *unidad de textura*. Admite valores entre *replace*, *add*, *modulate* (por defecto) o *alpha_blend*.
colour_op_ex	Versión extendida del atributo anterior, que permite especificar con mucho mayor detalle el tipo de mezclado.
env_map	Uso de mapa de entorno. Si se especifica (por defecto está en *off*, puede tomar valores entre *spherical*, *planar*, *cubic_reflection* y *cubic_normal*.
rotate	Permite ajustar la rotación de la textura. Requiere como parámetro el ángulo de rotación (en contra de las agujas del reloj).
scale	Ajusta la escala de la textura, especificando dos factores (en X e Y).

Tabla 8.3: Atributos generales de las *Unidades de Textura*. Ver API de Ogre para una descripción completa de todos los atributos soportados

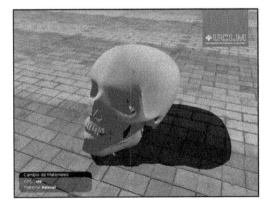

```
material Material1
{
  technique
  {
    pass
    {
      diffuse 0.5 0.5 0.5
    }
  }
}
```

Figura 8.11: Definición y resultado de un sencillo material con sombreado difuso.

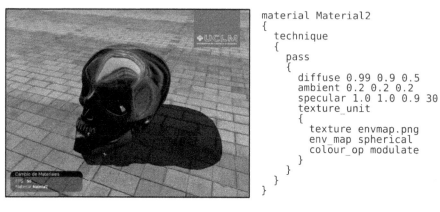

```
material Material2
{
  technique
  {
    pass
    {
      diffuse 0.99 0.9 0.5
      ambient 0.2 0.2 0.2
      specular 1.0 1.0 0.9 30
      texture_unit
      {
        texture envmap.png
        env_map spherical
        colour_op modulate
      }
    }
  }
}
```

Figura 8.12: Un material más complejo que incluye la definición de una *texture_unit* con diversas componentes de sombreado.

8.5.   Mapeado UV en Blender

La forma más flexible para la proyección de texturas en aplicaciones interactivas es el mapeado paramétrico UV. Como hemos visto, a cada vértice del modelo (con coordenadas X, Y, Z) se le asocian dos coordenadas paramétricas 2D (U, V). El mapeado UV es el estándar en desarrollo de videojuegos, por lo que prestaremos especial atención en este documento.

Los modelos de mapeado ortogonales no se ajustan bien en objetos complejos. Por ejemplo, la textura asociada a una cabeza de un personaje no se podría mapear adecuadamente empleando modelos de proyección ortogonal. Para tener el realismo necesario en modelos pintados manualmente (o proyectando texturas basadas en fotografías) es necesario tener control sobre la posición final de cada píxel sobre la textura. El mapa UV describe qué parte de la textura se asociará a cada polígono del modelo, de forma que, mediante una operación de *despliegue* (*unwrap*) del modelo obtenemos la equivalencia de la superficie en el plano 2D.

Figura 8.13: El problema del *despliegue* se ha afrontado desde los orígenes de la cartografía. En la imagen, un mapa de 1482 muestra una proyección del mundo conocido hasta el momento.

En esta sección estudiaremos con más detalle las opciones de Blender para trabajar con este tipo de coordenadas.

Como vimos en el capítulo 4, para comenzar es necesario aplicar una operación de *despliegue* del modelo para obtener una o varias regiones en la ventana de UV/Image Editor ▦. Esta operación de despliegue se realiza siempre en modo edición. Con el objeto en modo edición, en los botones de edición 📖, y tras aplicar el despliegue (*Unwrap*) (tecla Ⓤ), aparece un nuevo subpanel en el panel de herramientas (*Tool Shelf*), accesible mediante la tecla Ⓣ (ver Figura 8.14) que controla el modo en el que se realiza el *despliegue* del modelo.

Figura 8.14: Opciones del panel *Unwrap*.

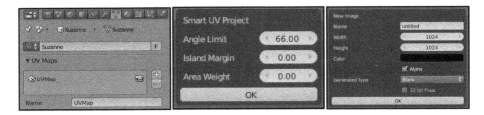

Figura 8.15: A la izquierda, opciones del panel *Mesh*. En el centro, configuración de las opciones de despliegue en *Smart UV Project*. A la derecha, ventana para la creación de una nueva textura para el mapeado UV.

Este panel aparece mientras el objeto está en modo de edición, y es dependiente del modo de despliegue elegido (por ejemplo, el de la Figura 8.14 contiene las opciones de *Unwrap*, pero otros modos de despliegue tendrán otras opciones asociadas). A continuación describimos las principales opciones que pueden encontrarse en este tipo de subpaneles:

- **Angle Based | Conformal**. Define el método de cálculo de la proyección. El basado en ángulo crea una nueva isla cuando el ángulo entre caras vecinas sea relevante. Se define una isla en un mapa UV como cada región que contiene vértices no conectados con el resto. En el modo *conformal* se realiza dependiendo del método de proyección seleccionado. El método basado en ángulo ofrece, en general, mejores resultados.

- **Fill Holes**. Intenta ordenar todas las islas para evitar que queden huecos en la textura sin ninguna cara UV.

- **Correct Aspect**. Permite el escalado de los vértices desplegados en UV para ajustarse a la relación de aspecto de la textura a utilizar.

- **Margin**. Define la separación mínima entre islas.

- **Use Subsurf Data**. Utiliza el nivel de subdivisión especificado en **Subsurf Target** para el cálculo de las coordenadas UV en lugar de la malla original (Red de Control).

- **Transform Correction**. Corrige la distorsión del mapa UV mientras se está editando.

- **Cube Size**. Cuando se emplea una proyección cúbica, este parámetro indica el porcentaje de la imagen que se emlpeará por el mapa UV (por defecto el 100 %).

- **Radius**. Cuando se emplea el método de proyección *Cylinder projection*, este parámetro define el radio del cilindro de proyección. A menores valores, las coordenadas del objeto aparecerán estiradas en el eje Y.

- **Align: Polar ZX | Polar ZY**. Determina el plano frontal de proyección en los métodos cilíndrico y esférico.

El modo general de trabajo asociado al despliegue de una malla está compuesto por la siguiente serie de pasos secuenciales:

1. Seleccionar el objeto que queremos desplegar.

2. Suele ser interesante ver los cambios realizados sobre la textura UV cambiando el modo de dibujado del objeto en la ventana 3D a Texture ▣.

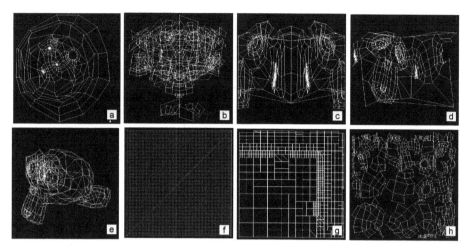

Figura 8.16: Resultado obtenido tras aplicar diferentes métodos de despliegue (*unwrap*) al modelo de Suzanne con todas las caras seleccionadas: **a)** Unwrap, **b)** Cube, **c)** Cylinder, **d)** Sphere, **e)** Project from view, **f)** Reset, **g)** Lightmap y **h)** Smart UV.

3. Cambiar al modo edición (mediante (TAB)) y seleccionar las caras que queremos desplegar. En algunos casos serán todas (tecla (A)), o puede ser conveniente elegir individualmente (en este caso es conveniente elegir el modo de selección de caras 🟦 en la cabecera de la ventana 3D).

4. Establecer los valores globales de despliegue en la pestaña asociada al método de despliegue elegido (ver Figura 8.14).

5. Verificar que existe al menos una capa de textura UV en el panel Mesh del grupo de botones *Object Data* 🔘 (ver Figura 8.15). Cada cara de la malla puede tener varias texturas UV, pero cada textura únicamente puede tener una única imagen asignada.

6. Pulsando la tecla (U) accedemos al menú de despliegue (*UV Mapping*) que nos permite elegir el método de despiegue que aplicaremos as la malla. Entre estos métodos podemos destacar los siguientes (ver Figura 8.16):

   - **Unwrap**. Esta opción despliega las caras del objeto tratando de obtener una configuración que rellene de la mejor forma posible la textura, empleando información topológica de la malla (cómo están conectadas las caras de la malla). Si es posible, cada cara desplegada tendrá su propia región de la imagen sin solapar con otras caras.

   - **Smart UV Projects**. Este método estudia la forma del objeto, estudiando la relación entre las caras seleccionadas y crea un mapa UV basada en las opciones de configuración que se muestran en la Figura 8.15. A menor límite de ángulo, mayor número de islas se crearán. El margen existente entre islas se puede elegir en el parámetro *Island Margin*. El parámetro de *Area Weight* permite dar mayor peso a las caras de mayor superficie. Este método de proyección automático se ajusta perfectamente en multitud de situaciones, siendo el que probablemente ofrezca una mejor configuración de partida para ajustar posteriormente los vértices de forma manual.

   - **Lightmap Pack**. Despliega las caras de forma regular para ser utilizados en el cálculo de mapas de luz. Este tipo de despiegue será utilizado en el Capítulo 9 para el precálculo de iluminación.

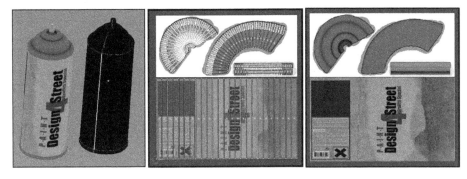

Figura 8.17: Utilización de *costuras* y despliegue del modelo utilizando diferentes técnicas de despliegue. En la imagen de la izquerda se marcan perfectamente los *seams* definidos para recortar el modelo adecuadamente.

- **Follow Active Quads**. Este método toma como entrada las caras seleccionadas y las despliega siguiendo bucles de cara continuos. Este método no tiene en cuenta el tamaño de la imagen.

- **Cube | Cylinder | Sphere Projection**. Estos métodos tratan de despegar el objeto empleando estos modelos de proyección ortogonales. Como hemos visto anteriormente, en estos métodos resulta especialmente relevante la definición de las opciones del panel de la Figura 8.14.

- **Project from View | (Bounds)**. Emplea el punto de vista 3D para desplegar el objeto. Si se elige la opción *Bounds*, el despliegue se realizará ajustando a los límites de la imagen.

- **Reset**. Mediante esta opción todas las caras se despliegan ocupando el 100 % de la imagen, con vértices en las esquinas de la misma.

Una vez que la malla ha sido desplegada, podemos ayudarnos de la herramienta de generación de rejillas de prueba que trae integrado Blender para hacernos una idea del resultado del despliegue. En la cabecera de la ventana del editor UV ▦, accediendo al menú *Image/ New Image* la ventana de la Figura 8.15, donde podemos elegir la resolución en píxeles de la nueva imagen (por defecto 1024x1024 píxeles), el color de fondo y el nivel de Alpha. Si activamos el botón *UV Test Grid*, se creará la imagen con la rejilla de fondo que se muestra en la Figura 8.18. Esta imagen permite hacerse una idea del resultado del despliegue tras aplicar la textura al objeto 3D.

Las coordenadas UV se almacenan en el modelo de Blender y son pasadas a Ogre empleando el script de exportación. Sin embargo, es común utilizar un editor de imágenes externo para asignar colores a la textura. Para guardar el estado del despliegue (y utilizarlo como plantilla para el programa de edición, como GIMP (GNU Image Manipulation Program)), es posible emplear el script de la cabecera de la ventana del *UV/ Image Editor* ▦ en *UVs / Export UV Layout* para generar una imagen PNG, EPS o SVG.

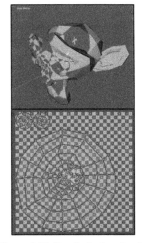

Figura 8.18: Resultado de aplicar la textura de prueba a la malla de *Suzanne* con el modo de despliegue básico.

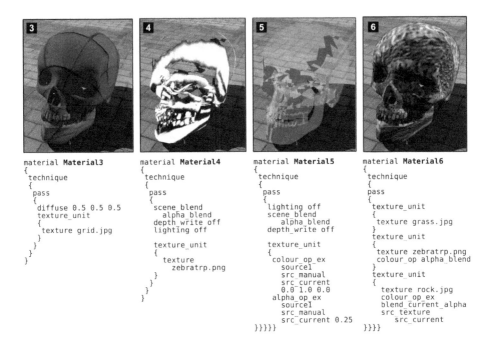

```
material Material3          material Material4          material Material5          material Material6
{                           {                           {                           {
 technique                   technique                   technique                   technique
 {                           {                           {                           {
  pass                        pass                        pass                        pass
  {                           {                           {                           {
   diffuse 0.5 0.5 0.5         scene_blend                 lighting off                texture_unit
   texture_unit                 alpha_blend                scene_blend                 {
   {                            depth_write off              alpha_blend                texture grass.jpg
    texture grid.jpg           lighting off                depth_write off             }
   }                                                                                  texture_unit
  }                           texture_unit                texture_unit                {
 }                            {                            {                           texture zebratrp.png
}                              texture                      colour_op_ex               colour_op alpha_blend
                                zebratrp.png                 source1                   }
                              }                             src_manual                texture_unit
                             }                              src_current               {
                            }                               0.0 1.0 0.0                texture rock.jpg
                                                          alpha_op_ex                  colour_op_ex
                                                            source1                    blend_current_alpha
                                                            src_manual                 src_texture
                                                            src_current 0.25             src_current
                                                          }}}}}                       }}}}
```

Figura 8.19: Ejemplos de definición de algunos materiales empleando diversos modos de composición en Ogre.

Figura 8.20: Editando la textura aplicada a Suzanne en el espacio 3D mediante el modo *Texture Paint*.

En la cabecera de la ventana 3D puede elegirse el modo *Texture Paint* (ver Figura 8.20). Cuando este modo está activo, nos permite dibujar directamente sobre el modelo 3D, accediendo a los controles que se encuentran en el subpanel de la vista 3D accesible medidante la tecla [T] ((ver Figura 8.21)).

8.5.1. Costuras

En el despliegue de mallas complejas, es necesario ayudar a los métodos de despliegue definiendo costuras (*seams*). Estas costuras servirán para definir las zonas de recorte, guiando así al método de desplegado.

Para definir una costura basta con elegir las aristas que la definen en modo edición, tal y como se muestra en la Figura 8.17 . La selección de bucles de aristas (como en el caso del bote de spray del modelo) puede realizarse cómodamente seleccionando una de las aristas del bucle y empleando la combinación de teclas [Control] [E] *Edge Loop*. Cuando tenemos la zona de recorte seleccionada, definiremos la costura mediante la combinación [Control] [E] *Mark Seam*. En este menú aparece igualmente la opción para eliminar una costura *Clear Seam*.

Una vez definidas las costuras, podemos emplear la selección de zonas enlazadas (mediante la tecla [L]) para elegir regiones conectadas. Podemos aplicar a cada grupo de caras un modo de despliegue distinto. Por ejemplo, en la Figura 8.17 se ha utilizado una proyección cilíndrica para el cuerpo central del Spray y para el difusor, mientras que la base y la zona superior se han desplegado mediante el modo general Unwrap.

Cada zona de despliegue en la ventana de *UV Image Editor* 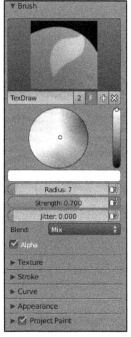 puede igualmente desplazarse empleando los operadores habituales de traslación ⒢, rotación ⓡ y escalado ⓢ. En esta ventana puede igualmente emplearse el atajo de teclado para seleccionar los vértices conectados (link) ⓛ y seleccionar rápidamente regiones desplegadas (incrementalmente si pulsamos ⓛ mientras mantenemos pulsada la tecla ⦗Shift⦘).

8.6. Ejemplos de Materiales en Ogre

En esta sección estudiaremos algunos ejemplos de definición de materiales empleando diversas unidades de textura en Ogre. Nos centraremos en el uso de algunos operadores para la composición de diferentes unidades de textura. Las Figuras 8.19 y 8.24 muestran el resultado de definición de estos materiales y texturas. Veamos algunas de las propiedades empleadas en su definición.

En la definición del **Material3** se ha empleado el despliegue que se muestra en la Figura 8.23. Este material simplemente utiliza las coordenadas UV del modelo para proyectar la misma textura que en el suelo de la escena.

En la definición del **Material4** se utiliza una textura de tipo *cebra* donde las bandas negras son totalmente transparentes. En la pasada de este material se utiliza el atributo *scene_blend* que permite especificar el tipo de mezclado de esta pasada con el resto de contenido de la escena. Como veremos en el ejemplo del *Material6*, la prícipal diferencia entre las operaciones de mezclado a nivel de pasada o a nivel de textura es que las primeras definen la mezcla con el contenido *global* de la escena, mientras que las segundas están limitadas entre capas de textura. Mediante el modificador *alpha_blend* se indica que utilizaremos el valor *alpha* de la textura. A continuación estudiaremos las opciones permitidas por el atributo *scene_blend* en sus dos versiones.

El formato de **scene_blend** permite elegir cuatro parámetros en su forma básica:

- **add**. El color del resultado de la pasada se *suma* al resultado de la escena.

- **modulate**. El resultado de la pasada se *multiplica* con el resultado de color de la escena.

- **colour_blend**. El color resultado de la pasada se mezcla empleando la componente de brillo de los colores.

- **alpha_blend**. Este modo utiliza la información de transparencia del resultado.

El atributo **scene_blend** permite otro formato mucho más general y flexible, que requiere dos parámetros: *scene_blend src dest*. En esta segunda versión, el color final se obtiene como: *c = (texture * src) + (scene_pixel * dest)*. En esta segunda versión, *src* y *dest* son factores de mezclado, entre 10 posibles valores:

- *one*. Valor constante 1.0.

Figura 8.21: Subpanel de opciones de *Texture Paint* en el que puede elegirse el color de pintado, tamaño del pincel, opacidad, etc...

- *zero*. Valor constante 0.0.

- *dest_colour*. Color del píxel en la escena.

- *src_colour*. Color del téxel (de la pasada).

- *one_minus_dest_colour*. 1 - (dest_colour).

- *one_minus_src_colour*. 1 - (src_colour).

- *dest_alpha*. Valor alfa del píxel en la escena.

- *src_alpha*. Valor alfa del téxel (de la pasada).

- *one_minus_dest_alpha*. 1 - (dest_alpha).

- *one_minus_src_alpha*. 1 - (src_alpha).

De este modo, el *scene_blend* por defecto que se aplica es el totalmente opaco, utilizando totalmente el valor del téxel de la pasada y sin tener en cuenta el valor del píxel existente en la escena (*scene_blend one zero*). Análogamente, el equivalente al modo básico de *alpha_blend* estudiado anteriormente sería *scene_blend src_alpha one_minus_src_alpha*, el modo básico *add* se escribiría como *scene_blend one one*, etc...

Para finalizar la descripción de los atributos utilizados en el *Material4*, mediante *depth_write off* se fuerza a que la pasada no utilice el *ZBuffer*. Es habitual desactivar el *ZBuffer* cuando se despliegan objetos transparentes sobre la escena, para que se superpongan adecuadamente. El atributo *lighting off* indica que no se tenga en cuenta la iluminación dinámica en esta pasada. Cuando se desactiva la iluminación dinámica, las propiedades de sombreado difusas, ambientales, especulares y de emisión no

Figura 8.22: En los ejemplos se han utilizado dos versiones de la textura de cebra; una con transparencia total definida en las bandas negras (en formato PNG), y otra en JPG sin transparencia.

se tienen en cuenta, por lo que cualquier definición en el material sería redundante.

El **Material5** define un color transparente definiendo una unidad de textura manualmente. Este material hace uso de las versiones que más precisión ofrecen a la hora de definir cómo se combina el color (y la opacidad) de una capa de textura con las anteriores. Así, la definición del color manualmente de la fuente como verde, y el nivel de transparencia como 0.25. En términos generales, el atributo *colour_op_ex* requiere como primer parámetro el identificador de una operación *operation*, y luego dos fuentes *src1 src2*. Las fuentes pueden ser una de las siguientes cinco opciones:

Figura 8.23: Despliegue del modelo de los ejemplos. Se ha empleado una operación de despliegue cilíndrico para la mandíbula inferior, *Smart Projections* para los dientes y el *Unwrap* básico para el resto.

```
material Material7
{
 technique
 {
  pass
  {
   ambient 1 1 1
   diffuse 1 1 1
   Specular 1 1 1 9800
   emissive 0 0 0 1
   texture_unit
   {
    rotate_anim 0.01
    texture grid.jpg
   }
   texture_unit
   {
    texture envmap.png
    colour_op_ex
     modulate_x2
     src_texture
     src_current
    env_map spherical
}}}}
```

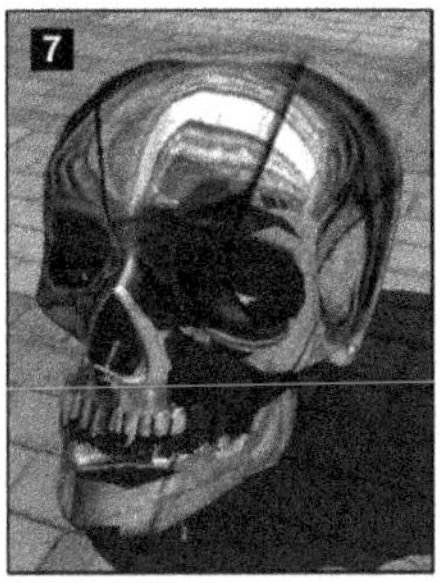

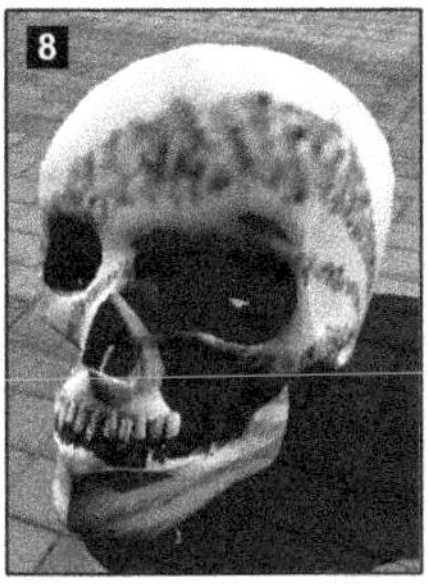

```
material Material8
{
 technique
 {
  pass
  {
   ambient 0.5 0.5 0.5
   diffuse 1.0 1.0 1.0

   texture_unit
   {
    texture grass.jpg
    scroll_anim 0.1 0.0
    wave_xform
     scale sine
     0.0 0.2 0.0 0.2
   }

   texture_unit
   {
    texture zebra.jpg
    rotate_anim 0.15
    colour_op add
}}}}
```

Figura 8.24: Ejemplos de uso de animación de texturas (rotación y onda senoidal).

- *src_current*. El color obtenido en capas anteriores.

- *src_texture*. El color de la capa actual.

- *src_diffuse*. El color difuso de los vértices.

- *src_specular*. El color especular de los vértices.

- *src_manual*. Definición manual del color.

Como operación admite 15 valores diferentes. Si se indica *source1* o *source2* se utilizará su valor directamente sin modificación. La operación *blend_current_alpha* (como veremos en el siguiente ejemplo) utiliza la información de *alpha* de las capas anteriores. La operación *modulate* multiplica los valores de *src1* y *src2*.

El **Material6** define tres capas de textura. La primera carga una textura de césped. La segunda capa carga la textura de cebra con transparencia, e indica que la combinará con la anterior empleando la información de alpha de esta segunda textura. Finalmente la tercera capa utiliza el operador extendido de *colour_op_ex*, donde define que combinará el color de la capa actual (indicado como primer parámetro en *src_texture* con el obtenido en las capas anteriores *src_current*. El parámetro *blend_current_alpha* multiplica el alpha de *src2* por *(1-alpha(src1))*.

Los ejemplos de la Figura 8.24 utilizan algunas de las opciones de animación existentes en las unidades de textura. El **Material7** por ejemplo define dos capas de textura. La primera aplica la textura del suelo al objeto, utilizando el atributo *rotate_anim*. Este atributo requiere un parámetro que indica el número de revoluciones por segundo (empleando velocidad constante) de la textura.

La composición de la segunda capa de textura (que emplea un mapeado de entorno esférico) se realiza utilizando el atributo *colour_op_ex* estudiado anteriormente. La versión de la operación *modulate_x2* multiplica el resultado de *modulate* (multiplicación) por dos, para obtener un resultado más brillante.

En el ejemplo del **Material8** se definen dos capas de textura, ambas con animación. La segunda capa utiliza una operación de suma sobre la textura de *cebra* sin opacidad, de modo que las bandas negras se *ignoran*. A esta textura se aplica una rotación de 0.15 revoluciones por segundo. La primera capa utiliza el atributo *scroll_anim* que permite definir un desplazamiento constante de la textura en X (primer parámetro) y en Y (segundo parámetro). En este ejemplo la textura únicamente se desplaza en el eje X. De igual modo,

Figura 8.25: Construcción del ejemplo de RTT. **a)** Modelo empleado para desplegar la textura de RTT. El modelo se ha definido con tres materiales; uno para la carcasa, otro para las letras del logotipo (ambos desplegados en **c)**, y uno para la pantalla llamado *"pantallaTV"*, desplegado en **b)**. En **d)** se muestra el resultado de la ejecución del programa de ejemplo.

la primera capa emplea *wave_xform* para definir una animación basado en una función de onda. En este caso se utiliza una función senoidal indicando los parámetros requeridos de base, frecuencia, fase y amplitud (ver el manual de Ogre para más detalles sobre el uso de la función).

 Consulta el manual! En el manual de Ogre pueden consultarse todos los parámetros que admiten todos los operadores disponibles a nivel de textura y pasadas.

8.7. Render a Textura

En esta sección estudiaremos un ejemplo en el que se definirá una textura que contendrá el resultado de renderizar la escena empleando otra cámara auxiliar. Para ello, estudiaremos la creación manual de texturas, y el uso de un *Listener* particular que será ejecutado cada vez que se produzca una actualización en la textura.

El objeto sobre el que se proyectará la textura está definido en la Figura 8.25.a). En este modelo se han definido tres materiales, cada uno con sus propias coordenadas de despiegue. Las coordenadas más importantes son las relativas a la pantalla de la televisión, sobre la que desplegaremos la textura. Estas coordenadas se han definido de modo que ocupan todo el área de mapeado (como se muestra en la Figura 8.25.b). El material asociado a la pantalla se ha nombrado como *"pantallaTV"*, y será editado en código a nivel de *SubEntity*. Cuando un modelo cuenta con diversos materiales (como es el caso), Ogre crea un objeto de la clase *SubEntity* para cada material, de modo que, como veremos a continuación, tendremos que acceder a todos los *SubEntity* del objeto para elegir el que tiene el material de la pantalla y cambiarlo por el que calcularemos en tiempo de ejecución.

Render a Textura. Existen multitud de aplicaciones en videojuegos para utilizar Render a Textura. Por ejemplo, los espejos de cualquier simulador de conducción o cámaras de vigilancia dentro del juego, así como multitud de efectos gráficos (como espejos, motion blur...) y de postproducción que se realizan empleando esta técnica.

Hasta ahora hemos desplegado el resultado de la escena sobre la ventana principal de la aplicación. Sin embargo, en multitud de aplicaciones es habitual renderizar la escena total o parcialmente sobre una textura. Ogre facilita enormemente la construcción de este tipo de texturas. Una vez que tenemos la textura, podemos aplicar cualquier operador de los estudiados en la sección anterior para mezclarlas con otras capas de textura.

El siguiente listado muestra el código relevante para el ejemplo de Render a Textura.

Listado 8.1: Fragmento de CreateScene (MyApp.cpp).

```
 1  TexturePtr rtt = TextureManager::getSingleton().createManual(
 2    "RttT", ResourceGroupManager::DEFAULT_RESOURCE_GROUP_NAME,
 3    TEX_TYPE_2D, 512, 512, 0, PF_R8G8B8, TU_RENDERTARGET);
 4
 5  RenderTexture *rtex = rtt->getBuffer()->getRenderTarget();
 6
 7  Camera *cam = _sceneManager->createCamera("SecondCamera");
 8  cam->setPosition(Vector3(17,16,-4));
 9  cam->lookAt(Vector3(-3,2.7,0));
10  cam->setNearClipDistance(5);
11  cam->setFOVy(Degree(38));
12
13  rtex->addViewport(cam);
14  rtex->getViewport(0)->setClearEveryFrame(true);
15  rtex->getViewport(0)->setBackgroundColour(ColourValue::Black);
16  rtex->getViewport(0)->setOverlaysEnabled(false);
17  rtex->setAutoUpdated(true);
18
19  MaterialPtr mPtr = MaterialManager::getSingleton().create(
20    "RttMat",Ogre::ResourceGroupManager::DEFAULT_RESOURCE_GROUP_NAME);
21  Technique* matTechnique = mPtr->createTechnique();
22  matTechnique->createPass();
23  mPtr->getTechnique(0)->getPass(0)->setLightingEnabled(true);
24  mPtr->getTechnique(0)->getPass(0)->setDiffuse(.9,.9,.9,1);
25  mPtr->getTechnique(0)->getPass(0)->setSelfIllumination(.4,.4,.4);
26
27  mPtr->getTechnique(0)->getPass(0)->createTextureUnitState("RttT");
28
29  for (unsigned int i=0; i<entTV->getNumSubEntities(); i++) {
30    SubEntity *aux = entTV->getSubEntity(i);
31    if (aux->getMaterialName() == "pantallaTV")
32      aux->setMaterialName("RttMat");
33  }
```

El primer paso para aplicar el Render a Textura es obtener un objeto de tipo *TexturePtr* (líneas 1-3), que permite crear una textura manualmente, indicando el nombre de la textura ("*RttT*"), y las propiedades de tamaño (*512x512* píxeles), así como el formato de color (32Bits en RGB, sin canal alfa *PF_R8G8B8*). El último parámetro de *TU_RENDERTARGET* indica a Ogre el tipo de uso que haremos de la textura.

En la línea 5 se obtiene un puntero a un *RenderTexture* que es una especialización de la clase *RenderTarget* específica para renderizar sobre una textura.

Puede haber varios *RenderTargets* que generen resultados sobre la misma textura. A este objeto de tipo *RenderTexture* le asociamos una cámara en la línea ⎡13⎤ (que ha sido creada en las líneas ⎡7-11⎤), y configuramos las propiedades específidas del viewport asociado (como que se limpie en cada frame en la línea ⎡14⎤, y que no represente los overlays en la línea ⎡16⎤).

En la línea ⎡17⎤ indicamos que la textura se actualice automáticamente (gestionada por el bucle principal de Ogre). En otro caso, será necesario ejecutar manualmente el método *update* del *RenderTarget*.

Las líneas ⎡19-25⎤ declaran manualmente el material sobre el que emplearemos la *Texture Unit* con la textura anteriormente definida. En ⎡19-20⎤ creamos un material llamado "*RttMat*", con una única técnica (línea ⎡21⎤) y una pasada (línea ⎡22⎤). Esa pasada define sus propiedades en las líneas ⎡23-25⎤, y añade como *TextureUnit* a la textura "*RttT*".

El último bucle recorre todas las *SubEntities* que forman a la entidad de la televisión. En el caso de que el material asociado a la subentidad sea el llamado "*pantallaTV*" (línea ⎡31⎤), le asignamos el material que hemos creado anteriormente (línea ⎡32⎤).

8.7.1. Texture Listener

Figura 8.26: Tras aplicar el texture listener que oculta la entidad de la televisión, se consigue eliminar el efecto de despliegue recursivo.

En el ejemplo anterior, la textura proyectada sobre la televisión tiene un efecto recursivo debido a que aparece en el render de la cámara auxiliar. En muchos casos, interesa ocultar uno o varios objetos de la escena para realizar el render a textura (por ejemplo si queremos simular el punto de vista desde el interior de un objeto).

Al igual que ocurre a nivel de *Frame*, es posible añadir uno o varios objetos *Listener* para controlar la actualización de las texturas. De este modo, cada vez que se renderiza un *RenderTarget* (en nuestro caso concreto una textura), Ogre invocará previamente el método asociado al *preRenderTargetUpdate*. Cuando la textura se haya actualizado, se ejecutará el método llamado *postRenderTargetUpdate*.

El siguiente listado muestra el fichero de cabecera de la declaración de una clase propia llamada *MyTextureListener* que implementa el interfaz definido en *RenderTargetListener*. Esta clase recibe en el constructor un parámetro con el puntero a un objeto de tipo *Entity*. La clase se encargará de ocultar esa entidad antes de renderizar la escena sobre la textura y de volver a mostrarlo tras el despliegue.

Listado 8.2: MyTextureListener.h

```
1  #include <Ogre.h>
2  using namespace std;
3  using namespace Ogre;
4
5  class MyTextureListener : public RenderTargetListener {
6  private:
7    Entity* _ent;
8  public:
9    MyTextureListener(Entity *ent);
10   ~MyTextureListener();
11   virtual void preRenderTargetUpdate(const RenderTargetEvent& evt);
12   virtual void postRenderTargetUpdate(const RenderTargetEvent& evt);
13  };
```

A continuación se muestra el listado que define la clase MyTextureListener. La funcionalidad ha sido comentada anteriormente.

Listado 8.3: MyTextureListener.cpp

```
1  #include "MyTextureListener.h"
2
3  MyTextureListener::MyTextureListener(Entity* ent){
4      _ent = ent;
5  }
6
7  MyTextureListener::~MyTextureListener(){ }
8
9  void MyTextureListener::preRenderTargetUpdate(const RenderTargetEvent& evt) {
10     cout << "preRenderTargetupdate" << endl;
11     _ent->setVisible(false);
12 }
13
14 void MyTextureListener::postRenderTargetUpdate(const RenderTargetEvent& evt) {
15     cout << "postRenderTargetupdate" << endl;
16     _ent->setVisible(true);
17 }
```

El uso de la clase es muy sencillo. Basta con añadir el listener al objeto de tipo *RenderTexture* (ver línea ②ˈdel siguiente listado).

Listado 8.4: Utilización en MyApp.cpp

```
1  _textureListener = new MyTextureListener(entTV);
2  rtex->addListener(_textureListener);
```

8.7.2. Espejo (Mirror)

La reflexión en *Espejo* es otro de los efectos clásicos que se obtienen mediante render a textura. El siguiente listado muestra el código necesario para realizar este ejemplo. Estudiaremos los aspectos que lo distinguen sobre el código de la sección anterior.

En las líneas 8-12 se define la cámara que utilizaremos para crear el efecto de *mirror*. Esta cámara *debe* tener la misma posición y orientación que la cámara desde donde percibimos la escena, pero debe ser independiente (ya que activaremos la reflexión sobre un plano, y modificaremos su plano de recorte cercano en las líneas *42-43*). Esta cámara para el efecto de espejo (llamada *MirrorCamera* en este ejemplo) debe estar *siempre* correctamente alineada con la cámara principal. En este ejemplo, la cámara principal es estática, por lo que tampoco modificaremos la posición y orientación de la *MirrorCamera*. Queda como ejercicio propuesto para el lector añadir movimiento a la cámara principal, actualizando análogamente en cada frame la posición de la cámara *Mirror*.

Figura 8.27: Resultado de aplicar el material con Render a Textura para simular espejo sobre el plano del suelo.

En las líneas ⟨24-30⟩ se definen las propiedades generales del material. La línea ⟨31⟩ nos permite generar las coordenadas de textura según la cámara que se le pasa como argumento, de modo que da la impresión de que la textura ha sido proyectada sobre la superficie. De esta forma, la textura que generamos será posteriormente renderizada utilizando el modelo de proyección definido por la cámara de *Mirror*.

Para concluir, en las líneas ⟨42-43⟩ se configuran los aspectos relativos a la cámara *Mirror* en relación al plano de reflexión. La llamada a *enableReflection* hace que se modifique el *Frustum* de la cámara de modo que renderice empleando la reflexión con respecto del plano que se le pasa como argumento.

Finalmente, la llamada a *enableCustomNearClipPlane* permite recortar la geometría situada *debajo* del plano pasado como argumento, de modo que únicamente la geometría que está situada *sobre* el plano será finalmente desplegada en el reflejo, evitando así errores de visualización.

Listado 8.5: Definición del Material tipo "Espejo"

```
 1  TexturePtr rttM_texture = TextureManager::getSingleton()
 2   .createManual("RttMTex", ResourceGroupManager::
 3   DEFAULT_RESOURCE_GROUP_NAME, TEX_TYPE_2D, 512, 512, 0, PF_R8G8B8,
 4   TU_RENDERTARGET);
 5
 6  RenderTexture *rMtex= rttM_texture->getBuffer()->getRenderTarget();
 7
 8  Camera *camM = _sceneManager->createCamera("MirrorCamera");
 9  Camera *mainCam = _sceneManager->getCamera("MainCamera");
10  camM->setPosition(mainCam->getPosition());
11  camM->setOrientation(mainCam->getOrientation());
12  camM->setAspectRatio(mainCam->getAspectRatio());
13
14  rMtex->addViewport(camM);
15  rMtex->getViewport(0)->setClearEveryFrame(true);
16  rMtex->getViewport(0)->setBackgroundColour(ColourValue::Black);
17  rMtex->getViewport(0)->setOverlaysEnabled(false);
18  rMtex->setAutoUpdated(true);
19
20  MaterialPtr mMPtr=MaterialManager::getSingleton().create("RttMMat",
21    Ogre::ResourceGroupManager::DEFAULT_RESOURCE_GROUP_NAME);
22  Technique* matMTechnique = mMPtr->createTechnique();
23  matMTechnique->createPass();
24  TextureUnitState *t = mMPtr->getTechnique(0)->getPass(0)->createTextureUnitState("grid.jpg");
25  t = mMPtr->getTechnique(0)->
26     getPass(0)->createTextureUnitState("RttMTex");
27  t->setColourOperationEx(LBX_BLEND_MANUAL, LBS_TEXTURE,
28     LBS_CURRENT, ColourValue::White, ColourValue::White, 0.5);
29
30  t->setTextureAddressingMode(TextureUnitState::TAM_CLAMP);
31  t->setProjectiveTexturing(true, camM);
32
33  // Creacion del plano del suelo...
34  Plane plane1(Vector3::UNIT_Y, 0);
35  MeshManager::getSingleton().createPlane("plane1",
36   ResourceGroupManager::DEFAULT_RESOURCE_GROUP_NAME, plane1,
37   200,200,1,1,true,1,10,10,Vector3::UNIT_Z);
38
39  SceneNode* node3 = _sceneManager->createSceneNode("ground");
40  Entity* grEnt = _sceneManager->createEntity("planeEnt", "plane1");
41
42  camM->enableReflection(plane1);
43  camM->enableCustomNearClipPlane(plane1);
44
45  grEnt->setMaterialName("RttMMat");
```

Capítulo **9**

Iluminación

Carlos González Morcillo

E n el capítulo anterior hemos estudiado algunas de las características relativas a la definición de materiales básicos. Estas propiedades están directamente relacionadas con el modelo de iluminación y la simulación de las fuentes de luz que realicemos. Este capítulo introduce algunos conceptos generales sobre iluminación en videojuegos, así como técnicas ampliamente utilizadas para la simulación de la iluminación global.

9.1. Introducción

Una pequeña parte de los rayos de luz son visibles al ojo humano. Aquellos rayos que están definidos por una onda con longitud de onda λ entre 700 y 400nm. Variando las longitudes de onda obtenemos diversos colores.

En gráficos por computador es habitual emplear los denominados *colores-luz*, donde el Rojo, Verde y Azul son los colores primarios y el resto se obtienen de su combinación. En los *colores-luz* el color blanco se obtiene como la suma de los tres colores básicos.

El RGB es un modelo clásico de este tipo. En el mundo físico real se trabaja con *colores-pigmento*, donde el Cyan, el Magenta y el Amarillo forman los colores primarios. La combinación de igual cantidad de los tres colores primarios obtiene el color negro[1]. Así, el CMYK (Cyan Magenta Yellow Key) empleado por las impresoras es un clásico modelo de este tipo. De un modo simplificado, podemos definir los pasos más relevantes para realizar la representación de una escena sintética:

1. La luz es emitida por las fuentes de luz de la escena (como el sol, una lámpara de luz situada encima de la mesa, o un panel luminoso en el techo de la habitación).

---

[1]En realidad se obtiene un tono *parduzco*, por lo que habitualmente es necesario incorporar el negro como color primario.

Figura 9.1: Gracias a la proyección de sombras es posible conocer la posición relativa entre objetos. En la imagen de la izquierda no es posible determinar si el modelo de *Suzanne* reposa sobre algún escalón o está flotando en el aire. La imagen de la derecha, gracias al uso de sombras, elimina esa ambigüedad visual.

2. Los rayos de luz interactúan con los objetos de la escena. Dependiendo de las propiedades del material de estos objetos, parte de la luz será absorbida y otra parte reflejada y propagada en diversas direcciones. Todos los rayos que no son totalmente absorbidos continuarán rebotando en el entorno.

3. Finalmente algunos rayos de luz serán capturados por un sensor (como un ojo humano, el sensor CCD (Charge-Coupled Device) de una cámara digital o una película fotográfica).

La luz puede ser modelada empleando diversas aproximaciones, centrándose en las propiedades direccionales (rayos puramente geométricos), como ondas electromagnéticas o como partículas cuánticas (fotones). Dependiendo del método de representación, suele emplearse un modelo u otro. Independientemente del tratamiento que demos a la luz, ésta debe ser simulada como energía que *viaja* en el espacio. Las fuentes de luz serán *emisores* de esta energía.

Directamente asociado al concepto de iluminación encontramos las sombras. Gracias a la proyección de sombras, podemos establecer relaciones espaciales entre los objetos de la escena. Por ejemplo, en la Figura 9.1, gracias al uso de sombras podemos saber la posición exacta de la esfera relativa a la escalera.

A continuación estudiaremos los principales tipos de luz que suelen emplearse en videojuegos, así como los modelos de sombreado estáticos y dinámicos más utilizados.

 Simplifica!! Como ya comentamos en el Capítulo 8, este modelo de iluminación es una simplificación del modelo físicamente correcto que se resuelve con mejores aproximaciones de la ecuación de Rendering de James Kajiya.

9.2.   Tipos de Fuentes de Luz

Las fuentes de luz pueden representarse de diversas formas, dependiendo de las características que queramos simular en la etapa de rendering.

Para especificar la *cantidad* de energía emitida por una fuente de luz, la *radiometría* (ciencia que se encarga de medir la luz) define la *irradiancia* como la cantidad de fotones que pasan por una superficie por segundo.

En videojuegos suelen permitirse tres tipos de fuentes de luz directamente soportadas por el hardware de aceleración gráfico:

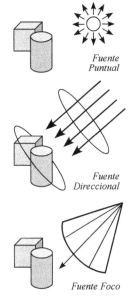

- Las **fuentes puntuales** (*point lights*) irradian energía en todas las direcciones a partir de un punto que define su posición en el espacio. Este tipo de fuentes permite variar su posición pero no su dirección. En realidad, las fuentes de luz puntuales no existen como tal en el mundo físico (cualquier fuente de luz tiene asociada un área, por lo que para realizar simulaciones *realistas* de la iluminación tendremos que trabajar con fuentes de *área*. Ogre define este tipo de fuente como LT_POINT.

- Uno de los tipos de fuentes más sencillo de simular son las denominadas **fuentes direccionales** (*directional lights*), que pueden considerarse fuentes situadas a una distancia muy grande, por lo que los rayos viajan en una única dirección en la escena (son paralelos entre sí). El *sol* podría ser modelado mediante una fuente de luz direccional. De este modo, la dirección viene determinada por un vector *l* (especificado en coordenadas universales). Este tipo de fuentes de luz no tienen por tanto una posición asociada (únicamente dirección). Este tipo de fuente está descrito como LT_DIRECTIONAL en Ogre.

- Finalmente los **focos** (*spot lights*) son en cierto modo similares a las fuentes de luz puntuales, pero añadiendo una dirección de emisión. Los focos arrojan luz en forma cónica o piramidal en una dirección específica. De este modo, requieren un parámetro de dirección, además de dos ángulos para definir los conos de emisión interno y externo. Ogre las define como LT_SPOTLIGHT.

Figura 9.2: Tipos de fuentes de luz utilizadas en aplicaciones interactivas. Ogre soporta únicamente estos tres tipos de fuentes básicos.

Las fuentes de luz permiten especificar multitud de parámetros y propiedades, como el color difuso y especular. Una fuente de luz puede definir un color de iluminación difuso (como si el cristal de la *bombilla* estuviera tintado), y un color diferente para el brillo especular. Ambas propiedades están directamente relacionadas con el modo en el que reflejarán la luz los materiales.

En aplicaciones de síntesis de imagen realista suelen definirse además fuentes de luz de área. Este tipo de fuentes simulan el comportamiento de la luz de un modo más realista, donde potencialmente cada punto de la superficie se comporta como un emisor de luz. En la sección 9.7 estudiaremos el modelo de *Radiosidad* que permite trabajar con fuentes de luz de área.

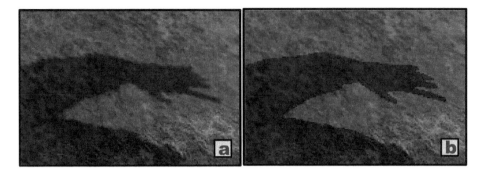

Figura 9.3: Comparativa entre sombras calculadas por **a)** *Mapas de Texturas* y **b)** *Stencil Buffer*. Las basadas en mapas de texturas son claramente dependientes de la resolución del mapa, por lo que deben evitarse con áreas de proyección muy extensas.

9.3. Sombras Estáticas Vs Dinámicas

La gestión de sombras es un aspecto crítico para dotar de realismo a las escenas sintéticas. Sin embargo, el cálculo de sombras trae asociado un coste computacional importante. De esta forma, en multitud de ocasiones se emplean técnicas de *pre-cálculo* de la iluminación y las sombras. Estos mapas de iluminación permiten generar sombras suaves sin coste computacional adicional.

Ogre soporta dos técnicas básicas de sombreado dinámico: sombreado empleando el *Stencil Buffer* y mediante *Mapas de Texturas* (ver Figura 9.4). Ambas aproximaciones admiten la especificación como *Additive* o *Modulative*.

 En muchas ocasiones se implementan, empleando el Pipeline en GPU programable, algoritmos de sombreado avanzados como aproximaciones al Ambient Occlusion (que veremos en la sección 9.6 o Radiosidad Instantánea (ver sección 9.7).

Las técnicas de tipo *Modulative* únicamente oscurecen las zonas que quedan en sombra, sin importar el número de fuentes de luz de la escena. Por su parte, si la técnica se especifica de tipo *Additive* es necesario realizar el cálculo por cada fuente de luz de modo acumulativo, obteniendo un resultado más preciso (pero más costoso computacionalmente).

Cada técnica tiene sus ventajas e inconvenientes (como por ejemplo, el relativo a la resolución en el caso de los Mapas de Textura, como se muestra en la Figura 9.3). No es posible utilizar varias técnicas a la vez, por lo que deberemos elegir la técnica que mejor se ajuste a las características de la escena que queremos representar. En términos generales, los métodos basados en mapas de textura suelen ser más precisos, pero requieren el uso de tarjetas aceleradoras más potentes. Veamos las características generales de las técnicas de sombreado para estudiar a continuación las características particulares de cada método.

- Únicamente podemos utilizar una técnica de sombreado en la escena. Esta técnica debe ser especificada preferiblemente *antes* de especificar los objetos que formen parte de la escena.

- Las propiedades del material determinan si el objeto arrojará o recibirá sombra. Por defecto los objetos arrojan sombra (salvo los objetos con materiales transparentes, que no arrojarán sombra).

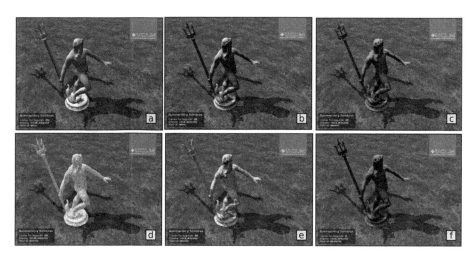

Figura 9.4: Utilización de diversos modos de cálculo de sombras y materiales asociados. **a**) Sombras mediante Mapas de Texturas y Material simple. **b**) Sombras por Stencil Buffer y Material simple. **c**) Sombras por Stencil Buffer y Material con Ambient Occlusion precalculado. **d**) Sombras mediante Mapas de Texturas y Material basado en textura de mármol *procedural* precalculada. **e**) Sombras por Stencil Buffer y Material basado en textura de mármol *procedural* precalculada. **f**) Sombras por Stencil Buffer y Material combinado de c) + e) (Ambient Occlusion y Textura de Mármol precalculados).

- Es posible definir fuentes de luz que no arrojen sombras.

- En ambos casos es conveniente evitar que las sombras se proyecten de forma extrema (por ejemplo, simulando un amanacer). Este tipo de situaciones hace que la calidad de la sombra se degrade enormemente.

- Dado su coste computacional, por defecto las sombras están *desactivadas* en Ogre.

- Para que un material reciba o arroje sombras, el parámetro *lighting* del material debe estar en *on* (por defecto).

A continuación estudiaremos los detalles de ambos tipos de sombras soportados en Ogre.

9.3.1. Sombras basadas en Stencil Buffer

Empleando esta técnica de sombreado, la forma de la sombra que será proyectada se obtiene proyectando la silueta del objeto calculada desde la perspectiva de la fuente de luz.

El *Stencil Buffer* es un buffer extra disponible en las GPUs modernas que permite almacenar un byte por píxel. Habitualmente se emplea para *recortar* el área de renderizado de una escena. En el cálculo de sombras, se utiliza en combinación con el *ZBuffer* para recortar la zona de sombra relativa al punto de vista. El proceso de cálculo puede resumirse en los siguientes pasos (ver Figura 9.5):

1. Para cada fuente de luz, obtener la lista de aristas de cada objeto que comparten polígonos cuyo vector normal apunta "*hacia*" la fuente de luz y las que están "*opuestas*" a la misma. Estas aristas definen la *silueta* del objeto desde el punto de vista de la fuente de luz.

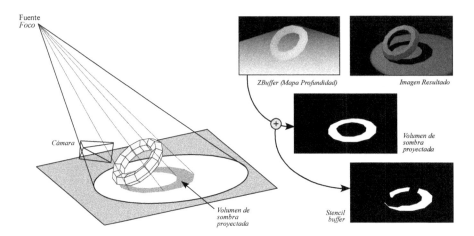

Figura 9.5: Proceso de utilización del *Stencil Buffer* para el recorte de la proyección del volumen de sombra.

2. Proyectar estas *aristas de silueta* desde la fuente de luz hacia la escena. Obtener el volumen de sombra proyectado sobre los objetos de la escena.

3. Finalmente, utilizar la información de profundidad de la escena (desde el punto de vista de la cámara virtual) para definir en el *Stencil Buffer* la zona que debe recortarse de la sombra (aquella cuya profundidad desde la cámara sea mayor que la definida en el *ZBuffer*). La Figura 9.5 muestra cómo la proyección del volumen de sombra es recortado para aquellos puntos cuya profundidad es menor que la relativa a la proyección del volumen de sombra.

Esta técnica de generación de sombras, a diferencia de las basadas en Mapas de Textura, utiliza ciclos de la CPU para el renderizado (las operaciones relativas al cálculo de aristas y proyección sobre la escena 3D). A continuación se describen algunas de las características fundamentales de las sombras basadas en Stencil Buffer.

- Empleando el Stencil Buffer, las sombras de objetos transparentes emitirán sombras totalmente sólidas. Es posible desactivar totalmente las sombras de este tipo de objetos, pero empleando Stencil Buffer no es posible obtener sombras semitransparentes.

- Empleando esta técnica no es posible obtener sombras con aristas suaves. En el caso de necesitar este tipo de sombras será necesario emplear la técnica basada de Mapas de Textura (ver Sección 9.3.2).

- Esta técnica permite que el objeto reciba su propia sombra, como se muestra en la Figura 9.6.b.

- Es necesario que Ogre conozca el conjunto de aristas que definen el modelo. Exportando desde Blender, la utilidad *OgreXMLConverter* realiza el cálculo automáticamente. Sin embargo, si implementamos nuestro propio cargador, deberemos llamar a *buildEdgeList* de la clase *Mesh* para que construya la lista.

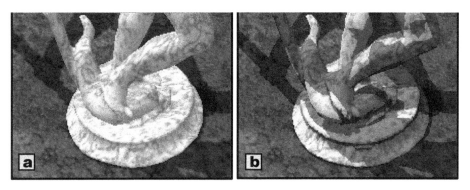

Figura 9.6: En el cálculo de sombras mediante Mapas de Textura (en **a**)), el objeto emisor de sombras no recibe su propia sombra proyectada. Empleando el Stencil Buffer (**b**)) es posible recibir la sombra proyectada.

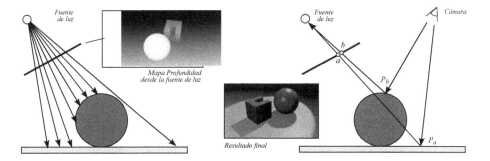

Figura 9.7: Pasos en el cálculo de sombras mediante mapas de textura.

9.3.2. Sombras basadas en Texturas

El cálculo de las sombras basadas en texturas se basa en un simple principio: si observamos una escena desde el punto de vista de la fuente de luz, cualquier punto situado *detrás* de lo que ve la fuente de luz estará en sombra. Esta idea puede realizarse en dos pasos principales empleando texturas calculadas directamente en la GPU.

En el primer paso se construye el mapa de profundidad desde el punto de vista. Este mapa simplemente codifica la distancia menor de los objetos de la escena a la fuente de luz (como se muestra en la parte izquierda de la Figura 9.7).

El segundo paso utiliza esta información para construir la sombra. Se calcula la distancia del objeto a la cámara y compara esta distancia con la codificada en el mapa de profundidad. Si la distancia entre cada punto y la fuente de luz es mayor que la almacenada en dicho mapa, el punto está en sombra (Figura 9.7 derecha).

Empleando sombras basadas en texturas el objeto debe ser definido como receptor o emisor de sombras. Un objeto no puede ser emisor y receptor de sombras a la vez (por lo que un emisor no puede recibir sus propias sombras).

A continuación enumeraremos algunas de las características fundamentales de este tipo de técnica.

- Este tipo de sombras permiten el manejo correcto de la transparencia. Además, las sombras pueden tener un color propio.

- Se basan principalmente en el uso de la GPU, por lo que descargan en gran medida la CPU. Directamente relacionado con esta característica, las sombras basadas en mapas de textura permiten componer otros efectos en la GPU (como deformaciones empleando un *Vertex Shader*).

- Esta técnica no permite que el objeto reciba sus propias sombras.

 Z-Fighting. La distinción en grupos de emisores y receptores de sombras se crea para evitar problemas de *Z-fighting* (cuando dos o más elementos tienen asociada la misma profundidad en el ZBuffer y su representación es incorrecta).

9.4.   Ejemplo de uso

El siguiente ejemplo de uso construye una aplicación que permite elegir entre el uso de texturas basadas en *Stencil Buffer* o en *Mapas de Textura*.

Listado 9.1: Fragmento de MyApp.cpp

```cpp
1  void MyApp::createScene() {
2    _sceneManager->setShadowTechnique(SHADOWTYPE_STENCIL_MODULATIVE);
3    _sceneManager->setShadowColour(ColourValue(0.5, 0.5, 0.5));
4    _sceneManager->setAmbientLight(ColourValue(0.9, 0.9, 0.9));
5    _sceneManager->setShadowTextureCount(2);
6    _sceneManager->setShadowTextureSize(512);
7
8    Light* light = _sceneManager->createLight("Light1");
9    light->setPosition(-5,12,2);
10   light->setType(Light::LT_SPOTLIGHT);
11   light->setDirection(Vector3(1,-1,0));
12   light->setSpotlightInnerAngle(Degree(25.0f));
13   light->setSpotlightOuterAngle(Degree(60.0f));
14   light->setSpotlightFalloff(0.0f);
15   light->setCastShadows(true);
16
17   Light* light2 = _sceneManager->createLight("Light2");
18   light2->setPosition(3,12,3);
19   light2->setDiffuseColour(0.2,0.2,0.2);
20   light2->setType(Light::LT_SPOTLIGHT);
21   light2->setDirection(Vector3(-0.3,-1,0));
22   light2->setSpotlightInnerAngle(Degree(25.0f));
23   light2->setSpotlightOuterAngle(Degree(60.0f));
24   light2->setSpotlightFalloff(5.0f);
25   light2->setCastShadows(true);
26
27   Entity* ent1 = _sceneManager->createEntity("Neptuno.mesh");
28   SceneNode* node1 = _sceneManager->createSceneNode("Neptuno");
29   ent1->setCastShadows(true);
30   node1->attachObject(ent1);
31   _sceneManager->getRootSceneNode()->addChild(node1);
32
33   // ... Creamos plano1 manualmente (codigo eliminado)
34
35   SceneNode* node2 = _sceneManager->createSceneNode("ground");
36   Entity* groundEnt = _sceneManager->createEntity("p", "plane1");
37   groundEnt->setMaterialName("Ground");
38   groundEnt->setCastShadows(false);
39   node2->attachObject(groundEnt);
40   _sceneManager->getRootSceneNode()->addChild(node2);
41 }
```

En la línea ② se define la técnica de cálculo de sombras que se utilizará por defecto, aunque en el *FrameListener* se cambiará en tiempo de ejecución empleando las teclas ① y ②. Las líneas ②-③ definen propiedades generales de la escena, como el color con el que se representarán las sombras y el color de la luz ambiental (que en este ejemplo, debido a la definición de los materiales, tendrá especial importancia).

Las líneas ⑥-⑨ únicamente tienen relevancia en el caso del uso del método de cálculo basado en mapas de textura. Si el método utilizado es el de *Stencil Buffer* simplemente serán ignoradas. La línea ⑥ configura el número de texturas que se emplearán para calcular las sombras. Si se dispone de más de una fuente de luz (como en este ejemplo), habrá que especificar el número de texturas a utilizar.

El tamaño de la textura (cuadrada) se indica en la línea ⑦. A mayor tamaño, mejor resolución en la sombra (pero mayor cantidad de memoria gastada). El tamaño por defecto es 512, y *debe ser potencia de dos*.

A continuación en las líneas ⑨-㉖ se definen dos fuente de luz de tipo *SPOTLIGHT*. Cada luz define su posición y rotación. En el caso de la segunda fuente de luz se define además un color difuso (línea ⑳). El ángulo interno y externo ⑬-⑭ define el cono de iluminación de la fuente. En ambas fuentes se ha activado la propiedad de que la fuente de luz permita el cálculo de sombras.

 El método de *setCastShadows* pertenece a la clase *MovableObject*. En el caso de entidades, si se especifica como cierto, el objeto arrojará sombras sobre otros objetos. En caso contrario, funcionará como un receptor de sombras. El mismo método se aplica sobre luces (que, es un tipo específico de *MovableObject*). En el caso de fuentes de luz, el mismo método sirve para especificar si esa fuente de luz se utilizará en el cálculo de sombras.

Como hemos comentado en la sección 9.3.2, si utilizamos mapas de textura para calcular sombras, un objeto puede funcionar únicamente como receptor o como emisor de sombras. En este ejemplo, el plano se configura como receptor de sombras (en la línea ㊴), mientras que el objeto *Neptuno* funciona como emisor (línea ㉚).

Mediante las teclas ⑦ ... ⓪ es posible cambiar el material asociado al objeto principal de la escena. En el caso del último material definido para el objeto (tecla ⓪), se compone en dos capas de textura el color base (calculado mediante una textura procedural) y una capa de iluminación basada en Ambient Occlusion. La definición del material compuesto se muestra en la Figura 9.8. Gracias a la separación de la iluminación y del color en diferentes mapas, es posible cambiar la resolución individualmente de cada uno de ellos, o reutilizar el mapa de iluminación en diferentes modelos que compartan el mismo mapa de iluminación pero tengan diferente mapa de color.

Multitud de juegos utilizan el precálculo de la iluminación. Quake II y III utilizaron modelos de Radiosidad para crear mapas de iluminación para simular de una forma mucho más realista el comportamiento físico de la luz

```
material MaterialAOTex
{
  receive_shadows on
  technique
  {
    pass
    {
      texture_unit
      {
        texture
          neptuno_tex.jpg
      }
      texture_unit
      {
        texture
          neptuno_lm.jpg
        colour_op_ex
          modulate
          src_texture
          src_current
      }
    }
  }
}
```

Figura 9.8: Definición del material multicapa para componer una textura con iluminación de tipo AbmientOcclusion con la textura de color. Ambas texturas emplean un despliegue automático (tipo *LightMap* en Blender).

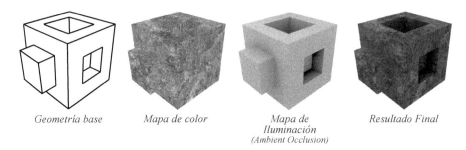

Geometría base   *Mapa de color*   *Mapa de*   *Resultado Final*
                                                  Iluminación
                                                  (Ambient Occlusion)

Figura 9.9: Ejemplo de uso de un mapa de iluminación para definir sombras suaves en un objeto. El mapa de color y el mapa de iluminación son texturas independiente que se combinan (multiplicando su valor) en la etapa final.

en la escena. Aunque actualmente poco a poco se implantan las técnicas de iluminación dinámicas a nivel de píxel, los mapas de iluminación siguen siendo una opción ampliamente utilizada.

9.5. Mapas de Iluminación

Como hemos visto anteriormente, los modelos de iluminación local calculan en cada vértice del modelo la interacción con la luz. El color final de cada punto del modelo se calcula mediante técnicas de interpolación. Las sombras obtenidas empleando estos métodos no son precisas (por ejemplo, no se pueden calcular sombras difusas).

En los últimos años las tarjetas gráficas permiten el cálculo de métodos de iluminación por píxel (*per pixel lighting*), de modo que por cada píxel de la escena se calcula la contribución *real* de la iluminación. El cálculo preciso de las sombras es posible, aunque a día de hoy todavía es muy costoso para videojuegos.

Los mapas de luz permiten precalcular la iluminación por píxel de forma estática. Esta iluminación precalculada puede ser combinada sin ningún problema con los métodos de iluminación dinámicos estudiados hasta el momento. La calidad final de la iluminación es únicamente dependiente del tiempo invertido en el precálculo de la misma y la resolución de las texturas.

 En términos generales, el píxel de una textura se denomina *texel* (de *Texture Element*). De forma análoga, un píxel de un mapa de iluminación se denomina *lumel* (*Lumination Element*).

De este modo, para cada cara poligonal del modelo se definen una o varias capas de textura. La capa del mapa de iluminación es finalmente *multiplicada* con el resultado de las capas anteriores (como se puede ver en la Figura 9.9).

A diferencia de las texturas de color donde cada vértice del modelo puede compartir las mismas coordenadas UV con otros vértices, en mapas de iluminación cada vértice de cada cara *debe* tener una coordenada única. Los mapas de iluminación se cargan de la misma forma que el resto de texturas de la escena. En la Figura 9.8 hemos estudiado un modo sencillo de composición de estos mapas de iluminación, aunque pueden definirse otros métodos que utilicen varias pasadas y realicen otros modos de composición. A continuación estudiaremos dos técnicas ampliamente utilizadas en el precálculo de la iluminación empleando mapas de iluminación: Ambient Occlusion y Radiosidad.

 Aunque nos centremos en los métodos de Ambient Occlusion y Radiosidad, Blender permite precalcular (*Render Baking*) cualquier configuración de escena. De este modo, se puede precalcular cualquier configuración de luces y materiales de la escena.

Como hemos comentado antes, cualquiera de los métodos de cálculo de mapas de iluminación requiere que cada cara poligonal del modelo tenga unas coordenadas UV únicas en el modelo. Como estudiamos en la sección 8.5, empleando el despliegue de tipo *Lightmap Pack* conseguimos que Blender despliegue el modelo de esta forma, asignando el área de la imagen de forma proporcional al tamaño de cada cara del modelo. La Figura 9.10 muestra el despliegue realizado para el modelo de Neptuno tras aplicar Ambient Occlusion.

Figura 9.10: Despliegue del modelo de Neptuno empleando *Lightmap Pack*. Cada cara poligonal tiene asociado un espacio propio en la textura.

Una vez realizado el despliegue y con una imagen asociada al despliegue UV (puede crearse una imagen *nueva* vacía de color sólido desde la cabecera de la ventana UV Image Editor ▣ en el menú *Image/ New Image*), el precálculo de la iluminación se realiza en la pestaña *Bake* del grupo de botones de Render ▣ (ver Figura 9.11).

A continuación se estudiarán las opciones más relevantes en el ámbito del precálculo de la iluminación.

Mediante la lista desplegable *Bake Mode*, se elige el tipo de precálculo que va a realizarse. Con *Full Render* se realizará el cálculo de todas las propiedades del material, texturas e iluminación sobre la textura (sin tener en cuenta el brillo especular que es dependiente del punto de vista del observador). Si se elige la opción *Ambient Occlusion* (como se muestra en la figura 9.11), únicamente se tendrá en cuenta la información de AO ignorando el resto de fuentes de luz de la escena (ver sección 9.6). Mediante la opción *Textures* se asignan los colores base de los materiales y texturas (sin tener en cuenta el sombreado).

El checkbox *Clear* sirve para borrar la textura antes de realizar el *baking*. Puede ser interesante desactivarlo si queremos aplicar una pasada de AO a una textura previamente asignada manualmente.

Figura 9.11: Opciones de la pestaña Bake del grupo de botones de Render.

El botón *Selected to Active* permite asignar la información de otro objeto. Un uso típico de esta herramienta es disponer de un modelo en alta resolución que define una geometría muy detallada, y mapear su información en otro modelo de baja resolución. En esta sección utilizaremos esta funcionalidad para asociar la información de una malla de radiosidad a la malla en baja resolución de la escena.

Finalmente, cuando se han elegido los parámetros en la pestaña, pulsando el botón Bake se inicia el proceso de cálculo. En la ventana de UV Mapping deberá verse la actualización en tiempo real de la textura mapeada al modelo.

9.6.   Ambient Occlusion

El empleo del término de luz ambiente viene aplicándose desde el inicio de los gráficos por computador como un método muy rápido de simular la contribución de luz ambiental que proviene de todas las direcciones. La técnica de *Ambient Occlusion* es un caso particular del uso de pruebas de oclusión en entornos con iluminación local para determinar los efectos difusos de iluminación. Estas técnicas fueron introducidas inicialmente por Zhurov como alternativa a las técnicas de radiosidad para aplicaciones interactivas (videojuegos), por su bajo coste computacional.

En el esquema de la figura 9.12 podemos ver en qué se basan estas técnicas. Desde cada punto P de intersección con cada superficie (obtenido mediante trazado de rayos), calculamos el valor de ocultación de ese punto que será proporcional al número de rayos que alcanzan el "*cielo*" (los que no intersectan con ningún objeto dada una distancia máxima de intersección). En el caso de la figura serán $4/7$ de los rayos lanzados.

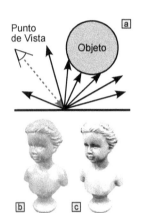

Podemos definir la ocultación de un punto de una superficie como:

$$W(P) = \frac{1}{\pi} \int_{\omega \in \Omega} \rho(d(P,\omega))cos\theta d\omega \qquad (9.1)$$

Obteniendo un valor de ocultación $W(P)$ entre 0 y 1, siendo $d(P,\omega)$ la distancia entre P y la primera intersección con algún objeto en la dirección de ω. $\rho(d(P,\omega))$ es una función con valores entre 0 y 1 que nos indica la magnitud de iluminación ambiental que viene en la dirección de ω, y θ es el ángulo formado entre la normal en el punto P y la dirección de ω.

Estas técnicas de ocultación (*obscurances*) se desacoplan totalmente de la fase de iluminación local, teniendo lugar en una segunda fase de iluminación secundaria difusa. Se emplea un valor de distancia para limitar la ocultación únicamente a polígonos cercanos a la zona a sombrear mediante una función. Si la función toma valor de ocultación igual a cero en aquellos puntos que no superan un umbral y un valor de uno si están por encima del umbral, la técnica de ocultación se denomina *Ambient Occlusion*. Existen multitud de funciones exponenciales que se utilizan para lograr estos efectos.

Figura 9.12: Descripción esquemática del cálculo de Ambient Occlusion. **a)** Esquema de cálculo del valor de ocultación $W(P)$. **b)** Render obtenido con iluminación lobal (dos fuentes puntuales). **c)** La misma configuración que en b) pero con Ambient Occlusion de 10 muestras por píxel.

La principal ventaja de esta técnica es que es bastante más rápida que las técnicas que realizan un cálculo correcto de la iluminación indirecta. Además, debido a la sencillez de los cálculos, pueden realizarse aproximaciones muy rápidas empleando la GPU, pudiendo utilizarse en aplicaciones interactivas. El principal inconveniente es que no es un método de iluminación global y no puede simular efectos complejos como cáusticas o contribuciones de luz entre superficies con reflexión difusa.

Para activar el uso de Ambient Occlusion (AO) en Blender, en el grupo de botones del mundo , en la pestaña *Ambient Occlusion* activamos el checkbox (ver Figura 9.13). La pestaña *Gather* permite elegir el tipo de recolección de muestras entre trazado de rayos *Raytrace* o Aproximada *Approximate* (ver Figura 9.13).

Figura 9.13: Pestaña Amb Occ en Blender.

El cálculo de AO mediante **Trazado de Rayos** ofrece resultados más precisos a costa de un tiempo de render mucho mayor. El efecto del ruido blanco debido al número de rayos por píxel puede disminuirse a costa de aumentar el tiempo de cómputo aumentando el número de muestras (Samples).

El método AO **Aproximado** realiza una rápida aproximación que, en muchos casos, puede ser suficiente. No sufre de ruido de muestreo, por lo que es buena opción para ser utilizada en multitud de ocasiones. El parámetro *Error* define la calidad de las sombras calculadas (valores menores implican mejores resultados con mayor tiempo de cómputo). El checkbox *Pixel Cache* si está activo hace que el valor de sombreado se interpole entre píxeles vecinos, haciendo que el cálculo sea aún más rápido (aunque menos exacto). A continuación estudiaremos algunas opciones relevantes del método:

- **Falloff**: Esta opción controla el tamaño de las sombras calculadas por AO. Si está activa, aparece un nuevo control *Strength* que permite variar el factor de atenuación. Con valores mayores de *Strength*, la sombra aparece más enfocada (es más pequeña).

- **Add** (Por defecto): El punto recibe luz según los rayos que no se han chocado con ningún objeto. La escena esta más luminosa que la original sin AO.

- **Multiply**: El punto recibe sombra según los rayos que han chocado con algún objeto. La escena es más oscura que la original sin AO.

9.7. Radiosidad

En esta técnica se calcula el intercambio de luz entre superficies. Esto se consigue subdividiendo el modelo en pequeñas unidades denominadas *parches*, que serán la base de la distribución de luz final. Inicialmente los modelos de radiosidad calculaban las interacciones de luz entre superficies difusas (aquellas que reflejan la luz igual en todas las direcciones), aunque existen modelos más avanzados que tienen en cuenta modelos de reflexión más complejos.

El modelo básico de radiosidad calcula una solución independiente del punto de vista. Sin embargo, el cálculo de la solución es muy costoso en tiempo y en espacio de almacenamiento. No obstante, cuando la iluminación ha sido calculada, puede utilizarse para renderizar la escena desde diferentes ángulos, lo que hace que este tipo de soluciones se utilicen en visitas interactivas y videojuegos en primera persona actuales. En el ejemplo de la figura

Figura 9.14: El modelo de Radiosidad permite calcular el intercambio de luz entre superficies difusas, mostrando un resultado de render correcto en el problema planteado en la histórica *Cornell Box*.

9.15, en el techo de la habitación se encuentran las caras poligonales con propiedades de emisión de luz. Tras aplicar el proceso del cálculo de radiosidad obtenemos la malla de radiosidad que contiene información sobre la distribución de iluminación entre superficies difusas.

En el modelo de radiosidad, cada superficie tiene asociado dos valores: la intensidad luminosa que recibe, y la cantidad de energía que emite (energía radiante). En este algoritmo se calcula la interacción de energía desde cada superficie hacia el resto. Si tenemos n superficies, la complejidad del algoritmo será $O(n^2)$. El valor matemático que calcula la relación geométrica entre superficies se denomina **Factor de Forma**, y se define como:

$$F_{ij} = \frac{cos\theta_i cos\theta_j}{\pi r^2} H_{ij} dA_j \qquad (9.2)$$

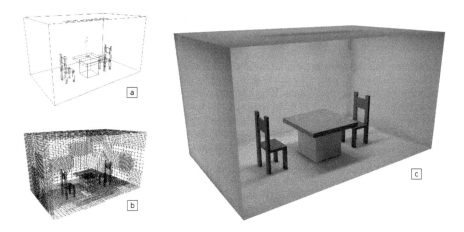

Figura 9.15: Ejemplo de aplicación del método de radiosidad sobre una escena simple. En el techo de la habitación se ha definido una fuente de luz. **a)** Malla original. **b)** Malla de radiosidad. **c)** Resultado del proceso de renderizado.

Siendo F_{ij} el factor de forma de la superficie i a la superficie j, en el numerador de la fracción definimos el ángulo que forman las normales de las superficies, πr^2 mide la distancia entre las superficies, H_{ij} es el parámetro de visibilidad, que valdrá uno si la superfice j es totalmente visible desde i, cero si no es visible y un valor entre uno y cero según el nivel de oclusión. Finalmente, dA_j indica el área de la superfice j (no tendremos el mismo resultado con una pequeña superficie emisora de luz sobre una superfice grande que al contrario). Este factor de forma se suele calcular empleando un hemi-cubo.

Será necesario calcular n^2 factores de forma (no cumple la propiedad conmutativa) debido a que se tiene en cuenta la relación de área entre superficies. La matriz que contiene los factores de forma relacionando todas las superficies se denomina *Matriz de Radiosidad*. Cada elemento de esta matriz contiene un factor de forma para la interacción desde la superficie indexada por la columna hacia la superficie indexada por la fila (ver figura 9.17).

```
Para cada iteración
  seleccionar un parche i
  calcular Fij para todas las superficies j
  para cada superficie j hacer:
    actualizar la radiosidad de la superficie j
    actualizar la emisión de la superficie j
  emision(i) = 0
```

En 1988, Cohen introdujo una variante de cálculo basada en el *refinamiento progresivo* que permite que la solución de radiosidad encontrada en cada iteración del algoritmo sea mostrada al usuario. Este método progresivo es un método incremental que requiere menos tiempo de cómputo y de almacenamiento; en cada iteración se calcula los factores de forma entre una superficie y el resto (en el artículo original se requería el cálculo de n^2 factores de forma).

Este método de refinamiento progresivo finalmente obtiene la misma solución que el original, proporcionando resultados intermedios que van siendo refinados.

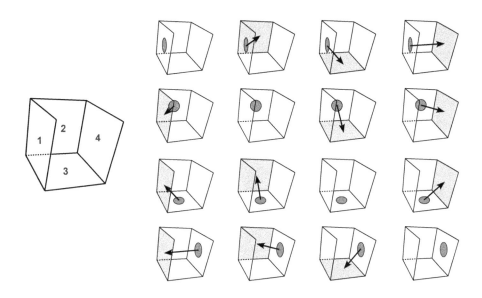

Figura 9.17: Esquema de la matriz de radiosidad. En cada posición de la matriz se calcula el *Factor de Forma*. La diagonal principal de la matriz no se calcula.

En general, el cálculo de la radiosidad es eficiente para el cálculo de distribuciones de luz en modelos simples con materiales difusos, pero resulta muy costoso para modelos complejos (debido a que se calculan los valores de energía para cada parche del modelo) o con materiales no difusos. Además, la solución del algoritmo se muestra como una nueva malla poligonal que tiende a desenfocar los límites de las sombras. Como en videojuegos suelen emplearse modelos en baja poligonalización, y es posible *mapear* esta iluminación precalculada en texturas, el modelo de Radiosidad se ha empleado en diversos títulos de

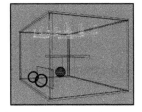

Figura 9.16: Escena de ejemplo para el cálculo de la Radiosidad.

gran éxito comercial. Actualmente incluso existen motores gráficos que calculan soluciones de radiosidad en tiempo real.

Veamos a continuación un ejemplo de utilización de Radiosidad en Blender. Como hemos indicado anteriormente, el modelo de Radiosidad calcula la interacción de iluminación entre superficies. Así, la iluminación de la escena vendrá dada por las áreas de luz de las superficies superiores (planos) de la habitación. De esta forma, necesitaremos crear planos a los que asignaremos un material que emita luz. La escena de ejemplo (ver Figura 9.16) cuenta con planos con estas propiedades definidas.

Necesario Blender 2.49b. Aunque la radiosidad es un método muy empleado en videojuegos, fue eliminado de la implementación de Blender a partir de la versión 2.5. Probablemente vuelva a incorporarse en futuras versiones, pero de momento es necesario utilizar versiones anteriores del programa. La última versión que la incorporó (Blender 2.49b) puede ser descargada de la página oficial http://download.blender.org/release/.

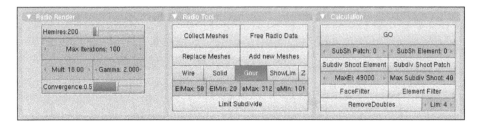

Figura 9.19: Opciones generales de Radiosidad (Paneles *Radio Render*, *Radio Tool* y *Calculation*.

Es muy importante la dirección del vector normal ya que Blender calculará la interacción de la luz en ese sentido. Por tanto, tendremos que asegurarnos que el vector normal de cada foco apunta "*hacia el suelo*", tal y como muestra la Figura 9.18. Para comprobar que es así, seleccionamos cada emisor de luz, en modo de edición de vértices activamos el botón *Draw Normals* de la pestaña *Mesh Tools More*. Podemos ajustar el tamaño de representación del vector normal en *Nsize*. En caso de que la normal esté invertida, podemos ajustarla pulsando w *Flip Normals*.

Figura 9.18: Focos del techo con el vector normal correctamente definido.

Los elementos que emiten luz tendrán el campo *Emit* del material con un valor mayor que 0. Los emisores de este ejemplo tienen un valor de emisión de 0.4.

Accedemos al menú de radiosidad ⠿ dentro de los botones de sombreado ◉ . Seleccionamos todas las mallas que forman nuestra escena A y pinchamos en el botón *Collect Meshes* (ver Figura 9.19). La escena aparecerá con colores sólidos.

Hecho esto, pinchamos en Go. De esta forma comienza el proceso de cálculo de la solución de radiosidad. Podemos parar el proceso en cualquier momento pulsando Escape, quedándonos con la aproximación que se ha conseguido hasta ese instante.

Si no estamos satisfechos con la solución de Radiosidad calculada, podemos eliminarla pinchando en *Free Radio Data*.

En la Figura 9.19 se muestran algunas opciones relativas al cálculo de la solución de radiosidad. El tamaño de los *Parches* (*PaMax - PaMin*) determina el detalle final (cuanto más pequeño sea, más detallado será el resultado final), pero incrementamos el tiempo de cálculo. De forma similar ocurre con el tamaño de los *Elementos*[2] (*ElMax - ElMin*). En *Max Iterations* indicamos el número de pasadas que Blender hará en el bucle de Radiosidad. Un valor 0 indica que haga las que estime necesarias para minimizar el error (lo que es conveniente si queremos generar la malla de radiosidad final). *MaxEl* indica el número máximo de elementos para la escena. Hemires es el tamaño del hemicubo para el cálculo del factor de forma.

Una vez terminado el proceso de cálculo (podemos pararlo cuando la calidad sea aceptable con Esc), podemos añadir la nueva malla calculada reemplazando las creadas anteriormente (*Replace Meshes*) o añadirla como nueva a la escena (*Add new Meshes*). Elegiremos esta segunda opción, para aplicar posteriormente el resultado a la malla en

---

[2]En Blender, cada Parche está formado por un conjunto de Elementos, que describen superficies de intercambio de mayor nivel de detalle.

Figura 9.20: Resultado de la malla de radiosidad.

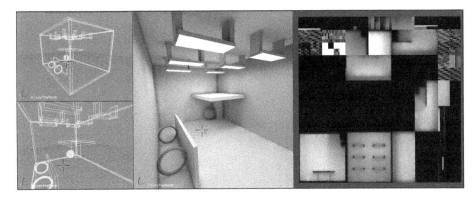

Figura 9.21: Resultado de aplicación del mapa de radiosidad al modelo en baja resolución.

baja poligonalización. Antes de deseleccionar la malla con la información de radiosidad calculada, la moveremos a otra capa (mediante la tecla M) para tener los objetos mejor organizados. Hecho esto, podemos liberar la memoria ocupada por estos datos pinchando en *Free Radio Data*.

El resultado de la malla de radiosidad se muestra en la Figura 9.20. Como se puede comprobar, es una malla extremadamente densa, que no es directamente utilizable en aplicaciones de tiempo real. Vamos a utilizar el *Baking* de Blender para utilizar esta información de texturas sobre la escena original en baja poligonalización.

Por simplicidad, uniremos todos los objetos de la escena original en una única malla (seleccionándolos todos [A] y pulsando [Control] [J] *Join Selected Meshes*). A continuación, desplegaremos el objeto empleando el modo de despliegue de *Light Map*, y crearemos una nueva imagen que recibirá el resultado del render Baking.

Ahora seleccionamos primero la malla de radiosidad, y después con [Shift] pulsado seleccionamos la malla en baja resolución. Pinchamos en el botón *Selected to Active* de la pestaña *Bake*, activamos *Full Render* y pinchamos en el botón [Bake]. Con esto debemos haber asignado el mapa de iluminación de la malla de radiosidad al objeto en baja poligonalización (ver Figura 9.21).

Capítulo 10

Exportación y Uso de Datos de Intercambio

Carlos González Morcillo

Hasta ahora hemos empleado exportadores genéricos de contenido de animación, mallas poligonales y definición de texturas. Estas herramientas facilitan enormemente la tarea de construcción de contenido genérico para nuestros videojuegos. En este capítulo veremos cómo crear nuestros propios scripts de exportación y su posterior utilización en una sencilla demo de ejemplo.

10.1. Introducción

En capítulos anteriores hemos utilizado exportadores genéricos de contenido para su posterior importación. En multitud de ocasiones en necesario desarrollar herramientas de exportación de elementos desde las herramientas de diseño 3D a formatos de intercambio.

La comunidad de Ogre ha desarrollado algunos exportadores de geometría y animaciones para las principales suites de animación y modelado 3D. Sin embargo, estos elementos almacenan su posición relativa a su sistema de coordenadas, y no tienen en cuenta otros elementos (como cámaras, fuentes de luz, etc...).

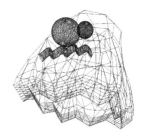

Figura 10.1: El *Wumpus* será el personaje principal del videojuego demostrador de este capítulo *NoEscape Demo*.

En esta sección utilizaremos las clases definidas en el Capítulo 6 del Módulo 1 para desarrollar un potencial juego llamado *NoEscapeDemo*. Estas clases importan contenido definido en formato XML, que fue descrito en dicho capítulo.

A continuación enumeraremos las características esenciales que debe soportar el exportador a desarrollar:

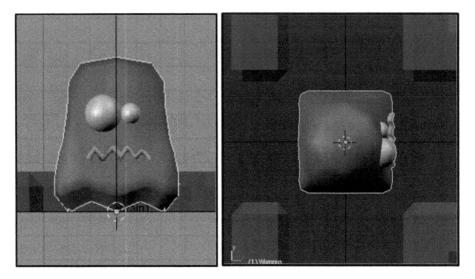

Figura 10.2: Como se estudió en el Capítulo 4, es necesario definir el centro de los objetos especificando adecuadamente su centro. En el caso del Wumpus, el centro se define en el centro de la base, escalándolo además al tamaño existente entre las paredes del escenario.

- **Múltiples nodos**. El mapa del escenario (ver Figura 10.4) describe un grafo. Utilizaremos un objeto de tipo malla poligonal para modelarlo en Blender. Cada vértice de la malla representará un nodo del grafo. Los nodos del grafo podrán ser de tres tipos: *Nodo productor* de Wumpus (tipo **spawn**), *Nodo destructor* de Wumpus (tipo **drain**) o un *Nodo genérico* del grafo (que servirá para modelar las intersecciones donde el Wumpus puede cambiar de dirección).

- **Múltiples aristas**. Cada nodo del grafo estará conectado por uno o más nodos, definiendo múltiples aristas. Cada arista conectará una pareja de nodos. En este grafo, las aristas no tienen asociada ninguna dirección.

- **Múltiples cámaras animadas**. El exportador almacenará igualmente las animaciones definidas en las cámaras de la escena. En el caso de querer almacenar cámaras estáticas, se exportará únicamente un fotograma de la animación. Para cada frame de la animación de cada cámara, el exportador almacenará la posición y rotación (mediante un *cuaternio*) de la cámara en el XML.

El mapa del escenario y los personajes principales se exportarán atendiendo a las indicaciones estudiadas en el Capítulo 4 (ver Figura 10.2). La exportación del XML se realizará empleando el script descrito a continuación. Blender define una API de programación muy completa en Python.

Python es un lenguaje ampliamente utilizado por su facilidad, versatilidad y potencia [1]. Python es un lenguaje de muy alto nivel, interpretado (compilado a un código intermedio), orientado a objetos y libre bajo licencia GPL. Existen multitud de títulos comerciales y videojuegos de éxito que han utilizado Python como lenguaje para su desarrollo. Por ejemplo, *Civilization 4* utiliza python para la gestión de múltiples tareas, *Vampire: The Masquerade* lo emplea para la descripción de Mods, o *Battlefield 2* (de *Digital Illusions*)

---

[1] Resulta especialmente interesante la comparativa empírica de Python con otros lenguajes de programación disponible en http://www.ipd.uka.de/~{}prechelt/\discretionary{-}{}{}Biblio/jccpprtTR.pdf

para la definición de todos los complementos del juego. Aunque en esta sección nos centraremos en su uso directo como lenguaje de acceso a la API de Blender, en el módulo 3 estudiaremos cómo utilizar Python como lenguaje de script dentro de nuestra apliación en C++.

La versión de Blender 2.65 utiliza Python 3.3, por lo que será necesaria su instalación para ejecutar los scripts desarrollados. En una ventana de tipo *Text Editor* podemos editar los scripts. Para su ejecución, bastará con situar el puntero del ratón dentro de la ventana de texto y pulsar [Alt] [P].

Aunque la versión 2.65 de Blender permite añadir nuevas propiedades a los objetos de la escena, por mantener la compatibilidad con versiones anteriores lo haremos codificándolo como parte del nombre. En la pestaña *Object*, es posible especificar el nombre del objeto, como se muestra en la Figura 10.3. En nuestro ejemplo, se ha utilizado el siguiente convenio de nombrado:

- **Cámaras**. Las cámaras codifican en el nombre (separadas por guión bajo), como primer parámetro el identificador de la misma (un índice único), y como segundo parámetro el número de frames asociado a su animación. De este modo, la cámara llamada *GameCamera_1_350* indica que es la primera cámara (que será la utilizada en el estado de *Juego*), y que tiene una animación definida de 350 frames.

- **Empty**. Como no es posible asignar tipos a los vértices de la malla poligonal con la que se definirá el grafo, se han añadido objetos de tipo Empty que servirán para asociar los generadores (*spawn*) y destructores (*drain*) de *Wumpus*. Estos objetos Empty tendrán como nombre el literal "spawn" o "drain" y a continuación un número del 1 al 9.

> ⚠ Existen algunas especificaciones en XML genéricas para la definición de escenas (como el formato "*.scene*") en Ogre, que está soportado por unas clases adicionales disponibles en el Wiki (http://www.ogre3d.org/tikiwiki/DotScene) del framework. Aunque este formato define gran cantidad de elementos de una escena, resulta crítico conocer los mecanismos de exportación para desarrollar los scripts específicos que necesitemos en cada proyecto.

A continuación se muestra el código fuente del script de exportación. Las líneas [8-10] definen tres constantes que pueden ser modificadas en su ejecución: [8] el nombre del fichero XML que se exportará, [9] el nombre del objeto donde se define el grafo (como hemos indicado anteriormente será una malla poligonal), y [10] un valor ϵ que utilizaremos como distancia máxima de separación entre un vértice del grafo y cada *Empty* de la escena (para considerar que están asociados).

El proceso de exportación del XML se realiza directamente *al vuelo*, sin emplear las facilidades (como el DOM o SAX (Simple API for XML) de Python). La sencillez del XML descrito, así como la independencia de una instalación *completa* de Python hace que ésta sea la alternativa implementada en otros exportadores (como el exportador de Ogre, o el de Collada).

En las líneas [44,48] se crean dos diccionarios donde se guardarán las listas relativas a las coordenadas de los vértices del grafo y las aristas. Blender numera los vértices y aristas asociados a una malla poligonal comenzando en 0. En la descripción del XML indicamos por convenio que todos los índices comenzarían en 1, por lo que es necesario sumar 1 a los índices que nos devuelve Blender.

Listado 10.1: Script de exportación de *NoEscapeDemo*

```
 1  # Exportador NoEscape 1.1 (Adaptado a Blender 2.65)
 2
 3  import bpy, os, sys
 4  import mathutils
 5  from math import *
 6  from bpy import *
 7
 8  FILENAME = "output.xml"        # Archivo XML de salida
 9  GRAPHNAME = "Graph"            # Nombre del objeto Mesh del grafo
10  EPSILON = 0.01                # Valor de distancia Epsilon
11
12  # --- isclose -------------------------------------------------
13  # Decide si un empty coincide con un vertice del grafo
14  # ------------------------------------------------------------
15  def isclose(empty, coord):
16      xo, yo, zo = coord
17      xd, yd, zd = empty.location
18      v = mathutils.Vector((xo-xd, yo-yd, zo-zd))
19      if (v.length < EPSILON):
20          return True
21      else:
22          return False
23
24  # --- gettype -------------------------------------------------
25  # Devuelve una cadena con el tipo del nodo del grafo
26  # ------------------------------------------------------------
27  def gettype (dv, key):
28      obs = [ob for ob in bpy.data.objects if ob.type == 'EMPTY']
29      for empty in obs:
30          empName = empty.name
31          if ((empName.find("spawn") != -1) or
32              (empName.find("drain") != -1)):
33              if (isclose(empty, dv[key])):
34                  return 'type ="'+ empName[:-1] +'"'
35      return 'type=""'
36
37  ID1 = ' '*2    # Identadores para el xml
38  ID2 = ' '*4    # Solo con proposito de obtener un xml "bonito"
39  ID3 = ' '*6
40  ID4 = ' '*8
41
42  graph = bpy.data.objects[GRAPHNAME]
43
44  dv = {}        # Diccionario de vertices
45  for vertex in graph.data.vertices:
46      dv[vertex.index+1] = vertex.co
47
48  de = {}        # Diccionario de aristas
49  for edge in graph.data.edges:          # Diccionario de aristas
50      de[edge.index+1] = (edge.vertices[0], edge.vertices[1])
51
52  file = open(FILENAME, "w")
53  std=sys.stdout
54  sys.stdout=file
55
56  print ("<?xml version='1.0' encoding='UTF-8'?>\n")
57  print ("<data>\n")
58
59  # --------- Exportacion del grafo --------------------
60  print ("<graph>")
61  for key in dv.keys():
62      print (ID1 + '<vertex index="' + str(key) + '" '+
63              gettype(dv,key) +'>')
64      x,y,z = dv[key]
65      print (ID2 + '<x> %f</x> <y> %f</y> <z> %f</z>' % (x,y,z))
66      print (ID1 + '</vertex>')
67  for key in de.keys():
```

```
68        print (ID1 + '<edge>')
69        v1,v2 = de[key]
70        print (ID2 + '<vertex>%i</vertex> <vertex>%i</vertex>'
71              % (v1,v2))
72        print (ID1 + '</edge>')
73  print ("</graph>\n")
74
75  # --------- Exportacion de la camara -------------------
76  obs = [ob for ob in bpy.data.objects if ob.type == 'CAMERA']
77  for camera in obs:
78        camId = camera.name
79        camName = camId.split("_")[0]
80        camIndex = int(camId.split("_")[1])
81        camFrames = int (camId.split("_")[2])
82        print ('<camera index="%i" fps="%i">' %
83              (camIndex, bpy.data.scenes['Scene'].render.fps))
84        print (ID1 + '<path>')
85        for i in range (camFrames):
86              cFrame = bpy.data.scenes['Scene'].frame_current
87              bpy.data.scenes['Scene'].frame_set(cFrame+1)
88              x,y,z = camera.matrix_world.translation
89              qx,qy,qz,qw = camera.matrix_world.to_quaternion()
90              print (ID2 + '<frame index="%i">' % (i+1))
91              print (ID3 + '<position>')
92              print (ID4 + '<x> %f</x> <y> %f</y> <z> %f</z>' % (x,y,z))
93              print (ID3 + '</position>')
94              print (ID3 + '<rotation>')
95              print (ID4 + '<x> %f</x> <y> %f</y> <z> %f</z> <w> %f</w>' %
96                    (qx,qy,qz,qw))
97              print (ID3 + '</rotation>')
98              print (ID2 + '</frame>')
99        print (ID1 + '</path>')
100       print ('</camera>')
101
102 print ("</data>")
103
104 file.close()
105 sys.stdout = std
```

La malla asociada al objeto de nombre indicado en *GRAPHNAME* se obtiene mediante la llamada a *bpy.data.objects* (línea 42). La línea 56 simplemente imprime la cabecera del XML.

En el bloque descrito por 59-73 se generan las entradas relativas a la definición del grafo, empleando los diccionarios de vértices *dv* y de aristas *de* creados anteriormente.

Figura 10.3: Especificación del nombre del objeto en la pestaña *Object*.

En la definición del XML (ver Capítulo 6 del Módulo 1), un nodo puede tener asociado un tipo. Para obtener el tipo de cada nodo utilizamos una función auxiliar llamada *gettype* (definida en las líneas 27-35).

En *gettype* se calcula la cadena correspondiente al tipo del nodo del grafo. Como hemos indicado anteriormente, el tipo del nodo se calcula según la distancia a los objetos Empty de la escena. Si el vértice está *muy cerca* de un Empty con subcadena "drain" o "spawn" en su nombre, le asignaremos ese tipo al vértice del grafo. En otro caso, el nodo

Muy Cerca!

Se emplea un valor Epsilon para calcular si un Empty ocupa la posición de un nodo del grafo porque las comparaciones de igualdad con valores de punto flotante pueden dar resultados incorrectos debido a la precisión.

del grafo será genérico. De este modo, en la línea 28 se obtiene en *obs* la lista de todos los objetos de tipo *Empty* de la escena. Para cada uno de estos objetos, si el nombre

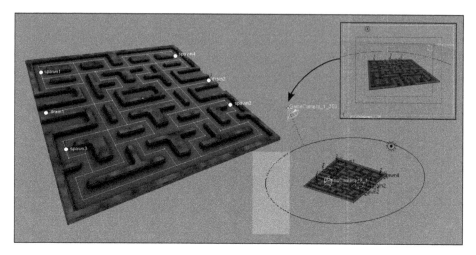

Figura 10.4: Definición del grafo asociado al juego *NoEscapeDemo* en Blender. En la imagen de la izquierda se han destacado la posición de los Emptys auxiliares para describir el tipo especial de algunos nodos (vértices) del grafo. La imagen de la derecha muestra las dos cámaras de la escena y la ruta descrita para la cámara principal del juego.

```xml
<?xml version='1.0' encoding='UTF-8'?>
<data>
<graph>
  <vertex index="1" type="">
    <x>-2.500000</x> <y>-2.499999</y> <z>0.000000</z>
  </vertex>
  ...
  <vertex index="57" type ="drain">
    <x>-4.687499</x> <y>0.312501</y> <z>0.000000</z>
  </vertex>
  ...
  <edge> <vertex>5</vertex> <vertex>15</vertex> </edge>
  <edge> <vertex>6</vertex> <vertex>28</vertex> </edge>
  ...
</graph>
<camera index="1" fps="25">
  <path>
    <frame index="1">
      <position>
        <x>1.077411</x> <y>-15.124874</y> <z>6.665801</z>
      </position>
      <rotation>
        <x>0.836699</x> <y>0.544365</y> <z>-0.004856</z>  <w>0.059819</w>
      </rotation>
    </frame>
    <frame index="2">
      ...
```

Figura 10.5: Fragmento del resultado de la exportación del XML del ejemplo.

contiene alguna de las subcadenas indicadas y está suficientemente cerca (empleando la función auxiliar *isclose*), entonces devolvemos ese tipo (línea ⟨34⟩) para el nodo pasado como argumento de la función (línea ⟨27⟩). En otro caso, devolvemos la cadena vacía para tipo (que indica que no es un nodo especial del grafo) en la línea ⟨35⟩.

La función auxiliar *isclose* (definida en las líneas ⟨15-22⟩ devolverá *True* si el empty está a una distancia menor que ε respecto del nodo del grafo. En otro caso, devolverá *False*. Para realizar esta comparación, simplemente creamos un vector restando las coordenadas del vértice con la posición del *Empty* y utilizamos directamente el atributo de longitud (línea ⟨19⟩) de la clase *Vector* de la biblioteca *mathutils*.

La biblioteca *Mathutils* de Blender contiene una gran cantidad de funciones para trabajar con Matrices, Vectores, Cuaternios y un largo etcétera.

La segunda parte del código (definido en las líneas `76-100`) se encarga de exportar las animaciones asociadas a las cámaras. Según el convenio explicado anteriormente, el propio nombre de la cámara codifica el índice de la cámara (ver línea `80`) y el número de frames que contiene su animación (ver línea `81`). En el caso de este ejemplo se han definido dos cámaras (ver Figura 10.4). La cámara del menú inicial es estática, por lo que define en la parte relativa a los frames un valor de 1 (no hay animación). La cámara del juego describirá rotaciones siguiendo una trayectoria circular.

El número de frame se modifica directamente en el atributo *frame_current* del la escena actual (ver línea `86`). Para cada frame se exporta la posición de la cámara (obtenida en la última columna de la matriz de transformación del objeto, en la línea `88`), y el cuaternio de rotación (mediante una conversión de la matriz en `89`). La Figura 10.5 muestra un fragmento del XML exportado relativo a la escena base del ejemplo. Esta exportación puede realizarse ejecutando el fichero .py desde línea de órdenes, llamando a Blender con el parámetro *-P <script.py>* (siendo script.py el nombre del script de exportación).

Trayectorias genéricas. Aunque en este ejemplo exportaremos trayectorias sencillas, el exportar la posición de la cámara en cada frame nos permite tener un control absoluto sobre la pose en cada instante. En la implementación en OGRE tendremos que utilizar algún mecanismo de interpolación entre cada pose clave.

11

Capítulo

Capítulo

Animación

Carlos González Morcillo
Santiago Sánchez Sobrino

E n este capítulo estudiaremos los fundamentos de la animación por computador, analizando los diversos métodos y técnicas de construcción, realizando ejemplos de composición básicos con Ogre. Se estudiará el concepto de *Animation State*, exportando animaciones definidas previamente en Blender.

11.1. Introducción

El término *animación* proviene del griego *Anemos*, que es la base de la palabra latina *Animus* que significa *Dar aliento, dar vida*. En su forma más simple, la animación por computador consiste en generar un conjunto de imágenes que, mostradas consecutivamente, producen sensación de movimiento. Debido al fenómeno de la *Persistencia de la Visión*, descubierto en 1824 por Peter Mark Roget, el ojo humano retiene las imágenes una vez vistas unos 40 ms. Siempre que mostremos imágenes a una frecuencia mayor, tendremos sensación de movimiento continuo[1]. Cada una de las imágenes que forman la secuencia animada recibe el nombre de *frame*[2].

La animación por computador cuenta con una serie de ventajas que no se dan en animación tradicional; por ejemplo, la animación puede producirse directamente desde modelos o conjuntos de ecuaciones que especifican el comportamiento dinámico de los objetos a animar.

---

[1]A frecuencias menores de 20hz se percibirá la discretización del movimiento, en un efecto de tipo estroboscópico.

[2]también, aunque menos extendido en el ámbito de la animación por computador se utiliza el término cuadro o fotograma

Cuando hablamos de técnicas de animación por computador nos referimos a sistemas de *control del movimiento*. Existen multitud de elementos que hacen el problema del control del movimiento complejo, y de igual forma, existen varias aproximaciones a la resolución de estas dificultades. La disparidad de aproximaciones y la falta de unidad en los convenios de nombrado, hacen que la categorización de las técnicas de animación por computador sea difícil. Una propuesta de clasificación de se realiza según el nivel de abstracción.

Así, se distingue entre sistemas de animación de *alto nivel*, que permiten al animador especificar el movimiento en términos generales (definen el comportamiento en términos de eventos y relaciones), mientras que los sistemas de *bajo nivel* requieren que el animador indique los parámetros de movimiento individualmente.

Si se desean animar objetos complejos (como por ejemplo la figura humana), es necesario, al menos, un control de jerarquía para reducir el número de parámetros que el animador debe especificar. Incluso en personajes digitales sencillos, como el mostrado en la figura 11.1 el esqueleto interno necesario tiene un grado de complejidad considerable. En concreto, este esqueleto tiene asociados 40 huesos con diversos modificadores aplicados individualmente.

Figura 11.1: Uno de los personajes principales de YoFrankie, proyecto de videojuego libre de la Blender Foundation.

Al igual que en los lenguajes de programación de alto nivel, las construcciones deben finalmente *compilarse* a instrucciones de bajo nivel. Esto implica que cualquier descripción paramétrica de alto nivel debe transformarse en descripciones de salida de bajo nivel. Este proceso proceso finalizará cuando dispongamos de todos los datos necesarios para todos los frames de la animación.

De esta forma, lo que se busca en el ámbito de la animación es ir subiendo de nivel, obteniendo sistemas de mayor nivel de abstracción. Las primeras investigaciones comenzaron estudiando las técnicas de interpolación de movimiento entre frames clave, utilizando Splines. Mediante este tipo de curvas, los objetos podían moverse de forma suave a lo largo de un camino en el espacio. Desde este punto, han aparecido multitud de técnicas de animación de medio nivel (como la animación basada en scripts, animación procedural, animación jerárquica basada en cinemática directa e inversa y los estudios de síntesis animación automática).

A continuación estudiaremos los principales niveles de abstracción relativos a la definición de animación por computador.

11.1.1. Animación Básica

Lo fundamental en este nivel es cómo parametrizar los caminos básicos de movimiento en el espacio. Hay diversas alternativas (no excluyentes) como los sistemas de Script, sistemas de Frame Clave y animación dirigida por Splines.

- **Sistemas de Script**. Históricamente, los primeros sistemas de control del movimiento fueron los sistemas basados en scripts. Este tipo de sistemas requieren que el usuario escriba un guión en un lenguaje específico para animación y además, presuponen una habilidad por parte del animador de expresar la animación con el lenguaje de script. Este tipo de aproximación producen animaciones de baja calidad, dada la complejidad en la especificación de las acciones.

- **Sistema de Frame Clave**. Los sistemas de Frame Clave toman su nombre de la jerarquía de producción tradicional de Walt Disney. En estos sistemas, los animadores más experimentados diseñaban los fotogramas principales de cada secuencia. La producción se completaba con artistas jóvenes que añadían los frames intermedios[3].

  Dependiendo del tipo de método que se utilice para el cálculo de los fotogramas intermedios estaremos ante una técnica de interpolación u otra. En general, suelen emplearse curvas de interpolación del tipo Spline, que dependiendo de sus propiedades de continuidad y el tipo de cálculo de los ajustes de tangente obtendremos diferentes resultados. En el ejemplo de la Figura 11.2, se han añadido claves en los frames 1 y 10 con respecto a la posición (localización) y rotación en el eje Z del objeto. El ordenador calcula automáticamente la posición y rotación de las posiciones intermedias. La figura muestra las posiciones intermedias calculadas para los frames 4 y 7 de la animación.

- **Animación Procedural**. En esta categoría, el control sobre el movimiento se realiza empleando procedimientos que definen explícitamente el movimiento como función del tiempo. La generación de la animación se realiza mediante descripciones físicas, como por ejemplo en visualizaciones científicas, simulaciones de fluidos, tejidos, etc... Estas técnicas de animación procedural serán igualmente estudiadas a continuación este módulo curso. La simulación dinámica, basada en descripciones matemáticas y físicas suele emplearse en animación de acciones secundarias. Es habitual contar con animaciones almacenadas a nivel de vértice simulando comportamiento físico en videojuegos. Sería el equivalente al *Baking* de animaciones complejas precalculadas.

 Técnicas básicas. Estas técnicas forman la base de los métodos de animación más avanzados, por lo que es imprescindible conocer su funcionamiento para emplear correctamente los métodos de animación basados en cinemática directa o inversa que estudiaremos más adelante.

Con base en estas técnicas fundamentales se definen los métodos de animación de alto nivel descritos a continuación.

11.1.2. Animación de Alto Nivel

Dentro de este grupo incluimos la animación mediante técnicas cinemáticas jerárquicas (como cinemática directa o inversa de figuras articuladas), las modernas aproximaciones de síntesis automática de animación o los sistemas de captura del movimiento. Estas técnicas específicas serán estudiadas en detalle en el Módulo 3 del curso, por lo que únicamente realizaremos aquí una pequeña descripción introductoria.

- **Cinemática Directa**. Empleando cinemática directa, el movimiento asociado a las articulaciones debe ser especificado explícitamente por el animador. En el ejemplo de la Figura 11.3, la animación del efector final vendría determinada indirectamente por la composición de transformaciones sobre la base, el hombro, el codo y la muñeca. Esto es, una estructura arbórea descendente. Esto es, dado el conjunto de rotaciones θ, obtenemos la posición del efector final X como $X = f(\theta)$.

---

[3]Realizando la técnica llamada ïn between"

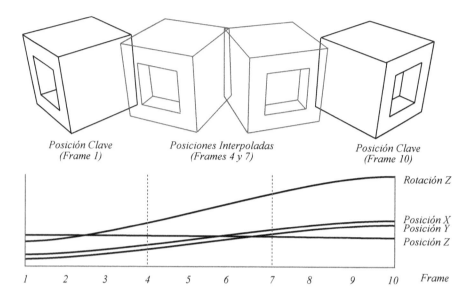

Posición Clave   *Posiciones Interpoladas*   *Posición Clave*
(Frame 1)   *(Frames 4 y 7)*   *(Frame 10)*

Figura 11.2: Ejemplo de uso de Frames Clave y Splines asociadas a la interpolación realizada.

- **Cinemática Inversa**. El animador define únicamente la posición del efector final. Mediante cinemática inversa se calcula la posición y orientación de todas las articulaciones de la jerarquía que consiguen esa posición particular del efector final mediante $\theta = f(X)$.

Una vez realizada esta introducción general a las técnicas de animación por computador, estudiaremos en la siguiente sección los tipos de animación y las características generales de cada uno de ellos en el motor gráfico Ogre.

11.2. Animación en Ogre

Ogre gestiona la posición de los elementos de la escena en cada frame. Esto significa que la escena es *redibujada* en cada frame. Ogre no mantiene ningún tipo de estructuras de datos con el estado anterior de los objetos de la escena. La animación se gestiona con dos aproximaciones; una basada en frames clave y otra mediante una variable (habitualmente se empleará el tiempo) utilizada como controlador. El modo más sencillo de crear animaciones es mediante el uso de una herramienta externa y reproducirlas posteriormente.

Como hemos señalado anteriormente, de modo general Ogre soporta dos modos de animación: basada en Frames Clave (*Keyframe Animation*) y basada en Controladores.

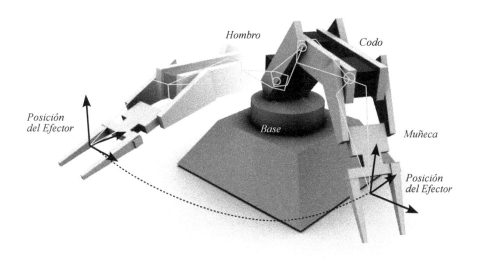

Figura 11.3: Ejemplo de uso de Frames Clave y Splines asociadas a la interpolación realizada.

11.2.1. Animación Keyframe

Ogre utiliza el término pista *Track* para referirse a un conjunto de datos almacenados en función del tiempo. Cada muestra realizada en un determinado instante de tiempo es un *Keyframe*. Dependiendo del tipo de *Keyframes* y el tipo de pista, se definen diferentes tipos de animaciones.

Las animaciones asociadas a una Entidad se representan en un *AnimationState*. Cada animación de un *AnimationState* tiene asociado un nombre único mediante el que puede ser accedido. Este objeto tiene una serie de propiedades que pueden ser consultadas:

- **Nombre**. Mediante la llamada a *getAnimationName se* puede obtener el nombre de la animación que está siendo utilizada por el *AnimationState*.

- **Activa**. Es posible activar y consultar el estado de una animación mediante las llamadas a *getEnabled* y *setEnabled*.

- **Longitud**. Obtiene en punto flotante el número de segundos de la animación, mediante la llamada a *getLength*.

- **Posición**. Es posible obtener y establecer el punto de reproducción actual de la animación mediante llamadas a *getTimePosition* y *setTimePosition*. El tiempo se establece en punto flotante en segundos.

- **Bucle**. La animación puede reproducirse en modo bucle (cuando llega al final continua reproduciendo el primer frame). Las llamadas a métodos son *getLoop* y *setLoop*.

- **Peso**. Este parámetro controla la mezcla de animaciones, que será descrita en la sección 11.4.

El estado de la animación requiere que se le especifique el tiempo transcurrido desde la última vez que se actualizó. El tiempo transcurrido desde la última actualización puede especificarse con un valor o negativo (en el caso de querer retroceder en la animación). Este valor de tiempo simplemente se añade a la posición de reproducción de la animación.

11.2.2. Controladores

La animación basada en frames clave permite animar mallas poligionales. Mediante el uso de controladores se posicionan los nodos, definiendo una función. El controlador permite modificar las propiedades de los nodos empleando un valor que se calcula en tiempo de ejecución.

11.3. Exportación desde Blender

En esta sección estudiaremos la exportación de animaciones de cuerpos rígidos. Aunque para almacenar los *AnimationState* es necesario asociar un esqueleto al objeto que se desea animar, no entraremos en detalles para la animación de jerarquías compuestas (personajes). Desde el punto de vista de la exportación en Ogre es similar.

Para exportar diferentes animaciones, será conveniente configurar el interfaz de Blender como se muestra en la Figura 11.4. A continuación describiremos brevemente las dos ventanas principales que utilizaremos en la exportación de animaciones:

El **NLA Editor** permite la edición de animación no lineal en Blender. Mediante esta técnica de composición, la animación final se crea mediante fragmentos de animación específicos (cada uno está especializado en un determinado movimiento) llamados *acciones*. Estas acciones pueden duplicarse, repetirse, acelerarse o decelerarse en el tiempo para formar la animación final.

El **Dope Sheet** (en versiones anteriores de Blender se denominaba *Action Editor*) permite el control de múltiples acciones simultáneamente, agrupándolas por tipo. Este editor está a un nivel de abstracción medio, entre las curvas IPO (InterPOlation curve) y el *NLA Editor* descrito anteriormente. Esta ventana permite trabajar muy rápidamente con los datos de la animación, desplazando la posición de los frames clave (y modificando así el *Timing* de cada acción). En el área de trabajo principal del *Dope Sheet* se muestran los canales de animación asociados a cada objeto. Cada *diamante* de las barras asociadas a cada canal se corresponden con un *keyframe* y pueden ser desplazadas individualmente o en grupos para modificar la temporización de cada animación.

> ⚠ **Acciones.** Las acciones permiten trabajar a un nivel de abstracción mayor que empleando curvas IPO. Es conveniente emplear esta aproximación siempre que definamos animaciones complejas.

Las acciones aparecerán en el interfaz del exportador de Ogre, siempre que hayan sido correctamente creadas y estén asociadas a un hueso de un esqueleto. En la Figura 11.4 se han definido dos acciones llamadas "Saltar" y "Rotar" (la acción Rotar está seleccionada y aparece resaltada en la figura). A continuación estudiaremos el proceso de exportación de animaciones.

Como se ha comentado anteriormente, las animaciones deben exportarse empleando animación basada en esqueletos. En el caso más sencillo de animaciones de cuerpo rígido, bastará con crear un esqueleto de un único hueso y emparentarlo con el objeto que queremos animar.

Añadimos un esqueleto con un único hueso al objeto que queremos añadir mediante (Shift) (A) *Add/Armature/Single Bone*. Ajustamos el extremo superior del hueso para que tenga un tamaño similar al objeto a animar (como se muestra en la Figura 11.5). A continuación crearemos una relación de parentesco entre el objeto y el hueso del esqueleto, de forma que el objeto sea hijo del esqueleto.

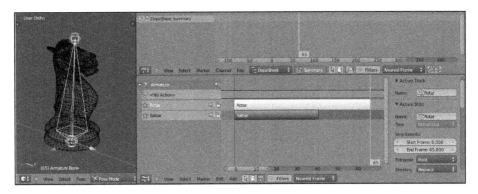

Figura 11.4: Principales ventanas de Blender empleadas en la animación de objetos. En el centro se encuentran las ventanas del *NLA Editor* y del *Dope Sheet*, que se utilizarán para definir acciones que serán exportadas empleando el script de Exportación a Ogre.

Este parentesco debe definirse en modo Pose [icon]. Con el hueso del esqueleto seleccionado, elegiremos el modo Pose en la cabecera de la ventana 3D (o bien empleando el atajo de teclado [Control] [TAB]). El hueso deberá representarse en color azul en el interfaz de Blender. Con el hueso en modo pose, ahora seleccionamos primero al caballo, y a continuación con [Shift] pulsado seleccionamos el hueso (se deberá elegir en color azul), y pulsamos [Control] [P], eligiendo *Set Parent to ->Bone*. Si ahora desplazamos el hueso del esqueleto en modo pose, el objeto deberá seguirle.

Antes de crear las animaciones, debemos añadir un Modificador de objeto sobre la malla poligonal. Con el objeto *Horse* seleccionado, en el panel *Object Modifiers* [icon] añadimos un modificador de tipo *Armature*. Este modificador se utiliza para animar las poses de personajes y objetos asociados a esqueletos. Especificando el esqueleto que utilizaremos con cada objeto podremos incluso deformar los vértices del propio modelo.

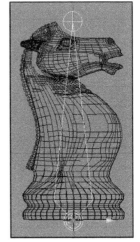

Figura 11.5: Ajuste del tamaño del hueso para que sea similar al objeto a animar.

Como se muestra en la Figura 11.7, en el campo *Object* especificaremos el nombre del esqueleto que utilizaremos con el modificador ("*Armature*" en este caso). En el método de *Bind to* indicamos qué elementos se asociarán al esqueleto. Si queremos que los vértices del modelo se deformen en función de los huesos del esqueleto, activaremos **Vertex Groups** (en este ejemplo deberá estar desactivado). Mediante **Bone Envelopes** podemos indicar a Blender que utilice los límites de cada hueso para definir la deformación que se aplicará a cada hueso.

A continuación creamos un par de animaciones asociadas a este hueso. Recordemos que debemos trabajar en modo Pose [icon], por lo que siempre el hueso debe estar seleccionado en color azul en el interfaz de Blender. Comenzaremos definiendo una acción que se llamará "*Saltar*". Añadiremos los frames clave de la animación (en este caso, hemos definido frames clave de *LocRot* en 1, 21 y 35).

Tras realizar esta operación, las ventanas de *DopeSheet* y *NLA Editor* mostrarán un aspecto como el de la Figura 11.6. La ventana *DopeSheet* [icon] permite modificar fácilmente las posiciones de los frames clave asociados al hueso.

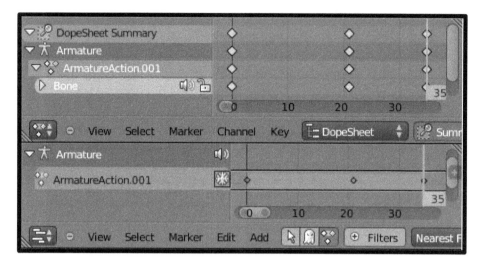

Figura 11.6: Ventanas de DopeSheet y NLA Editor.

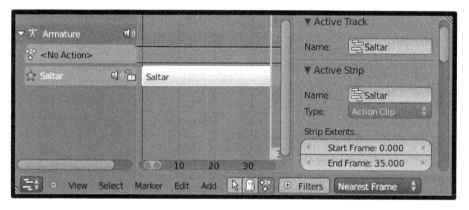

Figura 11.8: Especificación del nombre de la acción en el Panel de Propiedades.

Figura 11.7: Opciones del Modificador *Armature*.

Pinchando y desplazando los rombos asociados a cada clave, podemos modificar el *timing* de la animación. En la ventana *NLA* ⬛ podemos crear una acción (*Action Strip*), pinchando sobre el icono del copo de nieve ⬛. Tras esta operación, se habrá creado una acción definida mediante una barra amarilla.

Es posible indicar el nombre de la acción en el campo *Active Strip*, accesible pulsando la tecla Ⓝ. Aparecerá un nuevo subpanel, como se muestra en la Figura 11.8, en la zona derecha de la ventana, donde se podrán configurar los parámetros asociados a la acción (nombre, frames, método de mezclado con otras acciones, etc...).

Siguiendo el mismo procedimiento definimos otra acción llamada "*Rotar*". Para que no tengan influencia las acciones previamente creadas, y no molesten a la hora de definir nuevos comportamientos, es posible *ocultarlas* pinchando sobre el botón situado a la derecha del nombre de la acción (ver Figura 11.8).

Mediante el atajo de teclado [Alt] [A] podemos reproducir la animación relativa a la acción que tenemos seleccionada. Resulta muy cómodo emplear una ventana de tipo *Timeline* ⊙ para definir el intervalo sobre el que se crearán las animaciones.

> ⚠️ Es posible exportar diferentes animaciones asociadas a un objeto. El rango de definición de los frames puede ser diferente, como en el ejemplo de esta sección.

A la hora de exportar las animaciones, procedemos como vimos en el Capítulo 4. En *File/ Export/ Ogre3D*, accederemos al exportador de Blender a Ogre3D. Es interesante activar las siguientes opciones de exportación:

- **Armature Animation**. Crea el archivo con extensión .skeleton, que contiene la definición jerárquica del conjunto de huesos, junto con su posición y orientación. Esta jerarquía incluye la influencia que tiene cada hueso sobre los vértices del modelo poligonal. En este capítulo trabajaremos con huesos que tienen una influencia total sobre el objeto (es decir, influencia de 1.0 sobre todos los vértices del modelo).

- **Independent Animations**. Exporta cada acción de forma independiente, de modo que no tienen influencia combinada.

El uso de las animaciones exportadas en Ogre es relativamente sencillo. El siguiente código muestra un ejemplo de aplicación de las animaciones previamente exportadas. Cuando se pulsa la tecla [A] o [Z] se reproduce la animación *Saltar* o *Rotar* hasta que finaliza. En la línea [18] se actualiza el tiempo transcurrido desde la última actualización. Cuando se pulsa alguna de las teclas anteriores, la animación seleccionada se reproduce desde el principio (línea [10]).

En el ejemplo siguiente puede ocurrir que se interrumpa una animación por la selección de otra antes de finalizar el estado. Esto podía dar lugar a posiciones finales incorrectas. Por ejemplo, si durante la ejecución de la acción "*Saltar*" se pulsaba la tecla [Z], el objeto se quedaba flotando en el aire ejecutando la segunda animación.

Listado 11.1: Fragmento de MyFrameListener.cpp.

```
1  if (_keyboard->isKeyDown(OIS::KC_A) ||
2      _keyboard->isKeyDown(OIS::KC_Z)) {
3    if (_keyboard->isKeyDown(OIS::KC_A))
4      _animState = _sceneManager->getEntity("Horse")->
5                   getAnimationState("Saltar");
6    else _animState = _sceneManager->getEntity("Horse")->
7                   getAnimationState("Rotar");
8    _animState->setEnabled(true);
9    _animState->setLoop(true);
10   _animState->setTimePosition(0.0);
11 }
12
13 if (_animState != NULL) {
14   if (_animState->hasEnded()) {
15     _animState->setTimePosition(0.0);
16     _animState->setEnabled(false);
17   }
18   else _animState->addTime(deltaT);
19 }
```

Es posible definir varias animaciones y gestionarlas mediante diferentes *AnimationS-tate*. En el siguiente ejemplo se cargan dos animaciones fijas en el constructor del *Frame-Listener* (línea ⟨3-8⟩). Empleando las mismas teclas que en el ejemplo anterior, se resetean cada una de ellas, y se actualizan ambas de forma independiente (en las líneas ⟨26⟩ y ⟨28⟩). Ogre se encarga de mezclar sus resultados (incluso es posible aplicar transformaciones a nivel de nodo, pulsando la tecla ⟨R⟩ mientras se reproducen las animaciones del *Anima-tionState*).

Listado 11.2: Fragmento de MyFrameListener.cpp.

```
1  MyFrameListener::MyFrameListener() {
2    // ...
3    _animState = _sceneManager->getEntity("Horse")->
4                 getAnimationState("Saltar");
5    _animState->setEnabled(false);
6    _animState2 = _sceneManager->getEntity("Horse")->
7                 getAnimationState("Rotar");
8    _animState2->setEnabled(false);
9  }
10
11 bool MyFrameListener::frameStarted(const FrameEvent& evt) {
12   // ...
13   if (_keyboard->isKeyDown(OIS::KC_A)) {
14     _animState->setTimePosition(0.0);
15     _animState->setEnabled(true);
16     _animState->setLoop(false);
17   }
18
19   if (_keyboard->isKeyDown(OIS::KC_Z)) {
20     _animState2->setTimePosition(0.0);
21     _animState2->setEnabled(true);
22     _animState2->setLoop(false);
23   }
24
25   if (_animState->getEnabled() && !_animState->hasEnded())
26     _animState->addTime(deltaT);
27   if (_animState2->getEnabled() && !_animState2->hasEnded())
28     _animState2->addTime(deltaT);
29   // ...
```

Obviamente, será necesario contar con alguna clase de nivel superior que nos gestione las animaciones, y se encarge de gestionar los *AnimationState*, actualizándolos adecuadamente.

11.4. Mezclado de animaciones

En la sección anterior hemos utilizado dos canales de animación, con posibilidad de reproducción simultánea. En la mayoría de las ocasiones es necesario contar con mecanismos que permitan el mezclado controlado de animaciones (*Animation Blending*). Esta técnica fundamental se emplea desde hace años en desarrollo de videojuegos.

En la actualidad se emplean módulos específicos para el mezclado de animaciones. El uso de árboles de prioridad (*Priority Blend Tree*[4]) facilita al equipo artístico de una producción especificar con un alto nivel de detalle cómo se realizará la composición de las capas de animación.

---

[4]Más información sobre cómo se implementó el motor de mezclado de animaciones del *MechWarrior* en http://www.gamasutra.com/view/feature/3456/

El mezclado de animaciones requiere un considerable tiempo de CPU. La interpolación necesaria para mezclar los canales de animación en cada frame hace que el rendimiento del videojuego pueda verse afectado. Empleando interpoilación esférica SLERP, para cada elemento del esqueleto es necesario calcular varias operaciones costosas (cuatro *senos*, un *arccos*, y una raíz cuadrada).

A un alto nivel de abstracción, cada animación en Ogre tiene asociado un peso. Cuando se establece la posición dentro de la animación, puede igualmente modificarse el peso del canal de animación. Dependiendo del peso asignado a cada animación, Ogre se encargará de realizar la interpolación de todas las animaciones activas para obtener la posición final del objeto. A continuación definiremos una clase llamada *AnimationBlender* que se encargará de realizar la composición básica de capas de animación.

Las variables miembro privadas de la clase *AnimationBlender* contienen punteros a las animaciones de inicio y fin del mezclado (líneas ⟨10⟩ y ⟨11⟩), el tipo de transición deseado (que es un tipo enumerado definido en las líneas ⟨3-6⟩), y un booleano que indica si la animación se reproducirá en bucle.

Figura 11.9: La clase de *Animation-Blender* (Mezclado de Animaciones) no tiene nada que ver con el prestigioso paquete de animación del mismo nombre.

Las variables públicas (definidas en ⟨16-18⟩) contienen el tiempo restante de reproducción de la pista actual, la duración (en segundos) del mezclado entre pistas y un valor booleano que indica si la reproducción ha finalizado.

La clase incorpora, además de los tres métodos principales que estudiaremos a continuación, una serie de métodos auxiliares que nos permiten obtener valores relativos a las variables privadas (líneas ⟨24-27⟩).

Listado 11.3: AminationBlender.h

```
1  class AnimationBlender {
2  public:
3    enum BlendingTransition {
4      Switch,  // Parar fuente y reproduce destino
5      Blend    // Cross fade (Mezclado suave)
6    };
7
8  private:
9    Entity *mEntity;               // Entidad a animar
10   AnimationState *mSource;       // Animacion inicio
11   AnimationState *mTarget;       // Animacion destino
12   BlendingTransition mTransition; // Tipo de transicion
13   bool mLoop;                    // Animacion en bucle?
14
15 public:
16   Real mTimeleft;    // Tiempo restante de la animacion (segundos)
17   Real mDuration;    // Tiempo invertido en el mezclado (segundos)
18   bool mComplete;    // Ha finalizado la animacion?
19
20   AnimationBlender( Entity *);
21   void blend(const String &anim, BlendingTransition transition,
22          Real duration, bool l=true);
23   void addTime(Real);
24   Real getProgress() { return mTimeleft/mDuration; }
25   AnimationState *getSource() { return mSource; }
26   AnimationState *getTarget() { return mTarget; }
27   bool getLoop() { return mLoop; }
28 };
```

Veamos a continuación los principales métodos de la clase, declarados en las líneas
[20-23] del listado anterior.

Listado 11.4: AminationBlender.cpp (Constructor)

```
1  AnimationBlender::AnimationBlender(Entity *ent) : mEntity(ent) {
2    AnimationStateSet *set = mEntity->getAllAnimationStates();
3    AnimationStateIterator it = set->getAnimationStateIterator();
4    // Inicializamos los AnimationState de la entidad
5    while(it.hasMoreElements()) {
6      AnimationState *anim = it.getNext();
7      anim->setEnabled(false);
8      anim->setWeight(0);
9      anim->setTimePosition(0);
10   }
11   mSource = NULL;  mTarget = NULL;  mTimeleft = 0;
12 }
```

En el constructor de la clase inicializamos todas las animaciones asociadas a la entidad
(recibida como único parámetro). Mediante un iterador (línea [6]) desactivamos todos los
AnimationState asociados (línea [7]), y reseteamos la posición de reproducción y su peso
asociado para su posterior composición (líneas [8-9]).

La clase *AnimationBlender* dispone de un método principal para *cargar* animaciones, indicando (como segundo parámetro) el tipo de mezcla que quiere realiarse con la
animación que esté reproduciéndose. La implementación actual de la clase admite dos
modos de mezclado; un efecto de mezclado suave tipo *cross fade* y una transición básica
de intercambio de canales.

La transición de tipo *Blend* implementa una transición simple lineal de tipo *Cross
Fade*, representada en la Figura 11.10 donde el primer canal de animación se mezclará de
forma suave con el segundo, empleando una combinación lineal de pesos.

Listado 11.5: AminationBlender.cpp (Blend)

```
1  void AnimationBlender::blend (const String &anim,
2       BlendingTransition transition, Real duration, bool l) {
3
4    AnimationState *newTarget = mEntity->getAnimationState(anim);
5    newTarget->setLoop(l);
6    mTransition = transition;
7    mDuration = duration;
8    mLoop = l;
9
10   if ((mTimeleft<=0) || (transition == AnimationBlender::Switch)){
11     // No hay transicion (finalizo la anterior o Switch)
12     if (mSource != NULL) mSource->setEnabled(false);
13     mSource = newTarget;              // Establecemos la nueva
14     mSource->setEnabled(true);
15     mSource->setWeight(1);            // Con maxima influencia
16     mSource->setTimePosition(0);      // Reseteamos la posicion
17     mTimeleft = mSource->getLength(); // Duracion del AnimState
18     mTarget = NULL;
19   }
20   else {                             // Hay transicion suave
21     if (mSource != newTarget) {
22       mTarget = newTarget;           // Nuevo destino
23       mTarget->setEnabled(true);
24       mTarget->setWeight(0);         // Cambia peso en addTime
25       mTarget->setTimePosition(0);
26     }
27   }
28 }
```

Aunque la implementación actual utiliza una simple combinación lineal de pesos, es posible definir cualquier función de mezcla. Bastará con modificar la implementación del método *addTime* que veremos a continuación.

Por su parte, el método de mezclado de tipo *Switch* realiza un intercambio directo de los dos canales de animación (ver Figura 11.11). Este método es el utilizado igualmente si el canal que se está reproduciendo actualmente ha finalizado (ver línea ⑩ del listado anterior).

La implementación del método anterior tiene en cuenta el canal de animación que se está reproduciendo actualmente. Si el canal a mezclar es igual que el actual, se descarta (línea ㉑). En otro caso, se añade como objetivo, activando el nuevo canal pero estableciendo su peso a 0 (línea ㉔). La mezcla efectiva de las animaciones (el cambio de peso asociado a cada canal de animación) se realiza en el método *addTime*, cuyo listado se muestra a continuación.

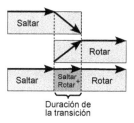

Figura 11.10: Efecto de transición tipo *Cross Fade*. En el tiempo especificado en la duración de la transición ambos canales de animación tienen influencia en el resultado final.

Listado 11.6: AminationBlender.cpp (addTime)

```
1  void AnimationBlender::addTime(Real time) {
2    if (mSource == NULL) return;    // No hay fuente
3    mSource->addTime(time);
4    mTimeleft -= time;
5    mComplete = false;
6    if ((mTimeleft <= 0) && (mTarget == NULL)) mComplete = true;
7
8    if (mTarget != NULL) {  // Si hay destino
9      if (mTimeleft <= 0) {
10       mSource->setEnabled(false);
11       mSource->setWeight(0);
12       mSource = mTarget;
13       mSource->setEnabled(true);
14       mSource->setWeight(1);
15       mTimeleft = mSource->getLength();
16       mTarget = NULL;
17     }
18     else {    // Queda tiempo en Source... cambiar pesos
19       Real weight = mTimeleft / mDuration;
20       if (weight > 1) weight = 1.0;
21       mSource->setWeight(weight);
22       mTarget->setWeight(1.0 - weight);
23       if (mTransition == AnimationBlender::Blend)
24         mTarget->addTime(time);
25     }
26   }
27   if ((mTimeleft <= 0) && mLoop) mTimeleft = mSource->getLength();
28 }
```

Al igual que en el uso de animaciones básicas en Ogre, el método *addTime* debe ser llamado cada vez que se redibuje la escena, indicando el tiempo transcurrido desde la última actualización. La clase *AnimationBlender* se encargará a su vez de ejecutar el método *addTime* de los canales de animación activos (líneas ③ y ㉔). El método *addTime* lleva internamente la cuenta del tiempo que le queda al canal de reproducción al canal de animación. Cuando el tiempo es menor o igual que el tiempo empleado para la transición, se calculará el peso que se asignará a cada canal (líneas ⑲-㉒). El peso se calcula empleando una sencilla combinación lineal, de modo que el peso total para ambos canales en cualquier instante debe ser igual a uno (ver Figura 11.12).

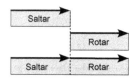

Figura 11.11: Transición de tipo *Intercambio*. El parámetro de duración, aunque se especifique, no tiene ningún efecto.

No es necesario que el peso final combinado de todas las animaciones sea igual a uno. No obstante, es conveniente que la suma de todos los canales de animación estén normalizados y sean igual a 1.

En el caso de asignar pesos negativos, la animación se reproducirá empleando curvas de animación invertidas.

La composición de animaciones suele ser una tarea compleja. En el ejemplo desarrollado para ilustrar el uso de la clase *AnimationBlender* se han utilizado únicamente dos animaciones, y se han utilizado tiempos de transición fijos en todos los casos. En producción es importante trabajar las transiciones y las curvas de animación para obtener resultados atractivos.

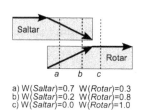

a) W(*Saltar*)=0.7 W(*Rotar*)=0.3
b) W(*Saltar*)=0.2 W(*Rotar*)=0.8
c) W(*Saltar*)=0.0 W(*Rotar*)=1.0

Figura 11.12: Cálculo del peso de cada animación basándose en la duración de la transición. En los instantes de tiempo *a*, *b* y *c* se muestra el valor del peso asociado a cada canal de animación.

El mezclado de animaciones que son muy diferentes provoca resultados extraños. Es mejor combinar canales de animación que son similares, de forma que la mezcla funciona adecuadamente. En el ejemplo de esta sección se mezclan animaciones muy diferentes, para mostrar un caso extremo de uso de la clase. En entornos de producción, suelen definirse puntos de conexión entre animaciones, de modo que la clase de *Blending* se espera hasta alcanzar uno de esos puntos para realizar la mezcla. De este modo, se generan un alto número de animaciones para garantizar que las mezclas funcionarán correctamente sin comportamientos extraños. La cantidad de animaciones necesarias para aplicar correctamente las técnicas de *Animation Blending* pueden ser muy elevadas. Por ejemplo, en *MechWarrior* de Microsoft cada robot tenía asociadas más de 150 animaciones.

El siguiente listado muestra un ejemplo de uso de la clase. En el constructor del *FrameListener* se crea una variable miembro de la clase que contendrá un puntero al objeto *AnimBlender*. Cada vez que se actualiza el frame, llamamos al método *addTime* (ver línea ⑪) que actualizará los canales de animación convenientes. En este ejemplo se han utilizado las 8 teclas descritas en la Figura 11.13 para mezclar las dos animaciones exportadas en Blender al inicio del capítulo.

Listado 11.7: Uso de AnimationBlender

```
1  if (_keyboard->isKeyDown(OIS::KC_Q))
2    _animBlender->blend("Saltar",AnimationBlender::Blend,0.5, false);
3  if (_keyboard->isKeyDown(OIS::KC_R))
4    _animBlender->blend("Rotar", AnimationBlender::Blend, 0.5, true);
5
6  if (_keyboard->isKeyDown(OIS::KC_S))
7    _animBlender->blend("Saltar", AnimationBlender::Switch, 0, true);
8  if (_keyboard->isKeyDown(OIS::KC_D))
9    _animBlender->blend("Rotar", AnimationBlender::Switch, 0, false);
10
11 _animBlender->addTime(deltaT);
```

En este capítulo hemos estudiado los usos fundamentales de la animación de cuerpo rígido. En el módulo 3 del curso estudiaremos algunos aspectos avanzados, como la animación de personajes empleando esqueletos y aproximaciones de cinemática inversa y el uso de motores de simulación física para obtener, de forma automática, animaciones realistas.

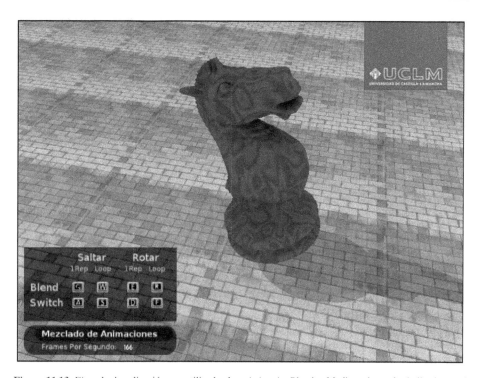

Figura 11.13: Ejemplo de aplicación que utiliza la clase *AnimationBlender*. Mediante las teclas indicadas en el interfaz es posible componer las animaciones exportadas empleandos los dos modos de transición implementados.

 Es importante realizar pruebas de la correcta composición y mezclado de animaciones en las primeras etapas del desarrollo del juego. De otra forma, podemos sufrir desagradables sorpresas cuando se acerca la deadline del proyecto. Puede resultar complicado ajustar en código la mezcla de animaciones, por lo que suelen desarrollarse scripts de exportación adicionales para indicar los puntos adecuados en cada animación donde puede componerse con el resto.

11.5. Caso de estudio: The Secret of Liches

Uno de los aspectos a destacar de **The Secret of Liches**[5] fue la cantidad de animaciones que se crearon para dar vida a los distintos personajes y enemigos del juego. El aspecto gráfico de un videojuego es lo que más impacto visual provoca en el usuario a la hora de jugarlo, por lo que se debe disponer de un amplio abanico de animaciones que aporte ese nivel de detalle que hace de un juego una obra de arte.

---

[5]Binarios y código fuente incluidos en el CD. Vídeo del juego disponible en: https://www.youtube.com/watch?v=J5ap3Gi4Dq8

Figura 11.14: Algunas capturas de pantalla del juego **The Secret of Liches**

En esta sección se aprenderá a crear un modelo básico con dos animaciones que harán uso de varios conceptos ya explicados anteriormente pero sobre los que no se ha entrado en profundidad. Finalmente, se presentarán algunos modelos y animaciones utilizados en la versión final de **The Secret of Liches**, así como algunos consejos y ayudas para hacer más sencillo el proceso de animar modelos 3D ya existentes.

11.5.1. Creando a *Spiker*

Para el primer ejemplo, se va a crear un modelo muy simple que representará una bola de pinchos enemiga o *Spiker*. Este enemigo consistirá de una esfera y varios pinchos que saldrán de ella para atacar. Este ejemplo trata de explicar al lector, cómo realizar un pesado de vértices efectivo para que distintos huesos modifiquen diferentes vértices del modelo al realizar transformaciones sobre estos.

Lo primero que debemos hacer es, reutilizando el cubo por defecto que nos proporciona Blender, añadirle un modificador *Subdivision Surface* 🔘 desde el panel *Object Modifiers* 🔧 con 1 única iteración del algoritmo y lo aplicamos. A continuación, se crearán los 4 pinchos del enemigo. Para ello, añadimos un cono 🔺 pulsando (SHIFT) + (A) y seleccionando *Mesh ->Cone* con 8 vértices, y mientras se encuentra seleccionado, pulsamos (R), (Y) y escribimos 90 para rotarlo. A continuación lo escalamos pulsando (S), (X), y escribimos 0.5. Para moverlo, pulsamos (G), (X) y escribimos 0.5. Finalmente, realizamos un último escalado pulsando (S), (SHIFT) + (ALT) + (X), y escribiendo 0.5. Una vez creado, lo duplicamos pulsando (SHIFT) + (D) tres veces para realizar tres copias, y las disponemos formando una cruz, teniendo en cuenta que los 4 pinchos deberían quedar finalmente dentro de la pseudo-esfera y apuntando fuera de esta. Por último, seleccionamos los 4 pinchos y la base esférica, y pulsamos (CONTROL) + (J) para juntar todas las partes en un único modelo y reiniciamos su centro geométrico pulsando (SHIFT) + (CONTROL) + (ALT) + (C) y seleccionando la opción *Origin to Geometry*.

Una vez creado el modelo base, se procederá a añadir el esqueleto del enemigo. Para ello, añadimos un hueso 🦴 pulsando (Shift) + (A) y seleccionando *Armature ->Single Bone*. Este hueso actuará como base para el resto del esqueleto. Lo posicionamos en la base del enemigo pulsando (G), (Z) y escribiendo -1, y le ponemos de nombre *base*. A continuación y con el hueso aun seleccionado, pasamos a modo edición pulsando (TAB) y extruimos pulsando (E) para crear un nuevo hueso de nombre *spike1*. Este nuevo hueso debe de estar contenido perfectamente dentro de uno de los pinchos que creamos previamente. Repetimos el proceso para los otros 3 pinchos, extruyendo siempre a partir del extremo del hueso base y nombrándolos tal como *spike2*, *spike3* y *spike4*. Finalmente, creamos un último hueso que abarque la mitad superior del modelo, partiendo del extre-

Figura 11.15: Proceso de creación de Spiker. Partiendo de un cubo, se subdivide según el algoritmo de Catmull-Clark y se añaden los pinchos y huesos.

mo del hueso base y lo llamamos *top*. Ahora, necesitamos desenlazar todos los huesos del hueso base para poder moverlos libremente a la hora de hacer las animaciones. Para ello y en modo edición, seleccionamos todos los huesos, pulsamos ALT + P y seleccionamos la opción *Disconnect Bone*.

En la Figura 11.15 podemos ver el resultado final de como quedaría el enemigo con su esqueleto.

A continuación, vamos a asociar el esqueleto con el modelo del enemigo. Para ello, y en modo objeto, seleccionamos el enemigo y pulsando SHIFT el esqueleto. Pulsamos Control + P y en el desplegable elegimos la opción *Armature Deform ->With Empty Groups*. Esto nos creará 6 grupos de vértices, uno por cada hueso que creamos. Si vamos a la sección *Vertex Groups* de la pestaña *Object Data* 🔧 en el panel *Properties* 🗄, veremos como se han creado dichos grupos. Ahora tenemos que asignar cada uno de los vértices que se correspondan con ciertas partes del enemigo, con cada uno de los grupos creados.

Vamos a seleccionar en primer lugar cada una de las caras del pincho que cubre al hueso *spike1*. Con este vértice seleccionado, nos vamos a la sección *Vertex Groups*, anteriormente nombrada, seleccionamos el grupo *spike1* y pulsamos el botón *Assign*. Si todo ha ido bien, al pulsar los botones *Deselect* y *Select* veremos como se deseleccionan y seleccionan las caras del pincho. Repetimos el mismo proceso para los otros tres pinchos, asociando sus caras a los grupos *spike2*, *spike3* y *spike4*. Quedarían dos grupos que tratar: *base* y *top*. Para el base, seleccionamos las caras que se corresponden con la mitad inferior de la pseudo-esfera y los asignamos al grupo de vértices del mismo nombre; el atajo del teclado C puede ayudar a hacer esto de forma mas cómoda. Para el hueso superior, necesitamos seleccionar el resto de la pseudo-esfera y los 4 pinchos. Para hacer esto de forma rápida, seleccionamos la mitad superior y en la sección *Vertex Groups* seleccionamos cada uno de los grupos de pinchos para añadirlos a la selección y pulsamos el botón *Select*. Finalmente asignamos la selección al grupo *top*.

Ya tendríamos creado al enemigo con su esqueleto perfectamente emparentado. Restaría crear algunas animaciones para darle un poco de vida.

11.5.2. Dándole vida

El proceso de animación, anteriormente introducido, resulta muy sencillo una vez se tiene el esqueleto correctamente enlazado con el modelo que queremos animar. Para nuestro fantástico enemigo, vamos a crear una animación de estar quieto y otra de atacar.

Lo primero que debemos hacer, es cambiar el espacio de trabajo de Blender a modo *Animation*, desde el seleccionador de disposición de pantalla 🖳.

Nos creará una disposición con dos nuevas ventanas en el lateral izquierdo del espacio de trabajo. Cambiamos la inferior para que nos muestre el *NLA Editor* y en la superior cambiamos el contexto de *Dope Sheet* a *Action Editor*. Como último ajuste, vamos a automatizar la forma de insertar fotogramas clave cambiando el valor del campo *Keying Set* a *LocRotScale*.

Encontrándose en reposo

Con todo listo, podemos pasar a animar nuestra acción *Standing*. Creamos entonces una nueva acción pulsando sobre el botón *New* en esa misma ventana, de nombre *Standing* y pulsamos sobre el botón ⬚F⬚ para forzar el guardado de la acción. Situados en el fotograma 1 de la línea temporal, seleccionamos el hueso *top* y lo rotamos pulsando ⬚R⬚, ⬚X⬚ y escribiendo -65. Realizamos un escalado pulsando ⬚S⬚ y escribiendo 0.75. Finalmente pulsamos ⬚A⬚ para seleccionar todos los huesos y ⬚I⬚ para guardar el fotograma clave con el estado actual del enemigo. A continuación, nos situamos en el fotograma 30 y seleccionamos el hueso *top* de nuevo. Esta vez realizamos otra rotación pero en el sentido contrario pulsando ⬚R⬚, ⬚X⬚ y escribiendo 130, y escalamos el hueso pulsando ⬚S⬚ y escribiendo 1.5. Para terminar la animación, duplicamos el primer fotograma clave seleccionándolo desde la vista *Dope Sheet* con ⬚Shift⬚ + ⬚D⬚ y escribimos 59 para situarlo en el fotograma 60.

> **Nota:** El lector puede fijarse como los huesos *spike** no se mueven con sus homólogos pinchos del modelo. Esto podría haberse solucionado habiéndolos creado a partir del hueso *top* y no del *base*. Queda como ejercicio para el lector corregir este comportamiento.

Atacando

Igual que antes, creamos una nueva acción y le ponemos de nombre *Attack*. Situándonos en el fotograma 1, reiniciamos el estado del esqueleto a su posición de descanso, pulsando ⬚A⬚ para seleccionar todos los huesos y pulsando ⬚Alt⬚ + ⬚G⬚, ⬚Alt⬚ + ⬚R⬚ y ⬚Alt⬚ + ⬚S⬚ para restaurar cualquier traslación, rotación y escalado que se encontrara aplicada.

A continuación, seleccionamos de nuevo todos los huesos y pulsamos ⬚I⬚ para guardar el estado en el primer fotograma. Avanzamos hasta el fotograma 30, y con todos los huesos seleccionados, pulsamos ⬚S⬚, escribimos 0.5 y guardamos el fotograma clave pulsando ⬚I⬚. En el fotograma 35, aplicamos ahora un escalado del 1.5 para todos los huesos y aplicamos un escalado individual de 4 unidades para cada hueso *spike** sobre el eje con el que esté alineado. Finalmente, se debe duplicar el primer fotograma con ⬚Shift⬚ + ⬚D⬚ y desplazarlo 59 unidades para situarlo en el fotograma 60.

Ya tendríamos creado a nuestro enemigo *Spiker* con dos animaciones. Restaría finalmente crear un *NLA Track* por cada acción para que el exportador de Blender a Ogre sepa identificar correctamente las animaciones a la hora de exportar el modelo.

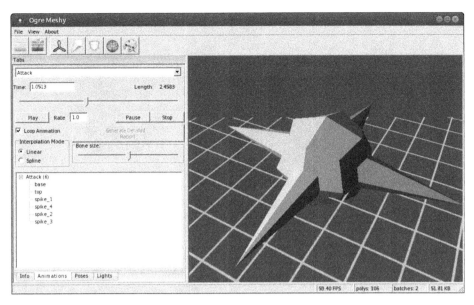

Figura 11.16: Captura de Ogre Meshy mostrando la animación *Attack* de *Spiker*.

Comprobando las animaciones

Una vez exportadas las animaciones desde Blender a un formato compatible con Ogre como es el .*mesh*, se puede emplear un visor de modelos para comprobar que el modelo y sus animaciones se van a comportar de la manera esperada en nuestro propio juego. Para ello, se puede emplear la aplicación **Ogre Meshy**[6].

La Figura 11.16 muestra una captura de la aplicación.

11.5.3. Modelos y animaciones en The Secret of Liches

Vamos a repasar en este apartado algunos aspectos clave de varios modelos y animaciones creados para el juego **The Secret of Liches**.

Protagonista

El modelo del protagonista se basó en uno con licencia libre[7]. Las modificaciones que se realizaron fueron, rehacer el esqueleto completamente, añadir animaciones y texturizarlo. El problema del esqueleto original era que no se encontraba correctamente adaptado al modelo debido a un erróneo pesado de vértices. Para corregir esto, se empleó el *addon* de Blender *Rigify*. Este añadido nos permite crear esqueletos humanos de forma muy simple. Para ello, y habiendo activado previamente el *addon*, se pulsa ⌈SHIFT⌉ + ⌈A⌉ y se selecciona el esqueleto humano del menú desde *Armature ->Human* (*Meta-Rig*). Se nos

---

[6]Página del autor y descarga en http://www.yosoygames.com.ar/wp/ogre-meshy/

[7]Puede encontrarse en http://opengameart.org/content/3d-chibi-rigged-model

Figura 11.17: Modelo del protagonista con su esqueleto. Las esferas y huesos perpendiculares al esqueleto representan los controladores IK de los huesos.

creará un completo esqueleto humano. Normalmente se necesitan realizar algunas modificaciones a dicho esqueleto, como transformar los huesos para adaptarlos al modelo o eliminar algunos directamente, como los huesos de los dedos como se hizo para el modelo del protagonista.

Para poder animar fácilmente un modelo tan complejo, conviene emplear un método de *Inverse Kinematic* que propague las transformaciones de los huesos a los relacionados. Para ello, se aplicaron modificadores *IK* a las partes superiores de los brazos, antebrazos, espinillas y muslos del modelo. Por ejemplo, para el antebrazo, se crea un hueso a partir del raíz que servirá de controlador para el brazo. Seleccionando después el hueso inmediatamente anterior a la mano (antebrazo), se añade un *Bone Constraint* 🖼 desde el panel *Properties* 🖼 de tipo *Inverse Kinematics*. En la nueva sección establecemos el campo *Target* al esqueleto completo (*Armature*) y el campo *Bone* al hueso que creamos recientemente como controlador. Finalmente, el campo *Chain Length* lo establecemos a 2 por ser dos la cantidad de huesos padre a los que queremos que las transformaciones del antebrazo afecten. De esta forma, si movemos el controlador podemos ver como la transformación afecta al resto de huesos, facilitando de esta forma la tarea de realizar animaciones más complejas. En la Figura 11.17 podemos ver el modelo del protagonista con su esqueleto.

Vamos a repasar a continuación una de las principales animaciones del personaje: la de caminar. Para ello, cambiamos en primer lugar la disposición del entorno de trabajo a modo *Animation* y en el *Dope Sheet* cambiamos la acción actual a *Walk*.

A la hora de crear animaciones de caminar o andar lo mejor es tomar algún tipo de referencia sobre la que basarse. Estas imágenes de referencia suelen conocerse como *walking* o *running cycles*. La Figura 11.18 muestra un ejemplo de ciclo de caminar.

Se trata de replicar las poses principales como fotogramas clave en Blender. Sin embargo, a la hora de realizar la animación del protagonista, se modificó dicho ciclo de caminar para obtener un resultado más parecido al de la Figura 11.19.

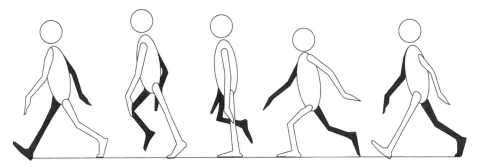

Figura 11.18: Ciclo de caminar genérico o walking cycle.

Figura 11.19: Ciclo de caminar del protagonista.

Siguiendo el ejemplo de la Figura 11.19, se crearían las 2 primeras poses en fotogramas distintos. Para crear perfectamente el tercer fotograma, se replicaría el primero volteando la pose. Para ello, se seleccionan todos los huesos del primer fotograma, se pulsa CONTROL + C y en otro fotograma distinto, se pega la pose volteada pulsando CONTROL + SHIFT + V. Para el cuarto fotograma, habría que voltear el segundo y finalmente para el quinto, duplicar el primero sin voltearlo. El quinto fotograma clave sin embargo no debe ser exactamente igual que el primero, ya que se produciría un retraso al reproducir la animación en bucle. Para solucionar esto, nos situamos un fotograma inmediatamente anterior al quinto, insertamos un nuevo fotograma clave que quede de esta forma entre el cuarto y el quinto fotograma, y se elimina el quinto fotograma. De esta forma, obtenemos un resultado más fiel al de la Figura 11.19, donde el primer y último fotograma no son exactamente iguales. Se pueden realizar además algunas correcciones menores insertando otros fotogramas clave en ciertos puntos críticos que no hayan quedado a nuestro gusto debido a las transformaciones automáticas producidas por el interpolador.

Gargullo

Un ejemplo menos típico, trata la animación de un modelo tipo pájaro. Para el juego se empleó un modelo libre[8] de un pájaro que se emplearía como enemigo y se llamaría *Gargullo*. Este modelo ya incluía un esqueleto correctamente asociado y una animación de aleteo. Se necesitaba además una animación de ataque para el pájaro. En la Figura 11.20 se muestra la serie de fotogramas clave que se crearon para dicha acción.

---

[8]Puede encontrarse en http://opengameart.org/content/bird-animated

Figura 11.20: Gargullo atacando.

En animaciones rápidas como de ataque o de recibir daño, la idea es dejar poco espacio entre los fotogramas clave que se encargan del ataque en sí. En la Figura 11.20
podemos observar que los fotogramas clave del ataque serían el tercero y el cuarto; se no-
ta perfectamente la diferencia espacial ente la cabeza del Gargullo en ambos fotogramas,
lo cual añadido a la reducida cantidad de fotogramas que se dejan entre esos dos clave,
resulta en una animación rápida que añade gran dinamismo a la acción.

11.5.4. Conclusión

El tema de las animaciones como hemos introducido al principio, resulta de gran
impacto en la calidad visual de un videojuego. Hemos aprendido en esta sección a crear
un modelo 3D desde cero, añadirle un esqueleto, ajustar el pesado de los huesos mediante
grupos de vértices y crear dos pequeñas animaciones para ponerlo a prueba.

Además, se han repasado algunos aspectos críticos de animaciones muy comunes como son las de caminar y atacar. La primera de ellas requiere mucha práctica y ensayo
y error hasta conseguir el resultado deseado. Se recomienda al lector buscar y estudiar
documentación en forma de imágenes y vídeos para mejorar el proceso de realizar animaciones que impliquen ciclos de caminar o correr. De la segunda animación debemos sacar
en claro que el uso de animaciones rápidas resulta crítico para dar un correcto dinamismo
al videojuego y que no resulte lenta de esta forma la experiencia de juego al usuario.

Capítulo 12

Simulación Física

Carlos González Morcillo

E n prácticamente cualquier videojuego (tanto 2D como 3D) es necesaria la detección de colisiones y, en muchos casos, la simulación realista de dinámica de cuerpo rígido. En este capítulo estudiaremos la relación existente entre sistemas de detección de colisiones y sistemas de simulación física, y veremos algunos ejemplos de uso del motor de simulación física libre *Bullet*.

12.1. Introducción

La mayoría de los videojuegos requieren en mayor o menor medida el uso de técnicas de detección de colisiones y simulación física. Desde un videojuego clásico como *Arkanoid*, hasta modernos juegos automovilísticos como *Gran Turismo* requieren definir la interacción de los elementos en el mundo físico.

El motor de *simulación física* puede abarcar una amplia gama de características y funcionalidades, aunque la mayor parte de las veces el término se refiere a un tipo concreto de simulación de la **dinámica de cuerpos rígidos**. Esta dinámica se encarga de determinar el movimiento de estos cuerpos rígidos y su interacción ante la influencia de fuerzas. Definimos un *cuerpo rígido* como un objeto sólido ideal, infinitamente duro y no deformable.

En el mundo real, los objetos no pueden pasar a través de otros objetos (salvo casos específicos convenientemente documentados en la revista *Más Allá*). En nuestro videojuego, a menos que tengamos en cuenta las colisiones de los cuerpos, tendremos el mismo efecto. El *sistema de detección de colisiones*, que habitualmente es un módulo del motor de simulación física, se encarga de calcular estas relaciones, determinando la relación espacial existente entre cuerpos rígidos.

Figura 12.1: *"Anarkanoid, el machacaladrillos sin reglas"* es un juego tipo *Breakout* donde la simulación física se reduce a una detección de colisiones 2D.

La mayor parte de los videojuegos actuales incorporan ciertos elementos de simulación física básicos. Algunos títulos se animan a incorporar ciertos elementos complejos como simulación de telas, cuerdas, pelo o fluidos. Algunos elementos de simulación física son precalculados y almacenados como animaciones estáticas, mientras que otros necesitan ser calculados en tiempo real para conseguir una integración adecuada.

Como hemos indicado anteriormente, las tres tareas principales que deben estar soportadas por un motor de simulación física son la detección de colisiones, su resolución (junto con otras restricciones de los objetos) y calcular la actualización del mundo tras esas interacciones. De forma general, las características que suelen estar presentes en motores de simulación física son:

- Detección de colisiones entre objetos dinámicos de la escena. Esta detección podrá ser utilizada posteriormente por el módulo de simulación dinámica.

- Cálculo de lineas de visión y tiro parabólico, para la simulación del lanzamiento de proyectiles en el juego.

- Definición de geometría estática de la escena (cuerpos de colisión) que formen el escenario del videojuego. Este tipo de geometría puede ser más compleja que la geometría de cuerpos dinámicos.

- Especificación de fuerzas (tales como viento, rozamiento, gravedad, etc...), que añadirán realismo al videjuego.

- Simulación de destrucción de objetos: paredes y objetos del escenario.

- Definición de diversos tipos de articulaciones, tanto en elementos del escenario (bisagras en puertas, raíles...)   como en la descripción de las articulaciones de personajes.

- Especificación de diversos tipos de motores y elementos generadores de fuerzas, así como simulación de elementos de suspensión y muelles.

- Simulación de fluidos, telas y cuerpos blandos (ver Figura 12.2).

Figura 12.2: Tres instantes en la simulación física de una tela sobre un cubo. Simulación realizada con el motor Bullet.

12.1.1. Algunos Motores de Simulación

El desarrollo de un motor de simulación física desde cero es una tarea compleja y que requiere gran cantidad de tiempo. Afortunadamente existen gran variedad de motores de simulación física muy robustos, tanto basados en licencias libres como comerciales. A continuación se describirán brevemente algunas de las bibliotecas más utilizadas:

- **Bullet**. Bullet es una biblioteca de simulación física ampliamente utilizada tanto en la industria del videojuego como en la síntesis de imagen realista (Blender, Houdini, Cinema 4D y LightWave las utilizan internamente). Bullet es multiplataforma, y se distribuye bajo una licencia libre zlib compatible con GPL. Estudiaremos con más detalle este motor, junto con su uso en Ogre, en la Sección 12.5.

- **ODE**. ODE (*Open Dynamics Engine*) www.ode.org es un motor de simulación física desarrollado en C++ bajo doble licencias BSD y LGPL. El desarrollo de ODE comenzó en el 2001, y ha sido utilizado como motor de simulación física en multitud de éxitos mundiales, como el aclamado videojuego multiplataforma *World of Goo*, *BloodRayne 2* (PlayStation 2 y Xbox), y *TitanQuest* (Windows). Ogre cuenta igualmente con un wrapper para utilizar este motor de simulación física.

- **PhysX**. Este motor privativo, es actualmente mantenido por NVidia con aceleración basada en hardware (mediante unidades específicas de procesamiento físico PPUs *Physics Processing Units* o mediante núcleos CUDA. Las tarjetas gráficas con soporte de CUDA (siempre que tengan al menos 32 núcleos CUDA) pueden realizar la simulación física en GPU. Este motor puede ejecutarse en multitud de plataformas como PC (GNU/Linux, Windows y Mac), PlayStation 3, Xbox y Wii. El SDK es gratuito, tanto para proyectos comerciales como no comerciales. Existen multitud de videojuegos comerciales que utilizan este motor de simulación. Gracias al wrapper *NxOgre* se puede utilizar este motor en Ogre.

- **Havok**. El motor Havok se ha convertido en el estándar de facto en el mundo del software privativo, con una amplia gama de características soportadas y plataformas de publicación (PC, Videoconsolas y Smartphones). Desde que en 2007 Intel comprara la compañía que originalmente lo desarrolló, Havok ha sido el sistema elegido por más de 150 videojuegos comerciales de primera línea. Títulos como *Age of Empires*, *Killzone 2 & 3*, *Portal 2* o *Uncharted 3* avalan la calidad del motor.

Figura 12.4: Gracias al uso de PhysX, las baldosas del suelo en *Batman Arkham Asylum* pueden ser destruidas (derecha). En la imagen de la izquierda, sin usar PhysX el suelo permanece inalterado, restando realismo y espectacularidad a la dinámica del juego.

Figura 12.3: Ejemplo de simulación física con ODE (demo de la distribución oficial), que incorpora el uso de motores y diferentes geometrías de colisión.

Existen algunas bibliotecas específicas para el cálculo de colisiones (la mayoría distribuidas bajo licencias libres). Por ejemplo, *I-Collide*, desarrollada en la Universidad de Carolina del Norte permite calcular intersecciones entre volúmenes convexos. Existen versiones menos eficientes para el tratamiento de formas no convexas, llamadas *V-Collide* y *RAPID*. Estas bibliotecas pueden utilizarse como base para la construcción de nuestro propio conjunto de funciones de colisión para videojuegos que no requieran funcionalidades físicas complejas.

12.1.2.   Aspectos destacables

El uso de un motor de simulación física en el desarrollo de un videojuego conlleva una serie de aspectos que deben tenerse en cuenta relativos al diseño del juego, tanto a nivel de jugabilidad como de módulos arquitectónicos:

- **Predictibilidad**. El uso de un motor de simulación física afecta a la predictibilidad del comportamiento de sus elementos. Además, el ajuste de los parámetros relativos a la definición de las características físicas de los objetos (coeficientes, constantes, etc...) son difíciles de visualizar.

- **Realización de pruebas**. La propia naturaleza caótica de las simulaciones (en muchos casos no determinista) dificulta la realización de pruebas en el videojuego.

- **Integración**. La integración con otros módulos del juego puede ser compleja. Por ejemplo, ¿qué impacto tendrá en la búsqueda de caminos el uso de simulaciones físicas? ¿cómo garantizar el determinismo en un videojuego multijugador?.

- **Realismo gráfico**. El uso de un motor de simulación puede dificultar el uso de ciertas técnicas de representación realista (como por ejemplo el precálculo de la iluminación con objetos que pueden ser destruidos). Además, el uso de cajas límite puede producir ciertos resultados poco realistas en el cálculo de colisiones.

- **Exportación**. La definición de objetos con propiedades físicas añade nuevas variables y constantes que deben ser tratadas por las herramientas de exportación de los datos del juego. En muchas ocasiones es necesario además la exportación de diferentes versiones de un mismo objeto (una versión de alta poligonalización, la versión de colisión, una versión destructible, etc).

- **Interfaz de Usuario**. Es necesario diseñar interfaces de usuario adaptados a las capacidades físicas del motor (¿cómo se especifica la fuerza y la dirección de lanzamiento de una granada?, ¿de qué forma se interactúa con objetos que pueden recogerse del suelo?).

12.1.3. Conceptos Básicos

A principios del siglo XVII, Isaac Netwon publicó las tres **leyes fundamentales del movimiento**. A partir de estos tres principios se explican la mayor parte de los problemas de dinámica relativos al movimiento de cuerpos y forman la base de la mecánica clásica. Las tres leyes pueden resumirse como:

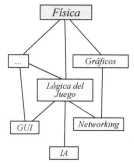

1. Un cuerpo tiende a mantenerse en reposo o a continuar moviéndose en línea recta a una velocidad constante a menos que actúe sobre él una fuerza externa. Esta ley resume el concepto de inercia.

2. El cambio de movimiento es proporcional a la fuerza motriz aplicada y ocurre según la línea recta a lo largo de la que se aplica dicha fuerza.

3. Para cada fuerza que actúa sobre un cuerpo ocurre una reacción igual y contraria. De este modo, las acciones mutuas de dos cuerpos siempre son iguales y dirigidas en sentido opuesto.

Figura 12.5: El motor de simulación física está directamente relacionado con otros módulos del videojuego. Esta dependencia conlleva una serie de dificultades que deben tenerse en cuenta.

En el estudio de la dinámica resulta especialmente interesante la segunda ley de Newton, que puede ser escrita como

$$F = m \times a \qquad (12.1)$$

donde F es la fuerza resultante que actúa sobre un cuerpo de masa m, y con una aceleración lineal a aplicada sobre el centro de gravedad del cuerpo.

Desde el punto de vista de la mecánica en videojuegos, la **masa** puede verse como una medida de la resistencia de un cuerpo al movimiento (o al cambio en su movimiento). A mayor masa, mayor resistencia para el cambio en el movimiento. Según la segunda ley de Newton que hemos visto anteriormente, podemos expresar que $a = F/m$, lo que nos da una impresión de cómo la masa aplica resistencia al movimiento. Así, si aplicamos una **fuerza** constante e incrementamos la masa, la aceleración resultante será cada vez menor.

El **centro de masas** (o de **gravedad**) de un cuerpo es el punto espacial donde, si se aplica una fuerza, el cuerpo se desplazaría sin aplicar ninguna rotación.

Un **sistema dinámico** puede ser definido como cualquier colección de elementos que cambian sus propiedades a lo largo del tiempo. En el caso particular de las simulaciones de cuerpo rígido nos centraremos en el cambio de posición y rotación.

Figura 12.6: La primera incursión de Steven Spielberg en el mundo de los videojuegos fue en 2008 con *Boom Blox*, un título de Wii desarrollado por EA con una componente de simulación física crucial para la experiencia del jugador.

Así, nuestra **simulación** consistirá en la ejecución de un modelo matemático que describe un sistema dinámico en un ordenador. Al utilizar modelos, se simplifica el sistema real, por lo que la simulación no describe con total exactitud el sistema simulado. Habitualmente se emplean los términos de interactividad y tiempo real de modo equivalente, aunque no lo son.

Una **simulación interactiva** es aquella que consigue una tasa de actualización suficiente para el control por medio de una persona. Por su parte, una **simulación en tiempo real** garantiza la actualización del sistema a un número fijo de frames por segundo. Habitualmente los motores de simulación física proporcionan tasas de frames para la simulación interactiva, pero no son capaces de garantizar Tiempo Real.

En multitud de ocasiones es necesario definir restricciones que definan límites a ciertos aspectos de la simulación. Los **controladores** son elementos que generan entradas a la simulación y que tratan de controlar el comportamiento de los objetos que están siendo simulados. Por ejemplo, un controlador puede intentar mantener constante el ángulo entre dos eslabones de una cadena robótica (ver Figura 12.8).

12.2. Sistema de Detección de Colisiones

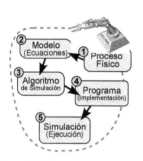

Figura 12.7: Etapas en la construcción de un motor de simulación física.

La responsabilidad principal del *Sistema de Detección de Colisiones* (SDC) es calcular cuándo *colisionan* los objetos de la escena. Para calcular esta *colisión*, los objetos se representan internamente por una forma geométrica sencilla (como esferas, cajas, cilindros...). En realidad, el *Sistema de Detección de Colisiones* puede entenderse como un módulo para realizar pruebas de intersección complejas.

Además de comprobar si hubo colisión entre los objetos, el SDC se encarga de proporcionar información relevante al resto de módulos del simulador físico sobre las propiedades de la colisión. Esta información se utiliza para evitar efectos indeseables, como la penetración de un objeto en otro, y conseguir la estabilidad en la simulación cuando el objeto llega a la posición de equilibrio.

12.2.1. Formas de Colisión

Como hemos comentado anteriormente, para calcular la colisión entre objetos, es necesario proporcionar una representación geométrica del cuerpo que se utilizará para calcular la colisión. Esta representación interna se calculará para determinar la posición y orientación del objeto en el mundo. Estos datos, con una descripción matemática mucho más simple y eficiente, son diferentes de los que se emplean en la representación visual del objeto (que cuentan con un mayor nivel de detalle).

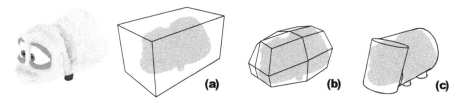

Figura 12.9: Diferentes formas de colisión para el objeto de la imagen. (a) Aproximación mediante una caja. (b) Aproximación mediante un volumen convexo. (c) Aproximación basada en la combinación de varias primitivas de tipo cilíndrico.

Habitualmente se trata de simplificar al máximo la forma de colisión. Aunque el SDC soporte objetos complejos, será preferible emplear tipos de datos simples, siempre que el resultado sea aceptable. La Figura 12.9 muestra algunos ejemplos de aproximación de formas de colisión para ciertos objetos del juego.

Multitud de motores de simulación física separan la forma de colisión de la transformación interna que se aplica al objeto. De esta forma, como muchos de los objetos que intervienen en el juego son dinámicos, basta con aplicar la transformación a la forma de un modo computacionalmente muy poco costoso. Además, separando la transformación de la forma de colisión es posible que varias entidades del juego compartan la misma forma de colisión.

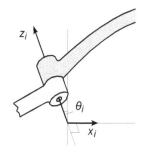

Figura 12.8: Un controlador puede intentar que se mantenga constante el ángulo θ_i formado entre dos eslabones de un brazo robótico.

Como se muestra en la Figura 12.9, las entidades del juego pueden tener diferentes formas de colisión, o incluso pueden compartir varias primitivas básicas (para representar por ejemplo cada parte de la articulación de un brazo robótico).

El **Mundo Físico** sobre el que se ejecuta el SDC mantiene una lista de todas las entidades que pueden colisionar empleando habitualmente una estructura global *Singleton*. Este *Mundo Físico* es una representación del mundo del juego que mantiene la información necesaria para la detección de las colisiones. Esta separación evita que el SDC tenga que acceder a estructuras de datos que no son necesarias para el cálculo de la colisión.

Los SDC mantienen estructuras de datos específicas para manejar las colisiones, proporcionando información sobre la *naturaleza* del contacto, que contiene la lista de las formas que están intersectando, su velocidad, etc...

Figura 12.10: Bullet soporta la definición de mallas poligonales animadas. En este ejemplo de las demos oficiales, el suelo está animado y los objetos convexos colisionan respondiendo a su movimiento.

Para gestionar de un modo más eficiente las colisiones, las formas que suelen utilizarse son convexas. Una **forma convexa** es aquella en la que un rayo que surja desde su interior atravesará la superfice una única vez.

Figura 12.11: Gestión de la forma de un objeto empleando cajas límite alineadas con el sistema de referencia universal AABBs. Como se muestra en la figura, la caja central realiza una aproximación de la forma del objeto muy pobre.

 Algunos motores de simulación física permiten compartir la misma descripción de la forma de colisión entre entidades. Esto resulta especialmente útil en juegos donde la forma de colisión es compleja, como en simuladores de carreras de coches.

Las superficies convexas son mucho más simples y requieren menor capacidad computacional para calcular colisiones que las formas cóncavas. Algunas de las primitivas soportadas habitualmente en SDC son:

- **Esferas**. Son las primitivas más simples y eficientes; basta con definir su centro y radio (uso de un vector de 4 elementos).

- **Cajas**. Por cuestiones de eficiencia, se suelen emplear cajas límite alineadas con los ejes del sistema de coordenadas (AABB o *Axis Aligned Bounding Box*). Las cajas AABB se definen mediante las coordenadas de dos extremos opuestos. El principal problema de las cajas AABB es que, para resultar eficientes, requieren estar alineadas con los ejes del sistema de coordenas global. Esto implica que si el objeto rota, como se muestra en la Figura 12.11, la aproximación de forma puede resultar de baja calidad. Por su eficiencia, este tipo de cajas suelen emplearse para realizar una primera aproximación a la intersección de objetos para, posteriormente, emplear formas más precisas en el cálculo de la colisión.

  Por su parte, las cajas OBB (*Oriented Bounding Box*) definen una rotación relativa al sistema de coordenadas. Su descripción es muy simple y permiten calcular la colisión entre primitivas de una forma muy eficiente.

- **Cilindros**. Los cilindros son ampliamente utilizados. Se definen mediante dos puntos y un radio. Una extensión de esta forma básica es la *cápsula*, que es un cuerpo compuesto por un cilindro y dos semiesferas (ver Figura 12.12). Puede igualmente verse como el volumen resultante de desplazar una esfera entre dos puntos. El cálculo de la intersección con cápsulas es más eficiente que con esferas o cajas, por lo que se emplean para el modelo de formas de colisión en formas que son aproximadamente cilíndricas (como las extremidades del cuerpo humano).

- **Volúmenes convexos**. La mayoría de los SDC permiten trabajar con volúmenes convexos (ver Figura 12.9). La forma del objeto suele representarse internamente mediante un conjunto de n planos. Aunque este tipo de formas es menos eficiente que las primitivas estudiadas anteriormente, existen ciertos algoritmos como el GJK que permiten optimizar los cálculos en este tipo de formas.

Figura 12.12: Algunas primitivas de colisión soportadas en ODE: Cajas, cilindros y cápsulas. La imagen inferior muestra los AABBs asociados a los objetos.

- **Malla poligonal**. En ciertas ocasiones puede ser interesante utilizar mallas arbitrarias. Este tipo de superficies pueden ser abiertas (no es necesario que definan un volumen), y se construyen como mallas de triángulos. Las mallas poligonales se suelen emplear en elementos de geometría estática, como elementos del escenario, terrenos, etc. (ver Figura 12.10) Este tipo de formas de colisión son las más complejas computacionalmente, ya que el SDC debe probar con cada triángulo. Así, muchos juegos tratan de limitar el uso de este tipo de formas de colisión para evitar que el rendimiento se desplome.

- **Formas compuestas**. Este tipo de formas se utilizan cuando la descripción de un objeto se aproxima más convenientemente con una colección de formas. Este tipo de formas es la aproximación deseable en el caso de que tengamos que utilizar objetos cóncavos, que no se adaptan adecuadamente a volúmenes convexos (ver Figura 12.13).

 Formas de colisión. A cada cuerpo dinámico se le asocia habitualmente una única forma de colisión en el SDC.

12.2.2. Optimizaciones

La detección de colisiones es, en general, una tarea que requiere el uso intensivo de la CPU. Por un lado, los cálculos necesarios para determinar si dos formas intersecan no son triviales. Por otro lado, muchos juegos requieren un alto número de objetos en la escena, de modo que el número de test de intersección a calcular rápidamente crece. En el caso de n objetos, si empleamos un algoritmo de fuerza bruta tendríamos una complejidad $O(n^2)$. Es posible utilizar ciertos tipos de optimizaciones que mejoran esta complejidad inicial:

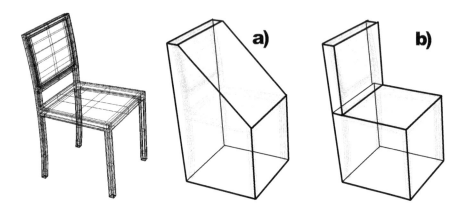

Figura 12.13: El modelo de una silla es un objeto que no se adapta bien a un volumen convexo (a). En (b) se ha utilizado una forma compuesta definiendo dos cajas.

- **Coherencia Temporal**. Este tipo de técnica de optimización (también llamada *coherencia entre frames*), evita recalcular cierto tipo de información en cada frame, ya que entre pequeños intervalos de tiempo los objetos mantienen las posiciones y orientaciones en valores muy similares.

- **Particionamiento Espacial**. El uso de estructuras de datos de particionamiento espacial permite comprobar rápidamente si dos objetos podrían estar intersecando si comparten la misma celda de la estructura de datos. Algunos esquemas de particionamiento jerárquico, como árboles octales, BSPs o árboles-kd permiten optimizar la detección de colisiones en el espacio. Estos esquemas tienen en común que el esquema de particionamiento comienza realizando una subdivisión general en la raíz, llegando a divisiones más finas y específicas en las hojas. Los objetos que se encuentran en una determinada rama de la estructura no pueden estar colisionando con los objetos que se encuentran en otra rama distinta.

- **Barrido y Poda (SAP)**. En la mayoría de los motores de simulación física se emplea un algoritmo Barrido y Poda (*Sweep and Prune*). Esta técnica ordena las cajas AABBs de los objetos de la escena y comprueba si hay intersecciones entre ellos. El algoritmo *Sweep and Prune* hace uso de la *Coherencia temporal frame a frame* para reducir la etapa de ordenación de $O(n \times log(n))$ a $O(n)$.

En muchos motores, como en Bullet, se utilizan varias capas o pasadas para detectar las colisiones. Primero suelen emplearse cajas AABB para comprobar si los objetos pueden estar potencialmente en colisión (detección de la colisión amplia). A continuación, en una segunda capa se hacen pruebas con volúmenes generales que engloban los objetos (por ejemplo, en un objeto compuesto por varios subobjetos, se calcula una esfera que agrupe a todos los subobjetos). Si esta segunda capa de colisión da un resultado positivo, en una tercera pasada se calculan las colisiones empleando las formas finales.

12.2.3. Preguntando al sistema...

En el módulo 2 ya estudiamos algunas de las funcionalidades que se pueden encontrar en sistemas de detección de colisiones. El objetivo es poder obtener resultados a ciertas consultas sobre el primer objeto que intersecará con un determinado rayo, si hay objetos situados en el interior de un determinado volumen, etc.

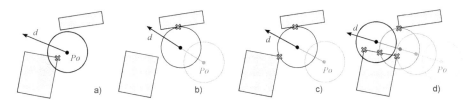

a)   b)   c)   d)

Figura 12.14: Cálculo de los puntos de colisión empleando *Shape Casting*. **a)** La forma inicialmente se encuentra colisionando con algún objeto de la escena. **b)** El SDC obtiene un punto de colisión. **c)** La forma interseca con dos objetos a la vez. **d)** En este caso el sistema calcula todos los puntos de colisión a lo largo de la trayectoria en la dirección de d.

A continuación veremos dos de las principales *collision queries* que pueden encontrarse habitualmente en un SDC:

- **Ray Casting**. Este tipo de *query* requiere que se especifique un rayo, y un origen. Si el rayo interseca con algún objeto, se devolverá un punto o una lista de puntos. Como vimos, el rayo se especifica habitualmente mediante una ecuación paramétrica de modo que $p(t) = p_o + td$, siendo t el parámetro que toma valores entre 0 y 1. d nos define el vector dirección del rayo, que determinará la distancia máxima de cálculo de la colisión. P_o nos define el punto de origen del rayo. Este valor de t que nos devuelve la *query* puede ser fácilmente convertido al punto de colisión en el espacio 3D. El *Ray Casting* se utiliza ampliamente en videojuegos. Por ejemplo, para comprobar si un personaje está dentro del área de visión de otro personaje, para detectar si un disparo alcanza a un enemigo, para que los vehículos permanezcan en contacto con el suelo, etc.

- **Shape Casting**. El *Shape Casting* permite determinar los puntos de colisión de una forma que viaja en la dirección de un vector determinado. Un uso habitual de estas *queries* permite determinar si la cámara entra en colisión con los objetos de la escena, para ajustar la posición de los personajes en terrenos irregulares, etc. Es similar al *Ray Casting*, pero en este caso es necesario tener en cuenta dos posibles situaciones que pueden ocurrir:

  1. La forma sobre la que aplicamos *Shape Casting* está inicialmente intersecando con al menos un objeto que evita que se desplace desde su posición inicial. En este caso el SDC devolverá los puntos de contacto que pueden estar situados sobre la superficie o en el interior del volumen.

  2. La forma no interseca sobre ningún objeto, por lo que puede desplazarse libremente por la escena. En este caso, el resultado de la colisión suele ser un punto de colisión situado a una determinada distancia del origen, aunque puede darse el caso de varias colisiones simultáneas (como se muestra en la Figura 12.14). En muchos casos, los SDC únicamente devuelven el resultado de la primera colisión (una lista de estructuras que contienen el valor de t, el identificador del objeto con el que han colisionado, el punto de contacto, el vector normal de la superficie en ese punto de contacto, y algunos campos extra de información adicional).

 Lista de colisiones. Para ciertas aplicaciones puede ser igualmente conveniente obtener la lista de todos los objetos con los que se interseca a lo largo de la trayectoria, como se muestra en la Figura 12.14.d).

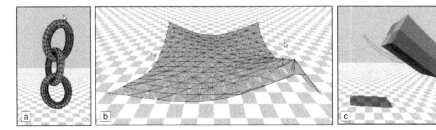

Figura 12.15: Ejemplo de simulación de cuerpos blandos con Bullet. a) Uso de *softbodies* con formas convexas. b) Simulación de una tela sostenida por cuatro puntos. c) Simulación de cuerdas.

12.3. Dinámica del Cuerpo Rígido

La simulación del movimiento de los objetos del juego forma parte del estudio de cómo las fuerzas afectan al comportamiento de los objetos. El módulo del motor de simulación que se encarga de la dinámica de los objetos estudia cómo cambian su posición en el tiempo. Hasta hace pocos años, los motores de simulación física se centraban en estudiar exclusivamente la *dinámica de cuerpos rígidos*[1], que permite simplificar el cálculo mediante dos suposiciones:

- Los objetos en la simulación obedecen las leyes del movimiento de Newton (estudiadas en la Sección 12.1.3). Así, no se tienen en cuenta ningún tipo de efecto cuántico ni relativista.

- Todos los objetos que intervienen en la simulación son perfectamente sólidos y no se deforman. Esto equivale a afirmar que su forma es totalmente constante.

En el cálculo de la variación de la posición de los objetos con el tiempo, el motor de simulación necesita resolver ecuaciones diferenciales, que cuentan como variable independiente el tiempo. La resolución de estas ecuaciones habitualmente no puede realizarse de forma analítica (es imposible encontrar expresiones simples que relacionen las posiciones y velocidades de los objetos en función del tiempo), por lo que deben usarse métodos de integración numérica.

Gracias a los métodos de *integración numérica*, es posible resolver las ecuaciones diferenciales en pasos de tiempo, de modo que la solución en un instante de tiempo sirve como entrada para el siguiente paso de integración. La duración de cada *paso* de integración suele mantenerse constante Δt.

Uno de los métodos más sencillos que se pueden emplear es el de **Euler**, suponiendo que la velocidad del cuerpo es constante durante el incremento de tiempo. El método también presenta buenos resultados cuando Δt es suficientemente pequeño. En términos generales, este método no es suficientemente preciso, y tiene problemas de convergencia y de estabilidad (el sistema se vuelve inestable, no converge y hace que la simulación *explote*). La alternativa más utilizada en la actualidad es el método de integración de **Verlet**, por su bajo error y su eficiencia computacional en la evaluación de las expresiones.

---

[1]Aunque en la actualidad se encuentran soportadas de una forma muy eficiente otras técnicas, como se muestran en la Figura 12.15

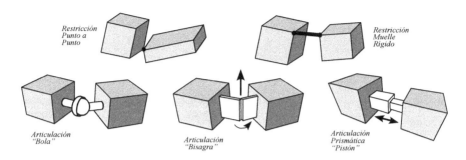

Figura 12.16: Representación de algunas de las principales restricciones que pueden encontrarse en los motores de simulación física.

12.4. Restricciones

Las restricciones sirven para limitar el movimiento de un objeto. Un objeto sin ninguna restricción tiene 6 grados de libertad. Las restricciones se usan en multitud de situaciones en desarrollo de videojuegos, como en puertas, suspensiones de vehículos, cadenas, cuerdas, etc. A continuación enumeraremos brevemente los principales tipos de restricciones soportadas por los motores de simulación física.

- **Punto a punto**. Este es el tipo de restricciones más sencillas; los objetos están conectados por un punto. Los objetos tienen libertad de movimiento salvo por el hecho de que tienen que mantenerse conectados por ese punto.

- **Muelle rígido**. Un muelle rígido (*Stiff Spring*) funciona como una restricción de tipo punto a punto salvo por el hecho de que los objetos están separados por una determinada distancia. Así, puede verse como unidos por una *barra* rígida que los separa una distancia fija.

- **Bisagras**. Este tipo de restricción limitan el movimiento de rotación en un determinado eje (ver Figura 12.16). Este tipo de restricciones pueden definir además un límite de rotación angular permitido entre los objetos (para evitar, por ejemplo, que el codo de un brazo robótico adopte una posición imposible).

- **Pistones**. Este tipo de restricciones, denominadas en general *restricciones prismáticas*, permiten limitar el movimiento de traslación a un único eje. Estas restricciones podrían permitir opcionalmente rotación sobre ese eje.

- **Bolas**. Estas restricciones permiten definir límites de rotación flexibles, estableciendo puntos de anclaje. Sirven por ejemplo para modelar la rotación que ocurre en el hombro de un personaje.

- **Otras restricciones**. Cada motor permite una serie de restricciones específicas, como planares (que restringen el movimiento en un plano 2D), cuerdas, cadenas de objetos, *rag dolls* (definidas como una colección de cuerpos rígidos conectados utilizando una estructura jerárquica), etc...

12.5. Introducción a Bullet

Como se ha comentado al inicio del capítulo, Bullet es una biblioteca de simulación física muy utilizada, tanto en la industria del videojuego, como en la síntesis de imagen realista. Algunas de sus características principales son:

- Está desarrollada íntegramente en C++, y ha sido diseñada de modo que tenga el menor número de dependencias externas posibles.

- Se distribuye bajo licencia Zlib (licencia libre compatible con GPL), y ha sido utilizada en proyectos profesionales en multitud de plataformas, entre las que destacan PlayStation 3, XBox 360, Wii, Linux, Windows, MacOSX, iPhone y Android.

- Cuenta con un integrador muy estable y rápido. Permite el cálculo de dinámica de cuerpo rígido, dinámicas de vehículos y diversos tipos de restricciones (bisagras, pistones, bolas, etc...).

- Permite dinámica de *SoftBodies*, como telas, cuerdas y deformación de volúmenes arbitrarios.

- Las últimas versiones permiten descargar algunos cálculos a la GPU, empleando OpenCL. La utilización de esta funcionalidad se encuentra en fase experimental, y requiere la instalación de versiones recientes de los drivers de la tarjeta gráfica.

- Está integrado en multitud de paquetes de síntesis de imagen realista (bien de forma interna o mediante plugins), como en Blender, Maya, Softimage, Houdini, Cinema4D, etc...

- Permite importar y exportar archivos Collada.

Figura 12.17: Multitud de videojuegos AAA utilizan Bullet como motor de simulación física.

Existen multitud de videojuegos comerciales que han utilizado Bullet como motor de simulación física. Entre otros se pueden destacar *Grand Theft Auto IV* (de Red Dead Redemption), *Free Realms* (de Sony), *HotWheels* (de BattleForce), *Blood Drive* (de Activision) o *Toy Story 3 (The Game)* (de Disney).

De igual forma, el motor se ha utilizado en películas profesionales, como *Hancock* (de Sony Pictures), *Bolt* de Walt Disney, *Sherlock Holmes* (de Framestore) o *Shrek 4* (de DreamWorks).

Muchos motores gráficos y de videojuegos permiten utilizar Bullet. La comunidad ha desarrollado multitud de *wrappers* para facilitar la integración en *Ogre*, *Crystal Space*, *Irrlich* y *Blitz3D* entre otros.

En el diseño de Bullet se prestó especial atención en conseguir un motor fácilmente adaptable y modular. Tal y como se comenta en su manual de usuario, el desarrollador puede utilizar únicamente aquellos módulos que necesite (ver Figura 12.18):

- Utilización exclusiva del componente de detección de colisiones.

- Utilización del componente de dinámicas de cuerpo rígido sin emplear los componentes de *SoftBody*.

- Utilización de pequeños fragmentos de código de la biblioteca.

- Extensión de la biblioteca para las necesidades específicas de un proyecto.

- Elección entre utilizar precisión simple o doble, etc...

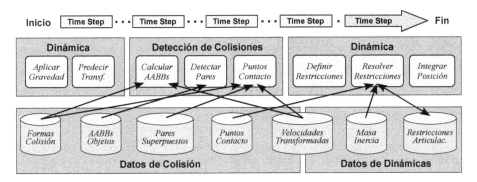

Figura 12.19: Pipeline de Bullet. En la parte superior de la imagen se describen las principales etapas computacionales, y en la parte inferior las estructuras de datos más importantes.

12.5.1. Pipeline de Físicas de Cuerpo Rígido

Bullet define el pipeline de procesamiento físico como se muestra en la Figura 12.19. El pipeline se ejecuta desde la izquierda a la derecha, comenzando por la etapa de cálculo de la gravedad, y finalizando con la integración de las posiciones (actualizando la transformación del mundo). Cada vez que se calcula un paso de la simulación stepSimulation en el mundo, se ejecutan las 7 etapas definidas en la imagen anterior.

El Pipeline comienza **aplicando la fuerza gravedad** a los objetos de la escena. Posteriormente se realiza una **predicción de las transformaciones** calculando la posición actual de los objetos. Hecho esto se **calculan las cajas AABBs**, que darán una estimación rápida de la posición de los objetos. Con estas cajas se **determinan los pares**, que consiste en calcular si las cajas AABBs se solapan en algún eje. Si no hay ningún solape, podemos afirmar que no hay colisión. De otra forma, hay que realizar un estudio más detallado del caso. Si hay posibilidad de contacto, se pasa a la siguiente etapa de **calcular los contactos**, que calcula utilizando la forma de colisión real del objeto el punto de contacto exacto. Estos puntos de

Figura 12.18: Esquema de los principales módulos funcionales de Bullet.

contacto se pasan a la última etapa de cálculo de la dinámica, que comienza con la **resolución de las restricciones**, donde se determina la respuesta a la colisión empleando las restricciones de movimientos que se han definido en la escena. Finalmente se **integran las posiciones** de los objetos, obteniendo las posiciones y orientaciones nuevas para este paso de simulación.

Las estructuras de datos básicas que define Bullet se dividen en dos grupos: los **datos de colisión**, que dependen únicamente de la *forma del objeto* (no se tiene en cuenta las propiedades físicas, como la masa o la velocidad asociada al objeto), y los **datos de propiedades dinámicas** que almacenan las propiedades físicas como la masa, la inercia, las restricciones y las articulaciones.

En los *datos de colisión* se distinguen las **formas de colisión**, las cajas *AABBs*, los **pares superpuestos** que mantiene una lista de parejas de cajas **AABB** que se solapan en algún eje, y los **puntos de contacto** que han sido calculados como resultado de la colisión.

Tipos básicos. Bullet cuenta con un subconjunto de utilidades matemáticas básicas con tipos de datos y operadores definidos como *btScalar* (escalar en punto flotante), *btVector3* (vector en el espacio 3D), *btTransform* (transformación afín 3D), *btQuaternion*, *btMatrix3x3*...

12.5.2. Hola Mundo en Bullet

Para comenzar, estudiaremos el "Hola Mundo" en Bullet, que definirá una esfera que cae sobre un plano. Primero instalaremos las bibliotecas, que pueden descargarse de la página web del proyecto[2]. Desde el directorio donde tengamos el código descomprimido, ejecutamos:

```
cmake . -G "Unix Makefiles" -DINSTALL_LIBS=ON
make
sudo make install
```

Obviamente, es necesario tener instalado *cmake* para compilar la biblioteca. A continuación estudiaremos el código de la simulación.

Listado 12.1: Hello World en Bullet.

```
 1  #include <iostream>
 2  #include <btBulletDynamicsCommon.h>
 3
 4  int main (void) {
 5    btBroadphaseInterface* broadphase = new btDbvtBroadphase();
 6    btDefaultCollisionConfiguration* collisionConfiguration =
 7      new btDefaultCollisionConfiguration();
 8    btCollisionDispatcher* dispatcher = new btCollisionDispatcher(collisionConfiguration);
 9    btSequentialImpulseConstraintSolver* solver = new btSequentialImpulseConstraintSolver;
10    btDiscreteDynamicsWorld* dynamicsWorld = new btDiscreteDynamicsWorld(dispatcher,broadphase,
          solver,collisionConfiguration);
11
12    // Definicion de las propiedades del mundo --------------------
13    dynamicsWorld->setGravity(btVector3(0,-10,0));
14
15    // Creacion de las formas de colision ------------------------
16    btCollisionShape* groundShape =
17      new btStaticPlaneShape(btVector3(0,1,0),1);
18    btCollisionShape* fallShape = new btSphereShape(1);
19
20    // Definicion de los cuerpos rigidos en la escena -------------
21    btDefaultMotionState* groundMotionState = new btDefaultMotionState(btTransform(btQuaternion
          (0,0,0,1),btVector3(0,-1,0)));
22    btRigidBody::btRigidBodyConstructionInfo
23      groundRigidBodyCI(0,groundMotionState,groundShape,btVector3(0,0,0));
24    btRigidBody* gRigidBody = new btRigidBody(groundRigidBodyCI);
25    dynamicsWorld->addRigidBody(gRigidBody);
26
27    btDefaultMotionState* fallMotionState =
28      new btDefaultMotionState(btTransform(btQuaternion(0,0,0,1),btVector3(0,50,0)));
29    btScalar mass = 1;
30    btVector3 fallInertia(0,0,0);
31    fallShape->calculateLocalInertia(mass,fallInertia);
32    btRigidBody::btRigidBodyConstructionInfo fallRigidBodyCI(mass,fallMotionState,fallShape,
          fallInertia);
33    btRigidBody* fallRigidBody = new btRigidBody(fallRigidBodyCI);
34    dynamicsWorld->addRigidBody(fallRigidBody);
```

[2]http://code.google.com/p/bullet/

```
35
36  // Bucle principal de la simulacion ---------------------------
37  for (int i=0 ; i<300 ; i++) {
38    dynamicsWorld->stepSimulation(1/60.f,10);    btTransform trans;
39    fallRigidBody->getMotionState()->getWorldTransform(trans);
40    std::cout << "Altura: " << trans.getOrigin().getY() << std::endl;
41  }
42
43  // Finalizacion (limpieza) ----------------------------------
44  dynamicsWorld->removeRigidBody(fallRigidBody);
45  delete fallRigidBody->getMotionState(); delete fallRigidBody;
46  dynamicsWorld->removeRigidBody(gRigidBody);
47  delete gRigidBody->getMotionState(); delete gRigidBody;
48  delete fallShape;    delete groundShape;
49  delete dynamicsWorld; delete solver;
50  delete collisionConfiguration;
51  delete dispatcher;    delete broadphase;
52
53  return 0;
54  }
```

El ejemplo anterior podría compilarse con un sencillo makefile como se muestra a continuación:

Listado 12.2: Makefile para hello world.

```
1  CXXFLAGS := 'pkg-config --cflags bullet'
2  LDLIBS := 'pkg-config --libs-only-l bullet'
3
4  all: HelloWorldBullet
5
6  clean:
7      rm HelloWorldBullet *~
```

Una vez compilado el programa de ejemplo, al ejecutarlo obtenemos un resultado puramente textual, como el mostrado en la Figura 12.20. Como hemos comentado anteriormente, Bullet está diseñado para permitir un uso modular. En este primer ejemplo no se ha hecho uso de ninguna biblioteca para la representación gráfica de la escena.

Si representamos los 300 valores de la altura de la esfera, obtenemos una gráfica como muestra la Figura 12.21. Como vemos, cuando la esfera (de 1 metro de radio) llega a un metro del suelo (medido desde el centro), rebota levemente y a partir del frame 230 aproximadamente se estabiliza.

El primer include definido en la línea ② del programa anterior se encarga de incluir todos los archivos de cabecera necesarios para crear una aplicación que haga uso del módulo de dinámicas (cuerpo rígido, restricciones, etc...). Necesitaremos instanciar un mundo sobre el que realizar la simulación. En nuestro caso crearemos un mundo dis-

```
Altura: 49.9972
Altura: 49.9917
Altura: 49.9833
Altura: 49.9722
Altura: 49.9583
Altura: 49.9417
Altura: 49.9222
Altura: 49.9
Altura: 49.875
Altura: 49.8472
Altura: 49.8167
Altura: 49.7833
Altura: 49.7472
Altura: 49.7083
Altura: 49.6667
...
```

Figura 12.20: Salida por pantalla de la ejecución del *Hola Mundo* en Bullet.

creto, que es el adecuado salvo que tengamos objetos de movimiento muy rápido sobre el que tengamos que hacer una detección de su movimiento (en cuyo caso podríamos utilizar la clase aún experimental *btContinuousDynamicsWorld*).

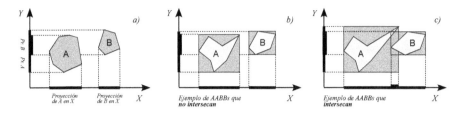

Figura 12.22: Aplicación del Teorema de los Ejes Separados y uso con cajas AABB. **a)** La proyección de las formas convexas de los objetos A y B están separadas en el eje X, pero no en el eje Y. Como podemos encontrar un eje sobre el que ambas proyecciones no intersecan, podemos asegurar que las formas no colisionan. **b)** El mismo principio aplicado sobre cajas AABB definidas en objetos cóncavos, que no intersecan. **c)** La proyección de las cajas AABB se solapa en todos los ejes. Hay un posible caso de colisión entre formas.

Creación del mundo

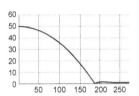

Figura 12.21: Representación de los valores obtenidos en el *Hola Mundo.*

Como vimos en la sección 12.2.2, los motores de simulación física utilizan varias capas para detectar las colisiones entre los objetos del mundo. Bullet permite utilizar algoritmos en una primera etapa (*broadphase*) que utilizan las cajas límite de los objetos del mundo para obtener una lista de pares de cajas que pueden estar en colisión. Esta lista es una lista exhaustiva de todas las cajas límite que intersecan en alguno de los ejes (aunque, en etapas posteriores lleguen a descartarse porque en realidad no colisionan).

Muchos sistemas de simulación física se basan en el *Teorema de los Ejes Separados*. Este teorema dice que si existe un eje sobre el que la proyección de dos formas convexas no se solapan, entonces podemos asegurar que las dos formas no colisionan. Si no existe dicho eje y las dos formas son convexas, podemos asegurar que las formas colisionan. Si las formas son cóncavas, podría ocurrir que no colisionaran (dependiendo de la *suerte* que tengamos con la forma de los objetos). Este teorema se puede visualizar fácilmente en 2 dimensiones, como se muestra en la Figura 12.22.a.

El mismo teorema puede aplicarse para cajas AABB. Además, el hecho de que las cajas AABB estén perfectamente alineadas con los ejes del sistema de referencia, hace que el cálculo de la proyección de estas cajas sea muy rápida (simplemente podemos utilizar las coordenadas mínimas y máximas que definen las cajas).

La Figura 12.22 representa la aplicación de este teorema sobre cajas AABB. En el caso c) de dicha figura puede comprobarse que la proyección de las cajas se solapa en todos los ejes, por lo que tendríamos un caso potencial de colisión. En realidad, como vemos en la figura las formas que contienen dichas cajas AABB no colisionan, pero este caso deberá ser resuelto por algoritmos de detección de colisión de menor granularidad.

En la línea ⑤ creamos un objeto que implementa un algoritmo de optimización en una primera etapa *broadphase*. En posteriores etapas Bullet calculará las colisiones exactas. Existen dos algoritmos básicos que implementa Bullet para mejorar al aproximación *a ciegas* de complejidad $O(n^2)$ que comprobaría toda la lista de pares. Estos algoritmos añaden nuevas parejas de cajas que en realidad no colisionan, aunque en general mejoran el tiempo de ejecución.

- **Árbol AABB Dinámico**. Este algoritmo está implementado en la clase *btDbvt-Broadphase*. Se construye un árbol AABB de propósito general que se utiliza tanto en la primera etapa de optimización *broadphase* como en la detección de colisiones entre *softbodies*. Este tipo de arbol se adapta automáticamente a las dimensiones del mundo, y la inserción y eliminación de objetos es más rápido que en SAP.

- **Barrido y Poda (*SAP*)**. La implementación de *Sweep and Prune* de Bullet requiere que el tamaño del mundo sea conocido de previamente. Este método es el que tiene mejor comportamiento en mundos dinámicos donde la mayoría de los objetos tienen poco movimiento. Se implementa en el conjunto de clases *AxisSweep* (con versiones de diverso nivel de precisión).

Tras esta primera *poda*, hemos eliminado gran cantidad de objetos que no colisionan. A continuación, en las líneas [6-8] se crea un objeto de configuración de la colisión, que nos permitirá adaptar los parámetros de los algoritmos utilizados en posteriores fases para comprobar la colisión. El *btCollisionDispatcher* es una clase que permite añadir funciones de *callback* para ciertos tipos de eventos (como por ejemplo, cuando los objetos se encuentren *cerca*).

El objeto *solver* (línea [9]) se encarga de que los objetos interactúen adecuadamente, teniendo en cuenta la gravedad, las fuerzas, colisiones y restricciones. En este ejemplo se ha utilizado la versión secuencial (que implementa el método de Gauss Seidel proyectado (PGS), para resolver problemas lineales), aunque existen versiones que hacen uso de paralelismo empleando hilos.

En la línea [10] se instancia el mundo. Este objeto nos permitirá añadir los objetos del mundo, aplicar gravedad, y avanzar el paso de la simulación. En concreto, en la línea [12] se establece una de las propiedades del mundo, la gravedad, asignando un valor de 10m/s en el eje Y, por lo que se aplicará sobre ese eje la fuerza de gravedad.

Figura 12.23: El objeto solver se encargará de resolver la interacción entre objetos.

Al finalizar, Bullet requiere que el usuario libere la memoria que ha utilizado explícitamente. De esta forma, a partir de la línea [42] se eliminan todos los elementos que han sido creados a lo largo de la simulación.

Hasta aquí hemos definido lo que puede ser el esqueleto básico de una aplicación mínima de Bullet. Vamos a definir a continuación los objetos que forman nuestra escena y el bucle de simulación.

 Reutiliza!! Es buena práctica reutilizar formas de colisión. Si varios objetos de la escena pueden compartir la misma forma de colisión (por ejemplo, todos los enemigos pueden gestionarse con una misma esfera de un determinado radio), es buena práctica compartir esa forma de colisión entre todos ellos.

Formas de Colisión

Como hemos comentado al inicio de la sección, crearemos un objeto plano que servirá como suelo sobre el que dejaremos caer una esfera. Cada uno de estos cuerpos necesita una forma de colisión, que internamente únicamente se utiliza para calcular la colisión (no tiene propiedades de masa, inercia, etc...).

Las formas de colisión no tienen una posición en el mundo; se adjuntan a los cuerpos rígidos. La elección de la forma de colisión adecuada, además de mejorar el rendimiento de la simulación, ayuda a conseguir una simulación de calidad. Bullet permite el uso de **primitivas** (que implementan algoritmos de detección de colisiones muy optimizados) o **mallas poligonales**. Las primitivas soportadas por Bullet son:

- **btSphereShape**. Esfera; la primitiva más simple y rápida.

- **btBoxShape**. La caja puede tener cualquier relación de aspecto.

- **btCylinderShape**. Cilindro con cualquier relación de aspecto.

- **btCapsuleShape**. Cápsula con cualquier relación de aspecto.

- **btConeShape**. Los conos se definen con el vértice en el (0,0,0).

- **btMultiSphereShape**. Forma convexa especial definida como combinación de esferas.

- **btCompoundShape**. No es una primitiva básica en sí, sino que permite combinar formas de cualquier tipo (tanto primitivas como formas de colisión de tipo malla que veremos a continuación). Permite obtener formas compuestas, como la que se estudió en la Figura 12.13.

Las formas de colisión de tipo malla soportadas son:

- **btConvexHull**. Este es el tipo de forma de tipo malla más rápido. Se define como una nube de vértices que forman la forma convexa más pequeña posible. El número de vértices debe ser pequeño para que la forma funcione adecuadamente. El número de vértices puede reducirse empleando la utilidad proporcionada por la clase *btShapeHull*. Existe una versión similar a este tipo llamado **btConvexTriangleMeshShape**, que está formado por caras triangulares, aunque es deseable utilizar *btConvexHull* porque es mucho más eficiente.

- **btBvhTriangleMeshShape**. Malla triangular estática. Puede tener un número considerable de polígonos, ya que utiliza una jerarquía interna para calcular la colisión. Como la construcción de esta estructura de datos puede llevar tiempo, se recomienda serializar el árbol para cargarlo rápidamente. Bullet incorpora utilidades para la serialización y carga del árbol BVH.

- **btHeightfieldTerrainShape**. Malla poligonal estática optimizada descrita por un mapa de alturas.

- **btStaticPlaneShape**. Plano infinito estático. Se especifica mediante un vector de dirección y una distancia respecto del origen del sistema de coordenadas.

Algunos consejos sobre el uso de formas de colisión en Bullet:

■ Trata de utilizar las formas de colisión más eficientes: esferas, cajas, cilindros y *ConvexHull*.

■ Los objetos dinámicos deben tener una forma cerrada y definida por un volumen finito. Algunas formas de colisión como los planos o las *triangleMesh* no tienen un volumen finito, por lo que únicamente pueden ser usados como cuerpos estáticos.

■ Reutiliza siempre que sea posible las formas de colisión.

En la línea 16-17 creamos una forma de colisión de tipo plano, pasando como parámetro el vector normal del plano (vector unitario en Y), y una distancia respecto del origen. Así, el plano de colisión queda definido por la ecuación $y = 1$.

De igual modo, la forma de colisión del cuerpo que dejaremos caer sobre el suelo será una esfera de radio 1 metro (línea 18).

Una vez definidas las formas de colisión, las posicionaremos asociándolas a instancias de cuerpos rígidos. En la siguiente subsección añadiremos los cuerpos rígidos al mundo.

Cuerpos Rígidos

Para añadir cuerpos rígidos, necesitamos primero definir el concepto de **MotionState** en Bullet. Un *MotionState* es una abstracción proporcionada por Bullet para actualizar la posición de los objetos que serán dibujados en el *game loop*. Para implementar nuestro propio *MotionState* basta con heredar de btMotionState y sobreescribir los métodos getWorldTransform y setWorldTransform. Empleando *MotionStates*, Bullet se encargará de actualizar los objetos que serán representados por el motor gráfico. En la siguiente sección estudiaremos cómo trabajar con *MotionStates* en Ogre.

Gracias al uso de *MotionStates*, únicamente se actualiza la posición de los objetos que se han movido. Bullet se encarga además de la interpolación de movimientos, aislando al programador de esta tarea. Cuando se consulte la posición de un objeto, por defecto se devolverá la correspondiente al último paso de simulación calculado. Sin embargo, cada vez que el motor gráfico necesite redibujar la escena, Bullet se encargará de devolver la transformación interpolada.

Los *MotionStates* deben utilizarse en dos situaciones:

1. Cuando se crea un cuerpo. Bullet determina la posición inicial del cuerpo en el momento de su creación, y requiere una llamada al *MotionState*.

2. Cuando se quiera actualizar la posición del objeto.

Bullet proporciona un *MotionState* por defecto que podemos utilizar para instanciar cuerpos rígidos. Así, en la línea 21 se utiliza el *MotionState* por defecto especificando como rotación la identidad, y trasladando el origen -1 unidad en Y [3].

En las líneas 22-23 se emplea la estructura *btRigidBodyConstructionInfo* para establecer la información para crear un cuerpo rígido.

---

[3]Esta traslación se realiza a modo de ejemplo para compensar la traslación de 1 unidad cuando se creó la forma de colisión del plano. El resultado sería el mismo si en ambos parámetros se hubiera puesto 0.

Los componentes de la estructura *btRigidBodyConstructionInfo* se copian a la información del cuerpo cuando se llama al constructor. Si queremos crear un grupo de objetos con las mismas propiedades, puede crearse una única estructura de este tipo y pasarla al constructor de todos los cuerpos.

El primer parámetro es la masa del objeto. Estableciendo una masa igual a cero (primer parámetro), se crea un objeto estático (equivale a establecer una masa infinita, de modo que el objeto no se puede mover). El último parámetro es la inercia del suelo (que se establece igualmente a 0, por ser un objeto estático).

En la línea ⟨24⟩ creamos el objeto rígido a partir de la información almacenada en la estructura anterior, y lo añadimos al mundo en la línea ⟨25⟩.

La creación de la esfera sigue un patrón de código similar. En la línea ⟨27⟩ se crea el *MotionState* para el objeto que dejaremos caer, situado a 50 metros del suelo (línea ⟨28⟩).

En las líneas ⟨29-31⟩ se establecen las propieades del cuerpo; una masa de 1Kg y se llama a un método de *btCollisionShape* que nos calcula la inercia de una esfera a partir de su masa.

Bucle Principal

Para finalizar, el bucle principal se ejecuta en las líneas ⟨36-41⟩. El bucle se ejecuta 300 veces, llamando al paso de simulación con un intervalo de 60hz. En cada paso de la simulación se imprime la altura de la esfera sobre el suelo.

Como puede verse, la posición y la orientación del objeto dinámico se encapsulan en un objeto de tipo *btTransform*. Como se comentó anteriormente, esta información puede obtenerse a partir del *MotionState* asociado al *btRigidBody* a través de la estructura de inicialización *btRigidBodyConstructInfo*.

El método para avanzar un paso en la simulación (línea ⟨38⟩) requiere dos parámetros. El primero describe la cantidad de tiempo que queremos avanzar la simulación. Bullet tiene un reloj interno que permite mantener constante esta actualización, de forma que sea independiente de la tasa de frames de la aplicación. El segundo parámetro es el número de subpasos que debe realizar bullet cada vez que se llama *stepSimulation*. Los tiempos se miden en segundos.

El primer parámetro debe ser siempre menor que el número de subpasos multiplicado por el tiempo fijo de cada paso $t_{Step} < maxSubStep \times t_{FixedStep}$.

Decrementando el tamaño de cada paso de simulación se está aumentado la resolución de la simulación física. De este modo, si en el juego hay objetos que "atraviesan" objetos (como paredes), es posible decrementar el *fixedTimeStep* para aumentar la resolución. Obviamente, cuando se aumenta la resolución al doble, se necesitará aumentar el número de *maxSubSteps* al doble, lo que requerirá aproximadamente el doble de tiempo de CPU para el mismo tiempo de simulación física.

¡Cuidado! Las funciones de cálculo de tiempo habitualmente devuelven los resultados en milisegundos. Bullet trabaja en segundos, por lo que ésta es una fuente habitual de errores. Por otra lado, cuando cambies el valor de los tiempos de simulación, recuerda calcular el número de subpasos de simulación para que la ecuación siga siendo correcta.

Cuando se especifica un valor de $maxSubSteps > 1$, Bullet interpolará el movimiento (y evitará al programador tener que realizar los cálculos). Si $maxSubSteps == 1$, no realizará interpolación.

 Supongamos que queremos un tiempo fijo de simulación en cada paso de 60hz. En el mejor de los casos, nuestro videojuego tendrá una tasa de 120fps (120hz), y en el peor de los casos de 12fps. Así, t_{Step} en el primer caso será $1/120 = 0,0083$, y en el segundo $t_{Step} = 1/12 = 0,083$. Por su parte, el tiempo del paso fijo para la simulación sería $1/60 = 0,017$. Para que la expresión anterior se cumpla, en el primer caso el número de subpasos basta con $1\,0,0083 < 1 \times 0,017$. En el peor de los casos, necesitaremos que el número de pasos sea al menos de 5 para que se cumpla la expresión $0,083 < 5 \times 0,017$. Con estas condiciones tendríamos que establecer el número de subpasos a 5 para no *perder tiempo de simulación*

12.6. Integración manual en Ogre

Como se ha estudiado en la sección anterior, los *MotionStates* se definen en Bullet para abstraer la representación de los *rigidBody* en el motor de dibujado. A continuación definiremos manualmente una clase `MyMotionState` que se encargará de la actualización de las entidades en Ogre.

La implementación de un *MotionState* propio debe heredar de la clase *btMotionState* de bullet, y sobreescribir los métodos *getWorldTransform* y *setWorldTransform* (por lo que se definen como virtuales). Ambos métodos toman como parámetro un objeto de la clase *btTransform*, que se utiliza para la representación interna de transformaciones de cuerpo rígido.

El siguiente listado muestra la declaración de la clase, que tiene dos variables miembro; el nodo asociado a ese *MotionState* (que tendremos que actualizar en *setWorldTransform*), y la propia transformación que devolveremos en *getWorldTransform* (línea ⑦).

btTransform

Las transformaciones de cuerpo rígido están formadas únicamente por traslaciones y rotaciones (sin escalado). Así, esta clase utiliza internamente un *btVector3* para la traslación y una matriz 3x3 para almacenar la rotación.

Listado 12.3: MyMotionState.h

```
1  #include <Ogre.h>
2  #include <btBulletDynamicsCommon.h>
3
4  class MyMotionState : public btMotionState {
5  protected:
6    Ogre::SceneNode* visibleobj;
7    btTransform _pos;
8
9  public:
10    MyMotionState(const btTransform &initialpos,
11                  Ogre::SceneNode* node);
12    virtual ~MyMotionState();
13    void setNode(Ogre::SceneNode* node);
14    virtual void getWorldTransform(btTransform &worldTr) const;
15    virtual void setWorldTransform(const btTransform &worldTr);
16  };
```

La definición de la clase es directa. El siguiente listado muestra los métodos más importantes en su implementación (el destructor no tiene que eliminar el nodo; se encargará Ogre al liberar los recursos).

En las líneas ⟨15-19⟩ se define el método principal, que actualiza la posición y rotación del *SceneNode* en Ogre. Dado que Bullet y Ogre definen clases distintas para trabajar con Vectores y Cuaternios, es necesario obtener la rotación y posición del objeto por separado y asignarlo al nodo mediante las llamadas a *setOrientation* y *setPosition* (líneas ⟨17⟩ y ⟨19⟩).

La llamada a *setWorldTransform* puede retornar en la línea ⟨15⟩ si no se ha establecido nodo en el constructor. Se habilita un método específico para establecer el nodo más adelante. Esto es interesante si se quieren añadir objetos a la simulación que no tengan representación gráfica.

Listado 12.4: MyMotionState.cpp

```
 1  #include "MyMotionState.h"
 2
 3  MyMotionState::MyMotionState(const btTransform &initialpos,
 4    Ogre::SceneNode *node) {
 5    _visibleobj = node; _pos = initialpos;
 6  }
 7
 8  void MyMotionState::setNode(Ogre::SceneNode *node)
 9    { _visibleobj = node; }
10
11  void MyMotionState::getWorldTransform (btTransform &worldTr) const
12    { worldTr = _pos; }
13
14  void MyMotionState::setWorldTransform(const btTransform &worldTr){
15    if(NULL == _visibleobj) return;      // Si no hay nodo, return
16    btQuaternion rot = worldTr.getRotation();
17    _visibleobj->setOrientation(rot.w(), rot.x(), rot.y(), rot.z());
18    btVector3 pos = worldTr.getOrigin();
19    _visibleobj->setPosition(pos.x(), pos.y(), pos.z());
20  }
```

Una vez creada la clase que utilizaremos para definir el *MotionState*, la utilizaremos en el "*Hola Mundo*" construido en la sección anterior para representar la simulación con el plano y la esfera. El resultado que tendremos se muestra en la Figura 12.24. Para la construcción del ejemplo emplearemos como esqueleto base el *FrameListener* del Módulo 2 del curso.

Listado 12.5: MyFrameListener.cpp

```
 1  #include "MyFrameListener.h"
 2  #include "MyMotionState.h"
 3
 4  MyFrameListener::MyFrameListener(RenderWindow* win,
 5      Camera* cam, OverlayManager *om, SceneManager *sm) {
 6    // .... Omitida parte de la inicializacion
 7    _broadphase = new btDbvtBroadphase();
 8    _collisionConf = new btDefaultCollisionConfiguration();
 9    _dispatcher = new btCollisionDispatcher(_collisionConf);
10    _solver = new btSequentialImpulseConstraintSolver;
11    _world = new btDiscreteDynamicsWorld(_dispatcher,_broadphase,
12                         _solver,_collisionConf);
13    _world->setGravity(btVector3(0,-10,0));
14    CreateInitialWorld();
15  }
16
17  MyFrameListener::~MyFrameListener() {
18    _world->removeRigidBody(_fallRigidBody);
```

```
19   delete _fallRigidBody->getMotionState();
20   delete _fallRigidBody;
21   // ... Omitida la eliminacion de los objetos
22 }
23
24 void MyFrameListener::CreateInitialWorld() {
25   // Creacion de la entidad y del SceneNode ----------------------
26   Plane plane1(Vector3::Vector3(0,1,0), 0);
27   MeshManager::getSingleton().createPlane("p1",
28     ResourceGroupManager::DEFAULT_RESOURCE_GROUP_NAME, plane1,
29     200, 200, 1, 1, true, 1, 20, 20, Vector3::UNIT_Z);
30   SceneNode* node = _sceneManager->createSceneNode("ground");
31   Entity* groundEnt = _sceneManager->createEntity("planeEnt","p1");
32   groundEnt->setMaterialName("Ground");
33   node->attachObject(groundEnt);
34   _sceneManager->getRootSceneNode()->addChild(node);
35
36   // Creamos las formas de colision -------------------------------
37   _groundShape = new btStaticPlaneShape(btVector3(0,1,0),1);
38   _fallShape = new btSphereShape(1);
39
40   // Creamos el plano ---------------------------------------------
41   MyMotionState* groundMotionState = new MyMotionState(
42     btTransform(btQuaternion(0,0,0,1),btVector3(0,-1,0)), node);
43   btRigidBody::btRigidBodyConstructionInfo groundRigidBodyCI
44     (0,groundMotionState,_groundShape,btVector3(0,0,0));
45   _groundRigidBody = new btRigidBody(groundRigidBodyCI);
46   _world->addRigidBody(_groundRigidBody);
47
48   // Creamos la esfera --------------------------------------------
49   Entity *entity2= _sceneManager->createEntity("ball","ball.mesh");
50   SceneNode *node2= _sceneManager->getRootSceneNode()->createChildSceneNode();
51   node2->attachObject(entity2);
52   MyMotionState* fallMotionState = new MyMotionState(
53     btTransform(btQuaternion(0,0,0,1),btVector3(0,50,0)), node2);
54   btScalar mass = 1;     btVector3 fallInertia(0,0,0);
55   _fallShape->calculateLocalInertia(mass,fallInertia);
56   btRigidBody::btRigidBodyConstructionInfo fallRigidBodyCI(
57     mass,fallMotionState,_fallShape,fallInertia);
58   _fallRigidBody = new btRigidBody(fallRigidBodyCI);
59   _world->addRigidBody(_fallRigidBody);
60 }
61
62 bool MyFrameListener::frameStarted(const Ogre::FrameEvent& evt) {
63   Real deltaT = evt.timeSinceLastFrame;
64   int fps = 1.0 / deltaT;
65
66   _world->stepSimulation(deltaT, 5);    // Actualizar fisica
67
68   _keyboard->capture();
69   if (_keyboard->isKeyDown(OIS::KC_ESCAPE)) return false;
70
71   btVector3 impulse;
72   if (_keyboard->isKeyDown(OIS::KC_I)) impulse=btVector3(0,0,-.1);
73   if (_keyboard->isKeyDown(OIS::KC_J)) impulse=btVector3(-.1,0,0);
74   if (_keyboard->isKeyDown(OIS::KC_K)) impulse=btVector3(0,0,.1);
75   if (_keyboard->isKeyDown(OIS::KC_L)) impulse=btVector3(.1,0,0);
76   _fallRigidBody->applyCentralImpulse(impulse);
77
78   // Omitida parte del codigo fuente (manejo del raton, etc...)
79   return true;
80 }
81
82 bool MyFrameListener::frameEnded(const Ogre::FrameEvent& evt) {
83   Real deltaT = evt.timeSinceLastFrame;
84   _world->stepSimulation(deltaT, 5);    // Actualizar fisica
85   return true;
86 }
```

Figura 12.24: Fragmento del resultado de integración del "Hola Mundo" de Bullet en Ogre, empleando la clase de *MyMotionState* definida anteriormente.

En la implementación del *FrameListener* es necesario mantener como variables miembro el conjunto de objetos necesarios en la simulación de Bullet. Así, la implementación del constructor (líneas ⌊4-15⌋ define los objetos necesarios para crear el mundo de simulación de Bullet (línea ⌊11-12⌋). Estos objetos serán liberados en el destructor de la clase (ver líneas ⌊17-22⌋). De igual modo, los dos cuerpos rígidos que intervienen en la simulación y sus formas asociadas son variables miembro de la clase.

El método *CreateInitialWorld* (definido en las líneas ⌊24-60⌋) se realiza como último paso en el constructor. En este método se añaden a la escena de Ogre y al mundo de Bullet los elementos que intervendrán en la simulación (en este caso la esfera y el plano).

La creación de las entidades y los nodos para el plano y la esfera (líneas ⌊26-34⌋ y ⌊49-51⌋ respectivamente) ya han sido estudiadas en el Módulo 2 del curso. La creación de las formas para el plano y la esfera (líneas ⌊37-38⌋) fueron descritas en el código de la sección anterior. Cabe destacar que la malla exportada en ball.mesh (línea ⌊49⌋) debe tener un radio de 1 unidad, para que la forma de colisión definida en la línea ⌊38⌋ se adapte bien a su representación gráfica.

 Variables miembro. Mantener los objetos como variables miembro de la clase no deja de ser una mala decisión de diseño. En la sección 12.7 veremos cómo se gestionan listas dinámicas con los objetos y las formas de colisión.

Cada objeto tendrá asociado un *MotionState* de la clase definida anteriormente, que recibirá la rotación y traslación inicial, y el puntero al nodo que guarda la entidad a representar. En el caso del plano, se define en las líneas ⌊41-42⌋, y la esfera en ⌊52-53⌋.

Por último, tendremos que añadir código específico en los métodos de retrollamada de actualización del frame. En el listado anterior se muestra el código de *frameStarted* (líneas ⌊62-86⌋). En la línea ⌊66⌋ se actualiza el paso de simulación de Bullet, empleando el tiempo transcurrido desde la última actualización. Además, si el usuario pulsa las teclas ⌊I⌋, ⌊J⌋, ⌊K⌋ o ⌊L⌋ (líneas ⌊71-76⌋), se aplicará una fuerza sobre la esfera. Veremos más detalles sobre la aplicación de impulsos a los objetos en el ejemplo de la sección 12.8.

Para finalizar, se muestran los flags del Makefile necesarios para integrar Bullet en los ejemplos anteriores.

Listado 12.6: Fragmento de Makefile

```
1  # Flags de compilacion ----------------------------
2  CXXFLAGS := -I $(DIRHEA) -Wall 'pkg-config --cflags OGRE' 'pkg-config  --cflags bullet'
3
4  # Flags del linker --------------------------------
5  LDFLAGS := 'pkg-config --libs-only-L OGRE' 'pkg-config --libs-only-l    bullet'
6  LDLIBS := 'pkg-config --libs-only-l OGRE' 'pkg-config --libs-only-l bullet' -lOIS -lGL -lstdc++
```

Actualización del mundo. En el ejemplo recién estudiado, se actualiza el paso de simulación igualmente en el método *frameEnded*. Bullet se encarga de interpolar las posiciones de dibujado de los objetos. Si se elimina la llamada a *stepSimulation*, el resultado de la simulación es mucho más brusco.

12.7.   Hola Mundo en OgreBullet

El desarrollo de un *wrapper* completo del motor Bullet puede ser una tarea costosa. Afortunadamente existen algunas alternativas que facilitan la integración del motor en Ogre, como el proyecto *OgreBullet*[4]. OgreBullet se distribuye bajo una licencia MIT libre, y es multiplataforma.

Según el autor, *OgreBullet* puede ser considerado un wrapper en versión estable. La notificación de bugs, petición de nuevos requisitos y ejemplos se mantiene en un apartado específico de los foros de Ogre [5]. Uno de los principales problemas relativos al uso de este wrapper es la falta de documentación, por lo que en algunos casos la única alternativa es la consulta de los archivos de cabecera de la distribución.

En el siguiente ejemplo crearemos una escena donde se añadirán de forma dinámica cuerpos rígidos. Además de un puntero al *DynamicsWorld* (variable miembro *_world*), el *FrameListener* mantiene un puntero a un objeto *_debugDrawer* (línea (7)), que nos permite representar cierta información visual que facilita el depurado de la aplicación. En este primer ejemplo se activa el dibujado de las formas de colisión (línea (8)), tal y como se muestra en la Figura 12.25.

Figura 12.25: Salida del primer ejemplo con *OgreBullet*. El objeto *_debugDrawer* muestra las formas de colisión asociadas a las entidades de Ogre.

Este objeto permite añadir otros elementos que faciliten la depuración, como líneas, puntos de contacto, cajas AABBs, etc. Los métodos relativos a la representación de texto 3D en modo depuración están previstos pero aún no se encuentran desarrollados. Este objeto de depuración debe ser añadido igualmente al grafo de escena de Ogre (líneas (9-11) del siguiente listado).

La definición del mundo en *OgreBullet* requiere que se especifiquen los límites de simulación. En las líneas (14-15) se crea una caja AABB descrita por los vértices de sus esquinas que define el volumen en el que se realizará la simulación física. Este límite, junto con el vector de gravedad, permitirán crear el mundo (líneas (18-19)).

---

[4]OgreBullet puede descargarse de la página de complementos oficial de Ogre en: `http://ogreaddons.svn.`
`sourceforge.net/viewvc/ogreaddons/trunk/ogrebullet/?view=tar`

[5]Foros OgreBullet: `http://www.ogre3d.org/addonforums/viewforum.php?f=12`

```
   Listado 12.7: Constructor
 1  MyFrameListener::MyFrameListener(RenderWindow* win,
 2     Camera* cam, OverlayManager *om, SceneManager *sm) {
 3     _numEntities = 0;    // Numero de Formas instanciadas
 4     _timeLastObject = 0; // Tiempo desde ultimo objeto anadido
 5
 6     // Creacion del modulo de debug visual de Bullet ---------------
 7     _debugDrawer = new OgreBulletCollisions::DebugDrawer();
 8     _debugDrawer->setDrawWireframe(true);
 9     SceneNode *node = _sceneManager->getRootSceneNode()->
10       createChildSceneNode("debugNode", Vector3::ZERO);
11     node->attachObject(static_cast<SimpleRenderable*>(_debugDrawer));
12     // Creacion del mundo (definicion de los limites y la gravedad)
13     AxisAlignedBox worldBounds = AxisAlignedBox
14       (Vector3(-10000,-10000,-10000), Vector3(10000,10000,10000));
15     Vector3 gravity = Vector3(0, -9.8, 0);
16     _world = new OgreBulletDynamics::DynamicsWorld(_sceneManager,
17         worldBounds, gravity);
18     _world->setDebugDrawer (_debugDrawer);
19     _world->setShowDebugShapes (true);  // Muestra formas debug
20     CreateInitialWorld();    // Inicializa el mundo
21  }
```

El *FrameListener* mantiene dos colas de doble fin (*deque*) de punteros a los *Rigid-Body* (_bodies) y a las *CollisionShape* (_shapes), que facilitan la inserción y borrado de elementos de un modo más rápido que los vectores. Así, cuando se añadan objetos de forma dinámica a la escena, será necesario añadirlos a estas estructuras para su posterior liberación en el destructor de la clase. El siguiente listado muestra la implementación del destructor del *FrameListener*.

De igual modo es necesario liberar los recursos asociados al mundo dinámico y al *debugDrawer* creado en el constructor (ver líneas 16-17).

```
   Listado 12.8: Destructor
 1  MyFrameListener::~MyFrameListener() {
 2     // Eliminar cuerpos rigidos --------------------------------------
 3     std::deque <OgreBulletDynamics::RigidBody *>::iterator
 4        itBody = _bodies.begin();
 5     while (_bodies.end() != itBody) {
 6       delete *itBody;  ++itBody;
 7     }
 8     // Eliminar formas de colision -----------------------------------
 9     std::deque<OgreBulletCollisions::CollisionShape *>::iterator
10        itShape = _shapes.begin();
11     while (_shapes.end() != itShape) {
12       delete *itShape; ++itShape;
13     }
14     _bodies.clear();  _shapes.clear();
15     // Eliminar mundo dinamico y debugDrawer ---------------------
16     delete _world->getDebugDrawer();    _world->setDebugDrawer(0);
17     delete _world;
18  }
```

Para añadir un objeto de simulación de *OgreBullet* debemos crear dos elementos básicos; por un lado la *CollisionShape* (líneas 14-16), y por otro lado el *RigidBody* (líneas 17-18).

La asociación del nodo de dibujado con el cuerpo rígido se establece en la misma llamada en la que se asocia la forma de colisión al *RigidBody*. En la clase *OgreBulletDynamics::RigidBody* existen dos métodos que permiten asociar una forma de colisión a un *RigidBody*; *setShape* y *setStaticShape*. La segunda cuenta con varias versiones; una de ellas no requiere especificar el *SceneNode*, y se corresponde con la utilizada en la línea ㉑ para añadir la forma de colisión al plano.

Listado 12.9: CreateInitialWorld

```
1  void MyFrameListener::CreateInitialWorld() {
2    // Creacion de la entidad y del SceneNode ----------------------
3    Plane plane1(Vector3::Vector3(0,1,0), 0);
4    MeshManager::getSingleton().createPlane("p1",
5      ResourceGroupManager::DEFAULT_RESOURCE_GROUP_NAME, plane1,
6      200, 200, 1, 1, true, 1, 20, 20, Vector3::UNIT_Z);
7    SceneNode* node= _sceneManager->createSceneNode("ground");
8    Entity* groundEnt= _sceneManager->createEntity("planeEnt", "p1");
9    groundEnt->setMaterialName("Ground");
10   node->attachObject(groundEnt);
11   _sceneManager->getRootSceneNode()->addChild(node);
12
13   // Creamos forma de colision para el plano --------------------
14   OgreBulletCollisions::CollisionShape *Shape;
15   Shape = new OgreBulletCollisions::StaticPlaneCollisionShape
16     (Ogre::Vector3(0,1,0), 0);   // Vector normal y distancia
17   OgreBulletDynamics::RigidBody *rigidBodyPlane = new
18     OgreBulletDynamics::RigidBody("rigidBodyPlane", _world);
19
20   // Creamos la forma estatica (forma, Restitucion, Friccion) ----
21   rigidBodyPlane->setStaticShape(Shape, 0.1, 0.8);
22
23   // Anadimos los objetos Shape y RigidBody --------------------
24   _shapes.push_back(Shape);        _bodies.push_back(rigidBodyPlane);
25 }
```

 Añadir a las colas. Una vez añadido el objeto, deben añadirse las referencias a la forma de colisión y al cuerpo rígido en las colas de la clase (línea 24).

La actualización del mundo se realiza de forma similar a la ya estudiada. La aplicación de ejemplo además, permite añadir objetos dinámicos cuando se pulse la tecla ⓑ (línea ⑨). A continuación veremos el código para añadir cuerpos dinámicos.

stepSimulation

La llamada a *stepSimulation* en Ogre-Bullet acepta dos parámetros opcionales, el número de subpasos de simulación (por defecto a 1), y el *fixedTimeStep* (por defecto 1/60).

Listado 12.10: FrameStarted

```
1  bool MyFrameListener::frameStarted(const Ogre::FrameEvent& evt) {
2    Ogre::Real deltaT = evt.timeSinceLastFrame;
3    _world->stepSimulation(deltaT); // Actualizar simulacion Bullet
4    _timeLastObject -= deltaT;
5    _keyboard->capture();
6    if (_keyboard->isKeyDown(OIS::KC_ESCAPE)) return false;
7    if ((_keyboard->isKeyDown(OIS::KC_B)) && (_timeLastObject <= 0))
8      AddDynamicObject();
9    // Omitido el resto del cogido del metodo ...
10   return true;
11 }
```

El siguiente listado implementa la funcionalidad de añadir cajas dinámicas a la escena. Los objetos se crearán teniendo en cuenta la posición y rotación de la cámara. Para ello, se toma como vector de posición inicial el calculado como la posición de la cámara desplazada 10 unidades según su vector dirección (líneas $\boxed{\text{5-6}}$).

```
Listado 12.11: AddDynamicObject
1  void MyFrameListener::AddDynamicObject() {
2    _timeLastObject = 0.25;   // Segundos para anadir uno nuevo...
3
4    Vector3 size = Vector3::ZERO;   // Tamano y posicion inicial
5    Vector3 position = (_camera->getDerivedPosition()
6      + _camera->getDerivedDirection().normalisedCopy() * 10);
7
8    // Creamos la entidad y el nodo de la escena ------------------
9    Entity *entity = _sceneManager->createEntity("Box" +
10     StringConverter::toString(_numEntities), "cube.mesh");
11   entity->setMaterialName("cube");
12   SceneNode *node = _sceneManager->getRootSceneNode()->
13     createChildSceneNode();
14   node->attachObject(entity);
15
16   // Obtenemos la bounding box de la entidad creada -------------
17   AxisAlignedBox boundingB = entity->getBoundingBox();
18   size = boundingB.getSize();
19   size /= 2.0f;   // Tamano en Bullet desde el centro (la mitad)
20   OgreBulletCollisions::BoxCollisionShape *boxShape = new
21     OgreBulletCollisions::BoxCollisionShape(size);
22   OgreBulletDynamics::RigidBody *rigidBox = new
23     OgreBulletDynamics::RigidBody("rigidBox" +
24       StringConverter::toString(_numEntities), _world);
25   rigidBox->setShape(node, boxShape,
26         /* Restitucion, Friccion, Masa */ 0.6, 0.6, 5.0,
27         /* Pos. y Orient. */ position , Quaternion::IDENTITY);
28   rigidBox->setLinearVelocity(
29     _camera->getDerivedDirection().normalisedCopy() * 7.0);
30   _numEntities++;
31   // Anadimos los objetos a las deques --------------------------
32   _shapes.push_back(boxShape);   _bodies.push_back(rigidBox);
33 }
```

En el listado anterior, el nodo asociado a cada caja se añade en la llamada a *setShape* (líneas $\boxed{\text{25-27}}$). Pese a que Bullet soporta multitud de propiedades en la estructura *btRigidBodyConstructionInfo*, el wrapper se centra exclusivamente en la definición de la masa, y los coeficientes de fricción y restitución. La posición inicial y el cuaternio se indican igualmente en la llamada al método, que nos abstrae de la necesidad de definir el *MotionState*.

Las cajas se añaden a la escena con una velocidad lineal relativa a la rotación de la cámara (ver líneas $\boxed{\text{28-29}}$).

12.8.   RayQueries

Al inicio del capítulo estudiamos algunos tipos de preguntas que podían realizarse al motor de simulación física. Uno de ellos eran los *RayQueries* que permitían obtener las formas de colisión que intersecaban con un determinado rayo.

Ogre? Bullet?

Recordemos que los objetos de simulación física no son conocidos por Ogre. Aunque en el módulo 2 del curso estudiamos los RayQueries en Ogre, es necesario realizar la pregunta en Bullet para obtener las referencias a los *RigidBody*.

Utilizaremos esta funcionalidad del SDC para aplicar un determinado impulso al primer objeto que sea *tocado* por el puntero del ratón. De igual forma, en este ejemplo se añadirán objetos definiendo una forma de colisión convexa. El resultado de la simulación (activando la representación de las formas de colisión) se muestra en la Figura 12.26.

La llamada al método *AddDynamicObject* recibe como parámetro un tipo enumerado, que indica si queremos añadir una oveja o una caja. La forma de colisión de la caja se calcula automáticamente empleando la clase *StaticMeshToShapeConverter* (línea 17).

 Reutiliza las formas de colisión! Tanto en el ejemplo de la sección anterior como en este código, no se reutilizan las formas de colisión. Queda como ejercicio propuesto para el lector mantener referencias a las formas de colisión (para las ovejas y para las cajas), y comprobar la diferencia de rendimiento en frames por segundo cuando el número de objetos de la escena crece.

Listado 12.12: AddDynamicObject

```
1  void MyFrameListener::AddDynamicObject(TEDynamicObject tObject) {
2     // Omitido codigo anterior del metodo -------------------------
3     Entity *entity = NULL;
4     switch (tObject) {
5     case sheep:
6        entity = _sceneManager->createEntity("Sheep" +
7        StringConverter::toString(_numEntities), "sheep.mesh");
8        break;
9     case box: default:
10       // (Omitido) Analogamente se carga el modelo de la caja...
11    }
12
13    SceneNode *node = _sceneManager->getRootSceneNode()->
14       createChildSceneNode();
15    node->attachObject(entity);
16
17    OgreBulletCollisions::StaticMeshToShapeConverter *trimeshConverter = NULL;
18    OgreBulletCollisions::CollisionShape *bodyShape = NULL;
19    OgreBulletDynamics::RigidBody *rigidBody = NULL;
20
21    switch (tObject) {
22    case sheep:
23       trimeshConverter = new
24          OgreBulletCollisions::StaticMeshToShapeConverter(entity);
25       bodyShape = trimeshConverter->createConvex();
26       delete trimeshConverter;
27       break;
28    case box: default:
29       // (Omitido) Crear bodyShape como en el ejemplo anterior...
30    }
31
32    rigidBody = new OgreBulletDynamics::RigidBody("rigidBody" +
33       StringConverter::toString(_numEntities), _world);
34    // Omitido resto de codigo del metodo -------------------------
35 }
```

El objeto de la clase *StaticMeshToShapeConverter* recibe como parámetro una *Entity* de Ogre en el constructor. Esta entidad puede ser convertida a multitud de formas de colisión. En el momento de la creación, la clase reduce el número de vértices de la forma de colisión.

Cuando se pincha con el botón derecho o izquierdo del ratón sobre algún objeto de la simulación, se aplicará un impulso con diferente fuerza (definida en *F*, ver línea ⌊18⌋ del siguiente código). El método *pickBody* se encarga de obtener el primer cuerpo que colisiona con el rayo definido por la posición de la cámara y el puntero del ratón. Este método devuelve igualmente en los dos primeros parámetros el punto de colisión en el objeto y el rayo utilizado para construir el *RayQuery*.

Figura 12.26: Resultado de la simulación del ejemplo.

El método *pickBody* primero obtiene el rayo utilizando la funcionalidad de Ogre, empleando las coordenadas de pantalla normalizadas (líneas ⌊20-21⌋). Hecho esto, se crea una *Query* que requiere como tercer parámetro la distancia máxima a la que se calculará la colisión, en la dirección del rayo, teniendo en cuenta su posición inicial (línea ⌊4⌋).

Si el rayo colisiona en algún cuerpo (línea ⌊6⌋), se devuelve el cuerpo y el punto de colisión (líneas ⌊7-11⌋).

Listado 12.13: RayQuery en Bullet

```
1  RigidBody* MyFrameListener::pickBody (Vector3 &p, Ray &r, float x, float y) {
2    r = _camera->getCameraToViewportRay (x, y);
3    CollisionClosestRayResultCallback cQuery =
4      CollisionClosestRayResultCallback (r, _world, 10000);
5    _world->launchRay(cQuery);
6    if (cQuery.doesCollide()) {
7      RigidBody* body = static_cast <RigidBody *>
8        (cQuery.getCollidedObject());
9      p = cQuery.getCollisionPoint();
10     return body;
11   }
12   return NULL;
13 }
14
15 bool MyFrameListener::frameStarted(const Ogre::FrameEvent& evt) {
16   // Omitido codigo anterior del metodo --------------------------
17   if (mbleft || mbright) { // Con botones del raton, impulso ------
18     float F = 10;  if (mbright) F = 100;
19     RigidBody* body; Vector3 p; Ray r;
20     float x = posx/float(_win->getWidth());    // Pos x normalizada
21     float y = posy/float(_win->getHeight());   // Pos y normalizada
22     body = pickBody (p, r, x, y);
23
24     if (body) {
25       if (!body->isStaticObject()) {
26         body->enableActiveState ();
27         Vector3 relPos(p - body->getCenterOfMassPosition());
28         Vector3 impulse (r.getDirection ());
29         body->applyImpulse (impulse * F, relPos);
30       }
31     }
32   }
33   // Omitido resto de codigo del metodo ------------------------
34 }
```

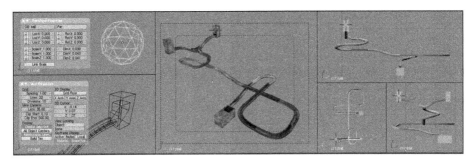

Figura 12.27: Configuración de la malla estática utilizada en el ejemplo. Es importante aplicar la escala y rotación a los objetos antes de su exportación, así como las dimensiones del objeto "ball" para aplicar los mismos límites a la *collision shape*.

 Conversor a Shape. Además de la llamada a *createConvex*, el conversor estudiado en el código anterior puede generar otras formas de colisión con *createSphere, createBox, createTrimesh, createCylinder* y *createConvexDecomposition* entre otras.

Para finalizar, si hubo colisión con algún cuerpo que no sea estático (líneas (24-25)), se aplicará un impulso. La llamada a *enableActiveState* permite activar un cuerpo. Por defecto, Bullet automáticamente desactiva objetos dinámicos cuando la velocidad es menor que un determinado umbral.

Los cuerpos desactivados en realidad están se encuentran en un estado de *dormidos*, y no consumen tiempo de ejecución salvo por la etapa de detección de colisión *broadphase*. Esta etapa automáticamente despierta a los objetos que estuvieran dormidos si se encuentra colisión con otros elementos de la escena.

En las líneas (27-29) se aplica un impulso sobre el objeto en la dirección del rayo que se calculó desde la cámara, con una fuerza proporcional a F. El impulso es una fuerza que actúa en un cuerpo en un determinado intervalo de tiempo. El impulso implica

Impulso

El impulso puede definirse como $\int F dt = \int (dp/dt) dt$, siendo p el momento.

un cambio en el *momento*, siendo la *Fuerza* definida como el cambio en el momento. Así, el *impulso* aplicado sobre un objeto puede ser definido como la integral de la fuerza con respecto del tiempo.

El wrapper de *OgreBullet* permite definir un pequeño subconjunto de propiedades de los *RigidBody* de las soportadas en Bullet. Algunas de las principales propiedades son la Velocidad Lineal, Impulsos y Fuerzas. Si se requieren otras propiedades, será necesario acceder al objeto de la clase *btRigidBody* (mediante la llamada a *getBulletRigidBody*) y especificar manualmente las propiedades de simulación.

12.9. TriangleMeshCollisionShape

En este ejemplo se cargan dos objetos como mallas triangulares estáticas. El resultado de la ejecución puede verse en la Figura 12.28. Al igual que en el ejemplo anterior, se utiliza la funcionalidad proporcionada por el conversor de mallas, pero generando una *TriangleMeshCollisionShape* (línea (11-12)).

Listado 12.14: Static Mesh

```
1  void MyFrameListener::CreateInitialWorld() {
2    // Creacion del track ------------------------------------
3    Entity *entity = _sceneManager->createEntity("track.mesh");
4    SceneNode *node = _sceneManager->createSceneNode("track");
5    node->attachObject(entity);
6
7    _sceneManager->getRootSceneNode()->addChild(node);
8    OgreBulletCollisions::StaticMeshToShapeConverter *trimeshConverter = new
9      OgreBulletCollisions::StaticMeshToShapeConverter(entity);
10
11   OgreBulletCollisions::TriangleMeshCollisionShape *trackTrimesh =
12     trimeshConverter->createTrimesh();
13
14   OgreBulletDynamics::RigidBody *rigidTrack = new
15     OgreBulletDynamics::RigidBody("track", _world);
16   rigidTrack->setShape(node, trackTrimesh, 0.8, 0.95, 0,
17     Vector3::ZERO, Quaternion::IDENTITY);
18
19   delete trimeshConverter;
20   // (Omitido) Creacion del sumidero de forma similar -----------
21 }
```

Figura 12.28: Resultado de la ejecución del ejemplo de carga de mallas triangulares.

Es importante consultar en la posición de los generadores de objetos en el espacio 3D (ver Figura 12.27), así como las dimensiones de los objetos que van a intervenir en la simulación. Por ejemplo, las esferas se creaban con una forma de colisión de tipo SphereCollisionShape de 0.02 unidades de radio porque su dimensión en el espacio 3D es de 0.04 unidades (ver Figura 12.27). De igual modo, una de las posiciones de generación es *Vector3(-0.14, 1.07, -0.07)* situada en el interior de una de las cajas.

12.10. Detección de colisiones

OgreBullet...

El listado anterior muestra además cómo acceder al objeto del mundo de bullet, que permite utilizar gran cantidad de métodos que no están implementados en OgreBullet.

Una de las formas más sencillas de detectar colisiones entre objetos del mundo es iterar sobre los colectores de contactos (*contact manifold*). Los *contact manifold* son caches que contienen los puntos de contacto entre parejas de objetos de colisión. El siguiente listado muestra una forma de iterar sobre los pares de objetos en el mundo dinámico.

En la línea ② se obtiene el puntero directamente a la clase *btCollisionWorld*, que se encuentra oculta en la implementación de OgreBullet. Con este puntero se accederá directamente a la funcionalidad de Bullet sin emplear la clase de recubrimiento de OgreBullet. La clase *btCollisionWorld* sirve a la vez como interfaz y como contenedor de las funcionalidades relativas a la detección de colisiones.

```
     Listado 12.15: DetectCollisionDrain.

 1   void MyFrameListener::DetectCollisionDrain() {
 2     btCollisionWorld *bulletWorld=_world->getBulletCollisionWorld();
 3     int numManifolds=bulletWorld->getDispatcher()->getNumManifolds();
 4
 5     for (int i=0;i<numManifolds;i++) {
 6       btPersistentManifold* contactManifold =
 7         bulletWorld->getDispatcher()->getManifoldByIndexInternal(i);
 8       btCollisionObject* obA =
 9         static_cast<btCollisionObject*>(contactManifold->getBody0());
10       btCollisionObject* obB =
11         static_cast<btCollisionObject*>(contactManifold->getBody1());
12
13       Ogre::SceneNode* drain = _sceneManager->getSceneNode("drain");
14
15       OgreBulletCollisions::Object *obDrain =
16                           _world->findObject(drain);
17       OgreBulletCollisions::Object *obOB_A = _world->findObject(obA);
18       OgreBulletCollisions::Object *obOB_B = _world->findObject(obB);
19
20       if ((obOB_A == obDrain) || (obOB_B == obDrain)) {
21         Ogre::SceneNode* node = NULL;
22         if ((obOB_A != obDrain) && (obOB_A)) {
23           node = obOB_A->getRootNode(); delete obOB_A;
24         }
25         else if ((obOB_B != obDrain) && (obOB_B)) {
26           node = obOB_B->getRootNode(); delete obOB_B;
27         }
28         if (node) {
29           std::cout << node->getName() << std::endl;
30           _sceneManager->getRootSceneNode()->
31             removeAndDestroyChild (node->getName());
32         }
33       }
34     }
35   }
```

Mediante la llamada a *getDispatcher* (línea ③) se obtiene un puntero a la clase *bt-Dispather*, que se utiliza en la fase de colisión *broadphase* para la gestión de pares de colisión. Esta clase nos permite obtener el número de *colectores* que hay activos en cada instante. El bucle de las líneas ⑤-³⁴ se encarga de iterar sobre los colectores. En la línea ⑥-⁷ se obtiene un puntero a un objeto de la clase *btPersistentManifold*. Esta clase es una implementación de una caché persistente mientras los objetos colisionen en la etapa de colisión *broadphase*.

Los puntos de contacto se crean en la etapa de detección de colisiones fina (*narrow phase*). La cache de *btPersistentManifold* puede estar vacía o contener hasta un máximo de 4 puntos de colisión. Los algoritmos de detección de la colisión añaden y eliminan puntos de esta caché empleando ciertas heurísticas que limitan el máximo de puntos a 4. Es posible obtener el número de puntos de contacto asociados a la cache en cada instante mediante el método *getNumContacts()*.

La cache de colisión mantiene punteros a los dos objetos que están colisionando. Estos objetos pueden obtenerse mediante la llamada a métodos *get* (líneas ⑧-¹¹).

La clase *CollisionsWorld* de *OgreBullet* proporciona un método *findObject* que permite obtener un puntero a objeto genérico a partir de un *SceneNode* o un *btCollisionObject* (ver líneas ¹⁵-¹⁸).

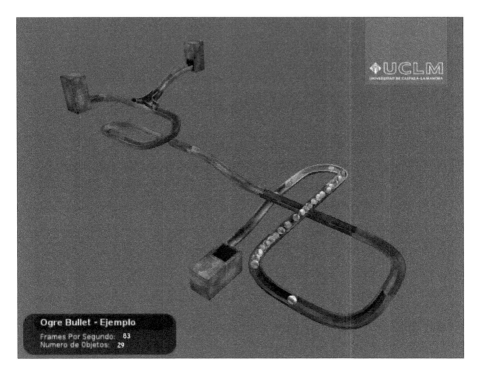

Figura 12.29: Ejemplo de detección de colisiones empleando colectores de contactos.

La última parte del código (líneas $\boxed{\text{20-32}}$) comprueba si alguno de los dos objetos de la colisión son el sumidero. En ese caso, se obtiene el puntero al otro objeto (que se corresponderá con un objeto de tipo esfera creado dinámicamente), y se elimina de la escena. Así, los objetos en esta segunda versión del ejemplo no llegan a añadirse en la caja de la parte inferior del circuito.

 Otros mecanismos de colisión. En la documentación de Bullet se comentan brevemente otros mecanismos que pueden utilizarse para la detección de colisiones, como los objetos de la clase *btGhostObject*. Los objetos de esta clase pueden tener asociadas llamadas de *callback* de modo que se invoquen automáticamente cuando los objetos se solapen en la etapa de detección de colisiones mediante el test de cajas AABB.

12.11. Restricción de Vehículo

En esta sección estudiaremos cómo utilizar un tipo de restricción específica para la definición de vehículos. OgreBullet cuenta con abstracciones de alto nivel que trabajan internamente con llamadas a las clases derivadas *btRaycastVehicle*, que permiten convertir un cuerpo rígido en un vehículo.

A continuación estudiaremos algunos fragmentos de código empleados en el siguiente ejemplo para la construcción del vehículo. Queda como ejercicio propuesto añadir obstáculos y elementos de interacción en la escena empleando mallas triangulares estáticas.

Figura 12.30: Ejemplo de definición de un vehículo en OgreBullet.

Listado 12.16: Fragmento de MyFrameListener.h

```
1  OgreBulletDynamics::WheeledRigidBody  *mCarChassis;
2  OgreBulletDynamics::VehicleTuning     *mTuning;
3  OgreBulletDynamics::VehicleRayCaster  *mVehicleRayCaster;
4  OgreBulletDynamics::RaycastVehicle    *mVehicle;
5  Ogre::Entity    *mChassis;
6  Ogre::Entity    *mWheels[4];
7  Ogre::SceneNode *mWheelNodes[4];
8  float mSteering;
```

En el anterior archivo de cabecera se definen ciertas variables miembro de la clase que se utilizarán en la definición del vehículo. *mCarChassis* es un puntero a una clase que ofrece OgreBullet para la construcción de vehículos con ruedas. La clase *VehicleTuning* es una clase de cobertura sobre la clase *btVehicleTuning* de Bullet que permite especificar ciertas propiedades del vehículo (como la compresión, suspensión, deslizamiento, etc).

VehicleRayCaster es una clase que ofrece un interfaz entre la simulación del vehículo y el *RayCasting* (usado para localizar el punto de contacto entre el vehículo y el suelo). La clase *RaycastVehicle* es una clase de cobertura sobre la clase base de Bullet *btRaycastVehicle*. Las líneas ⑤-⑦ definen los nodos y entidades necesarias para el chasis y las ruedas del vehículo. Finalmente, la varible *Steering* de la línea ⑧ define la dirección del vehículo.

A continuación estudiaremos la definición del vehículo en el método *CreateInitialWorld* del *FrameListener*. La línea ① del siguiente listado define el vector de altura del chasis (elevación sobre el suelo), y la altura de conexión de las ruedas en él (línea ②) que será utilizado más adelante. En la construcción inicial del vehículo se establece la dirección del vehículo como 0.0 (línea ③).

La líneas ⑤-⑨ crean la entidad del chasis y el nodo que la contendrá. La línea ⑩ utiliza el vector de altura del chasis para posicionar el nodo del chasis.

Listado 12.17: Fragmento de CreateInitialWorld (I).

```
1  const Ogre::Vector3 chassisShift(0, 1.0, 0);
2  float connectionHeight = 0.7f;
3  mSteering = 0.0;
4
5  mChassis = _sceneManager->createEntity("chassis", "chassis.mesh");
6  SceneNode *node = _sceneManager->getRootSceneNode()->createChildSceneNode ();
7
8  SceneNode *chassisnode = node->createChildSceneNode();
9  chassisnode->attachObject (mChassis);
10 chassisnode->setPosition (chassisShift);
```

El chasis tendrá asociada una forma de colisión de tipo caja (línea ①). Esta caja formará parte de una forma de colisión compuesta, que se define en la línea ②, y a la que se añade la caja anterior desplazada según el vector *chassisShift* (línea ③).

En la línea ④ se define el cuerpo rígido del vehículo, al que se asocia la forma de colisión creada anteriormente (línea ⑥). En la línea ⑨ se establecen los valores de suspensión del vehículo, y se evita que el vehículo pueda desactivarse (línea ⑧), de modo que el objeto no se «dormirá» incluso si se detiene durante un tiempo continuado.

Listado 12.18: Fragmento de CreateInitialWorld (II).

```
1  BoxCollisionShape* chassisShape = new BoxCollisionShape(Ogre::Vector3(1.f,0.75f,2.1f));
2  CompoundCollisionShape* compound = new CompoundCollisionShape();
3  compound->addChildShape(chassisShape, chassisShift);
4  mCarChassis = new WheeledRigidBody("carChassis", _world);
5  Vector3 CarPosition = Vector3(0, 0, -15);
6  mCarChassis->setShape (node, compound, 0.6, 0.6, 800, CarPosition, Quaternion::IDENTITY);
7  mCarChassis->setDamping(0.2, 0.2);
8  mCarChassis->disableDeactivation();
```

En el siguiente fragmento se comienza definiendo algunos parámetros de tuning del vehículo (línea ①). Estos parámetros son la rigidez, compresión y amortiguación de la suspensión y la fricción de deslizamiento. La línea ⑤ establece el sistema de coordenadas local del vehículo mediante los índices derecho, superior y adelante.

Las líneas ⑦ y ⑧ definen los ejes que se utilizarán como dirección del vehículo y en la definición de las ruedas.

El bucle de las líneas ⑩-¹⁶ construye los nodos de las ruedas, cargando 4 instancias de la malla «*wheel.mesh*».

 El ejemplo desarrollado en esta sección trabaja únicamente con las dos ruedas delanteras (índices 0 y 1) como ruedas motrices. Además, ambas ruedas giran de forma simétrica según la variable de dirección *mSteering*. Queda propuesto como ejercicio modificar el código de esta sección para que la dirección se pueda realizar igualmente con las ruedas traseras, así como incorporar otras opciones de motricidad (ver Listado de *FrameStarted*).

Listado 12.19: Fragmento de CreateInitialWorld (III).

```
1  mTuning = new VehicleTuning(20.2, 4.4, 2.3, 500.0, 10.5);
2  mVehicleRayCaster = new VehicleRayCaster(_world);
3  mVehicle = new RaycastVehicle(mCarChassis, mTuning, mVehicleRayCaster);
4
5  mVehicle->setCoordinateSystem(0, 1, 2);
6
7  Ogre::Vector3 wheelDirectionCS0(0,-1,0);
8  Ogre::Vector3 wheelAxleCS(-1,0,0);
9
10 for (size_t i = 0; i < 4; i++) {
11   mWheels[i] = _sceneManager->createEntity("wheel"+i,"wheel.mesh");
12   mWheels[i]->setCastShadows(true);
13
14   mWheelNodes[i] = _sceneManager->getRootSceneNode()->createChildSceneNode();
15   mWheelNodes[i]->attachObject (mWheels[i]);
16 }
```

El siguiente fragmento de listado se repite para cada rueda, calculando el punto de conexión en función del ancho de cada rueda y la altura de conexión. Este punto es pasado al método *addWheel*, junto con información relativa a ciertas propiedades físicas de cada rueda. La variable *isFrontWheel* (ver línea ③) indica si la rueda añadida forma parte del conjunto de ruedas delanteras (en este caso, únicamente las dos primeras ruedas tendrán esta variable a *true* en el momento de creación.

Listado 12.20: Fragmento de CreateInitialWorld (IV).

```
1  Ogre::Vector3 connectionPointCS0 (1-(0.3*gWheelWidth), connectionHeight, 2-gWheelRadius);
2
3  mVehicle->addWheel(mWheelNodes[0], connectionPointCS0, wheelDirectionCS0, wheelAxleCS,
       gSuspensionRestLength, gWheelRadius, isFrontWheel, gWheelFriction, gRollInfluence);
```

Finalmente el método de callback del *FrameStarted* se encarga de modificar la fuerza que se aplica sobre el motor del vehículo cuando se utilizan los cursores superior e inferior del teclado. De igual modo, empleando los cursores izquierdo y derecho del teclado se modifica la dirección del vehículo (ver líneas 11-15).

Listado 12.21: Fragmento de FrameStarted.

```
1  bool MyFrameListener::frameStarted(const Ogre::FrameEvent& evt) {
2    // Omitido el codigo anterior...
3    mVehicle->applyEngineForce (0,0);
4    mVehicle->applyEngineForce (0,1);
5
6    if (_keyboard->isKeyDown(OIS::KC_UP)) {
7      mVehicle->applyEngineForce (gEngineForce, 0);
8      mVehicle->applyEngineForce (gEngineForce, 1);
9    }
10
11   if (_keyboard->isKeyDown(OIS::KC_LEFT)) {
12     if (mSteering < 0.8) mSteering+=0.01;
13     mVehicle->setSteeringValue (mSteering, 0);
14     mVehicle->setSteeringValue (mSteering, 1);
15   }
16
17   // Omitido el resto del codigo...
18 }
```

Figura 12.31: La gestión del determinismo puede ser un aspecto crítico en muchos videojuegos. El error de determinismo rápidamente se propaga haciendo que la simulación obtenga diferentes resultados.

12.12. Determinismo

El determinismo en el ámbito de la simulación física puede definirse de forma intuitiva como la posibilidad de «repetición» de un mismo comportamiento. En el caso de videojuegos esto puede ser interesante en la repetición de una misma jugada en un videojuego deportivo, o en la ejecución de una misma simulación física en los diferentes ordenadores de un videojuego multijugador. Incluso aunque el videojuego siga un enfoque con cálculos de simulación centrados en el servidor, habitualmente es necesario realizar ciertas interpolaciones del lado del cliente para mitigar los efectos de la latencia, por lo que resulta imprescindible tratar con enfoques deterministas.

Para lograr determinismo es necesario lograr que la simulación se realice *exactamente* con los mismos datos de entrada. Debido a la precisión en aritmética en punto flotante, es posible que $v \times 2 \times dt$ no de el mismo resultado que $v \times dt + v \times dt$. Así, es necesario emplear *el mismo* valor de dt en todas las simulaciones. Por otro lado, utilizar un dt fijo hace que no podamos representar la simulación de forma independiente de las capacidades de la máquina o la carga de representación gráfica concreta en cada momento. Así, nos interesa tener lo mejor de ambas aproximaciones; por un lado un tiempo fijo para conseguir el determinismo en la simulación, y por otro lado la gestión con diferentes tiempos asociados al framerate para lograr independencia de la máquina.

Una posible manera de realizar la simulación sería la siguiente: el motor de simulación física se ejecuta por adelantado en intervalos de tiempo discretos dt, de modo que se mantengan los incrementos del motor gráfico con un intervalo adecuado. Por ejemplo, si queremos tener 50fps y la simulación física se ejecuta a 100fps, entonces tendríamos que ejecutar dos veces la simulación física por cada despliegue gráfico.

Esto es correcto con esos cálculos sencillos, pero ¿qué ocurre si queremos dibujar a 200fps?. En ese caso tendríamso que ejecutar la mitad de veces el simulador físico, pero no podemos calcular por adelantado un valos de dt. Además, podría ocurrir que no existiera un múltiplo cómodo para sincronizar el motor de simulación física y el motor de despliegue gráfico.

La forma de resolver el problema pasa por cambiar el modo de pensar en él. Podemos pensar que el motor de render produce tiempo, y el motor de simulación física tiene que consumirlo en bloques discretos de un tamaño determinado.

  Puede ayudar pensar que el motor de render *produce* chunks de tiempo discreto, mientras que el motor de simulación física los consume.

A continuación se muestra un sencillo *game loop* que puede emplearse para conseguir determinismo de una forma sencilla.

Los tiempos mostrados en este pseudocódigo se especifican en milisegundos, y se obtienen a partir de una hipotética función *getMillisecons()*.

La línea ①️ define *TickMs*, una variable que nos define la velocidad del reloj interno de nuestro juego (por ejemplo, 32ms). Esta variable no tiene que ver con el reloj de Bullet. Las variables relativas al reloj de simulación física describen el comportamiento independiente y asíncrono del reloj interno de Bullet (línea ②️) y el reloj del motor de juego (línea ③️).

Listado 12.22: Pseudocódigo física determinista.

```
1  const unsigned int TickMs 32
2  unsigned long time_physics_prev, time_physics_curr;
3  unsigned long time_gameclock;
4
5  // Inicialmente reseteamos los temporizadores
6  time_physics_prev = time_physics_curr = getMilliseconds();
7  time_gameclock = getMilliseconds();
8
9  while (1) {
10     video->renderOneFrame();
11     time_physics_curr = getMilliseconds();
12     mWorld->stepSimulation(((float)(time_physics_curr -
13                            time_physics_prev))/1000.0, 10);
14     time_physics_prev = time_physics_curr;
15     long long dt = getMilliseconds() - time_gameclock;
16
17     while(dt >= TickMs) {
18         dt -= TickMs;
19         time_gameclock += TickMs;
20         input->do_all_your_input_processing();
21     }
22  }
```

Como se indica en las líneas ⓺-⓻, inicialmente se resetean los temporizadores. El pseudocódigo del bucle principal del juego se resume en las líneas ⓽-㉑. Tras representar un frame, se obtiene el tiempo transcurrido desde la última simulación física (línea ⑪), y se avanza un paso de simulación en segundos (como la llamada al sistema lo obtiene en milisegundos y Bullet lo requiere en segundos, hay que dividir por 1000).

Por último, se actualiza la parte relativa al reloj de juego. Se calcula en *dt* la diferencia entre los milisegundos que pasaron desde la última vez que se acualizó el reloj de juego, y se dejan pasar (en el bucle definido en las líneas ⑰-㉑) empleando ticks discretos. En cada tick consumido se procesan los eventos de entrada.

12.13.   Escala de los Objetos

Como se ha comentado en secciones anteriores, Bullet asume que las unidades de espacio se definen en metros y el tiempo en segundos. El movimieneto de los objetos se define entre 0.05 y 10 unidades. Así, la escala habitual para definir los pasos de simulación suelen ser 1/60 segundos. Si los objetos son muy grandes, y se trabaja con la gravedad por defecto ($9,8m/s^2$), los objetos parecerán que se mueven a cámara lenta. Si esto ocurre, muy probablemente tengamos un problema relativo a la escala de los mismos.

Una posible solución puede pasar por aplicar una escala al mundo de la simulación. Esto esquivale a utilizar un conjunto diferente de unidades, como centímetros en lugar de metros. Si se seleccionan con cuidado, esto puede permitir realizar simulaciones más realistas. Por ejemplo, si queremos diseñar un videojuego de billar, escalamos el mundo en un factor de 100, de modo que 4 unidades equivaldrán a 4cm (diámetro de las bolas de billar).

12.14. Serialización

La serialización de objetos en Bullet es una característica propia de la biblioteca que no requiere de ningún plugin o soporte adicional. La serialización de objetos presenta grandes ventajas relativas al precálculo de formas de colisión complejas. Para guardar un mundo dinámico en un archivo .bullet, puede utilizarse el siguiente fragmento de código de ejemplo:

Listado 12.23: Ejemplo de Serialización.

```
1  btDefaultSerializer*    serializer = new btDefaultSerializer();
2  dynamicsWorld->serialize(serializer);
3
4  FILE* file = fopen("testFile.bullet","wb");
5  fwrite(serializer->getBufferPointer(),serializer->getCurrentBufferSize(),1, file);
6  fclose(file);
```

Aunque lo más sencillo es serializar un mundo completo, es igualmente posible serializar únicamente algunas partes del mismo. El foramto de los archivos .*bullet* soporta la serialización parcial de elementos empleando chunks independientes.

En la posterior carga de los archivos .bullet, se debe utilizar la cabecera de *BulletWorldImporter*, creando un objeto de esa clase. El constructor de esa clase requiere que se le especifique el mundo dinámico sobre el que creará los objetos que fueron serializados. El uso del importador puede resumirse en el siguiente fragmento de código:

Listado 12.24: Importación de datos serializados.

```
1  #include "btBulletWorldImporter.h"
2  btBulletWorldImporter* f = new btBulletWorldImporter(_dynWorld);
3  f->loadFile("testFile.bullet");
```

ANEXOS

Introducción a OgreFramework

Sergio Fernández Durán

Cada vez que creamos un nuevo proyecto con Ogre, existe un grupo de elementos que necesitamos instanciar para crear un primer prototipo. Este conjunto de clases y objetos se repiten con frecuencia para todos nuestros proyectos. En este capítulo estudiaremos los fundamentos de OgreFramework, que ofrece una serie de facilidades muy interesantes.

A.1. Introducción

OgreFramework fué creado por *Philip Allgaier* en 2009 y ofrece al programador una serie de herramientas para la gestión de Ogre como:

- Un sistema de Estado de Juego.

- Una interfaz gráfica de usuario.

- Diferentes modos de entrada.

- Carga de escenas.

- Manipulación manual de materiales.

El uso de este framework ayuda a **separar** la entidad del motor de renderizado de nuestro juego pudiendo combinarlo con nuevos módulos como: el motor de físicas o un middleware de comunicaciones. Estos factores pueden ayudar a gestionar mejor la coordinación entre varios motores, como la gestión del tiempo entre el motor de físicas y el motor de renderizado.

Existen dos ramas del framework para Ogre, *Basic* y *Advanced*. La diferencia entre los dos es la cantidad de recursos que manejan. *Basic OgreFramework* contiene los recursos **mínimos** necesarios para crear una instancia del motor Ogre y que muestre una escena como ejemplo. Y *Advanced OgreFramework* incluye un **conjunto completo** de herramientas y clases para una gestión avanzada de nuestra aplicación.

OgreFramework está desarrollado en *C++* sobre Ogre y es multiplataforma, sin embargo, es necesario realizar algunas modificaciones en el framework para que pueda funcionar en OSX. Una de las mayores ventajas de utilizar esta tecnología es la de poder automatizar la carga inicial del motor y poder configurar Ogre con llamadas simples a OgreFramework.

A.2.   Basic OgreFramework

Una de las mejores formas de iniciarse con Ogre es mediante esta tecnología. Con esta herramienta no es necesario conocer la arquitectura del motor para poder crear un primer ejecutable y ayuda a conocer cuales son sus funciones básicas. Este paquete de herramientas incluye:

- Inicialización de Ogre.

- Bucle de renderizado personalizable.

- Escena básica.

- Gestión de teclado básica.

- Crear capturas de pantallas (Screenshots).

- Información básica de la escena (FPS, contador batch...).

Para conseguir la última versión de *Basic OgreFramework* clonaremos el proyecto con mercurial desde la siguiente dirección:

```
hg clone https://bitbucket.org/spacegaier/basicogreframework
```

Cuando descargamos el proyecto, podemos crear un ejecutable de OgreFramework directamente con los ficheros descargados. Una vez hemos compilado y ejecutado el código de ejemplo, nos encontraremos con la pantalla mostrada en la Figura A.1.

Su estructura es muy sencilla y explicaremos con más profundidad el funcionamiento del framework en la siguiente sección.

Figura A.1: Resultado del primer ejemplo con Ogre Framework.

A.2.1.   Arquitectura

La rama *Basic* de OgreFramework contiene en exclusiva la instanciación del motor de renderizado. Se basa en el patrón *Singleton*. Cada vez que queramos hacer uso de alguna llamada al motor será necesario recuperar el puntero al Singleton del objeto. Dentro de la clase OgreFramework nos encontramos con el arranque de los siguientes gestores: OgreRoot, Camera, RenderWindow, ViewPort, SceneManager, Log, Timer, InputManager, etc.

Todos estos gestores de la clase OgreFramework serán explicados con más detalle en la siguiente sección, donde hablaremos de la rama '*Advanced*'. Para poder crear un ejemplo basado en Basic OgreFramework es necesario:

- Llamar a las funciones de inicio, configuración y ejecución del motor.

- Un puntero a una instancia de OgreFramework.

- Una entidad y un nodo escena.

- Una variable booleana que gestione el bucle principal del juego.

Ahora veremos los pasos necesarios para rellenar de contenido nuestra escena. Para ello crearemos nodos y escenas igual que las creamos en Ogre pero llamando al puntero de OgreFramework, como se muestra en el siguiente listado.

Listado A.1: Creación de escena.

```
1  void ExampleApp::createScene()
2  {
3    OgreFramework::getSingletonPtr()->
4      m_pSceneMgr->setSkyBox(true, "Examples/Sky");
5    OgreFramework::getSingletonPtr()->
6      m_pSceneMgr->createLight("Light")->setPosition(75,75,75);
7
8    m_pSinbadEntity = OgreFramework::getSingletonPtr()->
9      m_pSceneMgr->createEntity("SinbadEntity", "Sinbad.mesh");
10   m_pSinbadNode = OgreFramework::getSingletonPtr()->
11     m_pSceneMgr->getRootSceneNode()->createChildSceneNode("SinbadNode");
12   m_pSinbadNode->attachObject(m_pSinbadEntity);
13 }
```

Como podemos observar, para crear una entidad y un nodo, es necesario acceder al gestor de escena mediante el puntero *Singleton* a OgreFramework. Se realizará la misma acción para crear las luces de la escena y el Skybox. Esta restricción nos ayudará a mantener **separado** el motor Ogre de nuestro modelo y permitirá la integración con otros módulos de forma más homogénea para el desarrollador.

Realmente, cuando accedamos a uno de los gestores de OgreFramework como el *SceneManager*, utilizaremos las mismas primitivas que utilizabamos en Ogre. Por lo tanto, podremos usar la documentación estándar de Ogre.

Para gestionar nuestro bucle del juego necesitaremos la variable booleana *m_bShutdown* la cual nos permitirá cerrar la aplicación en cualquier momento. Si se produce un error inesperado, también saldrá del bucle principal.

En cada iteración del bucle:

- Se capturan las órdenes introducidas a través de teclado y ratón para mostrar nuevos eventos en la siguiente iteración.

- Se guarda el tiempo transcurrido desde el inicio.

- Se actualiza el motor Ogre con el tiempo del último frame generado.

- Se renderiza un frame.

- Se calcula el tiempo transcurrido desde el último frame generado.

A.3. Advanced OgreFramework

Para poder realizar un proyecto más complejo en Ogre, este framework nos sirve como **núcleo**. Este paquete de herramientas incluye lo siguiente:

- Inicialización de OGRE.

- Carga de recursos básicos.

- Gestión de dispositivos de entrada basado en OIS.

- Personalización del bucle de renderizado.

- Jerarquía basada en estados.

- Cargador de escenas mediante XML con DotSceneLoader.

- Interfaz gráfica de usuario basada en SdkTrays.

- Manipulación de materiales en código.

Para conseguir la última versión de Advanced OgreFramework clonaremos el proyecto con mercurial desde la siguiente dirección:

```
hg clone https://bitbucket.org/spacegaier/advancedogreframework
```

Una vez hayamos descargado el proyecto, podremos generar un ejecutable sin realizar ninguna modificación. Esta rama de OgreFramework nos proporciona tres estados distintos en la aplicación: Menu, Pausa y Juego. Algo básico para cualquier prototipo.

También nos proporciona un gestor de interfaz basado en SdkTrays (el mismo que utiliza Ogre para sus ejemplos) con el que podemos gestionar los estados del juego.

La intefaz incluye por defecto un conjunto de paneles *debug* que permiten conocer los FPS, el nombre del estado actual, la posición de la cámara, panel de ayuda, etc...

Podremos agregar y editar *Overlays* a los estados *Menú* para personalizar nuestra interfaz. Cada vez que entremos en un estado, se generarán los *widgets* que aparecen en pantalla y se crean los elementos de la interfaz específicos para ese estado. Cuando salimos o pausamos ese estado para entrar en uno nuevo, los elementos de la interfaz se destruyen y desaparecen de la escena. Podremos modificar los Widgets y elementos de la interfaz editando sus propiedades y materiales.

Figura A.2: Ejemplo básico de Widgets.

Dedicaremos un capítulo para explicar detalladamente cómo se gestiona la interfaz mediante SdkTrays y cómo podemos crear nuevos elementos. También explicaremos cómo personalizar el diseño de nuestra interfaz. Sin embargo, SdkTrays está diseñado para crear una interfaz **fácil** y **sencilla**, si queremos realizar una interfaz más compleja es mejor realizarlo con otra alternativa.

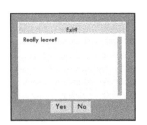

Figura A.4: SdkTrays facilita la construcción de interfaces sencillas.

En este ejemplo, todos los recursos de la escena han sido cargados desde un XML con la herramienta *DotSceneLoader*. Este fichero contiene las propiedades de cada nodo y se carga de manera dinámica en nuestra escena.

A.3.1. Sistema de Estados

Cada estado creado en nuestra aplicación incluye las siguientes acciones: entrar, pausar, resumir y salir. Para que todos los estados mantengan esta condición se utiliza **herencia** de la clase AppState. La clase que gestiona todos los estados es *AppStateManager* cuya tarea es manejarlos y **conectarlos**. Para hacer esto, el manager tiene una pila de estados activos y siempre ejecuta el estado de la cima de la pila. En cualquier momento, se puede co-

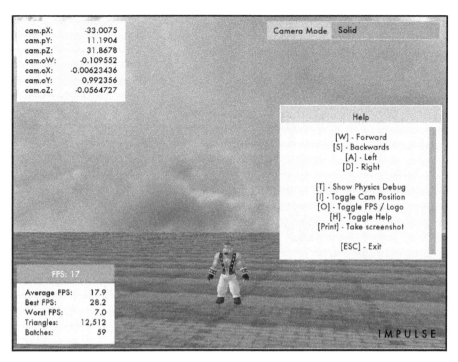

Figura A.3: Algunos de los widgets soportados en el menú del ejemplo.

nectar otro estado de la pila, que será usado hasta que sea eliminado de la misma. En este caso, el manager resume el estado que dejó en pausa al introducir el anterior estado eliminado. En el momento en que la aplicación no contiene ningún estado activo, el manager cierra la aplicación.

A.3.2. Arquitectura

La arquitectura de *Advanced OgreFramework* parece compleja pero, realmente, es bastante fácil de entender. Esta herramienta gestiona la aplicación de Ogre como un conjunto de estados, que se van introduciendo en una pila. Esta gestión de estados es la que comúnmente hemos utilizado para los proyectos de Ogre.

OgreFramework

En la clase OgreFramework podemos observar que contiene todos los elementos básicos para iniciar una estancia de Ogre. OgreFramework contiene los siguientes gestores:

Root, RenderWindow, ViewPort, Timer, Log, InputManager, SdkTraysManager.

Si queremos añadir más gestores como el gestor de sonido (*SDL, OpenAL, etc...*) debemos iniciarlos en esta clase.

El sistema se compone de una única instancia de Ogre y es accesible desde los estados de la aplicación. Para iniciar Ogre utilizaremos la función **initOgre()**, que crea los gestores necesarios para su funcionamiento como:

- Un gestor de registros LogManager.

- Crear el Root.

- Crea el RenderWindow y Viewport.

- Inicia los gestores de eventos de entrada mediante OIS.

- Carga los recursos e inicia el Timer.

- Establece el SDKTrayManager.

Para actualizar cada frame del motor Ogre, la clase *AppStateManager* llamará la función **updateOgre()** para actualizar directamente Ogre. Este método estará vacío para que cada estado se encargue de actualizar el motor de Ogre, pero es necesario ubicarlo aquí como tarea central del motor.

DotSceneLoader

Esta herramienta se usa para cargar las escenas en Ogre a partir de un fichero XML. Estos ficheros XML son procesados mediante *RapidXML*; *DotSceneLoader* crea las estructuras necesarias para ser cargadas en el *SceneManager* de Ogre. Si deseamos añadir físicas a un nodo, tendremos que añadir aquí su implementación.

Listado A.2: Carga de escena DotScene.

```
1  DotSceneLoader* pDotSceneLoader = new DotSceneLoader();
2  pDotSceneLoader->parseDotScene("CubeScene.xml", "General",
3          m_pSceneMgr, m_pSceneMgr->getRootSceneNode());
4  Ogre::Entity* cube = m_pSceneMgr->getEntity("Cube");
```

Podemos ver que para crear una escena es necesario introducir 4 argumentos: el fichero, el nombre del nodo, el *SceneManager* que se está gestionando en este estado y el nodo donde queremos introducirlo. Es muy interesante poder cargar las escenas desde un fichero XML por que podremos crearlas y destruirlas de manera dinámica, permitiendo una mejor gestión de la memoria y del nivel del juego.

Normalmente, se pueden agrupar las escenas de un nivel por bloques e ir cargando cada uno cuando sea necesario. Si, por ejemplo, nos encontramos con un juego tipo *endless-running*, es interesante ir destruyendo las escenas que quedan detrás del personaje ya que no vam a ser accesibles; también es interesante para ir auto-generando la escena de forma aleatoria hacia adelante.

Cada vez que carguemos una escena, podremos recuperar una entidad como se describe en el ejemplo; por un nombre bien conocido. Este nombre estará asignado en el fichero XML y podremos recuperar el nodo desde el propio juego. De esta manera podremos cambiar las propiedades o materiales de dicha entidad al vuelo como, por ejemplo, añadir un cuerpo rígido al motor de físicas y conectarlo a la entidad.

AppState

En este archivo se definen dos clases. La primera clase será la que herede el *AppStateManager* que gestiona los estados, pero está definido en esta clase por cuestiones de diseño. Esta contiene los métodos necesarios para la gestión de los estados, estos métodos son abstractos y están definidos en la clase *AppStateManager*.

La segunda clase será *AppState* la cuál será la clase de la que hereden todos los estados que se implementen en el juego. Esta clase contiene una serie de métodos para mantener la **consistencia entre estados** y poder tratar cada uno como estado independiente. En él se incluyen los métodos: enter, exit, pause, resume y update.

Estos métodos nos permitirán sobre todo mantener la interfaz organizada en cada estado como, por ejemplo, el track de música que se esté escuchando en cada estado. Cuando creamos un estado nuevo y lo agregamos a la pila de estados.

AppStateManager

Esta clase será la encargada de gestionar todos los estados. Tendrá los mecanismos para pausar, recuperar y cambiar un estado en cualquier instante. Hereda directamente del *AppStateListener* e implementa sus métodos abstractos. Contiene dos vectores:

- Un vector para todos los estados existentes.

- Un vector para los estados activos.

Para cada estado existirán una serie de valores como su nombre, información y su estado. Cada vez que se cree un estado, se llamará al método **manageAppState()** para que introduzca dicha información al estado y lo inserte en la pila de estados existentes.

En esta clase se encuentra el **bucle principal del juego**, dentro del método **start()**. Dentro de este método podemos destacar el **cálculo del tiempo de un frame a otro**. Aquí podremos realizar las modificaciones necesarias si necesitamos coordinar el motor de renderizado con el motor de físicas. Para poder arreglar el problema en el desfase de tiempo entre ambos motores se ajusta un valor *delta* que discretiza el tiempo entre un frame y otro. Esta técnica nos ayudará a manejar correctamente el tiempo en ambos motores para que se comporte de manera natural.

Listado A.3: Bucle principal del juego.

```
 1  double t = 0.0;
 2  const double dt = 0.01;
 3  double currentTime = tiempo_actual_en_segundos();
 4  double accumulator = 0.0;
 5  while ( !quit ) {
 6    double newTime = time(); // Tiempo actual en segundos
 7    double frameTime = newTime - currentTime; // Tiempo de un frame
 8    if ( frameTime > 0.25 )
 9      frameTime = 0.25;      // Tiempo maximo de espera entre frames
10    currentTime = newTime;
11    accumulator += frameTime;
12
13    while ( accumulator >= dt ) {
14      updateOgre(dt);
15      accumulator -= dt;
16    }
17
18    const double alpha = accumulator / dt;
19    renderOneFrame();
20  }
```

MenuState

La clase MenuState será una de las implementaciones de la clase *AppState*.Por herencia se asegura que todos los estados tienen los mismos métodos comunes y funciones como enter(), exit(), pause(), resume() y update(). Estos métodos se **ejecutarán automáticamente** por el *AppStateManager*. Esto es, si el estado actual fue pausado, ejecutará el método resume y seguirá la ejecución del bucle principal. Igual para el resto de estados. En todos los estados se escribirá la macro DECLARE_APPSTATE_CLASS(MenuState) que insertará el nombre del estado para poder ser recuperado posteriormente.

Dentro de la función enter() de MenuState se crea un *SceneManager*, se crea la cámara, se construye la interfaz gráfica de usuario y se llama al creador de escena. En este caso el creador de escena no tendrá nada puesto que será un estado en el que se base en la interfaz gráfica creada por *SdkTrays* y no en Ogre.

En el método exit() estarán todos los destructores de escena, interfaz y cámara. De esta forma aseguramos la integridad entre estados. Los manejadores de entrada (teclado/ratón) también estarán presentes en todos los estados y servirán para capturar los eventos que se realicen en la interfaz.

La función update() actualiza los elementos de la interfaz como, por ejemplo, si el ratón está encima de un botón cambia la imagen; si, por otro lado, se pulsa el botón, la imagen cambia de nuevo. Además este método capturará si se ha enviado la orden de salir del sistema para finalizar la aplicación.

Y por último, el método buttonHit() es un *callback* que se accionará cuando se pulse un botón. Dentro de este método podremos identificar que botón se ha accionado y realizar una acción consecuente con ello.

GameState

Toda la lógica del juego está dentro del estado *GameState*. Aquí es donde **enlazaremos todos nuestros elementos de nuestro juego**, como por ejemplo: el motor de físicas, el controlador de nuestro personaje principal, módulos de inteligencia artificial, etc. En el caso de ejemplo de OgreFramework, incluye una escena mínima que carga una escena con *DotSceneLoader* y rellena de contenido la pantalla.

Para crear los elementos necesarios de la interfaz se invoca a builGUI() para insertar todos los elementos necesarios del estado mediante el gestor *SdkTraysManager* que explicaremos en la siguiente sección.

Para capturar los eventos de entrada por teclado, se utilizarán los métodos keyPressed() y keyReleased() para realizar los eventos correspondientes a si se pulsa una tecla o se ha dejado de pulsar respectivamente. En nuestro caso, tendremos una serie de condiciones para cada tecla que se pulse, las teclas son capturadas mediante las macros definidas en la librería OIS.

A.4. SdkTrays

Tanto los ejemplos que vienen con el SDK de Ogre (*SampleBrowser*), como OgreFramework utilizan SdkTrays. Este gestor de la interfaz se construyó con el propósito de ser **sencillo**, crear interfaces de una manera rápida y sin tanta complejidad como CEGUI. El sistema de SdkTrays está basado en Ogre::Overlay por lo que nos garantiza su **portabilidad a todas las plataformas**.

A.4.1. Introducción

El sistema de interfaz de SdkTrays se organiza en una serie de paneles (*trays*), que se localizan en nueve de posiciones de nuestra pantalla. Cada introducimos un nuevo *Ogre::Overlay* en nuestra escena, debemos calcular las coordenadas (*x,y*) del frame actual, añadiendo complejidad a la hora de diseñar una interfaz. Cuando creamos un *widget* nuevo con SdkTrays, debemos pasarle una posición de las nueve posibles y el tamaño. Si ya existe una un widget en esa región, el nuevo widget se colocará justo debajo, manteniendo las proporciones de la pantalla y redimensionando el panel actual donde se encuentra dicho widget.

A.4.2. Requisitos

SdkTrays necesita la biblioteca OIS para la captura de datos de entrada mediante ratón o teclado. Una vez que se han incluido estas dependencias al proyecto simplemente es necesario incluir 'SdkTrays.h' en cada clase. Y también es necesario incluir el fichero 'SdkTrays.zip' a nuestro directorio de recursos, normalmente en /media/packs.

A.4.3. SdkTrayManager

Para utilizar SdkTrays, es necesario crear un *SdkTrayManager*. Esta es la clase a través de la cual se van a crear y administrar todos los *widgets*, manipular el cursor, cambiar la imagen de fondo, ajustar las propiedades de los paneles, mostrar diálogos, mostrar / ocultar la barra de carga, etc. El SdkTrayManager requiere "SdkTrays.zip", por lo que sólo se puede crear después de cargar ese recurso. Es recomendable asegurarse de que está utilizando el espacio de nombres OgreBites para poder incluir las macros de localización. Estas macros permiten crear un widget en las esquinas, en la parte central de la pantalla y en la parte central de los bordes.

A.4.4. Widgets

Existen 10 tipos de widgets básicos. Cada widget es **sólo un ejemplo de una plantilla** de OverlayElement. Cada vez que se crea un widget es necesario introducir las medidas en pixeles. **Cada widget está identificado con un nombre** y se gestionará su creación y destrucción mediante *SdkTrayManager*. Algunos de los widgets predefinidos que podemos crear son los siguientes:

> Button, TextBox, SelectMenu, Label, Separator, Slider, ParamsPanel, CheckBox, DecorWidget, ProgressBar, FrameStats, Loading Bar, Question Dialog.

A.4.5. SdkTrayListener

Esta clase contiene los controladores para todos los diferentes eventos que pueden disparar los widgets. La clase *SdkTrayManager* es, en sí misma, un *SdkTrayListener* porque responde a los eventos de los widgets. Algunos widgets dan la opción de no disparar un evento cuando cambia su estado. Esto es útil para inicializar o restablecer un widget, en cuyo caso no debe haber una respuesta de cualquier tipo.

A.4.6. Skins

SdkTrays no está orientado a una personalización profunda de los widgets como en CEGUI. Pero eso no significa que no podamos cambiar su apariencia del modelo estándar. Los recursos de las imágenes que utilizan los widgets se encuentran en el fichero *SdkTrays.zip*.

Si descomprimimos los recursos y modificamos el contenido, podemos personalizar la apariencia de los widgets. Las imágenes que se muestran tienden a ser muy pequeñas con formas muy concretas. Este tipo de imágenes se utiliza para reducir el espacio necesario para cada widget y que sea reutilizable por recursos. Si queremos modificar la apariencia de un widget es recomendable seguir las mismas formas y cambiar sólo los colores o también podemos optar por cambiar la apariencia a colores sólidos/planos. Las imágenes del paquete 'SdkTrays.zip' son PNG, por lo que podemos crear transparencias si lo deseamos o sombreados.

La personalización es limitada, pero con diseño y creatividad se pueden conseguir apariencias bastante diferentes de la original de OgreFramework.

A.4.7. OgreBites

Podemos observar como se distribuyen los widgets por regiones en la pantalla. Estas posiciones vienen dadas por el espacio de nombres OgreBites, la cual incluye una serie de macros que instancia los widgets en la región deseada. Observamos además que si por ejemplo agregamos seis widgets en la parte inferior derecha, los widgets se agrupan en un columna tipo pila. Este orden es el mismo que nosotros agregaremos en las lineas de código y las macros para instanciar los widgets son las siguientes:

TL_TOPLEFT, TL_TOPCENTER, TL_TOPRIGHT, TL_LEFT, TL_CENTER,
TL_RIGHT, TL_BOTTOMLEFT, TL_BOTTOMCENTER, TL_BOTTOMRIGHT.

A.5. btOgre

btOgre es un **conector ligero** entre Bullet–Ogre. Este conector **no** proporciona un RigidBody ni CollisionShape directamente. En lugar de eso, se accede directamente al motor correspondiente. La única acción que realiza btOgre es la de **conectar** los *btRigidBodies* con *SceneNodes*. También puede convertir las mallas (*mesh*) de Ogre a figuras convexas en Bullet, proporcionando un mecanismo de *debug* de Bullet como observamos en la imagen y herramientas de conversión de un vector de Bullet a un quaternio de Ogre (ver Figura A.5).

Listado A.4: Configuración de la escena.

```
1  // Creamos el objeto debug para Bullet
2  BtOgre::DebugDrawer m_pDebugDrawer =
3    new BtOgre::DebugDrawer(OgreFramework::getSingletonPtr()->
4        m_pSceneMgr->getRootSceneNode(), m_pDynamicsWorld);
5  m_pDynamicsWorld->setDebugDrawer(m_pDebugDrawer);
6
7  // Actualizamos el motor Bullet
8  m_pDynamicsWorld->stepSimulation(timeSinceLastFrame);
9  m_pDebugDrawer->step();
```

En este ejemplo (listado A.5)comprobamos como btOgre conecta el Nodo de Ogre con la forma convexa de Bullet. Cada vez que se aplique un cambio en el mundo físico de Bullet **se verán sus consecuencias** en el Nodo de Ogre. Esto permite la integración de los dos motores y el acceso independiente a las propiedades del objeto en ambos mundos.

Cada vez que actualicemos el bucle principal del juego será necesario hacer una llamada a stepSimulation con el tiempo calculado entre frame y frame.

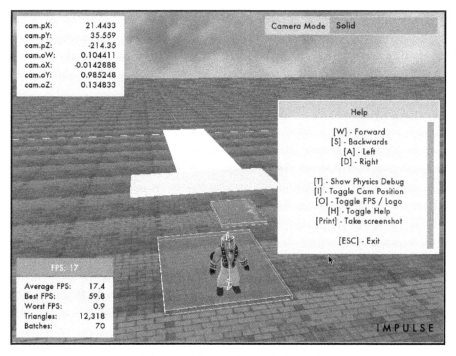

Figura A.5: Modo Debug con simulación física en btOgre.

Listado A.5: Configuración de Bullet.

```
1  //Creamos una Entidad y un Nodo en Ogre.
2  m_pSphereEntity = OgreFramework::getSingletonPtr()->
3    m_pSceneMgr->createEntity("SphereEntity", "Sphere.mesh");
4  m_pSphereNode = OgreFramework::getSingletonPtr()->
5    m_pSceneMgr->getRootSceneNode()->createChildSceneNode("SphereNode");
6  m_pSphereNode->attachObject(m_pSphereEntity);
7
8  //Creamos la forma de la malla en Bullet.
9  BtOgre::StaticMeshToShapeConverter converter(m_pSphereEntity);
10 m_pSphereShape = converter.createSphere();
11
12 // Insertamos la masa al cuerpo rigido.
13 btScalar mass = 5;
14 btVector3 inertia;
15 m_pSphereShape->calculateLocalInertia(mass, inertia);
16
17 // Creamos un estado de BtOgre (conectamos Ogre y Bullet).
18 BtOgre::RigidBodyState *state = new BtOgre::RigidBodyState(m_pSphereNode);
19
20 // Creamos el Body.
21 BtOgre::btRigidBody m_pRigidBody =
22   new btRigidBody(mass, state, m_pSphereShape, inertia);
23 // Mundo fisico de Bullet (btDynamicsWorld).
24 m_pDynamicsWorld->addRigidBody(m_pRigidBody);
```

A.6. Referencias

- http://www.ogre3d.org/tikiwiki/Basic+Ogre+Framework

- http://www.ogre3d.org/tikiwiki/Advanced+Ogre+Framework

- http://bitbucket.org/spacegaier/basicogreframework

- http://bitbucket.org/spacegaier/advancedogreframework

- http://gafferongames.com/game-physics/fix-your-timestep/

- http://ogrees.wikispaces.com/Tutorial+Framework+Avanzado+de+Ogre

- http://www.ogre3d.org/tikiwiki/SdkTrays

- http://www.ogre3d.org/tikiwiki/OgreBites

- http://github.com/nikki93/btogre

Bibliografía

[1] www.cegui.org.uk.

[2] E. Akenine-Möller, T. Haines and N. Hoffman. *Real-Time Rendering*. AK Peters, Ltd., 2008.

[3] T. Akenine-Möller, E. Haines, and N. Hoffman. *Real-Time Rendering*. AK Peters, 3rd edition, 2008.

[4] T.H. Cormen, C.E. Leiserson, R.L. Rivest, and C. Stein. *Introduction to Algorithms, Third Edition*. 2009.

[5] Chris Dallaire. Binary triangle trees for terrain tile index buffer generation. 2006.

[6] D.S.C. Dalmau. *Core techniques and algorithms in game programming*. New Riders Pub, 2004.

[7] W.H. De Boer. Fast terrain rendering using geometrical mipmapping. *Unpublished paper, available at http://www. flipcode. com/articles/article geomipmaps. pdf*, 2000.

[8] X. Décoret, F. Durand, F.X. Sillion, and J. Dorsey. Billboard clouds for extreme model simplification. In *ACM Transactions on Graphics (TOG)*, volume 22, pages 689–696. ACM, 2003.

[9] M. Duchaineau, M. Wolinsky, D.E. Sigeti, M.C. Miller, C. Aldrich, and M.B. Mineev-Weinstein. Roaming terrain: real-time optimally adapting meshes. In *Visualization'97., Proceedings*, pages 81–88. IEEE, 1997.

[10] D.H. Eberly. *3D Game Engine Architecture*. Morgan Kauffmann, 2005.

[11] C. Ericson. *Real-time collision detection*, volume 1. Morgan Kaufmann, 2005.

[12] G. Farin and D. Hansford. *Practical Linear Algebra: A Geometry Toolbox*. CRC Press, 2013.

[13] Randima Fernando. *GPU Gems: Programming Techniques, Tips and Tricks for Real-Time Graphics*. Pearson Higher Education, 2004.

[14] Randima Fernando and Mark J. Kilgard. *The Cg Tutorial: The Definitive Guide to Programmable Real-Time Graphics*. Addison-Wesley Longman Publishing Co., Inc., Boston, MA, USA, 2003.

[15] Khronos Group. *COLLADA Format Specification*. http://www.khronos.org/collada/, 2012.

[16] H. Hoppe. Efficient implementation of progressive meshes. *Computers & Graphics*, 22(1):27–36, 1998.

[17] IberOgre. *Formato OGRE 3D*. http://osl2.uca.es/iberogre, 2012.

[18] InfiniteCode. *Quadtree Demo with source code*. http://www.infinitecode.com/?view_post=23, 2002.

[19] D. Johnson and J. Wiles. Effective affective user interface design in games. *Ergonomics*, 46(13-14):1332–1345, 2003.

[20] G. Junker. *Pro Ogre 3D Programming*. Apress, 2006.

[21] F. Kerger. *Ogre 3D 1.7 Beginner's Guide*. Packt Publishing, 2010.

[22] D. Luebke and C. Georges. Portals and mirrors: Simple, fast evaluation of potentially visible sets. In *Proceedings of the 1995 symposium on Interactive 3D graphics*, pages 105–ff. ACM, 1995.

[23] M. McShaffry. *Game coding complete*. "Paraglyph Publishing, 2003.

[24] Assembla NocturnaIR. *El Formato Collada*. http://www.assembla.com/wiki/show/reubencorp/ El_formato_COLLADA, 2012.

[25] ATI NVidia. Arb occlusion query, 2001.

[26] E. Pipho. *Focus on 3D models*, volume 1. Course Technology, 2002.

[27] William T. Reeves. Particle systems - a technique for modelling a class of fuzzy objects. *ACM Transactions on Graphics*, 2:91–108, 1983.

[28] P. Shirley and S. Marschner. *Fundamentals of Computer Graphics*. AK Peters, 3rd edition, 2009.

[29] D. Shreiner. *OpenGL Programming Guide: The Official Guide to Learning OpenGL, Versions 3.0 and 3.1 (7th Edition)*. Addison-Wesley, 2009.

[30] S.J. Teller and C.H. Séquin. Visibility preprocessing for interactive walkthroughs. In *ACM SIGGRAPH Computer Graphics*, volume 25, pages 61–70. ACM, 1991.

[31] T. Theoharis, G. Papaioannou, and N. Platis. *Graphics and Visualization: Principles & Algorithms*. AK Peters, 2008.

[32] T. Ulrich. Rendering massive terrains using chunked level of detail control. *SIGGRAPH Course Notes*, 3(5), 2002.

[33] Wang and Niniane. Let there be clouds! *Game Developer Magazine*, 11:34–39, 2004.

[34] H. Zhang, D. Manocha, T. Hudson, and K.E. Hoff III. Visibility culling using hierarchical occlusion maps. In *Proceedings of the 24th annual conference on Computer graphics and interactive techniques*, pages 77–88. ACM Press/Addison-Wesley Publishing Co., 1997.

Este manual fue maquetado en una máquina GNU/Linux en Septiembre de 2015